THE ETHICS of CARE
Personal, Political, and Global

돌봄:
돌봄윤리
개인적, 정치적, 지구적

Virginia Held **저**
김희강·나상원 **역**

이 저서는 2015년 대한민국 교육부와 한국연구재단의 지원을 받아
수행된 연구임(NRF-2015S1A3A2046562)

돌봄윤리: 대안의 도덕이론

김희강(고려대학교 행정학과)

1. 돌봄윤리

버지니아 헬드(Virginia Held)는 윤리학, 도덕철학, 여성주의 윤리 분야의 세계적인 석학이자, 돌봄윤리의 대표적인 학자이다. 『페미니스트 도덕』(*Feminist Morality*, 1993), 『정의와 돌봄』(*Justice and Care*, 1996), 『돌봄: 돌봄윤리』(*The Ethics of Care*, 2006) 등 편·저서를 포함해 현재에 이르기까지 돌봄윤리와 관련된 많은 저작을 저술하였다. 그 중 『돌봄: 돌봄윤리』는 1980년대부터 소개된 돌봄윤리의 특징을 정리하고 이것의 적용을 정치적 및 전 지구적 영역으로까지 확대 시도한 돌봄이론의 주요 저서로 손꼽힌다. 이 책에서 헬드는 기존 전통적인 도덕이론의 한계를 지적하고, 대안의 도덕이론으로서 돌봄윤리라는 새로운 접근을 제시하며 그 기틀을 공고히 한다. 돌봄윤리는 돌봄이라는 부정할 수 없는 인간의 보편적인 경험과 돌봄의 가치에 근거한 도덕이론이다. 이는 칸티안 윤리나 공리주의 윤리 같은 주류의 자유주의 도덕이론과 차이를 보이며 다음의 특징을 갖는다고 헬드는 주장한다.

첫째, 돌봄윤리의 핵심은 취약한 의존인의 필요를 충족시키는 도덕적 의무이다. 모든 인간은 의존을 경험하며, 취약한 의존인의 돌봄요구는 매우 절박하고 또한 도덕적인 것이다. 이 때 돌봄윤리는 취약한 의존인의 돌봄요구에 대한 도덕적 응답이다. 예를 들어, 아이를 돌봐야 하는 것은 인간의 도덕적 고려사항 중 가장 우선하는 것이다. 취약한 사람의 필요에 기초하는 도덕적 권고사항은 주류 도덕이론에서 주장하는 개인의 선호 혹은 개인의 권리에 근거한 도덕적 권고사항보다 우선한다.

둘째, 돌봄윤리는 공감, 동감, 민감성, 응답성 같은 감정을 유의미한 것으로 고려한다. 돌봄윤리는 이성과 합리적 연산에 전적으로 의존하는 도덕의식은 문제가 있으며, 도덕적 지침을 보다 분명히 하기 위해서는 감정의 역할이 중요하다고 본다. 이는 감정을 거부하거나, 감정은 이성적 합리성에 부차적인 것으로서만 혹은 이성에 명령을 내리는 수단으로서만 유용할 뿐이라고 간주하는 주류 도덕이론과 차별된다.

셋째, 돌봄윤리는 추상적 논의에 회의적이며 보편적 원칙에 기대지 않는다. 보편적(universal)이고 불편부당한(impartial) 원칙을 중심으로 하는 주류 도덕이론과는 달리, 돌봄윤리는 구체적(particular)이고 부분중심적(partial)인 관계와 맥락의 중요성을 강조한다. 돌봄윤리는 가족관계와 우애 같은 개인영역에서 돌봄관계의 도덕적 중요성을 인지한다. 이러한 돌봄관계를 통해 기존 사회정치관계의 재편 및 새로운 관계의 발전방향에 대한 도덕적 지침을 제공할 수 있다고 주장한다.

넷째, 돌봄윤리는 가족과 우애의 '사적' 영역의 도덕적 중요성을 등한시하는 주류 도덕이론의 입장에 비판적이다. 돌봄윤리는 가족, 우애 및 사적 집단의 맥락에서 상호연계된 사람들, 즉 감정과 비자발성이 결부된 불평등하고 의존적인 사람들의 관계에서 일어나는 도덕 문제를 중요하게 간주한다.

마지막으로, 돌봄윤리는 도덕적·인식론적으로 인간을 관계적이고 상호의존적인 존재로 바라본다. 이는 인간을 합리적, 자율적, 자기이해적 및 비의존적으로 전제하는 주류 도덕이론의 관점과 다르다. 따라서 돌봄윤리는 개인의 권리 혹은 개인의 선호보다 사람들 사이의 관계에 기본적인 방점을 찍는다. 그리고 그러한 관계는 선택적이고 자발적이라기보다 가족적·사회적·역사적 맥락 속에서 우리 안에 내장된 우연에 의해 우리 앞에 펼쳐진다고 간주한다. 인간은 수많은 사회적 유대로 구성되며 이를 통해 개인의 정체성이 확립된다고 본다.

결과적으로, 돌봄윤리는 주류 자유주의 도덕이론에 대해 비판적이다. 돌봄 관점에서 직시하는 자유주의 도덕이론의 가장 큰 한계는 돌봄이라는 인간의 보편적이고 부인할 수 없는 경험을 간과하고 있다는 점이다. 사회구성원을 비의존적이고 자유로우며 평등하고 합리적인 행위자인 것처럼 간주하는 것은, 모든 사람은 자유주의적 개인으로 성장하기 위해서 반드시 수 년 동안 돌봄을 받아야 하며 돌봄관계에 얽혀있었다는 사실을 묵인하는 것이다. 따라서 자유주의적 개인이라는 전제에 기초한 기존의 도덕이론은 많은 사회구성원들이 처해있는 열악한 조건을 왜곡하거나 감지할 수 없게 만들며, 또한 기득권을 지닌 사람들로 하여금 의존적인 사람들은 없다는 착각을 하게 한다. 그리고 의존적인 사람들이 드러난다면, 마치 부모가 자식을 돌보는 것처럼 도덕의 변방에서 사적 선호로 다루도록 하는 한계가 있다고 헬드는 주장한다. 반면에 돌봄윤리는 기존 사회구조 내에 의존인과 돌봄제공자가 겪는 불평등뿐만 아니라 돌봄가치 및 돌봄관계의 도덕적 의미를 고려함으로써 궁극적으로 근본적인 사회변화를 추구할 수 있는 역량을 갖는다.

2. 정의윤리와 돌봄윤리

헬드에 따르면, 자유주의 도덕이론의 문제점은 개인효용의 극대화 혹은 공정성 같은 보편적 원칙이 유일한 도덕적 권고사항이거나 다른 도덕적 권고사항에 우선한다고 본다는 점이다. 헬드는 자유롭고 평등하며 자율적인 개인이라는 전제와 도덕적 사고방식이 작동하는 제한된 영역을 인정할 수 있지만, 이러한 전제와 도덕적 사고방식이 인간의 모든 삶에 적용되며 적합하다고 간주해서는 안 된다고 주장한다.

예컨대, 시장주의에 대한 헬드의 입장을 살펴보자. 헬드는 시장을 비판하기보다 시장의 영역이 제한되어야 하는 필요성을 역설한다. 시장은 돌봄가치를 제대로 반영하고 평가할 수 없기 때문에 돌봄의 영역으로 확대되어서는 안 된다고 보았으며, 대부분의 교육도 시장 밖에 있어야 한다고 보았다. 학교는 효율적인 운영에 가치를 둘 수 있지만, 학생의 실질적인 배움을 희생시키면서까지 그래서는 안 된다는 것이다. 다른 예로, 법리 영역도 마찬가지이다. 법리적이고 정치적인 영역에서 인간은 서로 동등한 계약을 하는 추상적, 비의존적, 합리적 행위자로 상정될 수 있으며, 그 영역에서 자유주의 정치이론이 강조하는 정의, 평등, 공정, 권리의 원칙을 적용하는 것이 적절할 수 있다. 하지만 자유주의 도덕이론의 이해방식은 제한된 영역에만 적합할 수 있으며, 도덕 전체에 적합한 것은 아니라는 점을 헬드는 강조한다.

결국 헬드는 돌봄윤리는 개인의 선호 혹은 개인의 권리가 우선시되어야 하는 영역을 인정할 수 있지만, 동시에 그러한 영역은 제한적이어야 한다는 입장이다. 정의윤리와 돌봄윤리에 대한 헬드의 입장은 크게 세 가지로 정리된다. 첫째, 정의윤리는 도덕의 만병통치약이 아니다. 정의윤리는 제한된 영역에만 적용될 수 있다. 주의해야 할 점은, 정의윤리가 모든 도덕문제에 적합한 포괄적인 도덕을 제공할 수 있다고 오판하여 정의의 범주를 확대하려고 하는 전통적인 관행이다. 돌봄윤리는 공적 삶에 적합하지 않으며 사적 영역에만 국한시켜야 한다는 주장 역시 기각되어야 한다.

둘째, 돌봄과 정의는 대체되는 가치로서 도덕문제에 대한 서로 다른 접근법과 도덕적 권고사항을 제시한다고 이해된다.

> 정의윤리는 공정, 평등, 개인의 권리, 추상적 원칙, 원칙의 일관성 있는 적용에 관심을 둔다. 돌봄윤리는 배려, 신뢰, 필요에 대한 응답성, 서사적 어감(narrative nuance), 돌봄관계 조성에 초점을 맞춘다. 정의윤리가 경쟁하는 개인의 이해와 권리 사이의 공정한 해법을 추구하는데 비해, 돌봄윤리는 돌보는 사람과 돌봄을 받는 사람의 이해를 단순히 경쟁적으로 보지 않고 중요하게 얽혀있는 것으로 간주한다. 정의는 평등과 자유를 보호하는 반면, 돌봄은 사회적 유대와 협력을 권장한다. … 정의윤리의 주류 도덕이론에서는 평등의 가치, 불편부당성, 공정한 분배, 불간섭이 우선된다. 정의의 실천에서 개인적 권리는 보호되고, 공정한 판단이 내려지며, 처벌은 합당한 것이고, 동등한 대우가 추구된다. 이와 대조적으로 돌봄윤리에서는 신뢰, 연대, 상호관심, 동감적 응답의 가치가 우선한다. 돌봄실천에서 관계는 기르고 쌓아야 하고 필요는 응답받아야 하며, 민감성이 발휘되어야 한다(본서 pp. 39-40).

돌봄윤리와 정의윤리는 같은 문제를 서로 다른 방식으로 접근하기 때문에, 서로 다른 가치와 도덕적 접근이 우선하는 서로 다른 영역이 존재할 수 있다. 돌봄은 사적 영역으로, 정의는 공적 영역으로 일률적으로 대응시키는 것은 문제가 있으나, 그렇다고 돌봄윤리와 정의윤리가 항상 양립하는 것은 아니다. 헬드의 제안은 돌봄윤리와 정의윤리의 특징을 개념적으로 구분하고, 서로의 가치가 우선시되는 영역의 경계를 잡아나가자는 것이다. 결국 포괄적인 도덕이론은 돌봄윤리와 정의윤리 모두의 통찰력을 반영할 수 있어야 한다고 강조한다.

셋째, 근본적으로 돌봄윤리는 정의윤리가 부합되는 보다 큰 도덕적 틀을 형성한다. 다시 말해, 제한된 영역에서 정의에 우선권을 둘 수 있으나, 돌봄은 가장 기본적이며 본원적인 도덕적 가치이다. 돌봄은 그 자체로 실천이기 때문에, 인간의 삶이 돌봄을 필요로 하는 한, 우리는 돌봄 없이는 어떤 것도 얻을 수 없다. 모든 인간은 삶의 시작 단계에서 상당한 돌봄을 필요로 하며, 우리의 생의 주기 속에서 예외 없이 돌봄관계를 필요로 한다. 따라서 돌봄의 틀 안에서 인간은 권리를 가지며 또한 돌봄의 틀 안에서 정의의 가치가 존중받을 수 있다. 정의 없는 돌봄은 가능하지만, 돌봄 없는 정의는 불가능하다.

3. 최근의 돌봄윤리

헬드를 포함하여 최근의 돌봄윤리는 『돌봄: 돌봄윤리』에서 언급된 몇몇 지점들에 대해 이를 보다 구체화하고 보완하는 방향으로 전개되고 있다. 그러한 지점들을 최근 논의와 함께 짧게 짚어보고자 한다.

헬드가 강조하는 돌봄윤리의 중요한 특징은 그것이 미덕윤리와 다르다는 점이다. 돌봄은 일면 미덕의 성격을 가지며 미덕윤리와 유사한 모습을 보이지만, 돌봄은 궁극적으로 실천을 그 핵심으로 한다는 점에서 미덕과 다르다고 강조한다. 실천으로서 돌봄을 역설한 것이다. 그렇다면, '실천으로서 돌봄'은 어떤 특징을 갖는가? 앞서도 언급했지만, '실천으로서 돌봄'은 개인의 심성보다 돌봄을 주고받는 관계에 주목한다. 이와 함께 여기에서 중요한 것은 돌봄관계(돌봄실천)가 불평등한 지배의 맥락이나 가부장적인 조건에서 행해진다면, 돌봄윤리는 그러한 관계와 실천의 옳고 그름을 평가하고 개선하는 기준을 제시할 수 있다는 점이다. 다시 말해, '실천으로서 돌봄'은 기존의 돌봄실천을 끊임없이 평가하고 개선할 수 있는 기준을 포함하는 하나의 실천이다.

이 점에서 헬드는 돌봄윤리가 전통적으로 여성에게 한정되었던 돌봄역할을 설명하는 것으로 단순하게 읽힌다면, 이는 돌봄윤리에 대한 오해라고 언급한다. 돌봄윤리는 여성의 전통적인 역할과 결합된 보수적인 윤리가 아니다. 오히려 돌봄윤리는 기존의 돌봄실천을 평가하고 더 나은 돌봄실천을 권고하는 기준을 제공한다는 점에서, 젠더위계라는 가장 뿌리 깊고 견고한 가부장제를 뒤집는데 기여할 수 있다고 보았다. 즉, 페미니스트 윤리로서 돌봄윤리를 강조한다. 페미니스트 윤리로서 돌봄윤리는 돌봄실천이 행해지는 불평등하고 지배적인 사회구조의 근본적인 재건을 요구할 수 있는 급진적인 윤리라는 것이다.

따라서 기존의 가부장적 돌봄실천 및 돌봄관행을 비판하고 모든 사람이 공유하는 돌봄가치를 진정으로 인정하는 돌봄윤리를 위해서는, 파인만(Martha Fineman)과 커테이(Eva Kittay) 등이 주장하는 돌봄제공자의 파생된 의존(derived dependency)과 돌봄제공자에 대한 돌봄의무를 엄중하게 받아들일 필요가 있다(Fineman 2004; 커테이 2016). 파인만과 커테이는 모든 인간이 경험하는 불가피한 의존(inevitable dependency)뿐만 아니라 돌봄제공자가 경험하는 파생된 의존까지 돌봐야 하는 돌봄의 공적 책임을 강조한다. 헬드가 지적하듯, 돌봄윤리가 가치를 부여하는 돌봄은 모든 사람의 돌봄필요가 충족되는 돌봄, 즉 연고적 자아로서의 인간이 돌봄을 잘 주고받을 수 있는 돌봄환경을 보장하는 돌봄이라면, 돌봄윤리는 돌봄관계를 책임지는 돌봄제공자의 돌봄필요를 의미 있게 반영할 수 있어야 한다.

또한 헬드가 직시하듯, 여성뿐만 아니라 남성도 돌봄관계를 가치있게 받아들이는 돌봄윤리가 되기 위해서는, 돌봄윤리는 돌봄책임의 분배를 면밀하게 접근해야 한다. 최근 저서에서 트론토(Joan Tronto)는 돌봄책임의 분배를 다룬다(트론토 2014). 돌봄윤리의 관점에서 본 작금의 사회경제적 구조의 문제점은, 타인을 돌보는 돌봄의 책임을 수행하는 사람들이 부정당한 사회경제적인 불평등과 배제를 겪는다는 점이다. 따라서 돌봄책임의 불평등한 분배로 인한 부정의한 사회경제적인 불평등을 해결하기 위해서는, 무엇보다도 돌봄책임의 이슈가 정치적 공론장의 주요 어젠다로 다뤄져야 한다고 트론토는 주장한다. 다시 말해, 돌봄은 더 이상 사적이거나 여성의 문제가 아닌 정치적 문제로서 바라봐야 하며, 돌봄책임의 공정한 분배는 사회경제적인 불평등을 교정하고 더 나아가 진정한 민주주의를 이루기 위한 근본적인 토대임을 트론토는 천명한다.

아울러 헬드도 언급했지만 자유주의 전제로 인해 왜곡된 사회제도와 구조를 비판하는 것을 넘어, 돌봄의 관점에서 어떤 사회제도와 구조가 요구되는지를 돌봄윤리는 제시할 수 있어야 한다. 돌봄윤리의 기준에서 살펴본 사회제도와 정책에 대한 제안 및 정부의 역할과 구성에 대해서는 나딩스(Nel Noddings)와 잉스터(Dainiel Engster) 등이 설득력 있는 논의를 제시한다(Noddings 2002; 잉스터 2017). 예컨대, 잉스터 (2017)는 돌봄을 정의의 가치로, 돌봄제공을 국가가 보장해야 하는 공적 의무로 이해하고, 국가의 이러한 의무를 이행하기 위해서 어떤 복지정책이 요구되는지에 대해서 구체적으로 밝히고 있다.

결론적으로, 최근의 돌봄윤리는 1980년대에 처음 제기된 초기에 비해 보다 포괄적인 도덕이론으로 발전했으며 보다 구체적인 정치이론으로 확대되었다. 또한 현재의 돌봄윤리는 더 이상 가족의 영역과 개인들 간의 관계에 국한되지 않으며, 그것의 사회정치적 함의가 보다 강조되고 있다. 이러한 논의의 경향으로 비추어 볼 때, 돌봄윤리의 근본성, 급진성 및 혁명성이 앞으로 더욱 명시화될 수 있으리라고 기대한다.

돌봄이 폭넓은 사회적 함의를 내포하고 있는 가치라는 점을 인정한다면, 많은 사람들이 여전히 돌봄윤리를 "사적" 영역에 국한된 "가족윤리"로 이해하고 있는 것은 안타까운 점이다. 돌봄의 초기 논의에서 그러한 주장이 있었고 또한 개인적 맥락에서 돌봄과 연관된 가치가 가장 명확하게 드러나고는 있지만, 돌봄윤리를 올바로 이해한다면 돌봄윤리는 근원적이며, 정의와 마찬가지로 정치제도 및 사회의 구성방식을 다루고 있음을 인정하게 될 것이다. 아마도 돌봄윤리의 가치는 전통적으로 의존해온 가치보다 더 근원적이며 사회적 삶과 더 부합한다(본서 p. 45).

참고문헌 ━━━━━━━━━━━

Fineman, Martha. 2004. *The Autonomy Myth: A Theory of Dependency*. New York: The New Press.

Noddings, Nel. 2002. *Starting at Home: Caring and Social Policy*. Berkeley: University of Chicago Press.

잉스터, 다니엘. 2017. 『돌봄: 정의의 심장』. 김희강·나상원 역. 서울: 박영사.

커테이, 에바. 2016. 『돌봄: 사랑의 노동』. 김희강·나상원 역. 서울: 박영사.

트론토, 조안 C. 2014. 『돌봄 민주주의』. 김희강·나상원 역. 서울: 아포리아.

사랑하는 손주들에게
알렉산더, 오웬, 마들리엔, 카일리 그리고 니콜라스

차 례

한국어판 서문

  도덕이론의 새로운 접근법인 돌봄윤리는 단지 몇 십 년의 역사를
갖고 있음에도 불구하고, 이에 대한 관심은 꾸준히 늘어나고 있으며
더 많은 사람들이 돌봄윤리의 발전에 가세하고 있습니다. 현재 돌봄
윤리에 대한 관심은 전 세계적이며, 특히 고무적이게도 돌봄윤리의
발원지에서 멀리 떨어진 곳에서도 이러한 관심을 찾을 수 있습니다.
도덕에 대한 다른 접근법들에 비해 돌봄윤리의 가장 위대한 장점 중
하나는 돌봄윤리가 경험에 기반하고 있다는 점이며, 그 경험이 또한
보편적이라는 것입니다. 전 세계 모든 사람은 예외 없이 돌봄을 경험
했으며, 그렇지 않았다면 영유아 시절에 살아남지 못했을 것입니다.
많은, 아마도 대부분의 사람들은 돌봄을 제공해 본 상당한 경험을 갖
고 있습니다. 따라서 모든 문화권과 사회의 모든 사람은 돌봄 본연의
가치를 음미할 수 있으며, 또한 실제로 돌봄을 주거나 받는, 더 좋을
수 있고 더 나아져야 하는 방식에 대해 되돌아볼 수 있습니다. 우리
모두가 돌봄의 가치가 사회와 세계에 확대될 수 있고 그래야 하는지
를 이해하는데 기여할 수 있으며, 우리 모두가 돌봄가치의 함의를 탐

색할 수 있습니다. 돌봄은 돌봄제공자의 관점만큼 돌봄수혜자의 입장에서 이해될 필요가 있으나, 돌봄을 이해하고 돌봄노동과 이에 내재한 가치에 대한 이해는 배경이나 지위와 무관하게 모든 사람에게 열려 있는 것입니다.

돌봄윤리는 많은 다른 도덕들의 기저에 있는 종교적 근거를 토대로 하지 않으며, 그럴 필요도 없습니다. 돌봄윤리는 인류가 생존하고 성장하고 배우며, 건강하게 타인과 사회에서 함께 잘 살 수 있으며, 더 나은 미래를 지향할 수 있도록 하는 아이돌봄과 기타 돌봄의 실천과 전통에 기반할 뿐, 분열적인 전통적 풍습과 관례에 기반하지 않습니다. 돌봄윤리는 페미니스트 윤리입니다. 이는 또한 모든 사람이 공유해온 전통적인 근거에 기대거나 영감을 받지 않습니다.

서구의 주류 도덕이론인 개인주의는 이론의 옹호자들의 희망과 의도만큼 보편적인 호소력을 보여주지 못하고 있습니다. 동시에, 다른 지역에서 도덕이론의 전통주의는 그 지지자들의 바람만큼 보편적인 대안의 모습을 서구에서 보여주지 못하고 있습니다. 이와 대조적으로 돌봄윤리는 모든 곳의 모든 사람의 가치와 경험에 호소할 수 있으며, 우리 모두는 돌봄윤리의 심화발전에 기여할 수 있습니다. 돌봄윤리의 결과물이 여러 나라 언어로 소개되고 있으며, 돌봄윤리를 통해 본 돌봄의 가치는 서로 다른 문화권에 있는 전 세계 독자들에게 반향을 일으키고 있습니다.

21세기의 첫 10년 동안에 보인 돌봄윤리에 대한 지대한 관심은, 20세기 마지막 사반세기 동안 진행된 인권에 대한 성장과 발전 양상을 되돌아보게 합니다. 그 당시 철학자들, 정치이론가들, 법이론가들 사이에서 인권에 대한 광범위한 논의가 고조되었으며, 그 결과 인권은 점차적으로 실정법과 실제 정책에 있어서 그 중요성과 영향력이 점점 커졌습니다. 이와 유사하게 돌봄윤리도 철학자들, 정치이론가들 및 기타 학자들과 실천가들에 의해 점점 더 발전해오고 있으며, 점점 더 폭넓게 영향력을 발휘하고 있습니다. 지금까지 돌봄윤리의 관점은 포괄적으로 주제에 접근해온 *The Routledge Handbook of Global Ethics*와 옥스퍼드 출판사의 *Philosophical Foundations of Human Rights* 등의 출판물을 통해 제시되었습니다. 돌봄윤리의 함의를 탐구한, 예를 들어 Marian Barnes의 *Care in Everyday Life: An Ethic of Care in Practice*, Daniel Engster와 Maurice Hamington의 *Care Ethics and Political Theory* 등의 새로운 출판물이 정기적으로 선보이고 있습니다. 사회서비스, 보건의료, 교육 등 돌봄을 제공하고 받는 일에 실제 종사하고 있는 많은 사람들은, 통찰력과 도덕적 안내를 위해 돌봄윤리에 주목하고 있습니다. 그리고 사회를 개선하고 정치적 방식에 관심을 갖는 많은 분들이 위대한 이해와 영감을 위해 돌봄윤리에 귀추를 모으고 있습니다.

더구나, 전 세계 사회에서 돌봄노동과 돌봄가치를 간과하고 이를 인정하는데 실패한 이론과 실천의 왜곡에 대한 자각이 높아지고 있습니다. 예를 들어, 돌봄윤리는 많은 도덕이론의 특징인 법리적 접근에 대한 과도한 강조를 피하고 있습니다. 많은 지구적 문제에 대해 법적 구제라는 해법이 항상 최선일 수 없다는 점과 모든 사회에서 이전에는 무시했던 돌봄노동과 돌봄가치에 더 많이 주목하고 지원해야함을 우리는 알 수 있습니다. 돌봄윤리가 인정하듯, 권리 및 법적 강제는 그 적절한 영역에서 매우 중요하지만, 그 영역은 제한되어야 하고 사회와 도덕 전체로 확장되어서는 안 될 것입니다. 법은 최선을 유인하기보다 최악을 방지하는데 더 낫습니다.

도덕이론으로서 돌봄윤리는 그 안에 선도적인 다른 도덕이론의 강력한 특징을 통합할 수 있는 추가적인 장점을 갖고 있습니다. 예를 들어, 칸티안 윤리 같은 의무론적(deontological) 이론이 주목하는 동기와 의도 역시 돌봄윤리에서 가치를 부여받습니다. 즉, 돌봄윤리는 돌봄수혜자와 돌봄제공자 간의 상호존중이라는 적절한 동기가 가담되는 것을 중요시합니다. 마찬가지로, 공리주의와 기타 결과주의적(consequentialist) 이론이 주목하는 경험적 현실과 만족할 만한 결과에 대한 관심 역시 돌봄윤리는 가치를 부여합니다. 돌봄은 필요에 효율적으로 응답함을 목표로 하며, 무엇이 돌봄의 목적을 증진시키고 그렇지 않은지에 대한 경험적 이해를 지속적으로 함양하고 그 중요성을 인정합니다. 마지막으로, 돌봄인은 미덕이론의 특징을 더욱더 수용적으로 만들고 덜 개인적인 방식으로 이해함으로써, 미덕이론이 제공해온 통찰의 특징을 몸소 보여줍니다.

나아가, 돌봄의 관계적 가치와 인간에 대한 돌봄의 관계적 이해는 전 지구적 중요성으로 이해될 수 있습니다. 돌봄윤리의 가치인 필요에 대한 응답, 상호민감성, 갈등의 비폭력적인 대처 그리고 신뢰의 증진은 도덕의 길잡이를 갈구하는 작금의 세상에 매우 적합해 보입니다.

2017년 1월
버지니아 헬드

감사의 말

1993년 필자의 *Feminist Morality: Transforming Culture, Society, and Politics* 출판 이후, 필자가 검토하기 시작한 돌봄윤리를 좀 더 심화해서 발전시켜볼 것을 권유받았다. 필자는 여러 학회와 콜로키엄에서 돌봄의 여러 측면에 대한 일련의 논문을 발표하고 토론하고 출판하면서 관련 글들을 저술했다. 비록 모든 글이 수정되었지만, 이러한 많은 글들이 기반이 되어 이 책이 완성되었으며, 더불어 이 책의 상당 부분은 새롭게 쓴 것이기도 하다.

이 책에 실린 필자의 관찰, 주장 그리고 글에 대한 생각, 반응, 비판, 동의, 반박 그리고 제안을 제공해주신 많은 이들에게 감사의 말씀을 전하는 것은 아주 기쁜 일이다. 특히, 엘리자베스 앤더슨(Elizabeth Anderson), 바바라 앤드류(Barbara Andrew), 체셔 칼훈(Cheshire Calhoun), 리치몬드 캠벨(Richmond Campbell), 클라우디아 카드(Claudia Card), 데이비드 코프(David Copp), 펠몬 데이비스(Felmon Davis), 캐롤 구드(Carol Gould), 켄트 그리나왈트(Kent Greenawalt), 마크 홀폰(Mark Halfon), 데이비드 존스톤(David Johnston), 앨리슨 재거(Alison M. Jaggar), 에바 커테이(Eva Kittay),

하이디 맘(Heidi Malm), 다이아나 메이어스(Diana Meyers), 제니퍼 네델스키(Jennifer Nedelsky), 힐다 넬슨(Hilde Nelson), 마사 너스바움(Martha Nussbaum), 로자먼드 로드(Rosamond Rhodes), 사라 러딕(Sara Ruddick), 수잔 셔윈(Susan Sherwin), 로버트 시몬(Robert L. Simon), 제임스 스테르바(James P. Sterba), 나디아 우르비나티(Nadia Urbinati), 제레미 월드론(Jeremy Waldron), 아이리스 마리온 영(Iris Marion Young) 그리고 익명의 논평자들에게 감사의 말씀을 전한다.

이 책에서 고려하는 아이디어 중 많은 부분은 그들이 제공해준 기회를 통해 논의할 수 있었다. 필자는 미국철학회(American Philosophical Association) 중서부지부(Central and Pacific Divisions), 미국사회와가치연구(American Society for Value Inquiry), 뉴욕시립대학원(City University of New York Graduate School), 콜럼비아대학교(Columbia University), 델하우스대학교(Dalhousie University), 두 번의 IVR(Internationale Vereinigung Fur Rechts-Und Sozialphilosophie) 국제회의, 쿠츠타운대학교(Kutztown University), 뉴저지지역철학회(New Jersey Regional Philosophy Association), 브록포트 뉴욕주립대학교(State University of New York at Brockport), 서포크 커뮤니티컬리지(Suffolk Community College), 터프츠대학교(Tufts University), 유니온컬리지(Union College), 델라웨어대학교(University of Delaware), 토론토법과대학(University of Toronto Law School), 투르쿠대학교(University of Turku, Finland), 벤더빌트대학교(Vanderbilt University)에 감사한다.

출판된 논문들을 다시 출판할 수 있도록 허락해주신 출판사들에 감사의 말씀을 드린다. 1장은 데이비드 코프(David Copp)가 편집한 *Oxford Handbook of Ethical Theory* (New York: Oxford University Press, 2006) 의 "The Ethics of Care"이다. 2장의 초기 원고는 체셔 칼훈(Cheshire Calhoun)이 편집한 *Setting the Moral Compass* (New York: Oxford University

Press, 2004)의 "Taking Care: Care as Practice and Value"를 사용했다. 4장은 "Justice and Utility: Who Cares?" in *Philosophic Exchange* 26 (1995-96); "The Meshing of Care and Justice," *Hypatia* (spring 1995); "The Contribution of Feminist Philosophy," *Associations* (1998)의 원고를 보완했다. 5장의 원작은 클라우디아 카드(Claudia Card)가 편집한 *On Feminist Ethics and Politics* (Lawrence: University Press of Kanas, 1999)의 "Liberalism and the Ethics of Care"이다. 6장은 제임스 스테르바(James P. Sterba)가 편집한 *Controversies in Feminism* (Lanham, MD: Rowman and Littlefield, 2001)의 "Caring Relations and Principles of Justice"이 원작이다. 7장의 축약판은 *Hypatia* 17(2) (spring 2002)에서 출판되었던 "Care and the Extension of Markets"이다. 8장은 메릴린 프리드만(Marilyn Friedman)이 편집한 *Rights and Reason; Essays in Honor of Carl Wellman* (Dordrecht: Klurwer Academic Publishers, 2000)의 "Rights and the Presumption of Care" 부분을 Springer Science and Business Media의 양해 하에 보완했다. 9장은 앨리슨 재거(Alison M. Jaggar)와 아이리스 마리온 영(Iris Marion Young)이 편집한 *A Companion to Feminist Philosophy* (Malden, Mass.: Blackwell, 1998)와 로버트 사이먼(Robert L. Simon)이 편집한 *Blackwell Guide to Social and Political Philosophy* (Malden, Mass.: Blackwell, 2002)의 "Feminism and Political Theory"의 내용이다. 10장은 *Associations* (2003)과 *Ratio Juris* 17(2)(June 2004): 141-55에 기고한 "Care and Justice in the Global Context"를 수정, 보완했다.

오랫동안 꾸준하고 안정적인 일을 할 수 있었고, 정기적인 안식년, 훌륭한 학생 그리고 헌신적인 동료와 함께할 수 있었던 뉴욕시립대학교(City University of New York)에 감사의 말을 전한다. 필자가 좀 더 넓은 세상을 향한 일을 할 수 있도록 해주었다. 뉴욕시립대학교의 대학원(CUNY Graduate Center)과 헌터컬리지(Hunter College)에서의 강의는 이 책에 반영된 수많은 통찰과 논점을 제공해주었다.

변함없이 곁에 있는 편안한 격려를 잊지 않는 남편 로버트 톰슨 (Robert L. Thompson)과 줄리아(Julia)와 필립(Philip), 그리고 그들의 가족 에게 감사를 전한다. 이들이 준 삶의 안정감은 절대적이었다.

들어가며

 불과 십여 년의 짧은 기간 동안 돌봄윤리는 과거 200년 동안 인정받았던 주류 도덕이론에 대한 전도유망한 대안으로서 성장했다. 광범위한 문헌들이 발표되었으며, 많은 영역에서 도덕적 문제의식에 만만치 않은 영향을 미치고 있다. 돌봄윤리는 도덕문제를 해석하는 관점에 변화를 주고 있으며, 많은 사람들이 당연히 그래야 한다고 믿고 있는 도덕문제에 대한 신념에 변화를 주고 있다.
 돌봄윤리는 -평등주의적 가족과 작업장부터 부모와 시민의 도덕적 책임, 정부정책과 외교정책의 윤리적 평가에 이르기까지- 모든 분야로 파급되는 규범적 시각에 주목하기 때문에, 우리의 삶을 어떻게 이끌어 갈 것인지 좀 더 풍성한 방식으로 곱씹어 볼 수 있는 희망을 제공한다.
 돌봄윤리는 돌봄이라는 부정할 수 없는 보편적 경험에서 출발한다는 잠재력을 갖고 있다. 인간이라는 종(種)은 아이일 때 돌봄을 받았으며, 그렇지 않았다면 연명하지 못했을 것이다. 돌봄윤리를 통해, 돌봄이 연관된 가치와 그 기준이 폭력과 지배를 어떠한 근거와 방식으로 거부하는지 이해할 수 있다.

돌봄윤리는 갈등을 야기하는 구습을 동반하는 종교적 신념을 호출하지 않아도 된다. 돌봄윤리는 모든 도덕문제에 대해 이성이라는 보편적 규범에서부터 우선적으로 출발해야 한다는 미심쩍은 주장에 의존하지 않는다. 대신, 돌봄윤리는 경험과 경험의 담론을 토대로 가장 본원적이고 가장 포괄적인 가치에 대한 이해를 전개·발전시킨다.

1부에서 필자는 돌봄윤리를 도덕이론 혹은 도덕문제에 대한 접근법으로 발전시킨다. 2부에서는 정치적, 사회적 그리고 지구적 문제에 대해 돌봄윤리의 함의를 탐색하고, 돌봄윤리의 시각에서 접근할 때 각 문제에 대한 보다 나은 개선책을 제시할 수 있다는 입장을 제시한다.

1장은 돌봄윤리가 미덕윤리, 공리주의 혹은 칸티안(Kantian) 도덕이론 같은 기성 접근에 속하거나 분류될 수 있는 관점이 아니라, 도덕의 이론화에 있어 차별화되는 접근 혹은 이론이라는 점을 밝힌다. 돌봄윤리와 미덕윤리가 유사성을 갖기 때문에, 돌봄윤리가 미덕윤리와 차별화된다는 주장은 논쟁의 여지가 있을 수 있다. 하지만, 필자가 주장하는 돌봄윤리는 개인의 심성(disposition)보다 관계를 주목한다는 점에서 차별화된다.

2장은 돌봄은 "무엇인가" 혹은 우리가 '돌봄'이라 할 때 무엇을 의미하며, 무엇을 의미해야 하는가를 살펴본다. 돌봄이란 실천(혹은 실천의 집합)이자 동시에 가치(혹은 가치의 집합)라고 결론 내린다. 비록 기존 실천이 불만족스러운 지배의 맥락 속에 일반적으로 파묻혀 있지만, 돌봄은 그것이 행해지는 기존의 실천에서 찾을 수 있다. 돌봄은 이러한 실천을 평가하고 더 나은 실천을 권고하는 기준을 제공한다.

돌봄실천과 돌봄가치는 돌봄인(caring person)을 필요로 하기 때문에,

필자는 3장에서 돌봄인의 특징을 살펴본다. 돌봄인은 타인에 대해 응답할 때나 돌봄을 표현하고 실천할 때 적합한 동기부여를 갖고 있을 뿐만 아니라 능숙하고 효과적으로 돌봄실천에 개입하는 사람이라 주장한다.

돌봄윤리를 전개할 때, 정의와 돌봄의 차이점이 드러난다. 필자는 4장에서 정의 혹은 효용에 바탕을 두는 윤리이론과 돌봄에 바탕을 둔 윤리이론의 차이점을 논한다. 필자는 돌봄과 정의가 가능할 수 있는 조화를 검토하고, 더불어 만족할 만한 포괄적인 도덕이론을 개념화하는 방법을 고찰한다.

5장은 전통적 자유주의 윤리와 돌봄윤리 간의 전제와 함의의 차이점을 살펴보고, 자유주의에 대한 비판적 관점에서 돌봄윤리를 정리한다. 6장은 도덕이론에 있어서 보편화에 대한 문제로 논의를 확장하고, 이성이라는 보편적 원칙을 언제나 우선시하는 주류 도덕이론에서 가정하고 있는 필수조건과 상반된 돌봄윤리의 입장을 밝힌다.

2부의 주제인 7장에서는 정치적·사회적 문제에 대한 돌봄윤리의 함의를 정리한다. 우선 아이돌봄, 보건의료 그리고 교육의 영역까지 넘보고 있는 시장의 행태가 확대되어야 하는지 혹은 제한되어야 하는지의 정치적 문제를 제기하고, 문화적 활동의 측면에서 돌봄윤리의 함의를 다룬다. 필자는 돌봄윤리가 시장을 제한하는데 있어 설득력 있는 논지를 제공하는데 반해, 주류 도덕 접근법은 이러한 문제를 다루기에 얼마나 부실한지를 보여줄 것이다.

8장에서는 우리가 중요하게 여기는 권리를 존중한다는 것이 (권리가 존중되는지의 여부와 상관없이) 개인이 돌봄과 충분히 상호연계되어 있음을 전제하고 있다는 점을 논의한다. 또한 과거 십여 년 동안 폭발적인 관심을 받았던 시민사회가 어떻게 돌봄관계로 이해될 수 있는지를 조명한다.

9장은 법이 모든 도덕을 대신하는 적합한 모델일 수 있는지를 탐색하는 것이 아니라, 법과 법리적 판단에 대한 정당한 한계에 대해 살펴본다. 더불어 돌봄윤리가 어떻게 파워와 폭력을 다루는데 있어 추천할 만한 근원이 될 수 있으며, 가족의 평화와 화목이라는 이상화된 허상에 의존하거나 의존할 필요가 없다는 점을 보여준다.

10장은 국가 간의 관계에서 또한 세계시민이라는 가능성에서 돌봄윤리의 함의를 모색한다. 다시 한 번, 돌봄윤리가 어떻게 좀 더 잘 알려진 정의론(theories of justice)이 제시하는 전망을 넘어서는 새로운 지평을 제시하는지를 보여준다.

이 책에서 필자는 새롭게 전개되는 도덕이론이 펼쳐줄 희망에 찬 가능성을 제시하려 한다. 돌봄윤리는 불과 몇 십 년에 불과한 일천한 역사를 갖고 있다. 인간의 역사를 생각하면 우리의 삶을 평가하고, 우리가 마땅히 해야 하는 것을 일러주기 위한 짧은 시도이다. 돌봄윤리는 여전히 많은 보완점과 채워야 할 부분이 있지만, 돌봄윤리의 발전은 현재 진행형의 협력적 프로젝트이다. 필자는 이 책이 돌봄윤리의 심화와 발전에 기여하기를 희망한다.

1부

돌봄과 도덕이론

1장

도덕이론으로서 돌봄윤리

돌봄윤리의 역사는 불과 몇 십 년이다.[1] 일부 이론가들은 도덕적 쟁점에 관한 접근으로 '돌봄(care)'이라는 용어를 좋아하지 않으며 '사랑의 윤리' 혹은 '관계적 윤리'로도 사용하고 있지만, 결국 이러한 논의도 지금까지 회자되었던 용어 중 가장 만족스러운, 그렇다고 불만족스러운 부분이 없는 것은 아니지만, '돌봄'으로 귀결된다. 돌봄이라는 개념은 사람을 돌보는 것과 관련된 노동이라는 측면을 놓치지 않으면서도, 동시에 돌봄윤리 옹호자들이 경계하듯 도덕이 비실천적인 이상으로 해석되지 않도록 하는 장점이 있다. 돌봄은 가치이자 실천이다.

지금까지 돌봄윤리는 초기 방법론을 넘어 훨씬 성장했으며, 돌봄윤리를 제대로 평가하기 위해 대표적으로 인용되는 몇 권의 저작만을 참고해서는 격세지감을 느끼게 될 것이다. 돌봄윤리는 소위 말하는 가족과 우애라는 사적 영역뿐만 아니라 의료행위, 법, 정치적 삶, 사회조직, 전쟁 그리고 국제관계를 망라해 적용되는 적합한 도덕이론으로 발전해왔다.

돌봄윤리는 종종 칸티안(Kantian) 윤리, 공리주의 혹은 아리스토텔레스의 미덕윤리와 같은 주류 도덕이론을 대체하는 잠재적 도덕이론으로 간주된다. 돌봄윤리는 미덕윤리의 한 형태로 이해되기도 한다. 돌봄윤리는 정의와 권리의 윤리 혹은 효용과 선호만족의 도덕률이 간과해왔던 도덕적 고려사항을 강조하며 발전해왔다. 돌봄윤리 옹호자들은 주류 도덕이론에서 명확히 밝히는 정의 같은 도덕적 고려사항을 (비록 이러한 고려사항을 재개념화되어야 하지만) 돌봄으로 만족할 만하게 수용·통합하고자 노력한다.

돌봄윤리의 특징

일부 돌봄윤리 옹호자들은 돌봄윤리를 일반화된 형식의 도덕이론으로 재단하는 것에 반대한다. 이들은 돌봄을 더 익숙한 도덕이론처럼 추상적이고 보편적인 주장으로 만들기보다, 맥락적인 미묘함과 구체적인 서사(narratives)에 민감할 수 있는 통찰과 가치의 모음으로 간주한다.[2] 그럼에도 여전히 필자는 돌봄윤리의 다양한 모습 속에서 몇몇 주요한 특징을 추려낼 수 있다고 확신한다.

첫째, 돌봄윤리의 핵심은 우리가 책임지고 있는 구체적인 타인의 필요를 충족시키고 배려하는 외면할 수 없는 도덕적 특징이다. 예를 들어, (누군가의) 아이를 돌보는 것은 당연히 또한 응당 옹호받는 인간의 도덕적 고려사항 중 가장 우선하는 것이다. 인간이라는 존재는 인생에서 수 년 동안 (돌봄)의존적이고, 이러한 의존인이 필요로 하는 돌봄에 대한 도덕적 요구는 절박한 것이며, 인간의 생존과 성장을 가능하게 만드는 돌봄관계의 발전에는 매우 중요한 도덕적 특징이 존재한다는 점을 돌봄윤리는 인식한다. 모든 사람은 적어도 생(生)의 진입에 있어 돌봄을 필요로 한다. 인간의 발달과 성장은 인간이 이에 필요한 돌봄을 어떻게 얼마나 받는가와 근본적으로 맞물려 있으며, 돌봄윤리는 의존인의 필요에 응답하는 책임이라는 도덕적 호소를 강조한다. 많은 사람들은 허약한 고령시기를 포함한 노년기 동안 쇠약한 돌봄의존상태가 되며, 일생을 장애와 함께 사는 사람들은 평생 동안 돌봄을 필요로 한다. 비의존적이고 자율적이며 합리적인 개인이라는 이미지에서 시작하는 도덕률은 인간의 돌봄의존성이라는 현실과 이러한 현실이 요구하는 도덕을 간과한다. 돌봄윤리는 인간 삶의 이러한 핵심 사항에 주목하고 이에 내재한 도덕적 가치의 기틀을 잡아간다. 돌봄윤리는 돌봄을 "도덕의 변방(outside morality)"으로 격하하는 것을 거부한다. 예컨대, 특정한 타인을 돌보는 것이 어떻게 보편적 정의의 요구와 조화될 수 있는지의 방법은 논의해야 할 쟁점이다. 하지만, 돌봄윤리는 누군가의 아이라는 특정인의 외면할 수 없는 도덕적 요구에서 출발한다. 아이의 도덕적 요구는 보편적 원칙과 무관하게 절박한 것이다.

둘째, 우리가 존재하고 행동하는데 있어 무엇이 도덕적인 권고사항이고 무엇이 도덕적으로 최선인지를 이해하려는 인식론적 과정에서, 돌봄윤리는 감정을 거부하기보다 중요시한다. 물론, 모든 감정이 가치 있는 것은 아니다. 그러나 돌봄윤리는 주류 합리적 접근과 다르게, 공감, 동감, 민감성 그리고 응답성과 같은 감정은 이성에 명령을 내리는 수단으로서 유용할 뿐만 아니라 도덕적 권고사항을 좀 더 분명히 하기 위해 함양해야 할 필요가 있는 도덕적 감정으로 간주된다.[3] 심지어 화(anger)는 사람들이 부정의하거나 비인간적인 대우를 받을 때 느껴야 하는 도덕적 공분(公憤)의 하나가 될 수 있으며, 또한 도덕적으로 잘못된 것을 바르고 적절하게 해석하도록 (간섭으로 간주하기보다) 일조할 수 있다. 그렇다고 있는 그대로의 감정이 도덕의 길라잡이가 될 수 있다고 말하는 것은 아니다. 즉, 감정은 정제되고 순화되어야 할 필요가 있다. 그렇다고 하더라도, 돌봄 관점에서 보면 이성과 합리적 추론 혹은 합리적 연산에만 전적으로 의존하는 도덕적 문제의식은 결함이 있다고 생각한다.

전형적인 합리적 도덕이론에서 거부하는 감정은 보편적인 도덕규범을 약화시키는 이기적인 감정, 불편부당함(impartiality)을 간섭하는 정실주의(favoritism), 도덕성으로 억제되어야 하는 공격적 성향과 충동적 복수심이다. 이와 대조적으로, 돌봄윤리는 실제 인간관계의 맥락에서 도덕적 인간이 무엇이 최선인지를 이해할 수 있도록 하는 감정과 관계적 능력을 간과하지 않는다. 유익한 감정이라도 종종 옳지 않은 길로 들어서거나 악용되는 경우가 있기 때문에, -타인에 대한 과도한 감정이입이 잘못된 자기부정에 이르거나 자애로운 관심이 정당한 한계를 넘어 지배로 전이되는 것처럼- 우리는 돌봄 그 자체가 아니라 돌봄**윤리**가 필요하다. 돌봄과 돌봄관계의 다양한 측면과 표현은 단순한 관찰과 설명이 아니라, 도덕적 검증과 **평가**를 받아야 한다.

셋째, 돌봄윤리는 편견과 자의성에 빠질 위험에서 더 자유로워지고 또한 불편부당함에 더 근접할 수 있기 때문에, 도덕문제에 대한 논의가 더 추상적일수록 더 좋다는 주류 도덕이론의 입장을 거부한다. 돌봄윤리는 우리가 실제로 관계를 맺는 특정한 타인의 주장을 배제하기보다 오히려 존중한다.[4] 돌봄윤리는 주류이론의 추상적이고 보편적인 원칙에 의문을 제기한다. 주류이론은 부모와 자식 간의 실제 관계를 고려해야 할 때, 그 관계를 특정인의 선호로 간주할 수 있다. 혹은 주류이론은 자신의 아이를 돌봐야 할 모든 부모의 보편적인 의무로 인정할 수 있다. 하지만, 주류이론은 실제 관계가 불편부당성보다 우선시되는 것을 용납하지 않는다. 브라이언 베리(Brian Barry)가 밝혔듯이, 기념일 선물을 누구에게 줄 것인지 결정하는 것처럼, 특정한 맥락에서 친구에 대한 호의를 허용하는 보편적 원칙이 있을 수 있지만, 주류이론이 인정하는 부분중심성(partiality)은 보편적 원칙이 먼저 그것을 판단했기 때문에 도덕적으로 수용 가능해진다.[5] 이와는 대조적으로, 돌봄윤리는 보편적 원칙에 기대지 않고, 추상적인 논의에 회의적이며, 보편적 원칙을 우선시하지 않는다. 돌봄윤리를 옹호하는 사람들은 특정한 타인의 외면할 수 없는 도덕적 요청은, 설령 그러한 요청이 도덕적 판단은 보편화되어야 한다는 일반적 도덕이론의 필요조건과 상충한다 할지라도 유의미하다고 믿고 있으며, 이러한 요청을 외면하지 않는 것이 근본적인 도덕에 본질적으로 중요하다고 확신한다.[6] 따라서 돌봄과 정의, 우애와 불편부당성, 충성심과 보편성 사이에는 긴장이 잠복해 있다. 하지만, 보편적 판단이 지금까지 간과되었던 돌봄의 규범을 적절하게 통합시키고 있다면 갈등할 이유가 없다.

아네트 바이어(Annette Baier)는 페미니스트 접근법이 여성이 이성보다 감정에 의존하기 때문에 여성은 완전한 도덕적 존재가 될 수 없다던 칸트의 주장 및 그를 위시한 칸티안 접근법과 어떻게 다른지를 주목한다. 그녀는 "칸트가 '여성이기에 그만큼 열등한'이라고 결론 내린 대목에 대해, 우리는 '법 초안을 작성하는 특별한 기술에 대한 남성적 집착, 규칙을 숭배하는 관료적 정신, 그리고 상호의존성보다 독립성을 중요시하는 남성적 과신도 그만큼 열등하다'고 결론 내릴 수 있다"고 쓰고 있다.[7]

마가렛 워커(Margaret Walker)는 그녀가 이해하는 페미니스트 "도덕적 이해"를 전통적인 도덕적 "지식"과 대비시켰다. 그녀가 옹호하는 도덕적 이해는 "도덕적 심의에 있어서, 관심, 맥락과 이야기, 의사소통"을 포함한다. 도덕에 대한 이러한 대안적 인식론에 따르면, "추상화를 통해 일반론적으로 도덕을 접근하는 방식은 충분한 도덕적 이해의 여지를 축소한다"고 본다.[8]

돌봄윤리는 보편적 원칙이 법 영역과 같은 적합한 특정 영역에 제한적으로 적용되어야 하며, 다른 영역으로 확장되지 않는 것이 바람직하다고 주장한다. 보편적 원칙은 예를 들어, 가족이나 친구관계에 단순하게 적용되는 것이 부적합하며, 이러한 영역 내 관계는 서술되는 것이 아니라 확실히 **평가받아야** 하며, 그렇기 때문에 도덕은 추상적 원칙에 얽매여서는 안 된다. 우리는 신뢰하고 배려하고 돌보는 실제 관계에 관한 도덕적 지침(指針)을 제시할 수 있어야 한다.

주류 도덕이론은 도덕문제를 마치 자기중심적인 개인의 이해관계와 보편적인 도덕원칙 사이의 갈등인 것처럼 해석하는 경향이 있다. "이기적인 개인"과 "인류애"를 양극단으로 인식하지만, 두 지점 사이에 존재하는 것을 번번이 간과한다. 이와 대조적으로, 돌봄윤리는 이러한 양극단 사이의 공간에 주목한다. 양심적으로 타인을 돌보는 사람들은 기본적으로 자신만의 **개인적인** 이해를 추구하지 않는다. 즉, 그들의 이해는 그들이 돌보는 사람과 하나로 뒤섞여 있다. 그들은 **일반적인 인류애 혹은 모든 타인**을 위해 행동하는 것이 아니다. 즉, 그들은 자신과 **특정한 타인** 간의 실제 인간관계를 장려하고 보존을 추구한다. 돌봄관계에 있는 사람들은 자신과 타인 모두를 위해 행동한다. 그들의 입장은 자기중심적이지도 이타적이지도 않다. 갈등적 상황에서도 선택권은 존재한다. 하지만, 좋은 돌봄관계는 돌봄관계 그 자체의 안녕과 그 관계에 있는 사람들의 협력적 안녕을 포함한다.

부족주의(tribalism)와 종교적 불관용의 문제와 태도를 극복하려 할 때, 주류 도덕이론은 가족과 우애의 영역을 부족의 영역 혹은 불공정한 편애로 동화시키려는 경향을 보여왔다. 혹은 주류 도덕이론은 이러한 영역에서 사람들이 보이는 애착을, 만약 그 애착이 편파적이지 않은 공정한 도덕규범으로 제한된다고 한다면, 추구해도 괜찮은 탈(脫)도덕적이고 사적인 선호의 하나로 간주해왔다. 돌봄윤리는 가족관계와 우애의 **도덕적** 가치와 중요성을 인식하며, 이러한 영역에서 기존 관계가 어떻게 재편되어야 하고 새로운 관계가 어떻게 발전되어야 할지에 대한 도덕적 지침의 필요성을 인정한다. 돌봄윤리는 개인적인 영역에서의 돌봄관계의 가치를 파악하게 되면, 돌봄가치에 비추어 사회적이고 정치적인 방안을 검토한다. 페미니스트 윤리로서의 돌봄윤리는 좀 더 근본적인 사회변화에 시사점을 던진다. 돌봄윤리는 기존 사회구조 안의 여성평등뿐만 아니라 돌봄의 가치, 돌봄의 중요성, 돌봄의 도덕적 의미가 드러나는 경험이 평등하게 고려되어야 함을 요구한다.

돌봄윤리의 네 번째 특징은 페미니스트들이 많은 장르에서 생각해온 것처럼, 돌봄윤리는 공적인 것과 사적인 것이라는 전통적인 이해를 재개념화한다. 주류 도덕이론의 전통적인 시각에서 가정은 정부가 간섭해서는 안 되는, 즉 간섭을 위해서는 동의를 받아야 하는 정치 밖의 사적 영역이다. 페미니스트들은 남성의 막강한 사회적, 정치적, 경제적 그리고 문화적 파워가 이러한 "사적" 영역을 여성과 아이들에게 불리하게 구조화하였는지 보여주었다. 여성과 아이들이 외부의 간섭이 미치지 않는 가정폭력에 취약하게 되고, 여성은 경제적으로 남성에게 의존하며 고도로 불평등한 가정 내 노동분업에 종속되도록 방치된다. 법은 재생산의 문제에 있어 여성의 사적인 결정에도 주저없이 개입해왔지만, 집안이란 "성곽"에서 남성의 강압적인 권력행사에 개입하는 것은 상당히 꺼려해왔다.

　주류 도덕이론은 가족과 우애의 "사적" 영역의 도덕적 중요성을 등한시하는 한편, "공적" 삶을 도덕에 적합한 것으로 보았다. 따라서 주류이론에서 도덕은 비관계적이고 비의존적(independent)이며, 평등하다고 가정되는, 서로에게 무관심한 개인을 추구한다고 전제해왔다. 주류이론은 가족, 우애, 사회집단의 맥락에서 상호연계된 사람들 사이에서 일어나는 도덕문제를 간과하면서, 도덕성을 구성하는 추상적이고 완전히 합리적인 "행위자"를 상정해왔다.[9] 가족관계를 예로 들면, 가족구성원에게 부과된 의무와 유대관계는 당사자의 선택의 결과가 아닌 불평등한 파워관계 속에 얽히고 매인 사람들의 전형적인 관계이다. 예를 들어, 자식은 부모를 선택할 수 없지만, 자식은 부모를 돌봐야 할 의무를 지게 될 수 있다. 이러한 관계는 기본적으로 계약관계가 아니며, 이러한 관계를 계약으로 개념화하는 것은 종종 관계적 가치를 기반으로 하는 신뢰를 약화시키거나 소진시킨다. 돌봄윤리는 불평등하고 돌봄의존적인 사람들 사이의 관계, 즉 종종 감성과 비자발성이 결부된 관계가 던지는 도덕문제를 방치하지 않고 다가간다. 그리고 이러한 관계의 특징이 가정뿐만 아니라 더 큰 사회에서 어떻게 적용될 수 있을지 주목한다. 예를 들어, 개인은 자신이 성장하게 될 성, 인종, 계급, 민족, 종교, 국가 혹은 문화집단 등을 선택하지 않지만, 이러한 유대는 그들이 누구이며 그들의 경험이 도덕적 이해에 어떤 기여를 할 수 있는지의 측면에서 매우 중요할 수 있다.

　돌봄윤리의 다섯 번째 특징은 출발선인 인간에 대한 개념이다. 이는 다음 절에서 다룰 것이다.

자유주의적 개인주의 비판

돌봄윤리는 일반적으로 주류 도덕이론에서 상정하는 자족적이며 비의존적인 인간이 아니라 관계적 존재로서의 인간을 전제한다. 주류 이론은 개인을 합리적, 자율적 혹은 자기이해적인 행위자로 이해하는 자유주의 정치이론과 경제이론에서 발전된 개인 개념을 도덕이론에 도입한 것으로 해석된다. 브라이언 베리(Brian Barry)의 통찰을 빌리면, 이러한 관점에서 볼 때 사회는 "협력의 조건이 당사자 각자의 목적을 달성하고 심화시킬 때만 협력하는 비의존적이고 자율적인 개체들"로 구성된다.[10] 혹은 만약 이들 개체들이 칸티안이라고 한다면, 충분히 합리적이고 자율적인 행위자 개인이 동의하는 보편적인 법칙에서 추론될 수 없는 행동으로부터는 거리를 둔다. 마이클 샌델(Michael Sandel)은 이 시각을 비판하며, "우리를 분리하는 것이 어떤 중요한 의미에서 우리를 연결시키는 것보다 —도덕적으로 뿐만 아니라 인식론적으로— 우선한다. 우리는 각자가 구분되는 개인이며 **그런 다음에** 관계를 형성한다"고 지적한다.[11] 마사 너스바움(Martha Nussbaum)의 자유주의 페미니스트 도덕의 입장에 따르면, "하나씩 차례로 나아가는 인간의 성숙은 분석적으로도 또한 규범적으로도 어떤 집단의 성장보다 우선한다."[12]

이와 대조적으로 돌봄윤리는 도덕적으로도 인식론적으로도 개인을 관계적이고 상호의존적인 존재로 바라본다. 모든 개인은 우리에게 돌봄을 표현해주는 누군가에 의존한 영유아시절에서 시작하며, 삶을 통틀어 볼 때 근원적이고 원초적인 방식부터 타인과 상호의존관계로 남아 있다. 마치 우리가 비의존적인 것처럼 생각하고 행동할 수 있는 것은 그것을 가능하게 하는 사회적 관계망에 의존하기 때문이다. 그리고 우리의 관계는 우리 자신의 정체성을 구성하는 한 부분이다. 그렇다고 해서 우리가 자율적일 수 없다고 말하는 것은 아니다. 페미니스트들은 자유주의적 개인주의를 대체하는 대안적 자율성 개념을 발전시키는 많은 작업을 해왔다.[13] 페미니스트들은 억압적인 관계적 유대를 재구성하거나 거부해온 많은 경험이 있다. 하지만, 돌봄윤리의 관점에서 볼 때, **마치** 우리가 로빈슨 크루소처럼 혹은 홉스의 이미지 같이 버섯 나듯 자라나는 것처럼, 도덕성을 가정하는 것은 잘못된 것이다.[14] 에바 커테이(Eva Kittay)는 이러한 자율성 개념은 서로를 연결할 수 있는 선택권이 있는 자유롭고 평등하며 비의존적인 개인들로 사회가 구성되었다는 허상(虛像)을 조장한다고 지적한다. 이러한 개념은 영유아시절이나 아프거나 고령으로 노쇠해지는 시점처럼 다양한 생의 구간에 처한 대부분의 사람들, 장애를 입은 사람들, 그리고 무급 "의존노동(dependency work)"을 하고 있는 사람들이 처한 의존이라는 바로 그 실상(實像)을 간과한다.[15] 그리고 이러한 개념은 개인과 집단이 현대사회에서 상호의존적일 수 있는 수많은 방식을 묵살한다.

자유주의적 개인주의의 개인 개념은 사회 속의 개인과 사회에 대한 잘못된 상(像)을 유포할 뿐만 아니라, 돌봄윤리의 관점에서 보면 이 개념은 하나의 규범으로도 매우 빈약하다. 돌봄윤리는 우리가 맺고 있는 특정한 타인과의 유대, 그리고 부분적으로 우리 자신의 정체성을 구성하는 실제 관계에 가치를 부여한다. 사람들은 -어떤 타인 및 집단과는 소원해지고, 반면에 다른 타인 및 집단과는 관계를 강화하거나 발전시키면서- 종종 타인과의 관계를 재편하고 그렇게 해야 함에도 불구하고, 돌봄윤리에서 추구하는 자율성은 새로운 관계를 키워가고 재조성하는 능력이지, 자유주의 정치이론과 도덕이론에서 가정하는 무연고(無緣故)적이고 추상적이며 합리적인 자아를 닮아가는 것은 아니다. 돌봄윤리로 동인(動因)된 사람들은 보다 좋은 돌봄관계에서 보다 모범이 될 만한 관계적 인간이 되도록 노력한다.

자유주의 이념이 단지 우리에게 이상적인 모형으로서 합리적인 것이 무엇인지를 일러주었음에도 불구하고, 자유주의 모형이 제시하는 개인은 환대받지 못하는 결과를 낳았다. 아네트 바이어(Annette Baier)가 썼듯이, "자유주의적 도덕은 그것이 보완되지 않는다면 서로에게 무관심한 인간상(人間像)을 가정하는 것을 제외하고, 어떤 것에도 **들어 맞지 않게** 될 것이다."[16] 이론적 모형을 차용하는 것이 어떻게 그 이론이 투사되는 행태를 만들게 되는지에 대한 흥미로운 경험적 증거가 있다. 다양한 연구에서 알 수 있듯이, 자기이해에 기반을 둔 의사결정에 대해 "명확하게 예측되는 모델로 반복적이고 집중적으로" 노출되는 경제학을 공부하는 학생들은 다른 학생들에 비해 덜 협동적이고 더 무임승차하는 경향을 보여준다.[17]

주류 도덕이론에서 차용한 개인 개념은 잘 해봐야, 일단 사람들이 정치적인 실체를 형성할 수 있을 정도의 충분한 신뢰가 존재하는 상태에서, 완전한 생면부지 외지인이 아닌 온건한 이방인들 (이들 사이에 정치 공동체를 구성할 정도의 적절한 신뢰가 존재할 수 있다면) 사이의 법률적, 정치적 그리고 경제적 상호작용에 적합한 도덕성을 제공한다.[18] 대신, 돌봄윤리는 개인의 관계성에 호의적이다. 돌봄윤리는 우리 자신의 책임 중 많은 부분이 자유롭게 생성된 것으로 간주하지 않으며, 가족적, 사회적, 역사적 맥락 속에서 우리 안에 내장(embedded)된 우연 (incidents)에 의해 우리 앞에 펼쳐진 것으로 간주한다. 자유주의적 개인주의의 도덕은 우리 각자를 홀로 두는 것에 관심을 갖는 반면, 돌봄윤리는 우리에게 책임을 **수임**(授任)할 것을 요구한다. 인간을 내장되고 연고적인 존재로 보는 견해는 도덕에 대해 고민하는 많은 페미니스트 입장과 돌봄윤리의 입장에서 근본적인 부분이다(자세한 설명은

3장 참조).

정의와 돌봄

돌봄윤리의 개념이 정의윤리(an ethics of justice)와 대조되는 것으로 이해될 수 있기 때문에, 정의와 돌봄 중 양자택일을 해야 할 것 같다. 도덕문제를 해석하고 조직하는 대안 방식을 제시했던 캐롤 길리건(Carol Gilligan)의 제안은 다음의 함의를 갖는다. 그녀는 인지에 대한 심리학적 조사를 통해, 사람들이 어떤 문제를 정의의 문제나 돌봄의 문제로 보지만, 돌봄과 정의의 문제로 동시에 인식하지는 않는다는 점을 설명하기 위해, 모호하지만 꽃병(vase)과 얼굴(face)의 비유를 사용했다.[19]

정의윤리는 공정, 평등, 개인의 권리, 추상적 원칙, 원칙의 일관성 있는 적용에 관심을 둔다. 돌봄윤리는 배려, 신뢰, 필요에 대한 응답성, 서사적 어감(narrative nuance), 돌봄관계 조성에 초점을 맞춘다. 정의윤리가 경쟁하는 개인의 이해와 권리 사이의 공정한 해법을 추구하는데 비해, 돌봄윤리는 돌보는 사람과 돌봄을 받는 사람의 이해를 단순히 경쟁적으로 보지 않고 중요하게 얽혀있는 것으로 간주한다. 정의는 평등과 자유를 보호하는 반면, 돌봄은 사회적 유대와 협력을 권장한다.

이러한 것들은 도덕이 무엇을 고려해야 하는지에 대한 매우 다른 강조점이다. 하지만, 정의와 돌봄 모두 도덕적으로 가장 중요해 보이는 것을 다룬다. 이는 많은 사람들로 하여금 정의와 돌봄을 어떻게 하나의 만족할 만한 도덕으로서 조화시킬 것인지를 탐색하게 한다. 예를 들어, 혹자는 가정폭력으로부터 보호하고 불공정한 노동분업과 처우로부터 아동을 보호하기 위해 가족과 같은 돌봄 맥락에서 정의가 요구된다고 주장할 수 있다. 또한 혹자는 개인이 인간적으로 대우받으며, 교육·보건·복지가 사회적 책임의 형태로 다뤄지는 공적 공간과 법정과 같은 정의의 맥락에서도 돌봄이 필요하다고 주장할 수 있다. 이 지점에서의 함의는 아마도 정의와 돌봄은 서로 다른 "윤리"로 분리되어서는 안 되며, 사라 러딕(Sara Ruddick)이 제안한 것처럼, "정의와 돌봄은 항상 동반되는 관계"라는 점이다.[20]

돌봄에서 정의가 인식되는 측면이 전혀 없다고 주장하는 사람은 거의 없을 것이다. 예를 들어, 어떤 사람이 두 아이 중 한 아이만 고집스럽게 편애한다면, 이는 두 아이를 다 잘 돌보지 못하는 것이다. 이러한 편애는 좀 더 큰 필요를 위한 것이라 하더라도 정당화될 수 없다. 여기에서 쟁점은 어떤 가치가 우선하는지이며, 정의와 돌봄의 실천에서 어떤 것이 지배적인지에 대한 것이다. 정의윤리와 돌봄윤리의 차이점을 분명히 하는 것은 가능하다. 정의윤리의 주류 도덕이론에서는 평등의 가치, 불편부당성, 공정한 분배, 불간섭이 우선시된다. 정의의 실천에서 개인적 권리는 보호되고, 공정한 판단이 내려지며, 처벌은 합당한 것이고, 동등한 대우가 추구된다. 이와 대조적으로 돌봄윤리에서는 신뢰, 연대, 상호관심, 동감적 응답의 가치가 우선한다. 돌봄실천에서 관계는 기르고 쌓아야 하고 필요는 응답받아야 하며, 민감성이 발휘되어야 한다.

디뮤트 부벡(Diemut Bubeck)은 돌봄과 정의를 통합하려고 더욱 노력했다. 그녀는 "유기체적 돌봄실천으로부터 발생하고 필요를 충족시키는 돌봄의 물질적인 필요에 응답하는, 이념, 가치, 개념의 체계로서 돌봄윤리를 지지한다"고 분명히 한다.[21] 하지만 그녀의 주된 관심사는 여성의 무급 돌봄을 제공하는 방식과 관련한 여성착취에 대한 이해이다. 돌봄노동에 가담하는 시간과 능력이 한정된 돌보는 사람은 돌봄을 받는 사람의 다양한 필요에 응답해야 하기 때문에, 평등 같은 원칙이나 해악의 최소화 같은 항목이 명시적이지는 않더라도 암묵적으로 돌봄실천에 내장된 상태라고 주장한다. 그녀는 "정의의 고려사항은 결코 외삽(外揷)된 요소가 아닌 돌봄 그 자체의 실천 안에서 생성되기 때문에, 돌봄윤리의 부분으로 정당하게 이해된다"고 적는다.[22] 따라서 돌봄윤리는 사회에서 돌봄이란 임무의 분배방식의 정당성에도 역시 관심을 가져야 한다. 전통적으로 여성은 필요한 돌봄노동의 대부분을 담당하는 존재로 기대되어왔다. 즉, 성별노동분업은 여성의 돌봄노동을 무급화하여, 유급노동에 종사하는 남성보다 여성을 열악하게 만듦으로써 여성을 착취한다. 여성에게는 돌보는 사람으로서의 "여성성(feminity)"이 형성되며, 이는 여성이 성별노동분업을 수용하도록 하는 압박으로도 작동한다. 돌봄윤리가 돌봄을 극찬하면서도 돌봄의 부담이 어떻게 분배되고 있는지에 관심 갖지 않는다면, 여성의 착취 및 수많은 가정, 주간 돌봄센터, 가정간호 등에서 저임금에 시달리며 돌봄노동을 하는 소수자 집단의 착취에 일조하는 것일 것이다.

하지만 정의가 적절한 돌봄윤리로 통합되어야 하는지 혹은 돌봄과 정의의 개념과 이들이 결합된 윤리를 개념적으로 구분해야 하는지의 문제는 여전히 남아 있다. 돌봄윤리가 얼마나 특정한 타인의 필요에 대한 응답성과 상호관계성에 가치를 부여하고 있는지, 정의윤리가 얼마나 공정성과 권리에 가치를 부여하고 있는지, 그리고 이들이 얼마나 서로 다른 지점을 강조하고 있는지를 인정하는데 많은 논의가 필요하다.[23] 무리한 결합은 유의미한 차이점을 살리지 못하기 마련이다. 필자는 정의윤리와 돌봄윤리 중 어느 하나가 다른 하나를 판단할 수 있는 고유한 근거를 제공한다고 전제하며, 둘 중 하나가 다른 하나에 병합될 수 있다고 생각하기보다, 포괄적인 도덕이론은 돌봄윤리와 정의윤리 모두의 통찰력을 놓쳐서는 안 된다고 강조하고 싶다. 균등한 돌봄이 반드시 더 좋은 돌봄은 아니지만, 이는 더 공정한 돌봄이다. 그리고 인간적 정의가 필연적으로 더 좋은 정의라고 할 수는 없지만, 이는 더 많이 보살피는 정의이다.

돌봄윤리 이론가 중 돌봄윤리가 주류 정의윤리보다 낮은 가치의 도덕관이라고 생각하는 이는 아마도 거의 없을 것이다.[24] 예를 들어, 스테판 다웰(Stephen Darwall)이 언급한 것처럼, 돌봄의 고려가 기존 주류이론에 단순히 첨가될 수 있다는 생각은 불충분하다.[25] 닐 나딩스(Nel Noddings)를 시작으로 많은 논문들[26]이 후속해서 제기했던 것처럼, 돌봄윤리는 공적 삶에 적합하지 않으며 사적 영역에 국한해야 한다는 주장 역시 기각되어야 한다. 하지만, 돌봄과 정의가 각자의 장점을 잃지 않고 어떻게 선별되어야 할지는 여전한 과제이다.

돌봄과 정의의 통합에 대한 필자의 제안은 개념적으로 돌봄과 정의를 계속 구분하고, 우선시되는 영역의 윤곽을 잡아나가자는 것이다.[27] 예를 들어, 법의 영역에서는 돌봄이라는 인간적 고려사항이 빠져서는 안 되겠지만, 정의와 권리보호가 우선적으로 보장되어야 한다. 가족과 친구의 영역에서는 기본적인 정의의 필수요건이 충족되어야 하겠지만, 광범위한 돌봄이 우선되어야 한다. 하지만 이러한 경우는 가장 명료한 사례들이다. 즉, 다른 사례들은 도덕적 시급함이 결부되기 마련이다. 보편적 인권은 (정치적·시민적 권리뿐만 아니라 사회적·경제적 권리를 포함해서) 확실히 존중되어야 하지만, 단순한 합리적 인식보다 각 영역에서 돌봄을 조성하는 것이 추상적 인권을 성취하는 더욱 더 확실한 방식일 것이다. 필요가 시급하고 절실한 경우라면, 필요를 충족시키는 책임을 어떻게 분담할 것인가 하는 정의의 문제는 차선의 문제가 될 수도 있다. 비록 이것이 권리침해까지 묵과할 수 있는 것은 아니지만 말이다. 권리가 보장되고 돌봄이 제공되는 사회를 구성하는 과정에서, 서로를 함께 사는 사회의 동료구성원으로 인정하게 할 수 있는 느슨하지만 무시할 수 없는 돌봄관계에 대한 인정이 이루어져야 한다. 이러한 인정은 궁극적으로 지구적이어야 한다. 동시에, 정의를 실현하기 위해 설계된 자유주의적 제도가 작동할 수 있는 시민사회는, 단순히 경쟁적인 개인이라는 조건보다 돌봄관계의 조건을 전제해야 한다(8장 참조). 더구나, 돌봄이 주목하는 권고사항은 사회를 어떻게 구조화시킬 것이며, 어떻게 시장을 규제하거나 확장시킬 것인지에 대해 결정하는 정의의 권고사항보다 풍성한 토양을 제공한다(7장 참조). 기초생계와 같이 당연히 인정받아야 하는 권리를 보호하는 과정에서, 구성원 모두를 위해 공동체를 돌보는 정책이 장애와 질병으로 아무것도 할 수 없는 사람에게 공정하지만 마지못해 주는 수당보다 좋은 정책이 될 것이다.

돌봄은 아마도 가장 본원적인 가치이다. 정의가 없어도 돌봄은 가능하다. 역사적으로 볼 때, 가족 내부의 문제에 정의의 공간은 없었지만, 돌봄과 삶은 정의 없이도 지속되었다. 하지만, 돌봄이 없다면 어떠한 아이도 살아남지 못할 것이며 존중할 어르신도 계실 수 없게 될 것이기 때문에, 돌봄 없는 정의는 있을 수 없다.

따라서 돌봄관계에 있는 사람들이 경쟁하고 서로를 공정하게 대해야 할 경우, 또는 사회적 수준에서, 마치 우리가 자유주의 이론에서 상정하는 추상적인 개인인 것처럼 제한된 목적으로 서로를 대하기로 동의하는 느슨한 종류의 돌봄관계의 경우, 돌봄은 정의가 추구될 수 있는 더 폭넓고 더 심도 있는 윤리를 제공할 수 있다. 그러나 돌봄이 더 근본적인 가치가 될 수 있다 하더라도, 돌봄윤리가 그 자체로 정의의 문제를 논하는데 있어 충분한 이론적 원천을 제공하는 것은 아니다. 정의윤리는 그것의 영역과 쟁점이 정당하고 적절하다면 우리가 추구하는 것 중 최선일 수 있다. 그러나 거부해야 할 것은 정의윤리가 모든 도덕문제에 적합한 포괄적인 도덕을 제공할 수 있다고 오판하여, 정의의 범주를 확대하려고 하는 전통적인 관행이다.

사회적 함의

많은 돌봄윤리 옹호자들은 돌봄이 정치적 삶, 경제적 삶 그리고 사회적 삶에 있어서 유의미하다고 주장한다. 사라 러딕은 평화를 성취하고자 하는 노력에 있어 돌봄의 함의를 보여준다.[28] 인간관계에 대한 계약적 모형이 가정(家庭)에는 적용되지 못하는 한계를 갖기 때문에, 우리는 가정을 넘어선 세계에서도 그 모형의 한계를 숙지하고 있으며, 또한 우리는 돌봄을 계속해서 주변화하기보다 돌봄을 우대하는 사회를 어떻게 재구조화할 것인지에 대한 생각을 시작해야 한다고 필자는 주장한다. 돌봄이 우리의 주요 관심으로 자리잡고 우리 사회의 화두가 된다면, 사회의 모든 영역은 돌봄 관점이 요구하는 변화를 필요로 할 것이다. 뿐만 아니라, 돌봄을 좀 더 진중하게 받아들인다면, 사회 각 영역 간의 관계 변화의 필요성을 인정할 것이다. 경제적 이익에 매몰되고 법으로 억제된 갈등이 지배하는 사회 대신, 개인적 맥락뿐만 아니라 시민적 수준과 정부제도의 맥락에서도 아이의 성장과 돌봄관계의 조성을 그 사회의 최우선 과업으로 받아들이는 사회에서 우리는 살게 될 것이다. 우리는 시장의 지침에 경사된 문화를 포기하는 대신, 인간 삶을 풍요롭게 하고 밝게 비출 수 있는 최선의 방식으로 문화를 개선시켜 나갈 수 있게 될 것이다.[29]

조안 트론토(Joan Tronto)는 "최상위의 사회적 목표"로서 돌봄필요의 충족을 옹호하는 도덕적 이상으로 뿐만 아니라 정치적 이상으로 돌봄을 바라보며, 돌봄윤리의 정치적 함의를 주장한다.[30] 그녀는 돌봄이 제공되는 기존 방식이 얼마나 수긍될 수 없는지를 보여준다. 즉, "돌봄활동은 저평가 되고, 저임금에 머물러 있으며, 불공평하게도 사회에서 가장 힘이 없는 사람들이 담당하고 있는 실정이다."[31] 부벡, 커테이 그리고 다른 많은 학자들은 돌봄이 여성의 사적 책임, 사적 자선(charity)의 불충분함과 자의성, 혹은 시장의 변덕과 왜곡에 일임(一任)되어서는 안 되는 공적 관심사로 인식해야 한다고 강력하게 주장한다.[32] 나딩스는 최근 저서 『가정에서 출발(*Starting at Home*)』에서 돌봄사회가 어떤 모습일지를 탐색한다.[33]

　우리가 다소 거리감을 느끼는 사람들 사이의 돌봄관계를 고려할 때, 이러한 관계에서 발생하는 돌봄을 직접 면대면으로 상호작용하는 돌봄노동과 무관할 뿐만 아니라 손쉽게 가부장적으로 변질되거나 온정적인 거드름이 묻어나는 기계적인 "관심보이기(caring about)"로 환원해 생각해서는 안 된다. 돌봄관계에 속한 당사자들 간의 거리감이 더 먼 경우라면, 타인의 필요에 주의를 기울이고 응답하기 및 타인의 관점에서 상황을 이해하기 같은 속성으로 돌봄의 성격을 규정해야 한다. 돌봄 또한 노력을 다양하게 확대하고 이해하는 작업을 필요로 한다.[34]

　돌봄이 폭넓은 사회적 함의를 내포하고 있는 가치라는 점을 인정한다면, 많은 사람들이 여전히 돌봄윤리를 "사적" 영역에 국한된 "가족윤리"로 이해하고 있는 것은 안타까운 점이다. 돌봄의 초기 논의에서 그러한 주장이 있었고 또한 개인적 맥락에서 돌봄과 연관된 가치가 가장 명확하게 드러나고는 있지만, 돌봄윤리를 올바로 이해한다면

돌봄윤리는 근원적이며, 정의와 마찬가지로 정치제도 및 사회의 구성
방식을 다루고 있음을 인정하게 될 것이다. 아마도 돌봄윤리의 가치
는 전통적으로 의존해온 가치보다 더 근원적이며 사회적 삶과 더 부
합한다.

돌봄사회는 사법, 행정, 국방 그리고 기업을 최고의 부와 권력을
누리는 가장 중요한 사회조직으로 가정하지 않는다. 대신에, 돌봄사
회는 아이양육, 구성원의 교육과 필요충족, 평화와 환경보존 등의 과
제를 가장 잘 수행하는 것이 모든 사회구성원이 최선의 노력으로 경
주해야 할 대상으로 이해한다. 어떤 경우는 법적 구속력과 경찰력에
상응하는 무언가가 항상 필요할 수 있겠지만, 돌봄사회에서는 그러한
필요성이 점차적으로 줄어들 것이다. 돌봄이 요구하는 사회적 변화는
상상만큼이나 근본적일 수 있다.

발전된 돌봄윤리는 가족의 영역과 개인들 간의 관계에 국한되지
않는다. 돌봄윤리의 정치적·사회적 함의가 고려된 경우, 이는 사회의
근원적인 재건을 요구하는 급진적 윤리이다. 그리고 돌봄윤리는 권력
과 폭력을 다루는 혜안(慧眼)을 갖고 있다(8장, 9장 참조).

돌봄윤리와 미덕윤리

돌봄윤리에서 돌봄인이 갖는 심성을 개인들에게 함양시키기를 권
장하는 한, 돌봄윤리가 미덕이론으로 동화되지는 않을까?

일부 철학자들에게 돌봄윤리는 미덕윤리의 한 형태일 수 있다.『페
미니스트 실천윤리(*Feminists Doing Ethics*)』에 기고했던 많은 저자들도
이러한 입장이다.[35] 미덕윤리이론의 선도자인 마이클 슬로트(Michael
Slote)는 돌봄은 주요한 미덕이며, 돌봄이라는 동기부여에 기초한 도

덕은 옳은 행동과 잘못된 행동, 그리고 정치적 정의에 대한 일반적인 설명을 제시할 수 있다는 포괄적인 입장을 지지했다.[36]

분명하게 돌봄윤리와 미덕이론은 일정한 유사성이 있다. 두 이론 모두 구현하려는 실천과 도덕적 가치를 탐구한다. 두 이론 모두 추상적인 원칙에 기댄 추론보다 실천을 교정하는 도덕적 발전을 좀 더 희망한다. 두 이론 모두 도덕적 실천을 발전시키고 육성하고 조성해야 한다는데 이해를 함께한다.

하지만 최근까지 미덕이론은 여성에게 과도하게 전담되어온 돌봄 실천에 대해 충분한 관심을 보이지 않고 있다. 비록 이 점이 바로잡힌다 하더라도, 미덕이론은 미덕을 다양한 전통 혹은 전통적 공동체에 통합되는 것으로 간주해왔다. 이와는 대조적으로, 페미니스트 윤리로서 돌봄윤리는 기존 전통과 전통적 공동체에 대한 긴장을 풀지 않는다. 실상을 살펴보면, 모든 부분이 가부장적이다. 돌봄윤리는 돌봄을 남성지배 하의 관행으로 여기지 않는다. 대신 이는 돌봄을 아직 우리가 그러한 전통이 없거나 경험하지 못한 탈가부장적 사회에서 실천되어야 할 것으로 간주한다. 평등주의적 개별 가족도 불평등한 사회적·문화적 영향력에 여전히 둘러싸여 있다.

필자의 견해로는 이 두 이론에 유사성이 존재하고, 돌봄이 의심의 여지없이 하나의 미덕이라 하더라도, 돌봄윤리는 단순한 미덕윤리가 아니다. 미덕윤리는 개인적 특성에 초점을 두는 반면, 돌봄윤리는 돌봄관계에 주력한다. 돌봄관계는 주요한 가치를 갖는다.

슬로트가 주장한 것처럼 미덕윤리가 기본적으로 동기의 문제로 해석된다면, 미덕윤리는 부당한 돌봄노동과 돌봄의 객관적 결과(필요는 실제로 충족되어야 한다고 부벡이 강조한)를 간과할 수 있다. 돌봄은 단지 동기, 태도 혹은 미덕의 문제가 아니다. 다른 한편으로, 부벡의 논지는 돌봄 **역시** 동기와 미덕의 측면이라는 점을 간과하고 필요충족을 강조한다는 측면에서 공리주의적 해석에 가깝다. 만일 미덕이론이 내적 동기에 덜 제한되어 있고 또한 유덕한(virtuous) 사람이 돌봄대상자를 보살피는 활동의 결과까지 충분히 고려한다면, 미덕이론도 돌봄윤리의 관심사를 당연히 포함할 것이다. 하지만, 미덕윤리는 여전히 개인의 심성(dispositions)에 초점을 두는 반면, 돌봄윤리는 사회적 관계, 사회적 실천, 그러한 관계와 실천의 사회적 가치에 집중한다. 전통적인 유덕한 인간은 이성적 인간처럼 대부분 과거의 가부장적 그림자에 끌려 다니고 있다. 분명, 돌봄노동은 유덕한 인간이 충분히 관심을 쏟고 있는 유덕한 행동 중 하나가 아니다.

필자의 견해에서 볼 때, 돌봄윤리는 미덕윤리와 구별되는 차별화된 윤리관이다. 아리스토텔레스, 흄, 그리고 도덕적 감성주의자들 같이 미덕이론에 공헌한 선구자들이 있었던 것처럼, 돌봄윤리에도 초기의 선구자들이 있다. 그러나 페미니스트 윤리로서 돌봄윤리는 가부장적 환경에서 자라난 여성의 태도와 활동에 대한 단순 설명이나 일반화를 넘어선다. 돌봄윤리가 환대받을 수 있으려면, 남성과 여성 모두에게 개방된 **페미니스트** 윤리여야 한다. 하지만, 페미니스트적이기 때문에, 이는 초기의 돌봄윤리 선구자들과도 다르며, 이는 미덕윤리와도 역시 다르다.

돌봄윤리는 때때로 충돌하는 도덕적 요구들 사이에서 명확한 답을 제시할 수 없었기 때문에 불충분하다고 간주되기도 한다. 마찬가지로 여러 미덕의 상충된 해석이 가능한 상황이면 미덕이론 역시, 어떤 미덕이 우선하고 어떻게 적용할 것인지에 대한 명확한 대답이 없는, "미덕의 보따리"일 뿐이라는 비아냥 이상을 제시하지 못한다는 비판을 받는다. 돌봄윤리 옹호자들은, 예를 들어 공리주의적이고 칸티안적인 도덕이론이 제시하는 명확한 답안이면 충분하다는 생각을 허상이라고 응수한다. 비용편익분석은 우리가 무엇을 해야 하는지에 대한 명확한 답을 주는 공리주의적 논리의 전형이지만, 도덕의 관점에서 보면 공리주의적 답안은 악평을 퍼부을 정도로 미덥지 못하다. 의무론적 규칙에 대한 인과적 추론 역시 마찬가지이다. 돌봄윤리 옹호자들에게는 돌봄윤리의 대안적 도덕인식론이 더 우수해 보인다. 돌봄윤리는 돌봄을 이어가는 관계와 특징을 육성하고 각 개인의 관점을 소외시키지 않고 바로잡아가는 대화를 권장하면서, 구체적인 맥락에서 고려해야 할 복합적이면서도 타당한 권고사항에 대해 민감할 것을 강조한다.[37] 비록 담론윤리가 지나치게 이상적이 되어 실질적인 관점의 차이가 드러나지 않는 담론보다 대화 참가자가 자신의 입장을 설명할 수 있게끔 조력하는 실질적 대화에 방점을 찍고 있지만, 돌봄윤리는 담론윤리의 방법에 대해 우호적이다.[38]

돌봄, 문화, 종교

돌봄윤리가 페미니스트가 아닌 다른 종류의 윤리이론과 유사성이 있는지, 돌봄윤리의 비(非)페미니스트 형태가 있을 수 있는지에 대한 의문이 제기될 수 있다. 혹자는 돌봄윤리가 흄의 윤리와 밀접하다고 생각한다.[39] 혹자는 돌봄윤리가 유교(儒敎)윤리와 비슷하다고 주장해 왔다. 젠량 리(Chenyang Li)가 그렇다. 그는 돌봄 개념은 유교의 핵심인 인(仁, jen 혹은 ren)의 개념과 유사하며, 비록 유교적 전통에서 여성은 남성보다 열등하다고 주장하지만 그것은 유교의 필연적인 특징은 아니라고 주장한다.[40] 다니엘 스타(Daniel Star)는 유교는 미덕윤리의 하나이며, 언제나 부(父)/자(子), 군(君)/신(臣) 같은 역할범주의 관계에 관심을 갖고 있으며, 이러한 특징으로 돌봄윤리가 우선시하는 특정한 부모와 특정한 아이 간의 관계처럼 특정한 관계를 우선시할 수 없다고 본다.[41]

리준 위안(Lijun Yuan)은 유교윤리는 본질적으로 너무 가부장적이기 때문에 페미니스트들이 수긍할 수 없다고 지적한다.[42] 하지만 다른 해석 역시 제시된다.[43] 돌봄윤리가 유교윤리와 비슷한 점은 공적인 것과 사적인 것 간의 구분을 명확하게 하지 않은 점이다. 돌봄윤리는 민주국가가 봉건사회를 대체하던 17-18세기 서구에서 주류가 된 모델을 거부한다. 즉, 무관심한 개인들이 평등하게 살아간다는 공적 영역과 여성은 돌봄을 하고, 남성은 군림하는 사적 영역을 기초로 한 모델을 거부한다. 돌봄윤리는 돌봄을 가정의 가치일 뿐만 아니라 사회적 가치로 승인한다. 이러한 측면에서 공적 윤리란 사적 윤리의 확장으로 바라보는 유교적 관점과 유사점이 존재한다.

이웃을 사랑하고 빈자를 보살피라 조언하는 기독교 사랑의 윤리와 돌봄윤리가 어느 정도 유사하다고 제시될 수 있다.[44] 하지만 도덕이 종교에 의존할 때, 종교의 신념에 함께하지 않는 이들에게는 설득력이 없다. 반대로, 이성을 토대로 하는 도덕은 전 세계적으로 문화적 차이를 넘어 지지를 받을 수 있다. 인권운동의 성장이 바로 그것이다. 칸티안 윤리와 공리주의 같은 주류 합리적 도덕이론이 갖고 있는 강력한 힘 중 하나는 종교로부터 독립적이라는 점이다. 이러한 주류 도덕이론은 보편적 이성에 호소하는 것을 목표로 한다(비록 그것의 실천은 애석하게도 그렇지 못할 수도 있지만).

미덕윤리가 가끔 종교에 의존하기도 하지만, 그럴 필요는 없다. 하지만, 미덕윤리의 보편적 호소는 어디서나 수용되는 법체계의 기본을 제공할 수 있다고 간주되는 살인, 절도, 강간에 반대하는 것 같은 이성에 근거한 기본적인 도덕적 금지사항과 비교해볼 때, 미덕으로 생각해왔던 많은 것의 엄청난 문화적 편차를 고려한다면 이성주의적 윤리(rationalistic ethics)보다 못하다.

합리적 도덕이론의 윤리와 비교했을 때, 돌봄윤리가 상당한 잠재력을 보유하고 있다는 점은 주목해야 한다. 돌봄윤리는 돌봄이라는 보편적인 경험에 호소한다. 의식이 있는 모든 인간은 아이로서 돌봄을 받은 경험이 있으며, 자신을 형성한 돌봄의 가치를 이해할 수 있다. 즉, 사고하는 인간이라면 모두 자신의 미래를 가능하게 해주었던 돌봄관계의 도덕적 가치를 인정할 수 있다. 사람들은 돌봄에 내재된 가치와 함의를 인식하지 못하기도 하지만, 돌봄윤리는 모든 사람이 공유하는 경험이란 토대위에 축조된다.

다양한 페미니스트 비평가들은 돌봄윤리가 페미니스트의 목적에 적대적일 수 있다고 주장한다. 보수주의자들은 돌봄의 가치를 지지하지만, 이들은 여성의 권리와 정부의 사회정책을 반대하며 여성의 진보를 거부한다. 전통적인 유교윤리가 돌봄윤리로 이해된다고 한다면, 전통적인 유교윤리는 페미니스트들이 받아들일 수 없는 돌봄윤리의 한 형태일 것이다. 마찬가지로, 공동체주의자들은 돌봄의 진정한 가치를 받아들이면서도, 이들은 "공적" 관심사는 남성에게 일임하고 여성은 마땅히 돌봄을 전담해야 한다고 주장한다. 돌봄윤리에 대한 자유주의 페미니스트들의 비판은 돌봄윤리가 자아를 찾지 못한 여성에 대한 고정관념을 강화하고, 여성에게 돌봄노동을 부당하게 전가한다고 비판한다. 이들 페미니스트들은 돌봄윤리가 페미니즘이 요구해야 하는 평등을 우선시하지 않는다고 생각한다.[45] 다른 페미니스트 비평가들은 돌봄윤리가 가부장적 조건하에서 일어나는 여성의 돌봄경험이 언제나 존재하는 것으로 여기거나, 돌봄이 이뤄지는 억압적인 사회구조의 현실을 그대로 직시하지 못하고 굴절시킨다고 우려한다.[46] 오노라 오닐(Onora O'Neill)은 "돌봄과 관계에 대한 강조는… 아녀자, 부엌데기 그리고 퍼다(purdah)*와 빈곤을 대수롭지 않은 일로 받아들이도록 방조하는 것일 수 있다. '추상적 자유주의'를 거부하며 이러한 페미니스트들은 경제와 공적 생활에서 여성을 배제해온 전통으로 회귀한다"고 밝혔다.[47]

여전히 다른 페미니스트들은 돌봄윤리가 여성에 대한 폭력 혹은 격렬한 정치적 갈등 문제를 충분히 다룰 수 없다고 우려한다. 하지만 돌봄윤리는 화목하고 평화로운, 이상적으로 그려진 가족의 삶을 전제하지 않는다. 돌봄윤리는 돌봄관계도 갈등으로 점철될 수 있다는 점을 잘 알고 있다. 돌봄윤리는 폭력의 문제를 다루지만, 단순히 친절한 대응으로 일관하는 것은 아니다(9장 참조).

돌봄윤리를 옹호하는 페미니스트들은 돌봄윤리가 페미니스트 윤리로 이해되어야 한다고 주장한다. 그들의 견해에 비춰보면, 여성뿐만 아니라 남성도 돌봄관계를 가치 있게 받아들여야 하며, 돌봄관계를 고양함에 있어 양성이 함께 평등하게 분담해야 하는지가 명백하게 드러난다. 돌봄윤리는 가부장적 조건에서 발전한 돌봄관행을 만족스럽게 생각하지 않으며, 돌봄실천을 검토하고 주목하면서 간과되었던 돌봄가치를 인식할 수 있도록 탐구한다. 돌봄윤리는 정의와 더불어 돌봄가치를 정당한 가치로 사회 전체에 확대하려 한다. 만일 돌봄을 우선하는 어떤 입장이 돌봄윤리로 편입되고자 한다면, 수용될 수 있는 부류와 그렇지 않은 부류로 구분해야 한다. 돌봄윤리와 국제관계 간의 관련성에 주목한 피오나 로빈슨(Fiona Robinson)은 앞선 오닐과 같은 비판에 대해, "돌봄을 본질적으로 사적 영역에 속한 여성을 위한

* [역자 주] 부녀자의 거처를 남의 눈에 띄지 않게 하는 휘장, 커튼.

도덕으로 간주하는 견해는, 아주 편협하고 '교조적인(orthodox)' 돌봄윤리"라고 밝히고 있다.[48] 필자의 의견도 이와 같다. 돌봄윤리는 전통적 종교 혹은 공동체주의적 양상의 초기 형태를 벗어났으며, 또한 그러한 초기 형태를 기준으로 평가되어서도 안 된다.

돌봄에 주목하는 비페미니스트 논의를 돌봄윤리의 도덕적 관점에 포함시키는 것은, 현대 도덕이론들 사이에서 진지하게 환영받을 수 있는 주역으로 일취월장한 돌봄윤리의 역사를 부당하게 간과하는 것이라 필자는 생각한다. 동시대 돌봄윤리 발전의 역사는 최근 페미니스트 진보의 역사이다.

페미니스트 배경

돌봄윤리는 페미니스트 사상의 건설적 소용돌이와 1960년대 후반 미국과 유럽에서 시작된 모든 분야에 대한 회의 및 재검토를 통해 성장했다. 이 시기 동안에는 여성에 대한 사회적 편견 및 그동안 지식이라고 받아들여졌던 것들이 관심의 초점이었다.

페미니즘은 혁명적인 운동이다. 페미니즘은 가장 뿌리 깊이 박혀있다고 생각하는 위계, 즉 젠더의 위계를 해체하고자 한다. 비록 여성의 평등이 여러 방식으로 해석될 여지가 있는 개념임에도 불구하고, 페미니즘이 가장 공을 들이는 것은 여성의 평등이다. 페미니즘의 가장 중요한 업적은 여성의 경험이 남성의 경험만큼 중요하고 타당하며 철학적으로 흥미롭다는 점을 정립했다는 점이다. 20세기 후반의 페미니즘은 여성의 경험 위에서 구축되었다.

페미니스트 사고의 핵심에는 경험이 있지만, 경험이 의미하는 바는 대다수의 근대철학과 분석철학이 해석하듯 단순한 경험적 관찰이 아니다. 페미니스트의 경험은 과학뿐만 아니라 예술과 문학에서도 다뤄진다. 페미니스트의 경험은 우리 자신의 감성뿐만 아니라 타인과 우리가 연계되는 지점을 인정하는 경험, 느낌을 수용할 뿐만 아니라 행동을 수행하는 경험, 그리고 생각뿐만 아니라 감정이라는 살아 있는 경험이다. 이는 추상적일 수 있는 여성 그 자체로 생각되는 경험이 아니라, 인종, 문화 그리고 다른 다양한 특징 속에서 겪는 여성의 실체적 경험이다.[49]

여성의 경험에 대한 페미니스트의 강조는 윤리학에도 중요한 의미를 갖게 된다. 이 점은 (상당한 정도의) 주류 도덕이론에 대한 핵심적 비판의 단초가 되었으며, 나아가 도덕성에 대한 대안적 페미니스트 접근의 발전에도 기여하게 되었다. 예를 들어, 인간이라고 하면 남성을 떠올리는 오랜 역사 속에서, 여성이 배제되었던 공적 영역은 분명히 인간적이고 도덕적이며 창조적인 사람의 원천으로 간주되었다. 정치공동체(polis)에 대한 고대 그리스의 개념도 이를 잘 보여주고 있으며, 사회계약론에서는 이 점이 강력하게 반영되었다. 인간적이고 변혁적이며 진취적인 것으로 간주되는 정치적·예술적·과학적 분야에 산업혁명 이후 경제적 영역이 추가되면서, 가정이라는 사적 영역은 종(種)이 재생산되고 생명이라는 생물학적 자원이 꾸준히 충원되는 자연스러운 영역으로 여겨졌다.

20세기 후반 페미니즘이 등장했을 때 주류 도덕이론은 칸티안 도덕이론과 공리주의였다. 이들 도덕이론은 관련된 초윤리적 문제를 다루며, 윤리철학에서 다수의 저작과 수업의 교과목을 지배했던 이론이었다.[50] 또한 이들 이론은 주관적 가치가 배제된 심리학이나 사회과학을 지향하지만, 도덕적 질문을 차단하지 않았던 몇 안 되는 영역인 법 영역에서 맹위를 떨치며 영향력을 행사했던 도덕관이다.

이러한 주류 도덕이론은 공적 영역과 시장에서의 남성의 경험을 바탕으로 구축되었다고 볼 수 있다. 여성의 경험이 남성의 경험과 마찬가지로 도덕과 관련된다고 인정된다면, 여성의 경험을 인정하지 않는 입장은 편견으로 보일 수 있으며, 이러한 도덕류(類)는 도덕적으로 관련된 가정 내 여성의 경험을 충분하게 담아내지 못할 수 있다. 전통적으로 여성의 경험은 낯선 사람들과 공정하게 관계를 맺기보다 가족과 우애라는 특별한 관계를 함양하는 것을 의미했고, 아이와 혹은 종종 아프거나 연로한 부양가족을 위해 막대한 돌봄노동을 제공하는 것으로 여겨졌다. 이러한 맥락에서는 필요에 대한 응답성과 섬세한 애정이 추상적인 규칙과 개인효용의 합리적 계산에 비해 좀 더 나은 도덕적 좌표를 제시하고 있는 것처럼 보인다.

페미니스트들은 주류 도덕이론이 적합한지에 대해 의문을 제기하기 시작했으며, 페미니스트의 목소리에 귀 기울인 다른 비평가들 또한 이러한 의문을 함께 제기했다. 알래스데어 맥킨타이어(Alasdair MacIntyre)와 다른 학자들의 노력으로, 시들해지던 미덕이론이 활기를 찾기 시작했다.[51] 주류이론이 우애라는 미덕을 어떻게 백안시해왔는지에 대한 로렌스 블룸(Lawrence Blum)의 저작과 도덕담론에서 인간이 직면하는 중요한 도덕문제가 어떻게 배제되었는지에 대한 버나드 윌리암스(Bernard Williams)의 회의론이 비판적 담론에 가세하기 시작했다.[52] 지식이 어떻게 역사 속에서 자리매김하게 되었는지에 대한 논쟁과 복수(plurality)의 가치에 대한 논의가 심화되면서, 도덕이론에 대한 페미니스트적 고찰을 재음미해볼 수 있는 장이 열렸다.[53]

전통적인 도덕철학 안에서도, 공리주의나 결과주의, 칸티안이거나 공리주의적 계약주의가 더 나은지, 혹은 의무론적 도덕이론이나 칸티안 도덕이론이 더 나은지에 대한 광범위하고 복합적인 논쟁이 있었다. 하지만 도덕이슈에 대한 여성의 경험이라는 관점에서 보면, 이러한 논의가 결국 대동소이하다는 점은 놀라울 따름이다. 보편적이고 추상적인 도덕법칙에서 비롯된 칸티안 도덕과 무엇이 다수의 사람에게 최선의 행복을 만들어줄 것인가를 결정하기 위한 공정한 계산법을 옹호하는 밀(Mill)과 벤담(Bentham)의 공리주의 윤리는, 모두 상대 이방인들 사이의 상호관계를 위해 전개되었다. 계약주의는 서로 무심한 개인들 사이의 상호관계에 관심을 둔다. 예외 없이 불편부당함(impartiality)을 요구한다. 가장 기초적인 수준에서 우리가 돌보는 사람과 연결되고 우리를 돌보는 사람과 우리 자신을 연결하는 부분중심(partiality)을 위한 이론적 공간은 없다. 최근에는 주류 도덕이론에서 가족, 우애 그리고 집단 정체성의 관계를 이론적 틀 속에서 해소하려는 시도가 있었지만, 필자가 보기에 그러한 시도는 실패했고 또한 상당 부분 자취를 감추었다.

도구적 이성의 도덕성을 부인하는 칸티안 이론과 그것을 받아들이는 공리주의 이론에서, 이성의 개념은 상당히 다르지만 두 이론 모두 이성주의적(rationalistic) 이론이다. 두 이론 모두 모든 사람이 언제나 마땅히 따르며 행동해야 하는 간결한 제1의·최상의 원칙과 보편적 도덕원칙, 즉 칸티안의 정언명령 또는 공리주의의 효용원칙에 의존한다. 두 이론 모두 우리가 무엇을 해야 할지 결정할 때, 불편부당하기를 또한 감정을 거부하기를 우리에게 요구한다. 비록 칸티안 윤리는 이성의 명령을 수행할 때 감정을 받아들이며 또한 공리주의도 우리 자신이 어떤 행동에 영향을 받게 될 고통 혹은 기쁨을 느끼는 사람임을 인식하지만, 두 이론 모두 우리가 무엇을 해야 하는지를 밝히는 인식론적 과정에서 감정은 배제된다. 계약주의에서도 이러한 특징은 다르지 않다.

판사, 입법가, 정책 입안자, 시민의 도덕적 결정을 다루기 위해, 이들 이론은 국가와 시장이라는 이상적 맥락에서 일반화되었다. 하지만 이들 이론은 정치이론, 법률이론 혹은 경제이론이라기보다 **도덕**이론이기 때문에, 도덕적 쟁점이 있는 모든 맥락에서 우리의 행동지침을 선택하는 **모든** 도덕적 결정으로 이들의 권고사항이 확대되었다.

마가렛 워커(Margaret Walker)는 이들 이론이 실제의 도덕실천에 관한 이상화된 "이론적·법리적(theoretical-juridical)" 논의라고 평가했다. 이들 이론은 "법을 인용하며 위엄있게 판결하는 독립적인 판관(判官)들의 동지애"의 모습을 연상하게 한다.[54] 주류 도덕이론은 자율성, 비의존성, 불간섭, 자결, 공정 그리고 권리와 같은 가치들을 우선시하고, "타인과의 삶에 있어서 상호의존성, 관계성 그리고 건설적 개입을 체계적으로 저평가한다"고 피오나 로빈슨은 지적한다.[55] 워커는 이론적·법리적 논리가 "그" 도덕적 행위자에게 "우리"가 어떻게 행동해야 하는지에 대한 행동지침으로 적절한지를 보여주었지만, 도덕적 판단에 대한 그들의 경전(經典)은 "법관, 경영자, 관료 혹은 책사(策士)"류 사람들의 판단이다.[56] 이러한 논의는 기존 사회질서에서 주류인 사람들이 판단하는 추상적이고 이상화된 형태이다. 이러한 논의는 아이와 노부모를 돌보는 여성들의 도덕적 경험 혹은 최저임금을 받으며 돌봄을 제공하는 소수 서비스 제공자들의 경험을 대변하지 못한다. 그리고 생존을 위해 공동체의 연대에 의존해야 하는 집단에 대한 평가도 다루지 못한다.

페미니스트 대안

페미니스트들은 부족해 보이는 주류 도덕이론을 대신해 다양한 대안을 제시해왔다. 통합된 "페미니스트 도덕이론"이 준비되지는 않았지만, 다른 분야뿐만 아니라 도덕이론화 과정에서 성차별의 제거라는 기본 사명을 함께하는 많은 접근방식이 있다.[57]

일부 페미니스트들은 칸티안 도덕이론[58] 혹은 공리주의적[59] 혹은 계약주의[60] 관련 이론과 자유주의적 개인주의 도덕이론[61] 등 다양한 버전을 옹호한다. 하지만 이들은 비페미니스트 이론가들과는 다른 접근방식으로 이러한 이론들을 해석하고 적용하며 여타 문제에 대처한다. 예를 들어, 자유주의 계약론적 접근을 취하면서, 정의, 평등, 자유에 초점을 맞추는 많은 학자들은 정의의 모든 원칙들이 공적 생활뿐만 아니라 가정생활의 노동분업과 기회 확장에 충족되어야 한다고 주장한다. 물론, 이러한 논의는 가사와 아이돌봄이란 부담이 여성에게 불평등하게 전가되어서는 안 된다고 요구하는 것처럼, 가정폭력, 부부강간, 가부장적 지배, 그리고 여전히 세계 수많은 여성에게 가해지는 건강, 교육 그리고 직업 개발기회 등의 불이익 제거를 목표로 한다. 이러한 목적을 성취하는 것은 지구적 수준의 근본적인 변화를 시작하는 것이다.

현재 주류 도덕이론을 주장하는 가장 영향력 있는 비페미니스트 옹호론자들은 여전히 페미니스트 비판에 귀 기울이지 않는다.[62] 하지만 이들의 이론이 페미니스트들이 제안하는 방식으로 확대된다면 유의미한 이론으로 발돋움할 수 있을 것이다.

동시에, 다른 페미니스트 이론들은 선명한 방향성을 지닌 채 심도있는 많은 작업을 진행해왔다. 전통적 이론의 외연을 넓히는 수준이 아니라, 비전통적 방식으로 차별화된 윤리를 발전시켰다. 이것이 바로 돌봄윤리(ethics of care)이다. 돌봄윤리 이론가들은 비록 돌봄윤리 접근법의 대부분 작업이 전통적인 이론에서도 다뤄질 수 있는 여성의 평등과 정의라는 목적을 함께하고 있지만, 가정뿐만 아니라 더 넓은 사회의 도덕적 쟁점을 좀 더 충분히 다룰 수 있는 다양한 가치의 가능성이 있음을 강조한다. 돌봄윤리는 다른 도덕이론에 대한 근본적인 도전이다. 돌봄윤리는 엄마품 같은 돌봄(mothering)과 같은 돌봄활동이 여성의 경험을 중심으로 하며, 돌봄실천에 본질적으로 내재된 가치를 해석하고 강조하며, 돌봄활동의 도덕적 측면을 대하는 여타 이론의 미진함을 보여주며, 돌봄에서 얻은 통찰을 다른 도덕적 질문까지 일반화시키는 과정을 고민한다.

필자는 돌봄윤리의 시발점을 1980년 출판된 철학자 사라 러딕의 선도적인 글 "모성적 사고(Maternal Thinking)"로 본다.[63] 러딕은 모성적 돌봄실천의 특징과 그 고유한 사고에 주목했으며, 돌봄실천에서 식별될 수 있는 가치와 기준에 천착했다. 모성역할(mothering)은 생명을 유지시키고, 구체적인 관계에 있는 아이들의 성장을 증진하고, 이러한 아이들을 사회가 수용할 수 있는 사람으로 육성하는 목표를 갖고 있다. 모성역할의 실제 감정은 상당히 모순적이어서 종종 자신들이 돌보는 아이들에게도 적대적이지만, 모성역할의 목적과 실천에 대한 헌신(commitment)은 유념할 척도를 제공한다. 어려움도 긍정적으로 받아들이는 낙천적 뚝심과 겸손 같은 미덕은 가치로서 모성애의 실제에서 드러난다. 하지만, 자신을 내세우지 않는 겸양과 파괴적인 자기부정은 "퇴행적인 모습"으로 변질되지 않도록 유의해야 한다. 러딕의 저작은 어떻게 모성역할 같은 활동에서 여성의 경험으로 차별성 있는 도덕관이 정립될 수 있으며, 어떻게 모성역할에서 부각된 가치가 그 자체의 실천을 넘어서, 예를 들어 평화를 정착시키는데 있어서도 적합할 수 있는지를 보여준다.

21세기 시점에서 보면 우습게 보이겠지만, 러딕의 글이 등장했을 당시 모든 비페미니스트 도덕이론에서는 모성역할에 대한 언급이 전혀 없었으며, 어머니가 **사고**하거나 **추론**한다는 즉, 실천적 모성역할에서 도덕적 가치를 발견할 수 있다는 점을 철학적으로 인정한 적은 더더욱 없었다.[64] 당시는 여성이 가정을 넘어 남성의 세계에 뛰어들었을 경우에라야 도덕문제를 직면하고 생각하는 존재로 그려졌었다. 어미 암컷이 새끼를 키우듯, 자식을 기르는 인간 암컷이 여성에 대한 상(像)이었으며, 여성 혹은 모성에 대한 철학적 사고는 자연적인 생물학적 혹은 진화론적 구조에 여성을 가미해 버렸다. 혹은, 심리학적 또는 심리분석의 틀로 설명하더라도, 여성은 감정적으로 반응하지만 합리적 추론과 사고와는 무관한 것으로 간주된다. 특히 여성의 광범위한 돌봄경험으로 접근할 수 있는 분명하고 명확한 도덕적 사고의 틀이 정립될 수 있는 가능성은 전혀 없는 것으로 간주되었다.

칸티안의 인간존중 개념이 의사가 환자의 죽음을 본인에게 고지해야 하는지에 대한 의료윤리의 이슈에 적용될 수 있고, 정의에 대한 롤지안(Rawlsian) 입장이 보건의료가 어떻게 분배되어야 하는지에 대한 가치평가에 적용될 수 있듯이, 기존 이론이 활용될 수 있다. 그럼에도 이들 이론은 환자나 노약자 돌봄 같은 다른 종류의 돌봄활동은 도덕이론을 구축하는데 부적합한 것으로 방치하였다.

러딕의 글은 돌봄실천이라는 여성의 경험에 주목함으로써, 우리가 도덕을 바라보는 관점을 바꿀 수 있으며 특정 활동에 적합한 가치에 대한 우리의 시선을 바꿀 수 있다는 점을 보여주었다. 남성 역시 돌봄실천에 임할 수 있다. 그러나 만일 남성이 그렇게 하지 않는다면, 남성은 돌봄활동에 내장된 도덕적 특징을 이해할 수 없다.

1982년 캐롤 길리건(Carol Gilligan)의 저작 『다른 목소리로(*In a Different Voice*)』는 돌봄윤리 발전에 기폭제 역할을 했다. 발달 심리학자였던 길리건은 여자아이의 도덕적 사고가 성숙해짐에 따라, 여자아이에 대한 심리학적 설명과 경험적인 증거를 찾는데 주력했다. 길리건은 여자아이가 남자아이보다 도덕적으로 더디게 성숙한다는 동료 심리학자 로렌스 콜버그(Lawrence Kohlberg)의 실험결과에 의문을 품었다. 길리건은 도덕적 추론에서 앞서감을 의미하는 지표화 작업 단계에서 조사된 모든 아이가 남자아이였다는 점을 지적했다. 길리건은 여자아이와 여성이 어떻게 도덕문제에 접근하는지 연구하기로 결심했다. 윤리적 성숙함이 주로 합리적 추론의 문제인지 그리고 칸티안 도덕성이 실제로 다른 모든 도덕적 가치보다 우월한지의 난제가 남아 있음을 차치하고, 콜버그가 지표화한 도덕적 성숙함의 "최고 수준"이 칸티안의 도덕적 이성과 매우 흡사했다는 점은 도덕철학자들에게 매우 충격적이었다.

길리건은 여자아이와 여성이 도덕문제를 해석하고 깊이 생각하고 이야기하는 방식에 있어서, "다른 목소리"로 구분될 수 있다고 믿었다. 즉, 여자아이와 여성은 맥락과 인간 사이의 실질적인 관계에 더 많은 관심을 보이며, 추상적인 법칙과 개인적 양심에 덜 관심을 보이는 경향을 보였다. 길리건은 조사된 일부 여성이 다른 목소리를 냈지만, 거의 모든 남성은 그렇지 않았다고 주장했다. 후속 저작에서 다음과 같이 밝혔다. "만약 여성이 조사 표본에서 제외되었다면, 도덕적 사고에서 돌봄관심은 실제로 사라졌을 것이다."[65]

길리건의 조사가 남성과 여성에 대한 주장이 될 수 있는지에 대해서는 경험적 측면에서 의문이 제기되고 있다. 교육과 직업이 비교될 경우, 일부 조사자에게 여성과 남성의 차이가 불분명했으며, 흑인 남성은 도덕문제를 해석하는데 있어서 조사대상 여성과 비슷한 성향을 보였다.[66] 그러나 도덕이론과 관련된 길리건의 연구는 가부장제에서 성장한 남성과 여성이 실제로 도덕에 대해 어떻게 생각하는지를 보여준 것도, 사회적 지위가 젠더 만큼이나 혹은 젠더보다 더 많이 도덕적 사고에 영향을 미치는지의 여부를 판단한 것도, 혹은 직업적으로 우위에 있는 여성이 남성처럼 생각하는 것을 배웠는지의 여부를 판단한 것도 아니었다. 길리건의 업적은 도덕문제가 해석될 수 있는 대안의 관점들의 제시에 있었다. 즉, 보편적 도덕원칙이 강조되고, 이 원칙이 구체적인 사례와 가치에 어떻게 적용될 수 있는지를 합리적인 논쟁으로 보여줄 수 있는 "정의 관점(justice perspective)," 그리고 사람들 간의 실질적인 관계가 유지되거나 회복될 수 있는 방법에 대한 사람들의 필요에 더 관심을 두며, 도덕적 판단에 도달하는 맥락에 대한 민감성과 서사에 가치를 두는 "돌봄 관점(care perspective)"이다. 길리건은 한 인간이 적합한 도덕성을 갖기 위해서는, 남성이 애착을 형성하는 어려움을 극복하면서 더 많은 돌봄을 하게 되고, 여성이 독립적이기를 꺼리는 점을 극복하면서 정의에 더 많은 관심을 갖는 것처럼, 즉 두 개의 관점 모두가 필요하다고 생각했다. 하지만, 그녀는 도덕이론 안에서 돌봄과 정의를 어떻게 통합할지를 제시하지는 못했다.

길리건의 저서를 접한 페미니스트 철학자들은 그것이 주류 도덕이론에 대해 자신들이 갖고 있던 많은 불만과 문제의식의 궤(軌)를 같이한다는 점을 인식했다.[67] 여성이 실제로 "돌봄 관점"을 훨씬 더 많이 채택할 것인지의 여부에 관계없이, 철학의 역사는 실제로 여성의 경험을 배제해왔다. 도덕이론으로 무장된 도덕적 평가와 행동지침에 있어 엄마품 같은 돌봄, 가족책임, 우애, 그리고 사회적 돌봄의 맥락이 얼마나 필요한지를 이해하면서, 많은 페니스트들은 "정의윤리"와 대조될 수 있는 "돌봄윤리"가 주류 도덕이론보다 여성의 관심사를 좀 더 잘 대변할 수 있을 것이라 생각했다. 많은 페미니스트들은 정치공동체와 시장을 위해 발전한 이론은 더 이상 도덕적으로 사소한 것으로 치부되기를 바라지 않는 경험의 맥락에 적용하기에 이제는 부적합하다고 생각했다.

몇 년이 지나지 않아, 닐 나딩스(Nel Noddings)의 저서 『돌봄(*Caring*)』(1984)은 무엇이 돌봄활동에 포함되는지를 밝혔다는 점에서 매우 기념비적이다. 이 책은 타인의 필요와 감정에 친근한 관심을 보이는 미덕, 그리고 돌봄이 주가 되는 다른 누군가의 현실에 대한 동질감(identification)을 살펴보았다. 에바 커테이(Eva Kittay)와 다이아나 메이어스(Diana T. Meyers)가 편집한 『여성과 도덕이론(*Women and Moral Theory*)』(1987)과 마샤 하넨(Marsha Hanen)과 카이 니엘슨(Kai Nielsen)이 편집한 『과학, 도덕 그리고 페미니스트 이론(*Science, Morality and Feminist Theory*)』(1987)의 논문집은 돌봄윤리의 심화 발전에 상당한 기여를 했다. 아네트 바이어(Annette Baier)의 신뢰에 대한 중요한 연구와 그녀가 흄의 윤리를 페미니스트 윤리의 선구자로 평가한 부분은 돌봄에 대한 새로운 시각에 힘을 실어주었다.[68] 많은 논문들과 저서들이 돌봄윤리에 관한 논의에 이바지했으며, 1990년대를 넘어서면서 그 수가 급속히 늘어났다.[69] 돌봄윤리는 페미니스트 도덕이론에서 현재 중심적인 위치를 차지하고 있으며, 모든 방면의 도덕철학자들의 높아진 관심을 받고 있다.

돌봄윤리는 개인적 수준과 더 넓은 사회적 수준 모두에서 필요에 대한 상호응답과 관심을 축적하고 있다. 사회적 실제(social entity)를 조성하기 위해 서로에게 충분한 돌봄을 기울이는 사회적 관계에서, 우리는 서로를 자유주의적 개인으로 상정하고 개인의 혜택을 극대화하기 위해 자유주의 정책을 채택하는 제한된 목적에 동의할지도 모른다. 하지만, 우리는 이러한 개념의 제한적이고 인공적인 측면을 놓쳐서는 안 된다. 돌봄윤리는 만족할 만한 사회가 조성되는 토양이 될 수 있는 좀 더 친밀한 관계와, 좀 더 거리가 있는 인간관계 모두를 대변할 수 있는 관점을 제공한다. 돌봄윤리는 새롭게 발전된 실천에 새로운 이론을 제공해주며, 전통적 도덕이론의 관점에 포위된 도덕진보보다 훨씬 거대한 잠재력을 선사할 수 있다.

2장

실천의 돌봄, 가치의 돌봄

돌봄이란 무엇인가? 돌봄이란 용어는 무엇을 의미하는가? 간결하게 정의할 수 없을까? 돌봄이라는 용어의 의미가 정확하게 무엇을 내포하는가에 대해 많은 문헌들이 합의에 이를 만한 것은 아직 없지만, 합의를 위한 암묵적이고 때때로 명시적인 많은 시도들이 있었다.

돌봄윤리가 20년 동안 주목을 받으면서 돌봄 개념의 가설적 검증, 새로운 탐구, 보다 정교한 논리가 이론적 발전에 적용되었다. 하지만 개념 정의는 종종 부정확했거나 혹은 늘어나는 논의에 비해 개념 정의를 위한 시도가 (필자의 경우처럼) 늦춰져왔다. 아마도, 개념 정의는 새로운 탐색이기는 하지만, 이를 좀 더 명확히 해야 할 시기가 왔다. 일부 저작들은 간결함을 시도해왔으며, 다른 저작들은 환자를 보살피거나 아이를 돌본다고 말할 때, 우리가 무엇을 말하는지 상당 정도 알고 있다는 묵시적 이해에 만족하고 있다. 하지만, 돌봄은 많은 모습으로 표현되며, 돌봄윤리가 진화하는 것처럼 돌봄이 무엇인지에 대한 우리의 이해도 진화해야 한다.

돌봄담당(taking care)

필자가 친오빠에게 애틋한 마음으로 전했던 마지막 말은 "몸조리 잘하세요(take care)"였다. 오빠는 평소에 자신을 잘 챙기지(take care) 못했고, 나는 오빠가 그 점에서 좀 더 나아지기를 바랐다. 하지만 오빠는 수일이 지나지 않아 내가 당부했던 것과 무관한 원인으로 돌아가셨다. "보살핌을 받음(take care)"은 오빠와 내 성장에서는 없었던 표현이다. 나는 뉴욕에서 몇 년에 걸친 내 인생을 통해 보살핌 받음의 의미를 깨달았다. 이 표현을 면밀히 검토하면서 '돌봄(care)'의 의미를 곰곰이 생각해보자.

우리는 평소에 "안녕(goodbye)" 대신, 혹은 약간의 감정을 넣은 축약된 말로 "조심히 가요(take care)"라고 말하곤 한다. 하지만, 이럴 때조차도 돌봄은 관계됨의 의미를 전달한다. 종종 어떤 감정을 넣어 말할 때, "내가 당신한테 마음을 쓰고 있으니까 잘 보살피세요(take care of yourself because I care about you)"를 의미한다. 특히 아이들 혹은 여행 떠나는 사람이나 사업을 시작하는 사람들에게 말할 때, "나는 네게 무슨 일이 일어날지 염려하고 있으니, 위험하고 어리석은 짓은 하지 말라(I care what happens to you, so please don't do anything dangerous or foolish)."를 뜻한다. 혹은 위험이 불가피하고 피할 수 없을 때, 그것은 조물주가 그 사람을 보우(保佑)하사, 최악의 상황은 모면케 해주십사 하는 간절한 바람이다. 그리고 때때로 우리는 그것을 간청(懇請)의 의미로 사용한다. 즉, 우리의 관계가 우리를 너와 함께 울고 웃게 만들기 때문에, 너 자신과 다른 사람들에게 해를 끼치지 않도록 살펴달라. 우리는 다칠 수도 있지만, 이에 대한 책임은 부분적으로 우리에게 있으며, 만일 당신이 침통한 어떤 일을 당하게 된다면, 우리도 그 침통함을 함께 겪게 될 것이다.

이 표현은 (다른 표현도 그렇겠지만) 한 가지 혹은 여러 가지 모습으로 인간관계와 관계됨에 대한 매일 매일의 당부를 보여준다. 돌봄윤리가 발전하면서 이해하고 평가하며 길잡이 노릇을 하려 애쓰는 지점은, 바로 인간이란 존재의 성립과 재정립되는 관계들이다. 이 표현은 우리에게 의존하는 사람이나 돌봄이 필요한 사람을 "보살피는(taking care)" 실질적인 노동과 임무보다, 이 표현을 받는 사람과 표현하는 사람 모두의 감정과 인식에 더 많이 관계되지만, 적어도 이러한 태도와 공유된 인식은 돌봄의 중요한 요소이다.

몇 가지 특징

손쉽게 구분될 것처럼 보이는 돌봄의 특징은, 누군가를 보살피는 활동으로서의 돌봄(care)과 특정한 문제를 우리가 어떻게 받아들이는지에 대한 단순한 "관심 갖기(care about)"를 구분하는 것이다.[1] 실제로 환자 혹은 어린이를 "살피는(care for)" 것은, "나는 그런 음악을 좋아하지 않는다(I don't care for that kind of music)"는 의미에서처럼 어떤 것에 호감(好感)의 의미로 "관심을 갖는(care for)"것과 상당히 다르다. 하지만, 이러한 구분은 우리가 아이돌봄을 담당할 때(take care of), 우리는 대개의 경우 그 아이에게 호의(care about)를 보이며, 비호감인 어린아이라도 [보]살필 수 있고, 만약 두 가지 의미를 다해 어린이를 보살핀다(care for)면, 그 돌봄은 훨씬 더 좋은 돌봄이 될 것이기 때문에 쉽게 구분되지 않는다. 만일 우리가 세계 도처에서 굶주림에 고통받는 사람들을 실제로 염려(care about)한다면, 우리는 이와 관련된, 예를 들어 기아의 조건을 바꾸고, 기아를 줄이기 위한 최소한의 기부를 하는 것 등의, 결국 우리 자신과 우리가 신경을 쓰고(care about) 있다 말하는 굶주리는 사람들과, 어떤 관계가 성립되는 무언가를 하게 될 것이다. 그리고 우리가 미래 세대에 미칠 기후 변화와 그 영향에 실질적인 걱정(care about)을 한다면, 우리는 우리 자신과 우리의 무책임을 판단할 미래 세대와의 연계성을 떠올릴 것이며, 예상되는 폐해를 줄이기 위해 정치적 활동이나 소비 행태를 바꿀 것이다.

돌봄에 대한 많은 논의들은, 돌봄윤리에 적합한 돌봄은 적어도 누군가를 보살피는 것과 같은 활동에 대한 언급으로 수렴된다. 돌봄문헌의 (모두는 아닌) 대부분은 돌봄이 노동을 내포하며 돌보는 사람의 입장에서 에너지가 소진된다는 점을 빼놓지 않고 있다. 하지만 조금만 생각하면 그 이상이다. 누군가를 돌보는 일을 한다는 것은 그들에게 따뜻한 감정을 가진다는 의미와 똑같지는 않다. 하지만, 어떤 감정이 돌봄노동을 수반하는지 그렇지 않은지는 더 확실하지 않다.

물론 우리가 돌봄을 어떻게 바라보는가에 따라 강조점이 달라진다. 필자는 아이 혹은 아픈 사람을 보살피는 것과 먹을 것이 없어서 먹여줘야 하는 사람에 대해, 적극적으로 관심을 갖는다는 전형적인 맥락에서 돌봄의 의미를 명확히 할 것이다. 하지만 필자가 생각하는 돌봄관계는 이러한 맥락을 넘어선다. 마치 핵가족에서 모성역할을 생각하는 것처럼, 협의의 의미에 국한시키지 않도록 주의해야 한다. 엄마품 같은 돌봄(mothering)에 대해 써온 일부 페미니스트들은 -필자 생각에는 잘못되게- 협소한 의미로 돌봄을 해석해왔다. 대가족, 가사노동자, 병원노동자, 선생님과 기타 교육실천자, 그리고 많은 다른 방식으로 다양한 사람들이 제공하는 돌봄까지 포함한다는 점을 명확히 할 필요가 있다. 누군가는 기아문제와 보건의료는 우리 자신과 돌봄을 받는 사람들 사이의 "개인적" 수준의 연계가 아닌 정부정책을 통해 보장되어야 한다고 생각할 수 있다. 하지만, 여전히 돌봄은 그러한 노력을 뒷받침하고 돌봄의 효과적인 집행을 기꺼이 주목하고 권장한다.

이 책에서 필자는 돌봄관계가 어떻게 가족과 우애 혹은 복지국가에서 돌봄시설의 돌봄을 넘어, 집단을 하나로 묶는 사회적 결속, 정치·사회제도를 구축할 수 있는 유대, 그리고 세계가 함께할 수 있는 지구적 관심사까지 확대될 수 있는 가능성을 명확히 보여줄 것이다.

몇 가지 제안

닐 나딩스(Nel Noddings)는 돌봄활동이 수반하는 전형적인 돌봄태도에 초점을 맞춘다. 감정, 필요, 욕망에 대한 관심, 돌봄대상자에 대한 생각, 그리고 돌봄을 받는 사람의 입장에서 상황을 이해하는 기술 등이 누군가를 돌보는데 있어서 중심적인 특징이다.[2] 돌보는 사람(carer)은 타인의 이해를 위해 행동하지만, 본인의 역량을 유지하지 않고서는 돌봄을 지속시킬 수 없기 때문에 본인 스스로를 보살핀다. 돌보는 사람의 태도에 대한 인지적 측면은 객관적 분석보다 수용적 직관이 강조되며, 돌봄대상자의 필요의 이해는 이성적 인지보다 돌봄대상자의 필요를 느끼고 알아채는 감정에 더 많이 의존한다고 나딩스는 분석한다. 돌봄활동에 있어 추상적인 원칙은 제한적으로 활용된다. 타인을 돌보겠다는 자연스런 충동이 있지만, 사람들은 이를 유지하기 위해 돌봄이라는 규범에 도덕적인 헌신(commitment)을 할 필요가 있다.[3] 나딩스에게 돌봄은 태도이며, 구체적인 상황에서 돌봄활동으로 표현되는 규범이다. 최근의 저서 『가정에서 출발』에는 돌봄사회의 모습에 대한 그녀의 탐색이 담겨 있다. 그녀는 돌봄과 함께하는 삶을 살 때 "우리가 어떤 존재인지"에 대해 매우 보편적이고 광범위한 설명을 시도하며, "돌봄관계에서 우리의 의식에는 어떤 특징이 있는지"

를 밝힌다.[4]

조안 트론토(Joan Tronto)의 관점에서 보면, 돌봄은 아주 분명하고 명시적인 노동이다. 그녀와 베레니스 피셔(Berenice Fisher)는 "~에 대한 돌봄을 담당함(taking care of)"을 "우리가 가능한 세상에서 잘 살 수 있도록, 우리의 '세상'을 바로잡고 지속시키고 유지시키기 위해 우리가 하는 모든 것을 포함하는 종(種)의 활동"으로 정의했으며, 돌봄은 사물이나 인간 및 환경에도 적용될 수 있다고 보았다.[5] 이 같은 정의는 지나치게 광범위해 보인다. 소매상, 주택 건설, 상업적 세탁과 같이 지나치게 방대한 경제활동이 포함될 수 있으며, 돌봄노동만의 특징을 포착하기 어렵게 한다. 트론토의 정의로는 다른 학자들이 자주 돌봄에서 인식하는 의존인의 필요에 대한 민감성을 요구하지 않으며, 나딩스가 지칭한 타인을 대할 때 요구되는 "전념(engrossment)"을 설명하지 못한다. 트론토는 돌봄에 대한 자신의 개념 정의는 생산, 즐거운 놀이, 창조적인 활동은 배제하지만, 아이돌봄 같은 돌봄은 즐거울 수 있으며 즐거워야 하고 분명히 창조적이라고 설명한다.

혹자가 생산노동과 재생산노동을 구분한 마르크스(Marx)의 방식을 이어받아 돌봄을 재생산노동으로 간주한다면, 돌봄의 방식, 특히 아이를 돌보는 방식이 단순히 재생산과 반복된 활동이 아니라 다양한 변화가 가능한 활동이라는 점을 간과하는 것이다. 비록 전통적인 가사의 관점에서는 인정하고 있지 않지만, 일반적인 아이돌봄과 교육에 있어 가정에서도 가능한 양육방식의 창조적 혁신의 가능성은 무궁무진하다. 돌봄에는 도덕, 문화, 사회를 깊이 있게 이해하는 전례 없는 신인류(新人類)를 육성할 수 있는 가능성과, 타인과 협력해가며 잘 살아갈 수 있는 유례없이 진일보된 잠재력이 있다.[6] 새롭고 창조적이며 무언가 다른 인간성이 곳곳에서 자라나고 있음에도 불구하고, 단지 편협하고 파괴적인 잘못된 개념은 물질적이고 생물학적인 실체에 대한 재생산을 돌봄이라 주장한다.

디뮤트 부벡(Diemut Bubeck)은 돌봄에 대한 가장 간결한 정의를 내렸다. 그녀는 "돌봄은 돌보는 사람과 돌봄을 받는 사람 사이의 직접적인 면대면 상호작용이 돌봄의 전체 활동에서 가장 중요한 요소로, 필요(needs)가 필요한 사람 자신이 직접 필요를 채울 수 없는 성격의 필요에 대해, 다른 누군가에 의해서 어떤 사람의 필요가 충족되는 것"으로 정의한다.[7] 그녀는 누군가를 돌보는 것과 서비스를 제공하는 것을 구분했다. 그녀의 정의에 따르면, 어린아이에게 요리를 해주는 것은 돌봄이지만, 혼자서도 완벽하게 요리를 잘하는 남편에게 요리 해주는 여성은 돌봄을 하는 것이 아니며 서비스를 하는 것이다. 부벡은 "돌봄은 우리를 타인에게 의존하게 만드는 가장 기초적인 필요의 구체적인 집합에 대한 응답"이라 주장했다.[8]

부벡의 시각에서 보면, 돌봄은 돌보는 사람과 돌봄을 받는 사람 사이의 감정적인 어떤 특별한(particular) 유대도 필요하지 않다. 그녀의 관점에서 전체적으로 중요한 것은 돌봄은 공중보건처럼 공적으로 제공될 수 있고 제공되어야 한다는 점이다. 그녀의 돌봄 개념은 돌보는 사람의 태도나 돌보는 사람이 유념해야 할 행동 규범으로 구성되는 것이라기보다, 충족되어야 하는 필요라는 객관적 사실에 의해 전적으로 구성되는 것이다. 그렇기 때문에 그녀의 돌봄 개념은 다음과 같은 반대에 직면한다. 즉, 돌봄제공자의 기만이 성공적이라면, 한 아이에게 가장 좋은 것을 해주려는 의도와 애정을 갖고 있는 돌봄제공자의 돌봄가치만큼, 아이가 죽기를 바라는 마음을 갖고 아이를 보살피는 돌봄은 등가적인 것으로 볼 수 있다. 이 지점은 매우 치명적이다. 원칙적인 공리주의자라면 그 아이를 먹여주고 입혀주고 안아준다면, 이러한 행동을 하게 된 의도는 도덕적으로 무의미하다고 주장할 수 있다. 하지만, 필자의 더 넓은 도덕적 관점에서 보면, 비록 여기서 논할 수 없지만, 그것은 대단히 의미심장하다고 생각한다. 돌봄의 내적 동기가 악의(惡意)(뿐만 아니라 돌보는 사람이 돌봄노동을 하게끔 동기부여 하는데 있어 추가적으로 필요할 수 있는 특정한 이익)가 아니라 선의(善意)에서 비롯된 세상은 더 좋은 세상이다. 비록 그 아이가 그 악의를 인지하지 못하고 있고, 더 나은 결과를 만들 수 있을 정도로 타인의 감정에 대해 훌륭한 감수성을 지니며 성장했다 하더라도, 공리주의적 척도에서도 악의적이었던 그 동기는 여전히 문제가 된다. 돌봄의 중요한 측면은 돌봄이 우리의 태도와 관계를 어떻게 **표현하는지**이다.

사라 러딕(Sara Ruddick)은 돌봄을 노동으로 보았지만, 그 이상으로 간주했다. 그녀는 "돌봄이 노동인 만큼, 돌봄은 관계이다… 돌봄노동은 본질적으로 관계적이다. 돌보는 노동(caring labor)은 돌봄을 주고받는 사람들의 관계 속에서 그리고 그 관계를 통해 구성된다… 더 중요하게, 일부 돌봄관계는 그들이 할 수 있는 노동이 '과도'할 때 의미를 갖는 것처럼 보인다."9 러딕은 어린아이를 주간 돌봄센터에 데리고 가는 아버지의 노동과 아이를 담당하는 주간 돌봄센터의 돌봄노동자의 노동을 비교한다. 두 경우 모두 아이를 안심시키고 안아주며, 아버지에게서 노동자로 인계하는 동일한 일을 할 수 있다. 그 아버지에게 그러한 노동은 관계성에 대한 응답이지만, 주간 돌봄센터의 노동자에게 그 관계는 아마도 센터의 노동에 대한 응답이다. 따라서 우리는 돌봄과 노동을 완전히 등치(等値)시키는 입장을 받아들이지 않고 싶다.

부벡, 초기 저작에 담긴 나딩스, 그리고 돌봄에 대해 입장을 밝힌 많은 다른 학자들에게, 직접 면대면(face-to-face)이란 성격은 돌봄의 중심이다. 이러한 특징은 원(遠)거리에 있는 타인에 대한 우리의 관심을 돌봄이라 상정하기 어렵게 한다. 하지만 부벡은 그녀의 주장이 돌봄관계의 형성이 개인적 맥락에 국한된다는 결론으로 귀결된다는 나딩스의 의견에 대해, 자신의 입장은 돌봄윤리의 범주에 복지국가의 활동을 포함하기 때문에 동의하지 않는다고 주장한다. 그녀는 아이돌봄센터와 노인돌봄센터의 돌봄처럼 돌봄은 실제로 면대면으로 행해져야 하지만, 이러한 돌봄활동을 위해 폭넓고 충분한 공적 자금의 지원을 지지한다.

부벡은 돌봄윤리의 구체적인 측면을 거부한다. 그녀는 필요를 충족시키는 도덕원칙의 일반화를 옹호하며, 그 결과 돌봄윤리가 정의로운 정치 및 사회정책을 위해 제공할 수 있는 방식을 명확히 한다. 하지만, 필자에게 도덕원칙의 일반화에 기초한 접근은 돌봄윤리가 공리주의에 지나치게 가까워져, 이 둘 간의 구분이 무의미해지는 것처럼 보인다. 돌봄은 객관적 필요를 충족시키는 것뿐만 아니라, 가치이자 부분적으로는 태도이고 내적 동기일 수 있다. 부벡은 돌봄윤리를 정의의 필수요건으로 삼는다. 하지만, 만일 돌봄이 면대면으로 이뤄지지 않을 경우, 그녀의 입장에서 볼 때, 돌봄은 빈국에 있는 누군가의 역량을 강화(empowering)하고자 하는 부국 사람의 도덕적 지침으로 인정되지 않을 수 있다. 이 같은 논지는 정의에 필적하는 도덕적 정교함을 갖춘 근원적인 가치로 돌봄을 인식하고 있는 많은 사람들에게 당혹스러운 것이며, 정의가 그 자체로 충분히 돌봄 안에 위치할 수 있다는 주장, 그리고 돌봄이 개인적 수준에서 상호적인 노동으로 국한되어야 한다는 주장 등은 이들에게 의문스러운 것이다.

페타 보덴(Peta Bowden)은 돌봄관계에 대해 부벡과는 다른 입장을 보인다. 그녀는 돌봄은 윤리적으로 중요하다는 직관에서 시작한다. 돌봄은 "개인들 간의 관계를 존재론적 필요성 혹은 잔인한 생존을 넘어서는 그 무엇으로 탈바꿈시키면서, 우리가 서로를 소중하게 대하는 윤리적으로 중요한 방식을 표현한다."[10] 그녀는 비트겐슈타인류(Wittgensteinian)의 접근법을 사용하면서 돌봄을 정의하는 어떤 시도도 거부하지만, 돌봄실천의 다양한 사례(엄마품 같은 돌봄, 우애, 양육 그리고 성원자격)를 면밀히 검토한다. 그녀는 성원자격을 예로 들며, 비록 면대면 상호작용이 많은 돌봄활동의 특징이지만, 이는 모든 돌봄활동의 필수적인 특징은 아니라는 점을 설명한다.

셀마 세븐후이젠(Selma Sevenhuijsen)에게 돌봄윤리는 무엇보다 "배려, 책임성, 응답성, 그리고 다른 시각에서도 문제를 이해하는 헌신"으로 도덕문제를 이해하는 것이다.[11] 돌봄에 대한 이러한 태도는 종종 취약한 사람을 돌보고 이들의 필요에 응답하는 돌봄노동으로 이어진다. 하지만, 만일 어떤 사람이 요구받은 요청에 동의하지 않거나, 그 요청을 충족시킬 수 있는 자원이 부족하다면, 돌봄태도는 실제 돌봄이 제공되는 단계까지 미치지 못할 것이다. 세븐후이젠은 돌봄활동을 "필요를 '경청'하고 '감지'하며, 필요충족의 책임을 맡을 능력과 의지"로 이해한다.[12] 그녀는 돌봄제공자와 대상자가 표현하는 돌봄에 관한 도덕적 심의를 경청하고, 실제 돌봄을 제공하면서 마주칠 수 있는 "다양한 유형의 도덕적 추론"에 대해 심사숙고해야 한다고 주장한다.[13]

세븐후이젠은 돌봄을 잘하기 위해 필요한 지식과 심의의 요소를 제시한다. 그녀는 돌봄이라 할 수 있는 노동을 포함하는 돌봄실천에 대해 다룬다. 하지만 **돌봄**을 개념 정의하는 그녀의 노력을 보면, 그녀의 논의는 의도뿐만 아니라 결과에 미치는 효과로 판단해야 하는 돌봄노동의 측면을 충분히 고려하지 않고 있으며, 돌봄의 내적 동기와 이해의 측면에 지나치게 편중되어 있다. 그녀는 돌봄이론이 방만하게 구축되는 것을 피하고 동시에 엄마품 같은 돌봄에 매몰되지 않기 위한 노력으로, 사회복지사를 위한 정책개발 이슈에 지나치게 의존한 측면이 있다. 하지만, 그녀의 연구는 괄목상대의 성과를 내고 있으며, 돌봄이 관계성을 내포한다는 점을 놓치지 않고 있다. 그녀는 "돌봄이 진행되는 모든 과정에는 관계적 특징이 있다"고 주장한다.[14] 심지어 누군가의 필요를 이해하고 어떻게 응답할 것인가를 결정할 때조차도, 동감(empathy)과 개입이 요청된다. 실질적이고 구체적인 돌봄노동을 주거나 받을 때, "자아와 타인의 감정 그리고 사람 사이의 관계가 드러나는 곳에서 직접적인 상호작용이 일어난다."[15]

마이클 슬로트(Michael Slote)는 미덕의 하나로 돌봄을 간주하는 논의 속에서, 가족보다 정서적으로 멀리 떨어진 타인에 대한 우리의 자비로운 감정을 돌봄으로 개념화하는 것이 적합하다고 주장한다. 그는 "돌봄윤리는 모든 인류의 안녕을 고려할 수 있다"고 보았다.[16] 부벡은 돌봄을 내적 동기로 채택하지 않았지만, 슬로트는 이를 내적 동기로 간주한다. 슬로트에게 돌봄은 단지 "마음을 움직이는 태도," 즉 미덕이다.[17] 로렌스 블룸(Lawrence Blum)에게도 최근의 『페미니스트 실천윤리』에 기고한 여러 학자들처럼, 돌봄은 미덕이다(3장 참조).[18]

로렌스 블룸이 "돌봄, 공감, 관심, 친절, 사려, 관대라는 미덕," 즉 "돌봄의 미덕(care virtues)"이라 칭하는 것들에 대한 논의에서, 돌봄을 미덕으로 간주할 때 놓치는 것에 대해 설명한다.[19] 그에게 동정심(compassion)은 개인의 감정적 태도이며, 전통적인 미덕이론에서도 그러하듯이, 돌봄은 같은 범주에 놓인다.[20] 그는 동정심을 자애로운 행동을 견인하는 하나의 심성, 즉 이타적 태도로 보았다.[21]

필자가 이해하는 바, 돌봄윤리가 권장하는 돌봄은 동정심의 특징과 상당한 거리가 있다. 상호적일 수 없는 개인인 돌봄대상자의 안녕을 위해 돌보는 사람이 무언가를 할 수도 있지만, 돌봄관계 속에 있는 사람들은 혜택을 위해 경쟁하는 관계가 아니며, 그렇기 때문에 이타주의가 요청되는 것도 아니다. 돌봄은 돌보는 사람과 돌봄을 받는 사람이 서로의 안녕을 위해 이해관계를 함께하는 관계이다.

블룸은 우애와 공동체에 속하는 타자에 대한 관심은 "자아에 대한 관심에서 분리될 수 없다"는 점에 주목하며, 이기주의와 이타주의에 대한 문헌들에서 함의하는 "자아와 타자 간의 철저한 분리"를 설득력 있게 비판한다.[22] 그는 다음과 같이 설명한다. "한 사람이 자신이 속한 공동체 혹은 친구에게 끈끈한 동질감을 느끼게 하는 관심은 그 사람과 완전히 이질적이거나 무관한 사람들에게 뻗치는 것이 아니라, 자아의 일부분이 공유되거나 구성원 자신의 정체성에 영향을 미쳤던 부분까지이다."[23]

그럼에도 그는 미덕이론의 전통에서 돌봄의 미덕을 개인적이고 심리적인 내적 동기의 이타적 심성으로 이해한다. 이 같은 관점은 돌봄실천에서 진행되는 가장 중요한 핵심을 놓치고 있으며, 돌봄실천에서 가장 가치 있는 것, 즉 돌봄관계를 누락하고 있다. 전통적인 미덕이 아닌 돌봄은 미덕 전통에 전반적으로 관류하는 개인적 관점에서 탈피할 수 있게 하며, 다른 많은 가치를 희생시키며 극단적으로 개인적인 심성에 맞춰진 초점에서 탈피할 수 있게 한다고 필자는 제안한다.

페미니스트들은 돌봄을 완전히 혹은 심지어 주요한 내적 동기나 미덕의 문제로 바라보는 것을 경계해야 한다. 왜냐하면 이러한 시각은 돌봄을 노동으로 바라보는 시각을 놓칠 수 있기 때문이다. 대부분의 돌봄노동을 누가 담당하는지에 대한 문제를 외면하는 관점을 장려해서는 안 된다. 하지만 돌봄이 단순한 노동이 아니라는 주장은 설득력이 있으며, 따라서 우리는 돌봄은 노동, 내적 동기, 가치 그리고 이러한 것 이상을 언급할 수 있어야 한다고 결론 내릴 수 있다.

영향력 있는 저서 『돌봄: 사랑의 노동(*Love's Labor*)』에서 에바 커테이(Eva Kittay)는 돌봄과 중첩되지만 동일하지 않은 "의존노동(dependency work)"에 천착했다. 그녀는 의존노동을 예로 들어, 영유아와 심각한 중증장애인 등 "불가피하게 의존적인 사람들을 돌보는 노동"으로 정의한다.[24] 돌봄노동에는 일반적으로 정서적 차원이 포함됨에도 불구하고, 정서적 차원이 없는 (돌봄)의존노동도 좋은 돌봄이라 할 수 없지만 실행될 수 있다.[25] 커테이는 돌봄노동이 얼마나 관계적인지 또한 돌봄관계가 "핵심적으로 한편으로는 취약성이라는 의존인의 특징과 다른 한편으로 취약성을 충족시키기 위한 의존노동자(dependency worker)의 특별한 조건에서 파생된 도덕적 관계"라는 본질을 잘 보여주고 있다.[26] 중요하게도 돌봄관계는 신뢰의 관계이다. 의존노동은 아주 빈번히 무급노동이기 때문에, 의존노동자가 유급노동에 종사하지 못하고 돌봄을 제공하기 위해 자신들의 시간을 소진해야 한다면, 의존노동자도 스스로를 돌보기 위한 방법으로 그리고 자신의 생활을 유지하기 위해 다른 누군가에게 의존하게 된다.

앤 퍼거슨(Ann Ferguson)과 낸시 폴브르(Nancy Folbre)의 "성·감정적 생산(sex-affective production)"의 개념은 돌봄의 개념을 이해하는데 많은 함의를 던진다. 그들은 성·감정적 생산의 특징을 "임신, 양육, 영양 공급, 정서, 성적 만족"으로 규정한다.[27] 이 개념은 의존인을 돌보는 것과 관련된 노동으로 제한하지 않고, 애정을 제공하고 정서적 관계를 육성함을 포함한다. 퍼거슨과 폴브르는 특히 이러한 종류의 돌봄 제공이 어떻게 여성의 억압으로 이어지는지를 분석하는데 관심을 기울였다. 하지만 혹자는 이러한 돌봄이 돌보는 사람과 돌봄을 받는 사람 모두에게 억압적이지 않다고 생각할 수 있다. 특히 부벡과 커테이는 없으면 아무것도 할 수 없는 의존인에 대한 필수적인 돌봄에 초점을 맞춘다. 그러나 우리가 정서, 상호관심, 감정적 수준의 만족이 얼마나 가치 있는지를 이해한다면, 필수적인 수준을 넘어서 독려할 수 있는 돌봄목표를 설정할 수 있다. 따라서 돌봄수혜자가 이러한 것들에 의존적이지 않은 경우라 하더라도, 시간과 관심 그리고 서비스를 함께하는 것을 배제하기보다 포함시켜 돌봄을 이해하는 것이 좀 더 적절해 보인다.

러딕은 "최근 '돌봄'의 의미에 중첩되는 세 가지 특징이 있다. '돌봄'은 '정의'와 대조되어 개념화되는 윤리이며, 노동의 한 종류이고, 특정한 관계이다."라고 언급한다.[28] 그녀는 돌봄을 노동으로 보는 관점을 지지하지만, 뿐만 아니라 "돌봄관계에 대한 지속적인 가담"을 추가한다.[29] 그러나 러딕은 가정생활과 좋은 돌봄에서 정의가 얼마나 필요한지 이해해야 하는 것은 당연하기 때문에, 정의윤리에 대척(對蹠)되는 것으로 돌봄윤리를 개념화해야 하는지에 대해서는 의문을 제기한다. 만일 돌봄이 정의와 비교되는 규범이 아니라 노동의 한 종류로 간주된다면, 돌봄에서 어떻게 윤리문제를 이야기할 것인가에 대해 반문한다. 그녀의 답은 다음과 같으며, 이는 폭넓게 적용될 만한 가치가 있다고 본다.

> 돌봄"윤리"는 돌봄노동의 관성과 도전에서 촉발되고, 돌봄노동의 목적을 이해하고, 박차를 가해 노동자들의 자기이해를 반추하는 것이다. 돌봄윤리는 또한 "자연," 인간관계, 그리고 사회제도에 대한 관점을 생성해가며, 윤리의 영역을 넘어 확산된다… 첫째, 돌봤거나 돌봄을 받았던 기억은 의무감에 영감을 불어넣는다… [그리고] 한 개인은 구체적인 인간의 능력을 발휘하면서 돌봄관계를 맺고, 그 관계에 가치를 두는 사람으로 스스로를 규범적으로 규정한다.

어떤 기억이나 어떤 정체성도 그 기억과 정체성을 자취로 남기는 "윤리"의 원인이 되지 않는다. 오히려 서로가 상대를 재창조하는 상호작용이 존재한다.[30]

실천으로서 돌봄

돌봄은 분명 노동의 한 유형이지만, 노동 그 이상이다. 돌봄노동은 관계적이다. 또한 다른 노동에서는 가능할 수 있어도, 돌봄노동은 기계로 대체될 수 없다. 러딕은 "돌봄노동이 본질적으로 관계적"인 것은 동의하지만,[31] 그 관계는 반드시 의식적으로 신경을 써야 하는 것이라기보다 자연스러운 어떤 것이라고 지적한다. 필자는 우리가 돌봄을 명확히 하고자 한다면, **돌봄관계**를 통해서 돌봄을 이해해야 한다고 생각한다.

돌봄은 돌봄제공의 노동과 돌봄실천을 평가할 수 있는 기준을 포함하는 하나의 실천이다. 돌봄은 필요를 충족시키기 위한 돌봄노력의 효과에 관심을 기울여야 한다. 돌봄은 좋은 돌봄관계를 추구한다. 일반적인 경우, 돌봄수혜자는 자신이 표현하는 응답(responsiveness)을 통해, 예를 들어 아이의 만족한 얼굴과 환자의 미소를 통해서 돌봄관계를 유지한다. 이러한 응답이 불가능할 때, 예를 들어 심각한 중증장애인의 경우, 관계를 유지하는 것은 전적으로 돌봄제공자에게 달려 있지만, 이 역시 돌봄관계로 보는 것이 타당하다. 왜냐하면 돌봄제공자는 관계가 끊이지 않도록 노력하거나 관계를 상정해야 하기 때문이다.[32] 개인들 간의 관계는 그들이 지배적이고 착취적이며 불신이 깊거나 적대적일 때 비판을 받는다. 돌봄관계는 권장되고 지속될 수 있다.

필자는 비규범으로서 돌봄(care-as-nonnormative)과 규범으로서 정의

(justice-as-normative)라는 대조 도식에 문제가 있다고 본다. 비규범으로서 돌봄은 돌봄을 구체적인 동기와 감성적인 기풍이 실리는 단순한 노동으로 간주한다. 필자는 돌봄과 정의가 구현하고 권장하는 가치와 실천을 대비함이 더 유용하다고 생각한다. 행위가 일이나 노동으로 간주되기 위해서는 목적에 부합해야 하지만, 그것을 행할 때 효율성과 같은 어떤 가치를 포함해야 할 필요가 있는 것은 아니다. 서툴더라도 나무를 쓰러뜨리기 위해 자르는 것은 일일 수 있다. 하지만 효율적인 나무 자르기가 가치를 포함한다면, 이는 벌목이라는 실천이 된다. 따라서 우리는 단순히 일로서 돌봄에 주목하기보다 돌봄의 실천에 주목하는 것이 더 낫다.

원시적인 복수, 혹은 '눈에는 눈, 이에는 이' 같은 정의의 실천도 점차적으로 바로 잡히고 세련되게 되었다. 이제는 고대 선조들의 자취를 희미하게 담고 있는 형법, 사법체계, 배심원 제도가 갖춰져 있으며, 우리는 정의의 원칙과 다양한 사례를 평가하는 다양한 종류의 정의론을 상당히 발전시키고 있다. 엄마품 같은 돌봄부터 환자를 보살피는 일, 아이를 육성하고 사회적 관계를 격려하는 일까지의 돌봄실천은, 돌봄의 원시적인 모습에서 시작해 현재는 상당히 유의미한 정도까지 탈바꿈하고 있다. 그러나 도덕이론화 작업은 여전히 답보상태다. 필자의 생각으로는 바로 이 지점이 돌봄윤리가 채워나갈 부분이다. 돌봄윤리는 최근까지도 도덕이론가들에게 인정받지 못했던 돌봄실천의 다양한 가치를 통합하고 있다. 그리고 돌봄실천은 그 자체가 대부분의 젠더 부정의로 사회 속에 만연되어 있으며, 젠더 부정의가 돌봄실천의 특징이기도 한 의문의 덩어리이다. 따라서 도덕이론화 작업은 돌봄실천을 이해하고 바로잡기 위해서 필요하다.

예를 들어, 아이를 돌보는 의미에서 엄마품 같은 돌봄(mothering)을 고려해보자. 공(公)과 사(私)의 구분이 정립된 근대 이후, 아이돌봄은 본능에 기초하기 때문에 "도덕의 변방"으로 간주되었다. 페미니스트 비평은 이러한 관점이 얼마나 잘못되었는지 보여줄 필요가 있었다. 엄마품 같은 돌봄과 돌봄노동의 실천에서 어김없이 도덕의 문제가 등장한다. 이러한 실천에 적합한 미덕을 권장하기 위한 부단한 노력이 요구되며, 이러한 실천이 어떻게 실행되어야 하는지에 대해 끊임없는 도덕적 평가가 필요하다. 부정의(injustice)가 엄마품 같은 돌봄의 실천 속에 얼마나 깊숙이 내장되었는지를 이해하기 위해, 혹자는 "모성역할(mothering)"과 "부성역할(fathering)"의 의미를 비교할 수 있다. 후자는 일반적으로 여성을 임신시키고, 아이의 유전적인 아버지라는 의미 이상의 의미는 없다. "모성역할"의 의미는 수유를 제외한다면 남성이 모두 할 수 있다고 보지만, 여성이 돌봄을 수행해야 하거나 당위적으로도 그래야 한다고 제언한다. 많은 페미니스트들은 아이돌봄의 실천이 도덕적으로 납득될 수 있으려면 돌봄실천이 평등의 원칙에, 비록 기존의 평등 개념이 돌봄실천의 도덕적 중요성에 일차적으로 집중해서는 안 되겠지만, 근본적으로 부합해야 한다고 주장한다. 이는 평등의 개념이 도덕적으로 검증받아야 할 서막일 뿐이다.

이 점은 돌봄실천으로 간주될 수 있는 다른 실천에 대해서도 적용된다. 그렇게 될 때, 우리는 새로운 민감성으로 모든 실천을 검토하고, 기존의 실천에 내장되었거나 누락되었던 모든 가치를 가려내야 할 뿐만 아니라, 이러한 실천을 평가, 개정하고 새롭게 단장하기에 적절한 규범이론을 구축해야 할 필요가 있다. 필자의 생각으로, 돌봄실천은 돌봄을 정교한 이론으로 받아들일 가치가 있는, 정의에 상응하는 가치로 이해해야 한다. 돌봄가치의 이해는 돌봄이 가사 혹은 가정의 영역에 국한되지 않음을 의미한다. 돌봄은 정치적 가치이자 사회적 가치로서 인식되어야 한다.

가치로서 돌봄

우리 모두는 정의가 가치라는 점에 동의한다. 또한 정의의 실천 역시 존재한다. 즉, 법적 강제력, 사법절차 등이 정의의 실천에 포함된다. 실천은 가치를 통합하지만, 이 또한 가치에 따른 규범적인 준칙으로 평가받아야 한다. 기존 정의의 실천이 정의의 가치를 담아내기에 매우 부족할 수 있으며, 따라서 우리는 정의의 실천을 평가할 수 있는 가치로서 정의를 필요로 한다. 정의의 가치는 도덕의 전체 스펙트럼 중 공정 혹은 평등 같은 부분과 관련되지만, '좋음,' '옳음,' '나쁨,' '그름'과 같은 일반적인 가치평가 방식으로 정의의 실천이 평가된다면 만족스럽지 못하다. 유추하건대, 돌봄현장에서의 실제 실천에 대해서, 이러한 실천을 평가할 수 있는 민감성, 신뢰 그리고 상호관심과 같은 적합한 도덕적 고려사항을 선별하기 위한 가치로서의 돌봄을 우리는 필요로 한다. 돌봄 실제에 대한 규범적인 평가에 있어 '좋음'과 '옳음'이라는 단순 경험치의 기준으로 돌봄을 간단히 설명하고 마는 것으로는 부족하다. 이러한 평가 관행은 정의뿐만 아니라 돌봄에 대한 구체적 방식을 감안하면 도덕적으로 실격이다.

다른 조건이 동일하다는 전제하에, 어떤 사람에 대해 "그는 돌보는 사람"이라 말한다면, 이는 그 사람이 도덕적으로 존경할 만하다는 평가를 내포한다. 누군가가 어떤 미덕을 갖췄다는 것은, 즉 어떤 이가 관대하거나 신뢰할 만하다고 할 때처럼, 이는 그의 심성을 설명하면서 또한 규범적인 판단을 하는 것이다. 사람(과 사회)을 경험적으로 설명할 때 요구되는 구성요소도 동시에 규범적이기 때문에, 구체적이고 섬세하게 성격을 규정하는 것이 매우 유용하다. 섬세함은 설명하는 수준뿐만 아니라 우리의 도덕적 평가에서도 활용되어야 한다. 따라서 "돌본다"는 것은 개인이나 사회의 특징이 전반적으로 좋다거나 나쁘다거나 혹은 도덕적으로 본받을 만하다거나 그렇지 않다는 것보다, 개인과 사회에서 발견되는 구체적인 가치를 엄선한다. 하지만 돌봄은 관계와 밀접하게 관련되기 때문에, 이를 개인적 심성의 차원으로 여기며 하나의 미덕으로 축소하는 것에 반대한다. 우리는 돌봄관계에 있는 돌봄인(caring person)에 가치를 부여한다.

다이아나 메이어스(Diana Meyers)는 돌봄윤리를 가정을 넘어 공적인 삶까지 확대 적용하려는 돌봄윤리 옹호자들이 종종 직면하는 적대감을 보여주는 뿌리 깊은 문화적 이미지를 검토한다.

> 어머니와 아이에 관해 경멸과 감상 사이를 오락가락하는 것이 이러한 문제에 기름을 붓는다… 만일 전통적으로 생각하듯, 어머니와 아이가 완전한 인격으로 받아들여지지 않는다면, 그 누구도 한 아이 혹은 한 어머니의 모습으로 비춰지기를 원하지 않을 것이다. 이 같이 앞뒤가 맞지 않은 태도는 이야기, 연설, 시각적 이미지에 나오는 익숙한 인물들의 문화적 줄기를 따라 전파되고 지속된다.[33]

메이어스는 다양한 사례를 검토하면서 돌봄가치를 이해할 때 극복해야 하는 부분 중 하나로 "비의존적 인간" 전형의 신화를 보여준다.

필자의 생각으로 돌봄은 당연한 개념이어서는 안 되며, 돌봄윤리도 당연한 윤리이어서는 안 된다.[34] 돌봄은, 수렵시대 조상들이 아이를 돌보던 모습에 대한 설명과 이러한 설명이 현대적으로 논의될 때처럼, 진화된 행태와 경험적 설명만으로 충분히 파악될 수 있는 것으로 환원될 수 있는 행위가 아니다. 돌봄윤리와 관련한 돌봄은 페미니스트로서 우리가 수용할 수 있는 가치를 통합한다. 그리고 돌봄윤리는 가부장제와 기타 지배라는 실제 역사적 조건에서 돌봄실천이 진화한 것으로 설명하지 않으며 수긍하지도 않는다. 즉, 돌봄윤리는 그러한 실천을 평가하고, 그것의 도덕적으로 마땅한 타당한 모습을 추천한다.

따라서 필자는 돌봄을 실천과 가치로 생각한다. 돌봄실천은 다층적이며, 다른 실천들과 매우 다르게 보인다. 아장아장 걷는 아이를 다치지 않도록 돌보는 것과 동료 사이의 불신을 조정해서 협력을 만드는 것이 같다고 할 수 없다. 감염되지 않도록 환부를 소독해 더 이상 감염되지 않도록 돌보는 것은 사적 공간으로 아담한 방을 꾸미는 것과 다르다. 두 사례 모두 지구 반대편의 굶주린 사람에게 식량 원조를 준비하는 것과 다르다. 하지만 모든 돌봄은 배려, 민감성 그리고 필요에 대한 응답을 포함한다. 필요는 기초대사에 쓰이는 충분한 칼로리 같은 아주 기본적이고 단순한 종류뿐만 아니라 무수히 많은 미묘한 감정적, 심리적 그리고 문화적인 종류가 해당된다. 정의가 정의의 서로 다른 측면에서 사람들을 평등하게 대하고, 사람들의 권리를 인정하며, 불편부당하게 대할 것을 요구하고 있음을 분명히 밝히는 것처럼, 서로 다른 모습의 돌봄에서 공통분모가 무엇인지 명확히 하는 것은 유용하다. 그렇다고 어떤 특정한 실천이 단 하나의 가치만을 포함해야 한다는 것은 아니다. 반대로, 돌봄의 가치를 명확히 함으로써, 그동안 가치 있는 평가에서 배제되었던 많은 관행과 실천의 의미를 우리는 더 잘 옹호할 수 있게 된다.

조직적인 "정의체계(justice system)"의 유형인 경찰을 예로 들어보자. 정의를 위한 공권력 집행은 경찰임무에서 우선시되어야 한다. 하지만 경찰이 돌봄 관련성을 더 잘 이해한다면, 따라서 경찰이 더 돌봄적이

된다면, 필요에 대한 대응과 교육을 통해서 일반인의 신뢰를 쌓고, 그 결과 위법을 선제적으로 예방함으로써 예방이 실패한 후 작동하는 사후적인 "법집행"보다 많은 것을 성취할 수 있다. 때때로, 돌봄의 가치는 실천보다 이론에서 더 많이 배제된다. 모든 교환을 비인격적인 것으로 만들고 모든 참가자를 대체가능한 것으로 간주하는 이상적인 시장에서 돌봄을 위한 공간은 존재하지 않는다. 하지만 실제 시장은 피고용인을 위한 고용주, 직원을 생각하는 고용주 같은 종종 돌봄과 관심의 유의미한 유형을 포함한다. 돌봄에 대한 이해가 확산됨에 따라 경제활동에서 돌봄관계를 위한 유의미한 공간이 인정될 것이다(7장 참조).

동시에, 돌봄실천은 돌봄가치에만 전념하지 않는다. 돌봄실천은 종종 정의를 요구한다. 아이를 돌본다는 의미에서 모성역할(mothering) 혹은 부성역할(fathering), 또는 (이 용어를 더 선호한다면) "부모역할(parenting)"을 고려해보자. 부모역할은 그 자체의 특징으로 볼 때 돌보는 사람과 돌봄을 받는 사람 사이의 감정적 유대가 매우 강하다는 측면에서, 아마도 돌봄실천 중에서도 돌봄이 가장 많은 돌봄실천이다. 이 실천은 가장 우선적인 실천 가치로 아이를 잘 돌보는 것이다. 하지만, 부모가 자식을 돌본다는 것이 무엇을 담보해야 하는지 보다 충분히 이해함으로써, 부모역할은 부모의 부당한 간섭과 통제를 예방할 수 있는 방법에 대한 규범적 지침을 담아야 한다. 부모역할은 러딕이 잘 설명한 "'구현된 [도덕]의지'에 대한 존경"을 포함할 수 있다.[35] 더 나아가 부모역할의 실천은 한 가족 내에서 여러 자녀를 공정하게 대하고 이를 공정하게 나눠준다는 정의를 포함해야 한다.

경제적 권리와 사회적 권리가 그러하듯, 만일 정의와 돌봄을 서로 무관한 윤리로 간주한다면, 필요에 대한 응답이 정의의 관심 밖에 있게 될 수 있음을 러딕은 우려한다. (기본적인 필요충족을 권리로 인정하고 있지 않은 미국은 아니라 하더라도) 지구적 차원에서 인권이 그러하듯, 기본적인 필요의 충족이라는 경제적·사회적 권리가 호응을 얻고 있음을 감안하면, 돌봄과 정의가 무관하다는 주장은 유감스러운 것이다. 필자는 러딕의 염려는 문제점이 아니며, 이 지점에서 중요한 것은 그 이유라 생각한다. 정의를 근거로 인권에 경제적·사회적 권리를 포함한 이유는, 정의가 불공정하고 평등, 특히 평등한 자유에 대한 권리에 있어서 실패했기 때문이다.[36] 필요의 충족이 돌봄으로 견인된다면, 그 필요는 응답받을 것이며 이 같은 필요가 있는 사람들은 돌봄을 받을 것이다.

이러한 대조는, 예를 들어 사회정책을 평가하는데 있어서 특히 유용하다. 정의와 평등의 필수요건이, 예를 들어 복지수급 같은 특정 정책으로 충족되었다고 할지라도, 만일 그 정책이 개인의 실질적인 안녕에 관심을 기울이지 않았다면, 우리는 여전히 그러한 사회정책을 무심하고 돌봄적이지 않다고 받아들일 것이다. 누군가는 매우 못마땅하게 지급되는 복지급여를 떠올릴 수 있을 것이며, 재원마련을 요구받는 납세자에게 조롱받는 복지수급자를 떠올릴 수 있다. 누군가는 수급자의 자기비하와 수치심을 예상할 수 있다. 지급액의 크기와 수급자의 범위가 정의의 요구에 근접하지 않음을 예외로 한다면, 이하의 설명은 미국의 복지프로그램의 내용과 유사하다. 혹자는 미국의 복지프로그램과 돌봄프로그램의 모습을 비교할 수 있다. 돌봄정책은 정의가 요구하는 최소치의 필수요건을 충족시킬 뿐만 아니라, 수급자의 실제 필요에 대한 관심을 권장하고, 이에 필요한 서비스 또는 일자리를 제공하며, 운(運)이 부족하거나 좀 더 의존적인 구성원을 위해 사회가 도덕적으로 추천할 만한 돌봄과 관심을 알려준다.

필자가 보기에, 가치로서 정의와 돌봄은 각각 연관되어 있지만, 상이한 도덕적 권장사항을 호출한다. 실제 실천은 돌봄과 정의 모두를 통합해야 하지만, 서로 다른 지점에서 적절한 각자의 우위가 있다. 예를 들어, 아이돌봄센터의 피고용인이 제공하는 아이돌봄의 실천은 육체적이고 교육적인 필요뿐만 아니라 정서적인 필요를 충족하는 것을 담지해야 하지만, 아이의 적절한 발달과 안전을 최우선으로 해야 한다. 정의가 없어서는 안 된다. 즉, 아이는 존중받고 공정하게 대우받아야 하며, 일부 아이에 대한 인종적 혹은 민족적 차별로 해석될 수 있는 정의의 위반을 좌시해서는 안 된다. 하지만, 정의를 보여주는 것보다 돌봄을 표현하는 것이 실천의 기본적인 목표다. 대조적으로, 지역 예산지원을 높여 법적 강제력을 높이기 위한 지역의원들의 결정과 같은 실천은 정의를 가장 기본적인 목표로 삼아야 한다. 범죄가 가장 큰 위험인 지방정부는 개인 안전의 평등이 담보될 수 있도록, 관련 예산을 좀 더 많이 지원해야 한다. 여기서 돌봄이 빠져서는 안 된다. 범죄 희생자에 대한 관심, 경찰 폭력의 희생자에 대한 관심은 돌봄실천의 노력으로 고려할 부분이다. 하지만, 희생자를 보살피는 것보다 더 큰 정의와 평등을 제공하는 것이 이러한 입법의 주된 목표가 될 것이다.

만일 우리가 "정의의 심판을 받아"야 하는 사람에 대해 이야기한다면, 우리는 법을 적용해야 한다고 할 것이며, 만일 그 사람이 유죄라고 밝혀지면, 처벌을 해야 한다 할 것이다. 비록 아이들이 처벌을 받아야 하고 그 처벌은 공정해야 한다고 우리가 생각할지라도, 우리는 아이들에게 정의의 심판이 내려져야 한다고 이야기하지는 않는다. 정의의 의미는 공정함뿐만 아니라 규칙과 법에 관련되지만, 돌봄의 의미는 그렇지 않다.

우리는 종종 돌봄(take care of)을 그 원래의 의미와 동떨어진 "처리하다(deal with)"의 의미와 가깝게 사용한다. 폭도의 우두머리는 졸개들을 윽박질러 제거한다는 의미로 누군가를 처리(take care of)해야 한다고 말할지도 모른다. 또는 관리자가 직원에게 어떤 비즈니스 문제를 처리(take care of)하라고 시킬 수도 있다. 하지만 이러한 사례에서 돌봄(care)의 의미는 정의(justice)의 의미가 아니며, 보건의료, 교육 혹은 아이돌봄과 같은 돌봄실천 맥락에서 사용될 때의 돌봄은 더더욱 아니다.

러딕은 정의가 관계의 가치를 저하시키는 것과 본질적으로 결합되어 있다는 점을 고려하지 않는다. 하지만 정의와 관련된 가치는 그녀가 생각하는 것보다 훨씬 개인주의에 경도되어 있다. 정치적 실체를 형성하고 시민사회를 발전시킬 정도로 타인과의 동질감 형성을 가능하도록 하는 것은, 정의라기보다 돌봄에 가치를 두기 때문이라 필자는 생각한다. 돌봄관계는 정의의 관계보다 크고 깊다. 마치 우리가 상호존중에 동의하는 자유주의적 개인인 것처럼, 우리는 돌봄관계 안에서 사람들을 정의롭게 대할 수 있다. 이기고자 하는 경기에서 친구들끼리 공정하게 경쟁할 때 혹은 부모가 아이들을 평등하게 대할 때처럼, 좀 더 개인적인 맥락에서 가능할 것이다. 혹은 법체계를 인정하는 정치적 실체를 형성하는 집단의 동일한 구성원으로서 서로를 인정할 때처럼, 좀 더 공적이고 좀 더 정치적이고 좀 더 사회적인 맥락에서도 가능할 수 있다. 정의가 선도적인 가치가 될 때, 정의는 개인의 권리를 존중하라고 요구할 것이다. 하지만, 사회적 집단을 구성하는 관계 그리고 그 집단을 계속해서 결속시킬 필요가 있는 관계에 관심을 갖는다면, 돌봄에 주목해야 한다.

돌봄관계

필자의 견해는 돌봄은 실천이자 가치이다. 실천으로서 돌봄은 필요에 어떻게 응답할 것인지, 왜 응답해야 하는지를 우리에게 보여준다. 돌봄은 사람들 사이의 신뢰와 상호관심 그리고 연계성을 구축한다. 개인적 행동의 나열이 아니라, 개인의 도덕적 태도가 함께하고 발전하는 실천이다. 실천으로서 돌봄은 설명할 수 있는 기준과 속성을 갖고 있지만, 더욱더 중요한 점은 그러한 기준과 속성은 권장할 수 있으며, 돌봄이 충분하고 좋은 돌봄이 될 때까지 지속적으로 개선되어야 한다는 점이다. 돌봄실천은 사람들을 결속시키는 돌봄관계를 표현해야 하며, 이는 점진적으로 더 만족스러운 도덕적 방식으로 나아가야 한다. 돌봄관계는 아이들과 타인을 도덕적으로 존경할 만한 인간존재로 조금씩 탈바꿈시켜야 한다.

돌봄실천이 어떻게 광범위한 영역에서 차곡차곡 신뢰를 구축해 가는지 생각해보자. 신뢰는 깨지기 쉬우며 단순한 이유로 무너질 수 있다. 즉, 신뢰의 회복은 꾸준하고 진지한 시간을 요구하며 자주 관심을 표현해야 한다. 그렇지 않으면, 신뢰의 회복은 불가능할 것이다. 신뢰관계는 개인적·사회적으로 가장 중요한 자산에 속한다. 아이들은 몸과 마음이 건강하게 성장하기 위해서 자신을 보살펴주는 사람을 신뢰해야 하며, 아이돌봄제공자는 아이들의 믿음과 기대가 헛수고가 되지 않도록 공동체의 동료구성원을 신뢰할 필요가 있다. 평화를 정착시키기 위해, 적대적인 집단들은 실망이 불신이 되지 않도록 서로를 충분히 신뢰할 수 있는 법을 익힐 필요가 있다. 사회는 시민과 시민, 그리고 시민과 정부의 신뢰를 쌓아나가야 한다. 가능한 모든 분야에서 사회를 개선하기 위해, 협력을 가능하게 하는 신뢰가 필요하다. 돌봄은 신뢰와 동의어가 아니지만 신뢰는 돌봄관계의 특징이며 돌봄과 신뢰는 공생(共生)관계이다.

돌봄은 실천일 뿐만 아니라 가치이다. 돌봄인과 돌봄태도는 소중한 가치로 인정받아야 한다. 우리는 돌봄이 포함되는 (혹은 돌봄이 없더라도) 도덕적 권장사항이라는 지향점을 중심으로 사람들이 관계를 맺는 방식에 대한 평가를 구성할 수 있다. 예를 들어, 우리는 어떤 관계에 대해 그 관계가 신뢰를 주는 관계인지, 서로 배려하는 관계인지, 혹은 앙금이 있고 적대적인 관계인지 궁금할 수 있다. 우리는 또한 어떤 사람이 배려심 있고, 서로의 필요에 응답적이거나 무심하거나, 혹은 자기중심적인지 물어볼 수 있다. 돌봄은 개인의 심성 차원의 문제라기보다 사회적 관계의 성격이 강하기 때문에, 이는 자애심(benevolence)과 거리가 있다. 돌봄관계는 개인적 관계 및 사회구성원 간의 관계에서 마땅히 함양되어야 한다. 돌봄관계는 특정 시점이 아니더라도 시간이 거듭되면서 호혜적이 된다. 돌봄가치는 개인 자체보다는 돌봄관계에서 특히 잘 드러난다.

돌봄윤리 옹호자들에게 돌봄은 적어도 정의가 담고 있는 도덕적 권장사항 만큼 중요한 권장사항을 보장한다. 그리고 바르게 이해된다면, 돌봄윤리는 여성뿐만 아니라 남성에게도 적합하다. 남성과 여성 모두 사회를 지속시키는 돌봄활동의 광범위한 가치를 수용해야 하며, 이러한 활동은 공정하게 분담되어야 한다. 남성과 여성 모두, 정의의 가치처럼 돌봄의 가치를 인정해야 한다.

돌봄관계는 커다란 사회를 뒷받쳐주는 가족과 우정으로 만들어지는 작은 사회를 만든다. 조금 떨어진 사람들 사이의 미약하지만 그래도 분명하게 존재하는 돌봄관계는 평화롭게 서로의 권리를 존중하며 지내기 충분할 정도로 서로를 신뢰하도록 한다. 더욱더 진일보한 단계로 나아가기 위해서 사람들은 사회구성원과 그 환경의 안녕을 함께 돌봐야 할 필요가 있다.

로렌스 블룸은 공동체가 좀 더 도덕적인 현실을 조성할 수 있는 방식과 개인의 미덕을 지속(또는 소진)시킬 수 있는 방식에 대해 탐색한다. 예를 들어, 공동체에 따라 다르지만, 타인에 대한 관심은 "과도한 부담"으로 해석되는 경향이 있다.[37] 우리는 돌봄공동체가 돌봄인의 노력을 이어가고 의미 있는 것으로 만들어가는 방식을 이해할 수 있으며, 반면에 "공동체"가 자기중심적인 가치, 경쟁의 가치 그리고 적자생존의 영광을 권장하는 메시지를 전파할 때, 돌봄관계를 이어가고 키워가는 일이 얼마나 어려운 일인지 이해할 수 있다. 후자에 대한 한 가지 대응방식은 가족이나 소집단의 구성원으로서 "스스로"를 바라보는 방식과 이러한 규모를 넘어 자신을 규정하는 방식 사이에는, "무심한 세상의 안식처"라는 가족에 대한 전통적 이미지에서 알 수 있듯이, 극단적인 불일치가 있다. 또 다른 대응방식은 가족이나 친구관계가 계약관계로 끊임없이 조율되는 자기이해적 함몰이 자리한다. 하지만, 이 중 어떠한 대응도 도덕적으로 만족스럽지 못하다.

돌봄윤리는 돌봄관계, 관심, 개인적 수준과 좀 더 큰 사회적 수준의 필요에 대한 응답을 구축한다. 사회적 실체를 형성하기 위해 서로에게 충분히 관심을 보이는 사회적 관계 속에서, 우리는 서로를 대하는 다양한 방식에 동의한다. 예를 들어, 어떤 제한된 목적 하에서, 우리는 시장에서 비의존적이고 자율적이며 합리적인 자유주의적 개인으로 서로를 바라볼 수 있으며, 개인의 혜택을 극대화하기 위해 자유주의적으로 기획된 법, 통치, 정책을 채택할 수 있다. 하지만, 우리는 인간의 상호의존성이라는 부인할 수 없는 현실과 상호의존성으로 구축된 구성체를 살려가기 위한 돌봄관계의 필요를 놓쳐서는 안 된다. 자유주적 개인이라는 인위적이고 추상적인 모델은 인간 삶의 전체에 부합하기보다, 인간 삶을 제약하는 제한된 영역에 적합하다. 돌봄윤리는 도덕적으로 받아들일 수 있는 사회로 나아가기 위해, 좀 더 가까운 인간관계와 좀 더 동떨어진 인간관계 모두를 고려하고 평가하는 하나의 길잡이가 될 수 있다.

3장

돌봄인

돌본다는 것은 우리가 알고 있는 미덕을 떠올릴 때, 바로 떠오르는 미덕 중 하나는 아니다. 하지만 우리는 돌봄이 존경받을 만한 것이라 생각하며, 우리의 아이들이 누군가를 돌보는 사람이 되기를 바란다.

에드먼드 핀코프(Edmund Pincoffs)는 자신의 저서 『곤경과 미덕(*Quandaries and Virtues*)』에서 미덕 혹은 악덕을 규정하기 위해, 자애, 자비, 용기, 공정, 정직, 잔인, 이기심, 양심과 같은 인간의 221가지 자질과 성격을 목록으로 만들었다.[1] 그러나 심지어 사교성, 온화함, 냉담, 게으름을 포함하는 목록에도 돌봄은 없었다. 동정, 배려, 수줍음, 기만, 아부, 신뢰 같은 다른 자질도 없었으며, 얼마나 많은 자질을 생각할 수 있을까 할 정도의 생각까지 들게 했다. 하지만 우리 중 상당수가 돌봄을 -정의와 동등한- 매우 중요한 가치로 생각하고 많은 사람들이 돌봄을 중요한 미덕으로 생각한다는 점에서, 핀코프의 리스트에서 돌봄을 찾을 수 없는 것은 여전히 어떤 의미를 갖는다.

돌봄(과 보살핌)은 알래스데어 맥킨타이어(Alasdair MacIntyre)의 『덕의 상실(*After Virtue*)』,[2] 혹은 제임스 왈라스(James Wallace)의 『미덕과 악덕 (*Virtues and Vices*)』[3] 혹은 헌신적인 미덕이론가인 필리파 풋(Philippa Foot)의 『미덕과 이성(*Virtues and Reasons*)』[4]의 색인에서도 찾아볼 수 없다. 돌봄은 어마어마한 인간의 의존성을 인정한 맥킨타이어의 최근 저서 『의존적인 합리적 동물: 왜 인간은 미덕이 필요한가(*Dependent Rational Animals: Why Human Beings Need the Virtues*)』의 색인에서도 거론되지 않았다.[5] 혹자는 돌봄이 카리타스(caritas)라는 기독교적 미덕에 가깝다고 하지만, 카리타스는 오히려 자비와 유사하다. 그러나 돌봄은 자비와 −아이를 보살필 때 아이에게 자비롭다는 말을 하지는 않는다 다르며, 돌보는 것은 자비로운 것과 같지 않다. 돌봄에 가치를 부여하는 것은 전적으로 어떤 종교적 배경과 무관하며, 특정 종교의 전통을 함께하지 않는 사람들이 종교적 전통에 호소하는 주장을 귀담아들을 이유가 없다는 점에서, 돌봄은 종교적 토대보다 강력하다. 돌봄의 가치를 이해하는 것은 돌봄을 받아왔으며 돌봄을 할 수 있다는 보편적인 경험에서 출발한다.

필자는 돌봄인이 우리가 돌봄이라 부르는 미덕을 지닌 사람과 다르다고 주장한다. 하지만, 어떤 점이 다를 수 있을까?

인간에 대한 질문에서 시작해보자. 즉, 인간은 누구이며 무엇을 하는 존재인가? 필자는 우리가 어떤 삶을 살아야 하는지 물음을 던질 수 있는 사람들을 어떻게 생각해야 하는가라는 규범적인 틀에서 시작한다. 그리고 필자는 인간이 돌봄을 해야 하는지, 그리고 그것이 무엇을 의미하는지를 질문할 것이다.

필자는 우리가 인간에 대해 논할 때 개념, 전제조건, 과학적 틀을 논하며, 반드시 제3자적 시각에 부합해야 한다고 생각하는 작금의 세태를 받아들이지 않는다. 그것은 어떤 목적에는 합당하겠지만, 여러 관점 중 하나에 불과하며, 규범적 질문에는 도움이 되지 않는다. 대신, 필자는 인간을 적어도 어떤 특징, 실천과 가치를 통해 자신을 성장시키며 행동할 수 있고, 그들의 삶과 제도와 사회를 만들 수 있는 도덕적 주체로 이해한다.

도덕적 주체인 인간은 어떤 인간인가? 인간이라는 독립 단위는 존재하지 않으며, 오히려 인간은 심리적 사건의 집합이라는 신(新)흄학파의 관점에 대한 많은 글들이 쏟아지고 있다. 시드니 슈메이커 (Sydney Shoemaker)는 데릭 파핏(Derek Parfit)에 대해 다음과 같이 언급한다. "그는 경험을… 주체를 요구하는 본성적인 실체로 간주하지 않는다." 흄학파의 인식을 따르는 파핏의 경험적 존재는 "경험을 갖고 있는 주체의 존재와 독립적이며, 어떤 의미에서는 더욱더 근본적이다."[6]

필자는 이 점에 대해 동의하지 않는다. 하지만 필자는 인생을 살면서 책임을 지려고 노력하는 도덕적 주체라는 관점에서, 도덕적 주체가 받아들일 수 있는 입장에서 시작한다. 그렇기 때문에, 신흄학파의 견해는 자기파괴적이며 그러한 전제에서 시작해서는 안 된다는 점을 보여준다. 대신, 필자는 짊어진 도덕적 책임의 자각에서 시작한다. 부모역할의 경험은 가장 좋은 사례 중 하나이다. 무력한 신생아를 보살필 때, 수유를 못하거나 안전하게 보호해주지 못하면 아이가 죽게 되는 상황에서, 아무리 그러고 싶은 마음이 생긴다 할지라도 속수무책의 상황이 되도록 방치해서는 안 된다. 인간은 무엇을 할 수 있는 실체로 도덕적으로 전화(轉化)된다. 만약에 그렇게 되지 않는다면, 인간은 더 이상 도덕적 책임을 물을 수 있는 존재가 아니다.

필자는 고로 우리 자신은 경험하며, 경험하는 우리 자신을 도덕적 주체로서 또한 인간으로서 간주한다. 우리가 어떻게 살아야 하는지의 규범적 관점에서 보면, 제시된 권고사항에 대해 수락 혹은 거절로 응답할 수 있고(아이들의 경우 부분적으로 이해한다고 할지라도), 우리의 선택에 상당한 책임을 질 수 있는 내가 존재한다는 점을 받아들여야 한다.

도덕적인 인간다움 또한 도덕, 법, 다양한 인간 실천이 인간의 생물학적 실체에 부여한 위상이다. 이러한 위상을 경험하는 인간존재와 무관하게 개념화되는 자연상태의 인간은 존재하지 않는다. 하지만 이러한 위상이 창조되는 사회적 세계와 인간 역사 속에서, 우리는 많은 실천을 통해 도덕적 존재로서 인식된다.

아이들은 잠재적(실질적으로는 그렇지 않더라도)으로 도덕적 주체이다. 당연히 해야 할 행동을 아이들이 하지 않을 때, 우리는 아이들이 서서히 나아져서 도덕적 책임을 다할 수 있으리라 기대하지 않는다. 우리는 어떤 단계에서 아이들이 자신 행동의 도덕적 중요성을 이해한다고 생각하지 않기도 하지만, 동시에 아이들은 적합한 성품으로 성장할 수 있으며 도덕적 실천을 함께할 수 있다고도 생각한다.

다양한 다른 논자들과 더불어, 힐드 넬슨(Hilde Nelson)은 비록 정체성의 모든 부분은 아니더라도, 어떻게 "정체성이 서사적으로 구성되는지"를 보여준다.[7] 또한 그녀는 우리가 어떻게 "대항이야기(counterstories)"를 통해 정체성을 변화시킬 수 있는지 보여준다. 다이아나 메이어스(Diana Meyers)는 "서사는 사람들이 사회적 맥락에 지대한 영향을 받고 있다는 점을 보여주지만, 동시에 스스로 결정하는 도덕적 삶을 가꾸어 나갈 수 있는 ―가치부여와 재평가 그리고 삶의 궤도 수정과 사회적 규범의 재설정이라는― 가능성을 유실하지 않고 있음을 분명히 보여준다"고 말한다.[8] 서사는 우리가 자아를 어떻게 형성하는지 그리고 심지어 우리가 어떻게 새로운 방향으로 진입할 수 있는지를 생각하는 매우 유용한 방식일 수 있다. 그렇다면 우리가 우리의 이야기를 어떻게 계속해야 하는가에 대한 질문이 남는다. 우리는 더 많이 보살펴야 하고, 부정의에 대해 더 많이 염려해야 하며, 이익을 덜 쫓아야 하며, 더 존중해야 하는가? 그리고 왜 그래야 하는가?

그렇다면 필자는 규범에서 시작한다. 하지만 칸티안의 규범적 접근 대신, 돌봄윤리의 규범적 접근에서 출발한다. 돌봄윤리에 관해 쓰는 일부 학자들과 다르게, 필자는 돌봄을 자연적 윤리(naturalized ethic)라 생각하지 않는다.[9] 그렇다. 돌봄은 일어나고 있으며, 우리는 경험적으로 검토해야 하고 돌봄에 내장된 가치를 명확히 해야 한다. 우리는 돌봄을 폄하하는데 사용했지만, 이제는 돌봄의 중요성과 가치를 실현시키기 위해 사용할 수 있는 인식론적 수단을 고려해야 한다. 하지만 필자는 돌봄윤리를 다른 윤리와 마찬가지로 전적으로 규범적 관점의 윤리로 간주한다. 돌봄윤리는 우리가 돌봄활동에 왜 가담해야 하는지, 해야 하면 왜 해야 하는지, 그리고 어떻게 해야 하는지에 대한 질문, 그러한 돌봄활동이 어떤 모습으로 이뤄져야 하며, 구조화되어야 하는지에 대한 질문, 그리고 돌봄과 돌봄의미에 대한 질문을 제기한다. 돌봄윤리는 특히 돌봄관계를 평가한다.

돌봄윤리에서 본 인간상

인간을 관계적이고 상호의존적인 존재로 바라본다는 점이 돌봄윤리의 특징이다. 칸티안 도덕윤리와 공리주의의 의무론적이고 결과주의적인 도덕이론은, 비의존적(independent)이고 자율적인 인간을 상정한 행위자의 합리적 결정에 주목한다. 미덕이론 또한 개인과 개인의 심성에 초점을 둔다. 이와 대조적으로 돌봄윤리는 인간을 타인과의 관계에 연루되고 타인과의 관계에 지대한 영향을 받는 존재로 개념화한다. 즉, 많은 돌봄이론가에게 인간은 적어도 부분적으로 사회적 유대에 의해 구성되었다. 돌봄윤리는 인간관계를 평가하고 돌봄관계에 가치를 부여하는 등 인간관계에 주목한다. 돌봄윤리는 주류 도덕이론이 가정하듯, 도덕적으로 정당한 관계는 자유롭고 평등한 개인에 의해 자발적으로 시작된다고 상정하지 않는다. 돌봄윤리는 부모와 자식의 관계, 다양한 종류의 사회집단의 관계처럼, 개인의 선택과 무관한 비선택적 관계에서 비롯되는 불평등한 권력을 지닌 사람들 사이에서 돌봄가치의 진가를 드러낸다. 돌봄윤리의 입장에서, 가족, 사회, 역사적 맥락에 위치한 우리 자신의 내장성(embeddedness)은 가장 기본적인 것이다.

진 켈러(Jean Keller)는 인간에 대한 개념은 페미니스트 윤리의 핵심이라고 주장한다. 그녀는 "페미니스트 윤리가 최종적으로 어떠한 모습을 띠더라도, 페미니스트 윤리는 도덕적 행위자의 관계적 모델을 빠뜨리지 않는다. 즉, 도덕행위자는 언제나 그리고 이미 혈육에 내장된, 그리고 부분적으로 이러한 관계에 의해 구성된 '연고적 자아(encumbered self)'라는 통찰이 여기에 있다."[10] 필자는 돌봄윤리보다 페미니스트 윤리를 더 넓은 것으로 보기 때문에 이러한 입장을 다소 조정할 수 있지만, 대체적으로 돌봄윤리도 그렇다고 생각한다.

메릴린 프리드만(Marilyn Friedman)은 현대 페미니스트들이 발전시킨 관계적 인간의 특징을 이렇게 규정한다.

> 관계적 접근에 따르면, 인간은 근본적으로 자율성이라는 권능을 개발해가는 사회적 존재이다… 사회적 실천과 관행으로 구성되지 않는 가치, 의미 그리고 자기반성의 맥락에서… 우리가 스스로를 돌아볼 줄 아는 능력과 바로 그러한 우리의 정체성이, 성찰하는 우리의 능력을 무기력하게 하지 않으면서도 우리가 의문을 제기하지 않는 공동체적 전통과 규범을 통해 부분적으로 항상 구성된다는 점이 이제는 인식되고 있다.

우리는 각자 국가와 공동체 같은 더 큰 사회적 네트워크에 자리매김 된 가족이라
는 맥락에서 늘 길러지는 것은 아니지만, 각기 다른 사회적 맥락에서 성장한다. 우리
의 삶을 통해서, 거의 우리 모두는 적어도 우리의 가장 근본적인 가치를 성립시키
고 우리의 정체성의 한 부분을 정의하는 공동체와 사회적 관계에 여전히 연관되어
있다.[11]

일부 논자들은 사회적 관계를 구성적인 요소보다 단순한 인과적인
요소로 해석한다는 점에서 프리드만의 더 발전된 인간에 대한 개념
을 비판한다.[12] 하지만 우리가 말할 수 있는 것은, 가장 페미니스트적
인 관점에서 볼 때, 개인은 **적어도** "스스로를 만드는 인간"이라는 전
통적인 자유주적 신화에서 생각하는 것보다 훨씬 더 사회적 관계로
부터 인과적인 영향을 많이 받는다.

다이아나 메이어스는 설명력 있는 다양한 개념의 자아를 설명한다.
"페미니스트 관계적 자아는"

> 상호적인 유대관계로 결합된 자아다… 관계적 자아로서… 사람들은 기쁨과 슬픔을
> 함께 나누고, 돌봄을 주고받는다. 그리고 많은 보상으로부터 일반적인 이로움을 누
> 리고, 친구관계, 가족구성원, 종교적이고 민족적인 결연(結緣) 등에 대한 많은 위협
> 에 대응한다. 이러한 관계성은 사람들이 자신과 친밀한 사람들에게 기여하며, 그들
> 이 관심 갖는(care about) 사람들과 가까운 사람들의 괴로움을 외면하지 않으며, 이
> 러한 도덕적 공헌이 핵심적인 도덕적 관심사가 되기 때문에, 도덕적 정체성의 원천
> 이다.[13]

관계적 인간이라는 개념은 우리가 타인에게 느끼는 동감(empathy)이
어떻게 존재하는지에 대한 수수께끼 중 일부를 해결할 수 있을 것이
다.[14] 다른 아이의 고충을 덜어주려 애쓰는 어린아이의 예에서, 우리
는 타인에 대한 직접적이고 자발적인 동정으로 보이는 어떤 것을 이

해하고, 아이가 불행을 극복하도록 그 아이를 돕고 싶어진다.[15] 원하는 것을 얻기 위해 모든 장애물을 이기적인 홉시안(Hobbesian)적으로 투쟁하는 아장대는 단계의 아이의 이미지에서 연상하는 "인간본성"이라는 관념은, 또 다른 하나의 관점을 갖고 있다. 만일 어린아이가 아직까지 별개의 사람으로 스스로를 규정하지 않는다면, 아마도 아이는 간단하게 다른 아이의 고통을 자신의 것으로 느낄 것이다. 하지만 아이가 자신을 개별적인 개체로 이해한다면 어떻게 될까? 로렌스 블룸(Lawrence Blum)은 "추론(inference)" 모델과 "투영(projection)" 모델이 적용되지 않는 많은 사례를 보여준다.[16]

만일 우리가 인간을 관계가 구현된 결합으로 이해한다면, 한 아이를 구성하는 관계는 다른 아이를 구성하는 관계와 다르며, 심지어 어린아이조차도 스스로가 다른 아이와 다르다는 것을 알 수 있다. 하지만 다른 아이가 곤경에 처했을 때, 이 아이의 관계는 정반대의 경우가 될 수 있다. 이 아이는 다른 아이의 고충을 더 좋아할 수도 있다. 이것은 한 아이가 자기 장난감을 갖고 노는 것에 대해 다른 아이가 이를 위협으로 느낀다면, 다른 아이의 고충을 기뻐할 것이라는 것과 별반 다르지 않을 것이다. 타인과 함께하는 것에 대한 이러한 식의 설명도 가능해진다.

자아를 관계적으로 보는 개념은 타인과 다른 집단에 대한 유대의 도덕적 중요성을 인정하지만, 이러한 자아는 또한 성장하면서 자신의 정체성, 삶, 행동을 만들어가는 도덕적 주체가 된다. 내적 측면과 외적 측면의 상호작용을 어떻게 이론화할 것인가가 많은 페미니스트 논의의 주제이다.

돌봄과 자율성

돌봄인이 자율적일 수 있을까? 편서 『관계적 자율성(*Relational Autonomy*)』은 관계적 인간의 자율성을 재개념화한 글들을 모았다. 자율성은 여전히 추구되지만, 자족적이고 무자비한 인간으로 증발해 버릴 수 있는 원자적 자아(atomistic self)의 자율성이라는 전통적 자유주의 이론과는 판이한 종류의 자율성이다. 편집자들은 "관계적 자율성이란 인간은 사회적으로 내장되었고 행위자의 정체성은 사회적 관계의 맥락에서 형성된다는 확신"을 바탕에 두는 관점의 범주로 이해한다. 인간은 인종, 계급, 성, 민족 그리고 가족과 공동체의 유대를 포함하는 복잡하게 교차하는 사회적 요인들에 의해 형성된다. 편집자들은 "관계적 접근이 주목하는 것은 자아다움과 정체성의 간주관적(intersubjective)이고 사회적인 차원의 함의를 분석하는 것"이라고 한다.[17]

자율성을 능력의 집합으로 이해하는 다이아나 메이어스의 설명은 설득력이 있다. 즉, 자율적 인간은 자아발견, 자아정의, 자아방향설정을 성취하는 기술을 발전시킨다. 비록 사람마다 편차는 있겠지만, 관계적 인간은 이러한 기술을 발전시킬 수 있다. "다른 능력을 갖고 있기 때문에 실천을 통해서 배우며, 실천은 능숙함을 배가시킨다"고 말한다.[18]

종종 우리는 양육과 환경에 얽매여 있는 것이 아님에도 불구하고, 타인과의 상호작용을 통해서 자율성을 배워간다. 개인적, 가족적, 사회적, 정치적 그리고 경제적인 타인과의 관계는 우리의 중요한 선택을 가능하게 하며 또한 방해하기도 한다.[19] 우리는 그러한 관계에 놓여있지만 그러한 관계를 만들어 나갈 수도 있다.

우리는 다른 사회가 우리 자신이 살고 있는 사회보다 더 적은 선택권을 부여한다는 주장에 조심해야 한다. 우마 나라얀(Uma Narayan)은 서구 페미니스트들이 때때로 다른 문화의 여성을 저항할 수 있는 능력이 부족한 가부장제의 개척자이거나 그렇게 할 희망을 갖고 있지 않은 자발적인 바보로 이해한다고 토로한다. 무슬림 사회의 베일(veil)을 예로 들면서, 그녀는 현실적으로, 자발적으로 베일을 두르는 많은 여성들이 베일을 두르도록 종용하는 사회에서 이러한 행동을 선택한다고 주장한다. 그녀는 이러한 비서구 여성들의 중압감을 광고, 문화적 선망 및 기업의 기대치를 통해 공격적으로 조장되는 특정한 외모에 맞게 조련되는 기준에 순응하려는 서구 여성들의 중압감에 비교한다. 만일 서구 여성들이 순응하지 않는다면, 그들은 직업을 얻지 못하거나 잃을지도 모른다. 즉, 이러한 서구 여성들도 조롱이나 비웃음의 대상이 될 것이다. 모든 경우에서 사회적 제약이 존재하더라도, 그 조건하에서 자율성은 가능하다. 메이어스가 지적하듯, "더 큰 매력적인 선택 범위를 모든 개인이 가용할 수 있도록 만드는 사회적이고 경제적 환경은, 필연적이라 할 수는 없어도 자율성에 기여한다."[20]

관계적 인간의 핵심은 우리가 기존의 관계를 조정하거나 그로부터 소원해진다면, 이는 더 좋고 종종 더 많은 돌봄관계를 위해서이지, 자율적이고 합리적인 행위자의 전통적인 자유주의적 규범이 가르치는 화려해 보이는 비의존성, 자기충족, 무심한 고립을 위해서가 아니다.

어떤 사람은 양육방식, 친구 그리고 어쩌면 타고난 유전인자 덕분에 주변을 더욱 돌보고 배려심 있고 타인의 감정에 둔감하지 않으며 이를 존중하는 인간이 되고, 다른 사람은 이러한 능력을 배우지 못한 결핍 상태로 성장할까? 돌봄인이 되는 것의 목적은 자율적인 선택의 문제가 될 수 있으며 그렇게 되어야 한다. 단지 생각 없이 무비판적으로 자신이 자라온 돌봄관행을 답습하는 사람은 외견상 돌보는 것

같지만, 돌봄가치를 의식적이고 성찰적으로 인식하는 정확한 동기부여를 찾아볼 수 없다. 돌봄인이 되기에 적합한 능력을 익히고 함양하는 것은 도덕적 행위자와 그와 관련된 많은 사람들의 노력에 의존한다. 기존 관행을 비판적으로 뜯어보고 개선시켜야 한다. 특정 시기의 일부 사람은 돌봄인이 되지 못할 수 있지만, 어떤 사람은 돌보는 능력이 영원히 없을 것이라 필자는 생각하지 않는다.

관계적 인간과 과도한 헌신

돌봄윤리에 비판적인 사람들은, 돌봄윤리가 사용하는 관계적 인간의 개념이 비선택적 사회관계에 위험스럽게 매몰돼 있음을 우려한다. 예를 들어, 달리 코엔(Daryl Koehn)은 돌봄윤리가 자아를 관계적인 것으로"만" 이해하며, 다른 어떤 가치보다 돌봄을 우선시한다고 비판한다. 그녀는 우리가 폭력가해자에게 지나치게 관심을 갖거나, 살인자에게 지나치게 관심을 보이고, 혹은 억압받는 집단을 지나치게 걱정해서 우리의 애완동물과 놀아줄 시간을 뺏겨서는 안 된다고 말한다.[21] 그녀는 돌봄인이 자가당착에 빠지지 않기 위한, 또한 돌봄인이 우려스럽게 막후조종의 대상이 되지 않기 위한 유용한 통찰력을 던지고 있다. 하지만 그녀의 비판은 관계적 인간과 돌봄윤리의 초기 논리에 대부분 초점이 맞춰져 있다. 돌봄윤리를 발전시키는데 종사하는 많은 사람들은 코엔이 식별하라고 주장하는 과도한 주장을 피하기 위해 깊이 있는 해석, 치밀한 이론화, 냉철한 평가를 제공해왔다. 많은 논자들은 돌봄윤리가 돌봄제공자뿐만 아니라 돌봄대상자의 경험을 고려해야 하는 점, 돌봄이 지나치게 앞서 나가서는 안 된다는 점을 강조한다. 즉, 그들은 돌봄이 장려되어야 할 뿐만 아니라 변질될 수 있는 많은 우려에 천착해왔다. 돌봄은 과거 주류 도덕이론에 의해 심각하게 저평가되었다. 이제, 돌봄의 가치를 정립하는 사람들은 이 점을 바로 잡고자 하지만, 이 점을 우리가 주목할 유일한 사항이라고 는 생각하지 않는다.

메이어스는 최근의 돌봄과 돌봄가치를 논하는 중요한 학자이다. 하지만 그녀 역시도 관계적 인간의 페미니스트 개념을 우려한다. 자아에 대한 많은 개념을 요약하면서, 그녀는 관계적 자아의 개념이 타인과 불충분하게 거리를 둔 나머지 "구별되는 도덕적 정체성을 갖지 못할 정도로 지나치게 돌봄관계망에 얼기설기 얽혀있는 것으로" 보일 수 있다고 말한다. 그녀는 가치가 부여되는 관계는 마가렛 워커(Margaret Walker)가 부른 "헌신의 병폐"로 "변질"될 수 있다고 일갈한다.[22]

위의 우려는 일리 있다. 하지만, 이들의 염려는 많은 관계적 인간의 헌신을 충족할 수 없는 과도한 부담으로 만드는 사회적 지원의 미흡함을 지적한 많은 페미니스트들의 논지를 간과하고 있기 때문이다. 예를 들어, 딸에게 전가된 노부모돌봄이라는 지나치게 많은 부담은, 고령자 돌봄책임에 실패한 사회 때문이다. 또한 전통적인 관계망에 얽혀 많은 어려움을 겪고 있는 어머니의 문제는 아이돌봄 대책이 부족하기 때문이다.[23] 사회적 지원으로 충분한 돌봄을 받는 노부모는, 부모와 딸의 관계를 재확인하기 위해 딸이 많은 시간과 에너지를 쓸 필요가 없을 뿐만 아니라, 그렇게 많은 시간과 에너지를 자식에게 뺏는 것을 부모가 원하지 않음을 서로 양해하고 관계적 친밀성을 돈독히 하는, 가끔 걸려오는 바쁜 딸의 전화에도 만족할 수 있다. 주간 돌봄센터에서 공적으로 보살핌을 잘 받는 행복한 아이들은 그들이 사랑을 받고 있는지, 그들이 가치가 있는지, 부모와의 관계가 친밀하고 강한지를 확인하기 위해 부모와 부단한 상호작용을 해야 할 필요가 없다.

하지만 때때로 관계적 인간에 대한 타인의 실질적인 요청이 과도해 보이는 경우가 있으며, 비록 그러한 필요가 보건의료지원과 정신건강서비스를 포함한다 할지라도, 그러한 필요는 사회가 책임질 수 있는 종류가 아닐 수 있다. 관계가 지나치게 얽혀있어서 자유로운 행위를 방해할 때, 그러한 관계는 종종 재조정되어야 한다.

이 지점에서의 차이는 좀 더 친밀한 관계를 위해 반려자와 끊임없이 대화를 해야만 한다고 느끼는 사람들 사이의 차이와 비슷하다. 이 경우 양쪽 반려자 모두 똑같이 느낀다면 아무 문제도 아니다. 하지만 장시간 떨어져 있거나 특별한 대화가 없어도 문제없으며, 완전한 비의존적인 도덕적 행위자가 되는 것조차도 반려자 서로가 이해할 수 있는 매우 밀접한 관계일 수 있다. 우리가 얽혀있는 많은 관계는 우리가 선택한 것이 아니라, 부모와 형제자매처럼 단지 우리에게 주어진 것이다. 심지어 이러한 관계도 우리가 힘써 재조정해야 하는 것일 수 있다. 우리가 선택하는 모든 관계 속에서도, 우리는 얽혀있는 삶의 정도와 요구하는 수준을 조화롭게 항해할 수 있는 인생의 조타수가 될 수 있다. 지속적으로 돌봄을 표현하지 않고서도 친구들 사이는 서로를 잘 돌보고 있음을 알 수 있다.

미덕으로서 돌봄

미덕이론이 기본적으로 간주하듯, 돌봄을 인간의 한 가지 미덕으로 생각하고, 미덕을 **개인의 심성**으로 해석하기 쉽다. 일부 사람은 돌봄을 익숙한 미덕의 하나인 자애심(benevolence)의 다른 이름으로 생각한다.

마이클 슬로트(Michael Slote)는 자애심이 모든 인간의 안녕을 목표로 하는 반면, "모든 인간의 실질적인 관심"을 포함할 수 있을 만큼 확장될 수 있음에도, 가까운 사람과 아끼는 사람을 우선한다는 점을 제외하면, 돌봄인을 자애로운 사람과 매우 유사한 것으로 이해한다.[24] 그는 돌봄인의 개념으로 정립되는 포괄적인 윤리 논의를 제공해왔다. 그는 돌봄의 행위자 중심의 미덕윤리를 지지한다. 그는 정의, 올바른 행동 그리고 기타 윤리적이어야 하는 것들이 돌봄인의 동인이 될 수 있다고 생각한다. 좋지 않은 결과로 귀결된 좋은 의도의 문제를 다루기 위해, 그는 돌봄인은 스스로의 노력이 어떻게 작동되고 있는지, 그 노력이 아이를 건강하게 육성하는 목표를 놓치지 않고 있는지에 대해 신경을 써야 할 것이라 주장한다. 만일 누군가가 좋은 부모가 되려 한다면, 아이에게 필요한 것이 무엇인지에 대해 알아야 할 것이다. 따라서 슬로트는 도덕을 위해 필요한 것은 돌보는 자애로운 사람의 미덕이라고 생각한다.

필자는 그의 돌봄가치에 대한 평가와 윤리를 통합하려는 노력을 환영하며 경의를 표한다. 하지만, 필자는 슬로트가 돌봄윤리에 대한 **돌봄관계**의 중심성을 놓치고 있다고 생각한다. 필자의 생각으로, 돌봄인은 돌봄에 대한 의도와 효과적으로 돌보려는 심성뿐만 아니라 돌봄관계에 가담하려 한다. 만일 어떤 개인이 그 관계에 함께하려는 능력이 부족하다면, 그는 돌보려는 사람일 수 있지만 아직까지 돌봄인은 아니다. 돌봄인이 되기 위해서는 바른 동기 혹은 심성 이상이 필요하다. 또한, 돌봄실천을 수행하기 위한 능력과, 그 능력의 **발현함**이 필요하다. 우리가 보아왔던 바, 돌봄은 감정, 동기 혹은 의도뿐만 아니라 **노동**이다. 그러나 돌봄은 **단지** 노동이 아니다. 적절한 돌봄 동기 없이 돌봄을 한다면, 돌봄이란 노동을 하고 아이에게 끼니를 채워

주는 것으로는 충분하지 않다. 역시 돌봄 동기만으로 어떤 사람을 만족할 만한 돌봄인으로 만든다고 생각하지 않는다.

하워드 쿠르저(Howard Curzer)는 흥미로운 글에서 정의윤리와 돌봄윤리는 단지 정의와 돌봄의 미덕만을 설명한 것이라 주장한다.[25] 그의 견해에 따르면, 두 가지 윤리 모두 거의 모든 인간생활의 범주에 적용되며 이상적인 미덕이 아니라 실제적인 미덕이라고 주장한다. 때때로 정의윤리와 돌봄윤리는 충돌한다. 그러한 충돌은 존경할 만한 부도덕(admirable immorality)이나 부정의한 수단(dirty hands)을 낳을 수 있지만, 이는 도덕성을 위협하지는 않는다고 생각한다. 이는 단지 도덕적 미덕은 도덕적 행동을 향한 완전한 지침이 아니며, 실천적 지혜로 보완되어야 한다는 점을 보여준다.

이러한 논의는 시사하는 바가 크다. 정의윤리를 우위에 두고, 돌봄을 도덕적 가치가 아닌 가치로 인식하거나 도덕적 추론으로는 격이 떨어지는 것으로 이해하거나, 혹은 정의윤리를 돌봄보다 우선순위가 높은 것으로 간주하여 돌봄을 더욱더 중요한 정의윤리에 병합되거나 첨가될 부수적인 고려사항 정도로 이해하려는 노력에 쿠르저는 반대한다. 쿠르저는 돌봄과 정의의 차이, 그리고 각각의 상대적 중요성을 적절하게 인정한다.

하지만 돌봄을 단순히 미덕으로 간주하면서, 그는 돌봄의 핵심을 파악하지 못한 것 같다. 그 핵심은 사람들 **사이**의 관계에 대한 평가와 권장이다. 그는 "만약 어떤 사람이, 적절한 사람과, 적절한 방식으로, 적절한 시기에, 적절한 동기를 갖고, 적절한 관계를 맺고 유지하려는 성향을 보인다면, 그 사람은 돌보는 사람이다. 돌봄인은 또한 자신과 여러모로 상이한 관계에 있는 사람에 대한 적절한 애정과 그 애정에 대한 적절한 책임을 느껴야 한다"고 말한다.[26] 그는 이러한 정의가 아리스토텔레스의 우애(friendship) 개념과 가깝다고 인정한다.

이러한 정의는 돌봄인을 설명하는데 고려할 만한 방식이지만, 개인의 심성과 행동을 평가하는데 제한적이며 사람들 사이의 관계를 평가하지는 않는다. 미덕을 설명하는 것은 개인으로서의 인간적 특징에 집중한다. 이러한 개인은 다양한 관계를, 쿠르저의 용어로, "만들고 유지"해야 한다. 하지만 이것은 태어나는 순간부터 우리가 속해 있는 거대한 관계의 현실을 보지 못한다. 수년 동안 관계 **속에** 있는 우리는 점차적으로 관계를 인식하고 **발견**하지만, 우리는 관계를 "만들지" 않는다. 이러한 많은 관계는 상당히 불만족스러운 것이고, 우리의 선택과 무관한 것이며, 우리는 이를 단절해 버리려 노력해야 할 수도 있다. 하지만 종종 그 관계가 불만족스러울 때, 우리는 조정하고 개선하며 탈바꿈시키려 노력할 수 있다. 이러한 모든 경우, 우리는 단지 심성이 아닌 **관계**를 도덕적으로 평가해야 한다. 그리고 우리는 그 관계를 단절할지, 만일 엄중한 관계라면 단절하더라도 그 관계의 전부가 절연(絕緣)되지 않겠지만, 개선 혹은 이어갈지의 여부에 대한 도덕적인 권고사항이 필요하다. 예를 들어, 우리가 아무리 관계를 끊으려 하더라도, 부모의 자식이라는 것을, 혹은 특정 집단의 정체성을 갖고 성장한 사람이라는 것을 없던 일로 할 수는 없다. 필자는 돌봄윤리와 돌봄인에 대한 우리의 개념은 이러한 평가와 길잡이 역할을 할 수 있어야 한다고 생각한다.

일부 페미니스트들은 도덕문제에 대한 칸티안 혹은 공리주의적 접근보다 아리스토텔레스적 접근에 훨씬 우호적이다. 다른 페미니스트들의 도덕적 정향은 흄에 가깝다. 하지만 아리스토텔레스와 흄의 접근을 포함하는 미덕이론은 특징적으로 미덕을 개인이 갖추는 것으로 이해한다. 이와 대조적으로 돌봄윤리는 사람들 사이의 관계에 관심을 갖는다. 돌봄관계는 개인의 심성이라기보다 가치 있다거나 잘못된 것이라고 판단할 수 있는 종류의 것으로 이해된다. 물론 사람들 사이의 가치 있는 관계는 그 관계 속에 있는 사람의 심성에 상당 부분 달려 있지만, 개인적으로 가치 있는 심성이 있는 사람도 여전히 돌봄관계에서 좋은 관계를 형성하지 못할 수 있다.

돌봄은 이러한 이유로 길든 짧든, 미덕 요약집에 있는 또 다른 미덕으로 간주되어서는 -무시되어서는- 안 된다고 필자는 생각한다. 돌봄윤리는 그 자체로 대안적인 도덕적 접근이다.

필자는 돌봄인을 돌봄윤리의 관점에서 이해하려 노력한다. 돌봄윤리는 돌보는 심성 혹은 자애로운 심성이 있는 사람이라는 슬로트의 의미에서 돌봄인이라기보다 돌봄관계에 가치를 둔다. 관계에 관한 판단은 종종 개인에 관한 판단과 구분될 필요가 있다. 두 종류의 인간은 모두 미덕을 지녔다는 의미에서 개인적으로 유덕할 수 있지만, 두 사람의 관계는 서로에게 적대적이고 갈등적이고 무익한 관계가 될 수 있다. 돌봄관계는 **상호성**(mutuality)을 요구하며, 인간 삶의 상호의존적인 다양한 맥락에서 상호성을 성취하는 방식을 조성시킬 것을 권장한다. 비의존적인 개인만을 생각하거나 그러한 개인의 환경에 주목하기보다, 상호의존성에 대해 주목하는 것은 돌봄윤리의 핵심이다. 돌봄인은 개인적, 정치적, 경제적 그리고 지구적 맥락의 상호의존성의 상호성을 육성할 것이다. 돌봄인은 돌봄관계에 정당한 가치를 부여할 것이고, 기존의 관계를 좀 더 돌봄적인 것으로 조정해 나갈 것이다. 그리고 돌봄인은 올바른 방향으로 올바른 동기를 가지고 모든 것을 보살필 것이다. 돌봄인이 주시하는 것은 자신의 심성이 아니라 **관계**이며 **돌봄실천**이다(2장 참조).

민감성과 지식

돌봄관계는 타인의 감정에 민감한 돌봄관계에 있는 사람의 실질적인 능력을 요구한다. 부모는 아이가 아프거나 두려워하거나 혹은 단지 그런 시늉을 할 때 이해해줄 필요가 있으며, 아이는 부모의 거절 혹은 격려를 구분할 수 있는 매우 정확한 능력을 갖고 있는 것 같다. 일반적으로 부정확한 해석이 쌍방에서 빈번히 일어나지만, 좋은 관계에서는 상호민감성과 인지의 측면에서 꾸준한 발전이 수반되고, 돌봄구성원은 의도하지 않게 화를 사거나 감정을 서로 상하지 않도록 하는 법을 배운다.

타인의 감정에 대한 민감성은 부족하더라도, 상당한 선의 혹은 자애심을 갖춘 성인으로 성장한 사람은 돌봄인이 될 수 있을까? 그렇게 생각하지 않는다. 우리는 자전거를 타는 사람과 수영을 하는 사람이 완전히 자전거를 탈 수 없거나 수영을 할 수 없다면, 그 사람을 자전거를 타는 사람 혹은 수영하는 사람이라 부르지 않는다. 너그럽게 생각해서 우리는 이 용어를 열망은 가득하지만 여전히 자전거 혹은 수영을 배우고 있는 아이에게는 적용할 수 있을지 모른다. 하지만 우리는 정확한 설명이 아니라는 점을 깨달을 것이다. 만일 철저하게 둔감한 사람들을, 만일 그들의 무감각함 혹은 딱딱한 외피가 본인들이 아직까지 극복하지 못한 어린 시절의 결핍에서 비롯된 것이라면, 비난하는 것을 자제할지도 모른다. 그리고 만일 그들이 민감해지는 것을 배우려고 노력하고 있다면, 우리는 그들이 돌봄인이 되도록 노력하고 있다고 말할 수 있다. 돌봄은 하나의 가치이며 돌봄인이 되는 것은 도덕적으로 가치가 있기 때문에, 만일 그들이 무감각함을 극복하려 노력조차 하고 있지 않다면, 우리는 이 점을 비판할 수 있다. 하지만 사람들이 타인이 느끼고 생각하는 것을 전혀 인식하지 못한다면, 그리고 지독하게도 타인의 의도와 분위기를 파악할 수 없다면, 이들은 돌봄관계를 지속하거나 돌봄실천에 가담할 역량이 부족한 것이다. 필자는 그들은 진정한 돌봄인이 될 수 없다고 생각한다.

민감성을 배울 수 있을까? 다른 사람보다 타고난 사람도 있지만, 배울 수 있다. 민감성은 왼손잡이가 되는 것처럼, 우리가 타고나는 것으로 결정되는 단순한 특성이 아니다. 이 점은 돌봄인이 되기 위해서 중요하다. 민감성이 반드시 필요한 것인지 혹은 다른 능력으로도 보완될 수 있는 자질인지는 불분명하다. 민감한 사람이 다른 누군가의 감정을 일상적으로 이해하는 방식과는 다른 방식으로 민감성에 기여하는 다른 보완 능력이 무엇인지에 대해, 필자는 회의적이다. 어떤 사람은 곤경에 처해 있는 누군가의 곤경을 언어로 전달해줘야만 인식하지만, 어떤 사람은 다른 사람이 곤경에 있을 때 이를 직감적으로 감지하는 사람이 있다. 하지만 두 사람은 모두 민감성을 발휘하고 있는 중일지도 모른다.

물론, 민감성이 항상 좋은 능력인 것은 아니다. 더욱더 효과적으로 타인에게 고통을 가하는데 활용될 수 있다. 하지만 돌봄인에게 민감성은 필수에 가깝다. 어떤 사람은 민감성이 떨어지는 다른 사람을 이해하고 받아들이며 다른 사람의 민감성 결핍에도 불구하고 그와 돌봄관계를 이어갈 수 있지만, 이 사람은 자신에 관한 돌봄에서는 결핍된 것이다.

돌봄실천에 가담하기 위해, 예를 들어 아이에게 얼마만큼의 수유를 할 것이며, 어느 정도의 온도에서 해줄 것인지와 같은 주어진 실천의 필수요건을 정확하게 숙지할 필요는 없다. 하지만 단지 자애로우려는 단순한 의도로는 돌봄인이 되기에 불충분하다. 다른 한편으로, 단지 돌봄활동도, 예를 들어 아이의 안녕을 위하는 의도와 적절한 느낌 없이 아이에게 끼니를 주는 것과 같은 것은 어느 것도 돌봄이 아닐 것이다.

만일 돌봄인이 돌봄실천의 참여자이고, 그러한 돌봄실천이 더 나은 지식과 이해 덕분에 지속적으로 개선될 수 있다면 (아이를 책임성 있게 하고 협동적일 수 있도록 조력하는 방법을 더 잘 알고 있을 때처럼), 단지 돌봄의 지식을 더 쌓아가는 것으로 어떤 사람이 보다 돌봄적이 될 것인가? 이 같은 주장은 문제가 있어 보일 수 있다. 하지만 지식이 실천의 부분이라면, 그리고 앞서 논의한 것처럼 이 사람이 필수적인 동기를 갖고 있다면, 이는 문제될 것이 없다. 더 좋은 돌봄실천을 통해서 더 좋은 참여자가 된다. 더 많이 실천할수록 더 좋은 지적 통찰력을 동원할 수 있게 되며, 또한 참여자는 이 같은 통찰력을 더 잘 이해할 수 있게 된다.

심성으로 간주되는 돌봄의 문제점

만일 우리가 돌봄인을 (필자가 주장하듯) 돌봄관계의 실천에 가담하는 사람이 아닌, 유덕한 심성을 지닌 사람으로 간주한다면, 심성으로서의 돌봄이 잘못될 수 있는 많은 방식을 고려해보자. 타인에 대한 애정에 무관심하며 단지 홀로 있기를 바라는 사람에게 강한 애정을 지속적으로 갖는 것은, 돌봄관계를 구성하지 못한다는 의미에서 돌봄의 실패일 수 있다. 물론, 마음처럼 간단하게 감정의 문에 빗장을 칠수는 없지만, 원하지도 않는 칭찬과 선물을 줄 필요도 없이 거리를 더 둘 수 있다. 다른 한편으로, 맹렬한 관심을 보이는 부모와 거리를 두고 싶은 청소년처럼, 혼자 있고 싶어 할 수 있는 어떤 사람은 겉으로는 애정을 비웃고 있음에도 불구하고, 실제로는 지속적인 애정을 환영하고 있을 수 있다. 부모와 아이 모두에게 돌봄관계는 중요하고 견고하며, 더 많은 상호적 자율성을 위해서 돌봄관계의 재해석이 필요하다는 점을 인정할 것이다.

상호적 자율성은 전통적 자율성과 다르다. 전통적으로 자율성은 자족, 비간섭, 자기지향성, 이성적 통제 등의 용어로 이해되었다. 페미니스트 및 다른 비평가들은 잘못된 길잡이 역할을 하는 이러한 자율성의 인위적인 측면을 지적해왔다. 실제로 우리 모두는 아이일 때, 그리고 아픈 시기 동안 전적으로 의존적이며, 현대사회의 일원으로서 지대하게 상호의존적이다. 자족이라는 자유주의적 이상을 지지하는 것은 의존성과 상호의존성이라는 진실을 은폐하며, 이에 녹아 있는 돌봄노동의 현실을 왜곡한다. 분명 부당한 외부 제약 없이 인생에서 선택할 수 있는 더 큰 혹은 더 작은 능력을 지닌 삶이 존재할 수 있다. 교육의 부족, 경제적 압박, 정치적·법적 강제, 강압적인 개인에 의해 선택은 제약될 수 있다. 이러한 선택은 또한 우리를 취약하게 할 수 있는 누군가의 애정과 그 사람이 가할 수 있는 심리적인 압박에 의해 제약될 수 있다. 우리가 선택한 대로 살고 행동하기 위해서는 그렇게 할 수 있는 능력과 자원이 필요하다.[27] 따라서 우리를 둘러싸고 있는 상호의존성 안에서도 많든 적든 자기지향성이 있을 수 있으며, 돌봄관계는 종종 그러한 자율성에 기여한다. 하지만, 더 자족적인 것이 언제나 더 좋은 것은 아니다. 즉, 협력적 활동은 상호의존성을 포함한다. 돌봄윤리의 기본이 되는 지배비판(critique of domination)은 적절한 종류의 자율성을 육성하는데 기여할 수 있다.

이성적 통제라는 이상은 우리에게 자율성을 얻는데 있어서 감정의 영향력을 배제하라고 요구한다. 하지만 배제되는 감정에는 도덕성을 위협하는 감정뿐만 아니라, 동정, 민감성, 상호배려의 도덕감정이 포함된다. 따라서 우리는 이성적 통제로서의 자율성이라는 이상에 마땅히 의문을 제기할 수 있다. 돌봄을 받는 적절한 관계를 통해서 그리고 교육과 실천을 통해서, 우리는 자신을 위해 생각하고 타인의 부당한 압력에 저항하는 능력을 키울 수 있다. 그러한 자율성은 전적으로 돌봄윤리와 일치하며 육성되어야 하지만 감정을 억누를 필요는 없다.

상호적 자율성은 개인적 자율성과 다르다. 그것은 시간, 공간, 일상의 결정을 어떻게 공유할 것인가, 그리고 얼마만큼 독립적으로 활동할 것인가에 대한 상호이해와 상호수용을 포함한다. 돌봄관계는 상당한 상호적 자율성을 포함한다. 돌봄을 자애롭지만 시건방진 관심으로 등치시키는 것은 만연된 돌봄에 대한 왜곡된 편견이다. 심성으로서의 돌봄은, 사람들이 돌보기를 원하고 타인을 돕기를 원하며 자애로운 선한 의도를 갖고 있을 때, 많은 경우 그 선한 의도가 돌봄의존인의 욕구와 인식을 상당히 왜곡하고 돌봄관계에 도움이 되지 않음에도 불구하고, 자신은 돌봄을 하고 있다는 잘못된 생각을 갖게 한다. 돌봄을 단순한 심성으로 간주하기보다 상호적 자율성이 포함된 존경할만한 돌봄관계로 이해하는 것은, 돌봄이 어떻게 잘못될 수 있는지를 이해할 수 있게 해준다.

돌봄을 미덕으로 이해할 때의 또 다른 한계점은 우리가 어떻게 돌봐야 하는지를 물어볼 때 명확해진다. 돌보려고 노력하는, 하지만 자존감이 부족하다는 의미에서 자아가 손상된 사람은, 돌봄에 필요한 미덕을 갖추지 못하고 있다고 비판받을 수 있다. 예속적인 아내, 자식에게 무한정 헌신하는 어머니는 돌봄의 미덕을 갖고 싶어 하지만 갖지 못한다. 이들의 심성에서 결함된 부분이 인식될 수 있지만, 관계를 통해서 그 결함이 좀 더 명확히 드러난다. 예속된 아내는 자신을 비웃는 마초적인 남편과 권위적인 기강을 상징하는 아버지를 위해 봉사한다. 자식에게 헌신만 하는 어머니는 채무상태에서 벗어나고자 어머니와 같이 사는 아이나 내가 이 세상에서 제일 잘났다고 생각하는 아이로 키운다. 본받을 만한 돌봄실천에 함께하는 사람은 스스로를 존중해야 할 뿐만 아니라 상호존중과 상호민감성을 권장한다.

돌봄 혹은 자애심이 관계가 아닌 동기로 이해될 때, 돌봄 혹은 자애심이 공적 미덕으로서 그릇된 방식으로 변질될 수 있는지 살펴보자. 자선은 종종 곤경에 처한 사람이 원하고, 필요로 하고, 가치 있게 받아들이는 무엇이 아니다. 오히려 다뤄야 할 문제가 분배일 때, 사람들은 공동체의 상호의존적인 구성원의 노력으로 가능한 보상과 자원을 공정하게 받아야 한다. 종종 문제는 분배할 수 있는 몫이라기보다 공유되는(또는 공유되어야 하는) 공공재와 관련된다. 공립 공원은 여러 개인이 사적으로 소유한 정원보다 훨씬 더 상호간 존중을 상징한다. 자선할 위치에 있는 자애로운 사람도 사회프로그램과 정책을 통해서 공동체구성원이 서로에게 보여야 하는 상호관심을 표현해야 한다. 모든 사람을 위한 포괄적인 공교육제도 혹은 보건의료제도 같은 것은 부유한 사람이 곤경에 처한 개인을 위한 상당액을 지출하는 자선보다 훨씬 더 만족스럽게 이들을 돌볼 수 있다.

정치적이고 경제적인 맥락에서, 자애심과 동기로서의 돌봄은 돌봄의 가치를 쉽게 무력화시킬 수 있는 파워관계를 이해하지 못한다. 실질적인 파워의 차이는 개인적 맥락뿐만 아니라 공적인 맥락에서도 불가피하기 때문에, 우리는 평등이라는 자유주의적 허상 뒤에 실재하는 파워의 격차를 은폐하기보다 정확히 인식해야 한다. 그러나 우리가 관계에 집중할 때, 파워의 격차가 파괴적이지 않으면서도 취약한 사람에게 힘을 실어줄 수 있는, 좋은 돌봄관계를 조성하는 방법을 알수 있게 된다. 좋은 돌봄관계는 도덕적 평등의 상호이해일 뿐만 아니라, 배려하지 않고 경시하는 노골적인 강압과 미묘한 강압을 피할 수 있는 실천을 포함할 수 있다. 자애로운 지배 대신 상호성과 신뢰를 조성할 수 있다. 돌봄인은 종종 파워를 활용할 필요가 있을 수 있지만, 그들은 그 파워를 어떻게 쓰는 것이 최선인지를 이해하며, 특히 폭력적이거나 유해한 방식으로 파워를 행사하지 않는 법도 이해한다.

돌봄관계와 신뢰

아네트 바이어(Annette Baier)는 신뢰를 도덕의 중심으로 이해해야 한다고 주장하며, 신뢰에 대해 세밀하게 탐구해왔다.[28] 좋은 돌봄관계는 신뢰를 필요로 하며 신뢰로 특징지어지기 때문에, 신뢰는 돌봄윤리에 내재된 가치로 좋은 예이다. 신뢰는 사람들 사이의 관계이지만, 고립된 개인에게는 허락되지 않는 가치이다. 신뢰라는 가치는 신뢰관계에 있는 개인의 심성이라는 가치 혹은 신뢰관계에 있는 개인이 **속하는** 관계의 가치와 분리될 수 없다.

바이어는 인간의 미덕을 연구하며, 미덕이 "상호취약성에 대한 정신적인 태도"라고 밝혔다.[29] 그녀는 이러한 태도가 갖는 가치는 태도가, "사람들이 공유하는 신뢰의 분위기에 대한 기여"에 있다고 주장한다.[30] 그녀는 모든 미덕이 그러하듯, "타인의 특징과 삶에 대한 존중이 미덕으로서 신뢰의 풍토를 조성하는데 핵심적인 공헌을 한다"고 주장한다. "사람들이 자신의 인간적인 환경을 신뢰할 때까지, [사람들은] 신뢰할 만하다고 기대할 수 없기 때문에," 모든 미덕은 신뢰할 만한 분위기에 달려 있다.[31] 그렇다면, 신뢰를 주는 사회가 도덕성의 궁극적인 목표인가?

신뢰는 돌봄과 돌봄사회에 있어서 상당히 중요하다. 하지만 필자는 신뢰만으로는 충분하지 않다고 생각한다. 신뢰는 서로의 의도를 이해하는 문제이다. 신뢰를 한다는 것은 단순히 누군가 할 행동을 예견하는 것이 아니며, 이는 타인이 무엇을 할지 확실하지 않을 때 가장 필요한 것이다. 그것은 사람을 이용하려는 의도라기보다, 다른 어떤 사람 혹은 사람들이 신뢰할 만한 의도를 갖고 있을 것이라는 납득이다. 사람들 사이에는 신뢰가 생길 수 있기 때문에, 그러한 이해는 상호적이어야 한다.[32]

신뢰는 너무 쉽게 무너질 수 있기 때문에, 이는 개인의 미덕이 아니다. 신뢰할 수 없는 사람을 신뢰하는 것은 바보짓보다 더 나쁜 일이다. 즉, 그것은 순진하고 속아 넘기 쉬운 사람을 이용하도록 부추기는 것이다. 신뢰는 협력을 필요로 하지만, 개인의 이타심을 필요로 하지는 않는다. 이타주의자들 사이에서도 이기주의자들이 그러하듯이 논쟁과 다툼이 있을 수 있다. 필자는, 신뢰할 만한 이유가 없으면 신뢰해서는 안 된다는 홉시안의 입장과 대조적으로, 사람은 불신해야 할 근거가 부족하다면 당연히 신뢰해야 한다는 규범적인 입장을 지지한다. 신뢰사회와 돌봄사회는 홉시안적 입장을 넘어서야 한다.[33]

하지만 신뢰로 사회를 번영시키기에는 충분하지 않다. 신뢰는 제공되어야 하는 돌봄노동에 대해 거의 아무것도 함의하는 바가 없다. 바이어는 우리가 소유물을 지켜 달라고 혹은 차를 수리해 달라고 누군가를 믿을 때처럼, 신뢰는 항상 특정한 측면을 신뢰하는 것이라고 주장한다.[34] 풍요로운 사회가 되기 위해서, 우리는 사람들이 서로를 믿어야 하는 방식과 사람들이 서로에게 무엇을 해주기를 기대하는지 구체화할 필요가 있다. "나는 내가 아플 때 그가 나를 보살펴줄 것이라 믿어"라고 말하는 것 혹은 "우리는 내 이웃이 교육재정이 나쁠 때, 교육재원을 확대하는 방안에 대해 지지할 것이라고 믿어"라고 말하는 것은 결코 반복이 아니다. 신뢰는 그 자체로 돌봄이 곧 올 것이라고 알려주지 못한다. 돌봄공동체로 가기 위해서, 사람들은 각자의 필요에 응답하기 위해, 그리고 존경할 만한 돌봄관계를 창조하고 유지하기 위해 서로를 신뢰할 필요가 있다.

돌봄관계는 취약한 사람에게 응답하는 노동을 다하면서, 이들이 실제로 살아갈 수 있게 해준다. 신뢰의 분위기는 사람들이 올바르게 신뢰할 만한 의도를 갖고 있다는 점을 확인해주지만, 그들이 필요를 돌볼 것이라는 점을 보장해주지는 않는다. 이는 취약한 사람의 필요를 충족하는데 능숙한 사람을 만들지는 못한다. 이와 대조적으로 돌봄인은 돌봄실천을 한다. 돌봄가치를 통합하는 각자의 돌봄실천이 매우 상이할 수밖에 없음에도 불구하고, 돌봄인은 이러한 가치를 그들의 활동으로 구현한다. 그리고 돌봄인은 지속적으로 실천을 개선하기 위해 분투한다.

좋은 돌봄관계는 개인적이고 공적인 맥락 모두에서 널리 확산되어야 한다. 돌봄인은 좋은 돌봄관계를 유지하는 돌봄실천에 능숙하게 함께할 것이다.

4장

정의, 효용, 돌봄

1950-70년대에 윤리를 공부하는 학생이나 도덕철학에 귀를 기울이던 시민은, 도덕의 문제를 풀어갈 수 있는 규범이론 중에서 한두 개의 극소수 주류 도덕이론을 마주해왔을 것이다. 이들은 칸티안(Kantian) 이론처럼 의무론적인 이론이거나 공리주의 이론처럼 결과주의적인 이론에 익숙해지게 된다. 이 두 이론 모두 올바른 행동이론이다. 두 이론 모두 보편적 규범에 의존하며, 모든 경우에 있어 우리가 도덕적으로 무엇을 해야 하는지에 대한 결정에 적용될 수 있는 명료하고 추상적인 원칙을 추천한다. 칸티안과 공리주의의 도덕적 인식론은 이성주의적(rationalist)이다. 칸티안에 따르면, 우리는 정언명령의 함의를 이해하기 위해 이성에 의존해야 하며, 우리는 감정이 아닌 이성적 의지(rational will)와 일치하는 행동을 해야 한다. 도덕적으로 중요한 것은 결과를 낳는 인과성이 아니라 우리를 행동하게 하는 동기(motive)이다. 공리주의자에 따르면, 우리는 최대행복 혹은 효용 혹은 관련된 모든 사람의 선호를 만족시켜야 한다. 공리주의적 행동의 도덕성은 그 결

과에 전적으로 달려 있다. 즉, 실제로 인간의 고통을 줄이느냐 혹은 안녕(well-being)을 증가시키느냐에 달려 있다. 우리가 도덕적 결정을 해야 할 때, 우리는 합리적 계산을 해야 하며, 합리적 선택을 하기 위해 이성에 의지해야 한다.

어떤 이론이 더 나은가 혹은 어떤 이론이 덜 받아들일 수 있는 함의가 있는가에 대한 긴 논쟁이 있었다. 칸티안 이론과 공리주의 이론의 틀 안에서 광범위한 탐구가 이어졌다. 예를 들어, 칸티안 접근법에서는 보편성과 형식주의, 이성과 동기의 관계, 행위자의 책임성, 그리고 이상적인 계약에 대한 논쟁이 매우 정교해졌다. 혹자는 이를 지나치게 학문적이라고 평가하기도 한다. 공리주의 진영에서는 개인 간 효용비교, 불확실성 혹은 갈등상황에서의 계약과 합리적 선택, 개인의 효용과 사회적 선택, 그리고 무임승차의 문제에 대한 논쟁이 더 정교해졌다. 혹자는 이를 현실성이 결여되었다고 지적하기도 한다.

20세기 마지막 25년 동안, 미덕이론에 대한 새로운 관심이 등장했다. 일부 이론가에게 미덕이론은 의무론적이고 결과주의적인 이론의 대안이었으며, 이러한 이론을 대체해야 했다. 만일 우리가 좋은 심성을 함양하고 미덕 있는 사람들의 사회를 만들 수 있다면, 우리는 새로운 도덕이론을 필요로 하지 않을 것이다. 예를 들어, 미덕 있는 사람은 최선인 것을 하거나 도덕적으로 요구하는 것을 할 것이다. 미덕이론은 인간적 특징의 미묘함과 도덕적 상황의 복합성을 인식하고 인정한다.

또한 20세기 마지막 25년 동안, 페미니스트 이론이 발전했으며, 페미니스트 이론은 페미니스트 철학과 윤리에 있어 페미니스트 입장을 내놓았다. 페미니스트 도덕이론은 점차적으로 도덕이슈에 대해 분명하고 흥미로운 접근법이라는 인정을 받고 있다. 많은 철학자들은 (이들 모두는 여성이 아니다) 페미니스트 철학이 규범윤리학과 분석윤리학에 기여한 대단한 공헌을 인정하고 있다. 현재까지 페미니스트 도덕 영역에서 상당히 많은 저서들이 쏟아지고 있으며,[1] 상당수 개론서에서 각 분야의 이론과 주제로서 페미니스트 윤리를 한 부분으로 포함시키고 있다.[2]

페미니스트의 도덕질문

페미니스트 철학이 등장하기 이전에도 여성에 대한 철학적 사유가 있었다. 그러나 상당 부분 형편없었다.

아리스토텔레스는 여성은 흠결 있는 인간, 즉 인간본성인 이성적인 능력이 결여된 인간이라 주장했다. 아리스토텔레스는 여성이 어느 정도 이성적일 수 있다고 생각했지만, 남성의 본성 혹은 기능으로 명확하게 구분되는 인간적 특징이 이성적 능력이라고 생각한 반면, 여성의 본성과 기능은 동물과 같은 재생산(reproduce)이라고 생각했다.[3]

13세기 아퀴나스는 여성과 남성의 본성에 대한 이러한 개념에 동의했다. 18세기 루소는 어릴 적부터 여성이 남성에게 복종하도록 주입하지 않으면 사회가 와해될 것이라 생각했다. 칸트는 도덕을 전적으로 이성에 근거했으며 여성이 이성적으로 모자란다는 생각을 가지고 있었기 때문에, 여성은 어엿한 도덕적 인간이 될 수 없다고 결론지었다. 20세기 프로이드는 인간행태에 대해 새롭게 개척된 연구 영역에서, 페니스가 없다는 해부학적인 결핍을 근거로 심리학적으로 여성이 열등하다는 새로운 관점을 제시했다.

거의 모든 사상에서 그렇듯, 철학의 영향을 받은 사고와 철학의 유구한 역사에서 이성은 인간발전과 역사의 영광된 자리를 차지하기 위해 여성으로 간주되는 것을 정복하고, 비이성, 열정, 감성, 육체적 욕구를 암흑의 세력에게 맡겨야 한다고 생각했다. 비록 이러한 암흑의 세력이라는 개념은 시대와 장소에 따라 달랐지만, 여성과 동일시되었다는 점은 다르지 않았다. 여성에 대한 사고의 꼬리표는 여성을 흠결 있는 결격의 위험한 무엇으로 간주해왔다.[4]

여성에 대한 이러한 생각들은 각 시대 주류의 잘못된 개념 철학 안에서의 사고방식이었으며, 결과적으로 남성지배의 연장선에 상당한 기여를 했다. 여성을 대하는 이러한 철학적 사고는 민주주의 정부의 출현과 함께 정치적 권리를 획득한 사람들 편으로 여성을 받아들이지 않았으며, 산업화와 산업화가 생산한 부의 광범위한 소유권으로 발생한 경제발전의 가능성을 여성에게까지 확대하는데 실패했으며, 20세기에 선보인 대부분의 직업군에서 여성을 배제하는데 일조했다.

여성의 열등함에 대한 철학적 사고는 일반적인 여성종속의 원인이자 결과였다. 마찬가지로, 우리 시대의 페미니스트 철학은 더 큰 사회에서 성장하는 여성평등의 원인이자 결과이다. 페미니스트 철학은 여성뿐만 아니라 다른 철학적인 모든 방면에 걸쳐, 여성의 목소리에 뚜렷하게 구분되고 전적으로 새로운 기여를 하고 있다. 철학이 모든 것에 관한 우리 생각의 가장 근원적인 문제에 관심을 갖게 된 이래로, 페미니스트 철학은 생명, 사회 그리고 생명과 사회를 가로지르는 지식을 재검토하고 있다. 우리의 사고방식에 있는 남성지배에 대한 도전은 우리가 사는 삶의 방식과 세상을 조직하는 방식, 그리고 우리가 지식이라 이해하고 진보와 가치 있는 것으로 받아들이는 것을 어떻게 추구할 것인가에 대한 도전이다.

인간을 남성으로 바라보며 여성을 타자로 혹은 뭔가 결격의 존재로 간주하는 것이 아니라, 페미니스트 사고는 인간을 여성, 남성 그리고 아이로 간주한다. 페미니스트 사고는 남성뿐만 아니라 여성도 이성적 생각을 **할 수** 있다고 보지만, 이성이 감성 및 몸에 속하는 모든 것을 거들떠보지 **말아야 한다는** 것에 회의적이다. 예를 들어, 페미니스트 도덕이론가들은 도덕적 삶과 인간에 대한 도덕적 이해에서 돌봄과 동감 같은 감성의 중요성과 유용한 역할을 강조해왔다.

몸에 관해서 여성을 페니스의 결핍으로 이해하는 대신, 페미니스트 사고는 여성이 다른 능력 중 남성이 갖지 못한 능력을 지녔다고 바라본다. 즉, 새로운 인간을 잉태하는 능력이다. 정신분석학자들은 실제로 어린 남자아이에게서 자궁 선망(羨望)의 증거를 발견했다. 혹자는 종종 누군가가 찾고 있지 않은 것은 발견하지 못했지만, 여성의 약점과 수동성을 찾아왔던 과학연구는 종종 여성의 힘(strengths)을 주목하는데 실패하곤 했다. 페미니스트 사고는 찾은 것과 발견된 것을 변화시키고 있다. 특히 사회과학, 심리학, 역사학 그리고 철학의 "지식"에 숨겨진 상당량의 편견을 보여주고 있다.[5] 인간이 창조한 영역으로 이해되는 "공적"인 것과, 단순한 재생산의 공간으로 이해되는 "사적"인 것 같은 기본적인 개념을 재개념화하고 있다(1장과 2장 참조). 페미니스트 사고는 여성의 경험이 특권적인 남성의 경험만큼 비중 있는 것으로 이해해야 한다고 주장하면서, 다양한 인종, 성적 지향 그리고 경제적·인종적·역사적 장소에서 여성의 개념을 재정립하고 있다.[6] 페미니스트 사고는 인간다움, 정체성, 자아 그리고 사회에 대한 우리의 사고방식을 다시 체계화시키고자 한다. 페미니스트 사고가 몰고 온 도덕이론에서의 가장 중요한 변화는 이것이 여성의 경험, 아이의 경험과 비의존적인 사람의 경험을 전례 없는 방식으로 도덕적 질문과 도덕이론에 부합하는 것으로 구성해가고 있다는 점이다. 주류 도덕이론은 국가와 시장의 공적 삶에서 남성의 경험을 토대로 구축된 모델로 보인다. 그러나 페미니스트 시각은 그러한 도덕적 편견을 조망하고자 한다.

모든 종류의 페미니스트 도덕이론은 몇 가지 핵심적인 강령으로 요약될 수 있다. 여성에 대한 남성의 지배는 종식되어야 한다. 여성에게 동등한 권리가 주어져야 한다. 여성의 도덕적 경험은 남성의 도덕적 경험만큼 중요하다. 물론 이러한 입장의 의미와 함의는 많은 해석을 필요로 한다.

여성의 도덕적 경험을 탐구하는 페미니스트의 문제의식은 여성의 도덕적 경험이라는 영역이 다른 도덕이론에서 어떻게 간과되어 왔었는지, 그리고 주류이론에서 이러한 문제를 얼마나 엉성하게 다뤘는지를 인정하는 것으로 귀결되었다. 물론 "여성의 경험"은 잠재적으로 남성의 경험만큼이나 훨씬 많지만, 역사적으로 여성은 "사적"이고 "부적절한"것으로 딱지 붙은 광범위한 경험만을 해왔다. 여성의 경험이 결코 부적절한 것이 아니었다는 점을 인식할 때, 그에 상응하는 도덕이론의 재검토가 필요하다.

여성이 아이들과 돌봄이 필요한 타인을 돌봐왔기 때문에 이 부분에 대한 도덕적 쟁점은 항상 존재했지만, 여성의 돌봄경험은 주류 도덕이론가의 사상으로 초대받지 못했다. 전통적으로 여성의 돌봄활동은 도덕적 선택을 포함하고 도덕적 중요성이 있는 무언가에 동화되기보다, 자연적이고 본능적인 것으로 흡수되었다. 가장 전형적인 방식으로 1982년 최근까지도 데이비드 헤이드(David Heyd)는 아이에 대한 어머니의 희생을 (도덕문제의 울타리 밖에 있는) "자연적 관계와 본능적 감정의 영역"에 속하는 것으로 보았기 때문에, 허드렛일 정도로 폄하했다.[7]

페미니스트 도덕이론가의 명확한 입장에서는 여성의 도덕적 경험에 대한 폄하를 용인할 수 없다. 페미니스트의 도덕적 문제의식은 여성의 경험을 진지하게 받아들이면서 돌봄윤리로 가장 잘 설명되는 논지를 발전시켜왔다. 모성역할(mothering)과 관련된 사고를 검토한 사라 러딕(Sara Ruddick), 소녀와 여성이 도덕문제를 어떻게 해석하는지에 대한 방법차이를 연구한 캐롤 길리건(Carol Gilligan)의 경험적 연구, 그리고 돌봄이 어떤 특징이 있으며 우리가 어떻게 돌봄을 평가할 것인가에 대한 닐 나딩스(Noddings)의 기념비적 문제의식을 시작으로, 페미니스트의 도덕적 문제의식은 인간 삶에서의 돌봄활동과 돌봄관계의 중요성을 조명해왔다(1장 참조). 잘 돌보는 것이 도덕목표가 되어야 하며, 기본적인 돌봄관계는 도덕적 필수요건이다. 돌봄실천과 연관된 가치는 이해되고 장려해야 하며, 이러한 가치를 재검토하기 위한 많은 실천의 실패 또한 이해해야 한다. 실질적 실천으로서 돌봄은 끊임없이 평가받고 개선되어야 한다. 이러한 개선을 위해서, 돌봄이 발생하는 사회적이고 정치적인 수준에서의 근본적인 전환이 요구된다.

돌봄윤리가 경계해야 할 부분도 많이 제시되었다. 여성을 돌봄담당자의 역할에 국한시켜 온 것만큼, 이를 반영하는 윤리는 불평등을 확대하는 결과를 초래할 수 있다는 점이다. 그러나 이것은 단순한 역사적인 사실 -여성이 돌봄노동의 대부분을 해왔다는- 을 도덕문제에 대한 여성의 요구로 잘못 인식하는 것이다. 돌봄은 우리가 실제로 관계를 맺고 있는 구체적인 타인을 위한 것이기 때문에, 혹자는 돌봄이 발생하는 강압적인 사회구조의 문제를 등한시할 수 있다고 우려한다. 따라서 (당연하게 여성에게 할당되는 것이 아니라 남성도 함께 분담해야 하는) 돌봄활동을 돌봄현장의 문제를 등한시한 채, 여성의 경험과 관련된 돌봄윤리로 격상하는 것은 문제의 소지가 있을 수 있다.

돌봄윤리가 어떠한 방법으로 정형화(formulated)되어야 하는지는 돌봄윤리보다 훨씬 많은 것을 포함하는 페미니스트의 도덕적 문제의식의 끊임없는 중심 주제가 되어야 할 것이다. 정형화에 대한 거부가 답이 될 수 있다 생각하는 것은, 몇 안 되는 초기 방법론에만 부당하게 많은 초점을 맞췄던 결과라 필자는 생각한다. 돌봄윤리를 어떻게 이해해야 하며, 어떻게 차별화된 도덕이론으로 혹은 도덕접근법으로 구축해야 하는가는 1장에서 논의한 이 책의 주요한 주제이다.

돌봄 대(對) 정의

돌봄에 대한 논의가 발전함에 따라, 돌봄과 정의는 종종 서로 대체되는 가치로 간주되었다. "돌봄"과 "정의"는 도덕문제에 대한 다른 접근법과 도덕문제에 대한 서로 다른 권고사항을 지칭하는 대명사로 받아들여졌다. 돌봄은 사람들 사이의 관계에 가치를 부여하며 동감적인 이해에 가치를 둔다. 정의는 추상적인 원칙에 부합하는 합리적인 행동에 가치를 둔다. 캐롤 길리건(Carol Gilligan)은 도덕문제가 무엇인지, 그리고 그 문제를 어떻게 다뤄야 하는지에 대한 서로 다른 해석 방식을 추구하면서, 주어진 도덕문제에 적용할 수 있는 대안적 해석으로 돌봄과 정의를 이해했다. 예를 들어, 심사숙고한 낙태는 기존 아이의 안녕과 어머니와의 관계에 어떤 위협을 구성하거나 위협을 피하는 방법으로 해석되어야 하는가? 혹은 태아와 산모의 권리 충돌로 해석되어야 하는가? 길리건은 두 접근법 모두 유효한 것으로 보았지만, 주류 도덕이론의 연구와 구성에서 돌봄 관점의 해석은 총체적으로 간과되었기 때문에, 이제는 돌봄을 타당한 것으로 받아들여야 하며 부족한 부분은 바로 잡아야 한다고 지적한다. 길리건은 만약 혹자가 어떤 도덕문제를 돌봄의 관점에서 다뤄져야 하는 문제로 이해한다면, 이 사람은 동시에 이 문제를 정의의 관점에서 다뤄야 하는 문제로 볼 수 없다고 설명한다. 왜냐하면 돌봄의 관점과 정의의 관점은 같은 문제를 서로 다른 방식으로 접근하기 때문이다. 물론 개인은 돌봄과 정의의 해석과 관찰을 동시에 진행할 수 있다. 도덕성도 돌봄과 정의의 관점을 함께 포함해야 한다. 그러나 이러한 길리건의 제안은 주어진 문제에 대해 우리에게 대안적 해석의 여지를 두지만, 어떤 것을 선택해야 하는지에 대한 권고까지 나아가지 않는다. 왜 우리가 어떤 문제를 정의의 문제, 아니면 돌봄의 문제로 이해해야 하는가?

여전히 삶의 도처에서 볼 수 있듯이, 여성이 전문적인 교육을 받을 수 있는 기회를 얻는데 있어 차별을 받는다면, 우리는 이 문제를 정의의 문제로 이해해야 하는가 아니면 돌봄의 문제로 이해해야 하는가? 만약 어떤 부모가 둔감하기 때문에 아이에게 상해를 입혔다면, 돌봄의 문제인가? 정의의 문제인가? 두 가지 관점은 문제의 서로 다른 측면을 바라보는 방식으로 이해할 수 있다. 하지만 두 가지 관점이 충돌하는 처방을 내릴 때 어떤 것을 선택해야 하는가? 정의와 돌봄을 대체되는 접근법으로 이해하는 것은 우리가 무언가를 결정할 때 도움을 주지 못했다.

예를 들어, 닐 나딩스 같은 이론가들은 돌봄이 도덕의 중심 개념으로 정의를 대체해야 한다고 생각했다. 이 관점에서 보면, 우리가 대면하는 도덕문제가 무엇이든, 돌봄은 필요한 도덕적 지침을 제공할 수 있으며, 정의는 주변부로 자리를 옮겨야 한다. 돌봄윤리는 충분할 수 있다. 하지만, 이 관점은 많은 비판을 피할 수 없다. 돌봄만으로 구조적 불평등, 젠더, 인종, 계급, 성적지향에 근거한 차별 등의 문제를 얼마나 다룰 수 있을까? 의존인의 필요에 대한 응답과 민감성, 돌봄관계의 조성이 가정폭력, 억압적 강제, 그리고 국가 간의 폭력 충돌을 예방하기에 충분할 수 있을까? 이러한 도덕적 결정과 결과는 정의가 필요해 보인다.

이 논쟁에서 주류 정의윤리는 칸티안과 공리주의 접근을 모두 포함하는 것으로 여겨졌다. 존 롤즈(John Rawls)의 『정의론(A Theory of Justice)』은 칸티안 접근의 상징으로 이해되었다.[8] 이 이론은 (공정한 판단을 하는 자유롭고 평등하고 자율적인 개인으로 상정된) 모두가 동의할 수 있는 추상적이고 보편적인 원칙을 요구한다. 정의론은 정의를 받아들일 수 있는 정치사회구조를 판단하는 가장 중요한 기초로 이해한다. 이는 권리를 인정함으로써 인간을 존중해야 함을 주장하며, 또한 각자가 자기이해를 추구할 수 있는 도덕적 제약을 제공한다. 이는 권력 차이에 따른 다른 지위에 대해, 그리고 경제활동에 따른 산물에 대해 공정한 분배를 추구한다.

공리주의는 덜 명확한 정의의 도덕이다. 공리주의는 각자의 이익을 추구하는 개인 모두에게 효용 극대화, 또는 선호만족을 추천한다. 이 이론은 선호만족의 계산에 비중을 두기 때문에 누군가의 필요를 충족시킨다는 측면에서, 칸티안이나 다른 의무론적 접근법보다 낫다. 하지만, 공리주의는 여전히 합리적 개인이라는 추상적인 원칙에 의존하고 있다. 공리주의는 각 개인의 효용이 다른 사람의 효용만큼 동일하고 중요하게 간주된다는 조건하에서 정의의 기초를 다진다. 공리주의는 정의의 핵심인 개인의 권리에 대한 정치적 인정을, 그것이 일반 효용에 기여한다는 조건으로 정당화한다. 칸티안 도덕이론의 정언명령처럼, 공리주의는 효용원칙이라는 하나의 일반적이고 보편적인 원칙에 의존하고 있다.

칸티안 이론과 공리주의 이론 사이의 차이점에 초점을 맞춘 이론가들에게, 이 두 이론을 정의론으로 함께 분류하는 것이 부적절해 보일 수도 있다. 또한 칸티안 이론과 공리주의 이론의 옹호자들은 이들 이론이 돌봄의 문제를 잘 다루지 못한다는 점을 인정하지 않을 수도 있다. 이 두 이론 모두는 돌봄을 그들에게 익숙한 틀로 동화하려 노력해왔다.

하지만, 돌봄윤리 옹호자들은 특정한 타인의 필요에 민감하게 대응하는 사람에 대해 주목한다. 돌봄윤리의 관점에서 보면, 칸티안 이론과 공리주의 이론의 유사점이 차이점보다 더욱더 중요하게 보인다. 도덕인식론에서 두 이론은 이성주의적이다. 즉, 두 이론 모두 간결하고 추상적이며 보편적인 규칙에 의존한다. 두 이론 모두 개인주의적이고 비의존적인 인간 개념을 상정한다. 두 이론 모두 합리적 선택을 권장하는 권리 행동이론이다. 두 이론 모두 가정생활, 우애 혹은 집단연대라는 도덕문제를 다루기보다, "공적" 생활에서 인간의 결정을 안내하는데 훨씬 더 적합한 것으로 해석될 수 있다. 마지막으로, 칸티안은 권리를 비중 있고 더 훌륭하게 다루는 반면, 공리주의는 더 많은 공공정책을 다루고 있지만, 두 이론 모두 권리를 통해 또한 공공정책을 통해 정의의 문제에 관심을 갖는다.[9] 이러한 측면에서 돌봄윤리는 두 이론과 대비된다. 그리고 돌봄윤리 옹호자들에게, 만약 여성이 자신의 정당한 평등을 요구함에 따라 돌봄을 희생하며 정의를 추구한다면, 이는 자명하게 도덕이 나빠짐을 의미한다. 이전부터 돌봄을 함께 담당해왔던 사람들이 점점 정의론의 자유롭고 평등하며 합리적이고 무연고적인 개인이 되면서, 가정과 우애를 가꾸고 키우며 돌봄의 유대를 조성하는 사람들이 거의 자취를 감추었다. 친구와 가족구성원 간의 관계를 마치 자기이해에 근거한 계약적 거래관계로 대하는 것은 이들 간의 상호성을 저하시키고 신뢰를 떨어뜨렸다.[10]

당분간 돌봄윤리에 관한 논쟁은 돌봄과 정의를 대척점으로 다뤄지는 문제가 될 것이다. 논쟁 참여자들은 페미니스트 관심사에 무엇이 더 적합한 것인지를 고민하는 질문을 받아왔다. 특히 억압적인 사회구조와 부정의한 정치경제제도를 우려하는 사람들은, 돌봄윤리가 가족과 개인관계를 강조하는 점에 의구심을 품었다. 비록 자유주의적 평등 개념이 종종 재정립 되었음에도 불구하고, 그들은 평등을 위한 요구를 기본적인 것으로 변함없이 이해해왔으며, 그러한 관심은 정의윤리를 통해 가장 잘 다룰 수 있다고 믿어왔다. 혹자는 정의는 사회주의 제도와 경제민주화를 요구한다고 주장했다.[11] 많은 사람들은 가정과 작업장에서 여성에까지 정의를 확대해야 한다고 주장했다.[12] 다른 논자들은 폭력과 학대로부터 여성을 보호하기 위해 정의윤리가 돌봄윤리에 비해 보다 우월하다고 주장했다.[13]

또 다른 논자들은 돌봄윤리가 권장하는 실천은 가부장적 억압에서 행해지는 것이 아니라 탈가부장제 사회에서 시도되는 것임을 명확히 밝히면서, 돌봄윤리가 전통적인 여성의 역할에 갇혀있고 그 안에 함몰되어 있다는 비판을 재반박한다. 그들은 돌봄이 가족과 우애의 맥락을 넘어 좀 더 심층적인 사회·경제·정치·사법제도, 전문 영역에서의 실천, 그리고 국제관계의 재구조화에 대한 요구로 확장될 수 있다는 점을 보여준다.[14] 돌봄사회는 돌봄에 대한 사회적 역할을 부여하며, 돌봄의 관행과 실천을 탈바꿈시킨다. 혹자가 사용하는 개념이 만족스럽지 못할 수 있지만, 돌봄은 단순히 사적인 것이 아니라 공적인 것이다. 모니크 드보(Monique Deveaux)는 돌봄과 정의에 대한 심포지움에서, "돌봄의 관점은 인간재(human goods) 개념을 중심 토대로 하고 있으며, 변혁의 정치에 심심한 공헌을 한다"고 논평했다. 돌봄 사상가들은 "맥락적인 도덕추론이 정치에 어떠한 기여를 할 수 있는지 물었을 뿐만 아니라, 보다 더 근본적으로 우리의 삶 전체에서 돌봄이 중심적인 역할을 할 수 있고 우리의 삶을 반영하기 위해, 우리 사회와 정치의 우선순위를 재정립하는 것이 무엇을 의미하는지 물어왔다."[15]

법, 정부 또는 경제가 사회의 중심적이고 정당한 결정 단위가 되는 대신, 돌봄윤리는 육아와 사회구성원 간의 신뢰구축을 모두의 가장 중요한 관심사로 이해한다. 돌봄이 아닌 다른 방식, 즉 법, 정부 또는 경제적 방식에 대해 아이를 양육하고 건전한 사회관계에 긍정적 혹은 부정적으로 얼마나 기여했는지의 기준으로 평가한다. 분명 사회의 근본적인 재편이 필요하다! 기업 이사진의 봉급과 아이돌봄노동자의 월급이 뒤바뀐다고 상상해보자!

페미니스트 이론에서 무엇이 뿌리 깊은 기성 방식이었는지에 대한 문제는 끝이라기보다 시작이다. 예를 들어, 가사를 누가 왜 하며 왜 해하는지 혹은 왜 강간금지법이 강압적인 섹스에서 소수 여성을 보호하기보다 무고죄(無告罪)로 남성을 보호하는지에 대한 질문들이다. 사회의 다른 영역들 **안에서**의 방식뿐만 아니라, 사회의 다른 영역들 **간**의 관계 역시 페미니스트 관점에서 재검토될 필요가 있다. 가능한 최선의 방식으로 육아를 보장하기 위한 실천은, 교육과 더불어 우리에게 가장 우선시되는 것이다. 최근 몇 년 동안 미국의 대다수 부모들은 아이돌봄이 가능한 값비싼 사설놀이방을 이용하기 위해 전전긍긍하며 유랑을 마다않는 실정이다. 또한 거의 모든 사회프로그램이 글로벌 경제와 군사 지배를 위한 경쟁에 희생된 채, 많은 아이들이 심각한 박탈 상태로 커가고 있다.

문화 이미지의 분배와 창조를 시장의 변덕과 탐욕 앞에 방치하는 대신, 사회를 바라보는 페미니스트 관점은 우리가 현실적으로 가능한 최선의 문화를 제공함에 있어 사회가 책임을 져야 한다고 주장한다. 현재의 미디어 문화는 아이, 어린이, 성인의 행동과 열망을 강력하게 형성한다. 문화가 구조화되는 근거가 단지 상업적인 이익이라고 보는 것은, 많은 도덕 관점에서 봤을 때, 특히 돌봄윤리의 관점에서 봤을 때, 도덕적으로 무책임하다. 이는 사립학교가 금지되거나 검열되어서는 안 되는 것처럼, 상업적 생산활동이 그래야 한다고 말하는 것은 아니다. 하지만 현대 국가는, 부보다 재능에 기반한 고등교육을 포함해 구성원에게 엄청난 공교육 체계를 제공해왔다. 국가는 학문의 자유라는 대학의 최소한의 이상과 기준을 의미하는 인문학적 자유를 보호하는, 상업문화에 대한 공적 대안을 당연히 지원해야 한다. 이러한 대안은 최고의 예술가와 작가의 대중적 생산뿐만 아니라 엄선된 문화적 생산을 최고로 가능하게 할 것이며, 결과적으로 이러한 문화를 매개로 사회가 도덕적이고 미학적으로 좋아지는데 일조할 것이다. 이 같은 대안은 상업적 이해의 지배로부터 문화를 해방시킬 것이다.

물론, 연고적 인간에 대한 페미니스트의 관심은, 경제 본유(本有)의 필요충족을 상위의 우선성으로 만들 것이다. 그러나 돌봄윤리는 경제활동이 실질적인 경제활동을 충족시키는 방식으로 조직되어야 한다고 권고한다. 이는 경제활동이 사회를 조종하고 문화와 광고 그리고 정부에 대한 영향력으로 자기이해적인 부의 욕망을 충족하기보다, 이는 경제 본유의 필요를 충족시키기 위해 조직되어야 한다고 권고한다. 돌봄윤리는 상당히 많은 활동이 시장 내에 있기보다 시장밖에 있어야 한다고 제안한다(7장 참조).

돌봄윤리가 요구하는 사회변화의 몇 가지 사례가 있다. 필자는 돌봄윤리 페미니스트에 대한 가족과 친구 혹은 단지 전통적으로 여성에게 한정되었던 타인을 돌보는 제한된 삶을 설명하는 배타주의자라는 비난은, 돌봄윤리에 대한 오해의 소산이라 생각한다. 돌봄윤리를 진지하게 받아들임으로써 생각할 수 있는 변화를 상기한다면, 돌봄윤리가 여성의 전통적인 역할과 결합된 보수적인 윤리라는 생각은 설득력이 상당히 떨어진다.

페미니즘은 가장 뿌리 깊고 가장 견고한 위계 -젠더적 위계- 를 뒤집는데 기여한다는 점에서 혁명적인 프로그램이다. 페미니즘은 지배라는 위계 속에서 남성을 여성으로 대체하려는 것이 아니다. 이는 지배 그 자체를 극복하고자 한다. 돌봄윤리가 가치를 부여하는 돌봄은 -혹은 돌봄윤리를 통해서 정당화될 수 있는 돌봄은- 상호의존적인 세계에 살고 있는 타국의 타인에 대한 돌봄을 포함하며, 모든 사람의 권리가 존중되고 모든 사람의 필요도 충족되는 돌봄을 포함한다. 돌봄윤리는 연고적 자아로서의 인간이 돌봄을 잘 받을 수 있는 돌봄환경을 포함한다. 돌봄윤리는 비폭력적이고 민주적으로 그리고 끈기 있게 사회와 세상의 이러한 변화를 일구기 위한 각고의 노력을 할 것이다. 페미니스트 돌봄윤리는 -페미니스트가 아닌 어떠한 돌봄윤리도 페미니스트 돌봄윤리라고 불릴 수 있는 자격이 없다고 필자는 주장한다- 우리 모두가 그렇고, 인간의 아이들이 그렇게 시작했듯, 생명이 있는 모두를 위한 윤리이다.

동시에 정의의 관심사가 생각했던 것보다 훨씬 제한적이라 하더라도 이는 간과되어서는 안 된다. 정의와 돌봄 두 가지의 가치를 통합하는 방법은 페미니스트 도덕적 문제의식의 중심의제로 남아 있다.

페미니즘과 권리담론

돌봄윤리는 페미니스트 도덕과 동일하지 않다. 앞서 살펴보았듯이, 일부 페미니스트 도덕이론가는 돌봄윤리를 거부한다. 필자의 견해로 이해한다면, 분명 페미니스트 도덕윤리는 종종 돌봄윤리를 포함한다. 설령 페미니스트의 관점에서 재검토된 정의윤리는 그것만으로 충분할 수 있다는 견해는 착오라 필자는 생각한다. 하지만 돌봄윤리만으로도 충분하다는 견해 역시 마찬가지이다. 미덕윤리만으로도 정의를 대체할 수 있고 돌봄을 충분히 통합할 수 있다는 견해 역시 설득력이 떨어진다.

페미니스트 도덕이론가들 사이의 최근 논쟁은 일반적으로 정의 대 돌봄이라는 형식을 넘어섰다. 현재 제기되고 있는 논점은 종종 정의와 돌봄의 핵심적인 가치가 어떻게 연관될 수 있는지 혹은 결합될 수 있는지의 문제이다. 어떻게 정의, 평등, 권리, 자유를 구조화하는 틀이 돌봄, 관계성, 신뢰의 연결망과 접맥(接脈)될 수 있는가?

페미니스트 도덕은 분명 여성의 평등과 여성의 권리에 관심을 갖고 있다. 만일 우리가 페미니스트 법이론가들의 저작을 보면, 정의 접근(justice approach)에 대한 비판과 정의 접근이 제시할 수 있는 바를 놓치지 않으려는 결의를 함께 엿볼 수 있다. 예를 들어, 캐서린 맥키논(Catharine MacKinnon)은 "자유주의 국가에서, 법치 -중립적이고 추상적이고 고결하고 널리 퍼져있는- 는 여성에 대한 남성의 권력을 제도화하고, 또한 남성적 모습으로 권력을 제도화한다… 여성에 대한 권력의 남성적 모습은 법률상 개인의 권리로 적극적으로 구현되어 있다… 추상적 권리는 남성적 경험에 권위를 부여한다"고 주장한다.[16] 많은 비판법연구와 페미니스트 법학자들은 권리에 대한 법리 논쟁(일반 도덕 논쟁에 비중을 일반적으로 덜 두면서도)에 초점을 두는 것 조차에도 비판적이다. 그들은 권리 주장을 개인주의와 자아와 타자의 갈등을 조장하는 것으로 이해하며, 권리의 요구로서 쟁점을 개념화하는 것은 "법리적 사고를 제한하고 필요한 사회적 변화를 억제한다"고 주장한다.[17] 캐롤 스마트(Carol Smart)는 법과 "남성적 문화"의 "일치(congruence)"

를 보여주었으며, 법이 "여성의 경험"과 여성적 지식의 "가치를 박탈"하는 방식을 검토했다.[18] 그녀는 페미니스트가 추구하는 변화를 위해서는 현재 작동하는 법과 권리에 방점을 찍지 말 것을 촉구한다. 하지만 페미니스트 법이론가들 또한 돌봄윤리가 제공하는 것만으로 권리가 대체될 수 없다는 점을 보여주고 있다. 권리를 추상적인 것이라기보다 사회적 실천의 맥락에서 바라볼 때, 권리를 통해 사회운동의 열망이 더욱더 효과적으로 드러날 수 있으며, 또한 "새로운 가치와 정치적 비전을 또렷하게 이야기"할 수 있다.[19] 예를 들어, 페트리시아 윌리엄스(Patricia Williams)는 필요의 담론은 정치적으로 효과적이지 않은 반면, "비록 권리가 그 자체로 목적이 될 수 없다 하더라도, 권리라는 수사는 흑인을 위한 효과적인 담론의 형태였으며, 계속 그렇게 될 것"이라 주장한다.[20] 프란시스 올센(Frances Olsen)은 여성의 종속을 줄이기 위해 법에 의존하는 것의 결점을 잘 이해하면서도, 법적 강간의 문제에서 권리 분석이 변화의 견인차가 될 수 있으며 여성에게 힘을 실어주는 방식으로 인간의 삶에 변화를 줄 수 있다는 점을 세밀하게 보여준다.[21]

성희롱(sexual harassment)의 영역은 여성의 종속을 줄이는 사회변화를 견인하는 법적 권리의 잠재성을 보여준다. 페미니스트 법이론은 여성이 오래도록 겪어왔던 성희롱의 폐해를 법적으로 보호받을 수 있는 차별의 한 형태로 전환시켰다. 맥키논은 성희롱의 피해자들은 "법정에서 말할 수 있는 정당성, 요구할 수 있는 권위, 그리고 가능한 구제의 장(場)이 주어졌으며… 성희롱에 대한 법률적 요구는 법적으로 뿐만 아니라 사회적으로 성희롱이 부당하다는 점을 알리는 최초의 계기가 되었다"는 점에 주목한다.[22] 여성은 이제 성적 억압이 작업장이나 제도권의 종속에 덧붙일 때 발생하는 해악을 규정할 수 있는 조항을 갖고 있다. 이 점은 법이 여성을 위한 사회변화를 가져올 수 있는 잠재력에 대한 설득력 있는 논의를 제공한다.

재생산권리가 여성에게 중요하다는 점은, 전 세계 수많은 여성에게 재생산권리가 위협받고 변함없이 도전받고 끊임없이 부정되면서 어느 때보다 더 분명해졌다. 재생산의 자유는 대부분의 페미니스트에게 다른 자유와 여성평등의 전제조건으로 간주된다. 페트리시아 스미스(Patricia Smith)는 "자유로운 사회에서 어떤 사람의 기본적인 개인의 자유에 상당한 영향을 미치는 문제가 그 사람의 통제에 있지 않다는 것은 상상할 수 없는 일"이라 주장한다.[23] 여성이 다른 사회 영역에서의 종속을 극복하려 노력함에 따라, 여성 자신의 섹슈얼리티와 재생산을 스스로 통제할 수 있고 이것이 상품화되는 것을 피할 수 있는 권리는 특히 중요해졌다.[24]

(법이론가들과 구분되는) 페미니스트 도덕이론가들 사이에서도, 돌봄윤리의 발전과 더불어 정의와 권리담론의 가치 역시 상당히 인정받고 있다. 모든 이론가가 권리와 정의에 관심을 보이는 것은 아니지만, 돌봄과 정의에 기본적인 관심을 갖는 이론가들 사이에서 지속적이고 상호적으로 건설적인 논의가 이어지고 있다. 필자는 정의와 권리에 대한 많은 비평을 정의와 권리의 지배에 대한 비판으로 해석한다. 일부 영역에서 권리 논의가 잘 통한다는 점이 권리 논의가 도덕적 혹은 정치적 관심사의 전체 스펙트럼에서 잘 통한다거나, 법리적 담론이 도덕담론이나 사회적 해석의 전형 혹은 특권적인 것으로 받아들여져서는 안 된다. 정의와 권리의 체계는 지배적인 체계가 아니라 여러 다른 것들 중 하나여야 한다.

정의와 권리의 도덕은 법과 공공정책의 맥락에서 발전된 사고방식의 사회적 평가와 도덕 전체에 대한 일반화로 해석될 수 있다. 이러한 법리적 접근법의 확장에 대해 페미니스트들은 반대해왔으며 또한 저항해야 한다. 이러한 사고방식은 많은 맥락에서 **적합하지 않을 수 있다**. 현재 정의와 권리를 통해 잘 다뤄지고 있다고 생각되는 맥락은 돌봄 접근이 적용될 수 있고 돌봄 접근이 보다 적절한 것으로 이해될 수 있도록 탈바꿈해야 한다.

일반적으로 정의와 권리가 우선시되어야 하는 법적 테두리에서도, 가족법 안에서의 다양한 쟁점을 정의와 권리로 설명하는데 한계를 보이며, 이는 도덕적 권장사항이 더욱더 많은 역할을 해야 한다는 점을 보여준다. 예를 들어, 셀마 세븐후이젠(Selma Sevenhuijsen)은 아이의 후견문제를 결정하는데 있어서, 권리의 상충으로 이를 접근한다면 얼마나 형편없는 제안이 나오는지 보여주었다.[25] 돌봄윤리는 판단의 지침을 제공함에 있어 더 나은 지침을 제공할 수 있다(9장 참조).

하지만 정의와 권리가 우리의 도덕적 사고를 지배해서는 안 된다고 주장하는 것이 권리와 정의의 무용론을 주장하는 것은 아니다. 법이 개념적으로 사람을 자기충족적 개인으로 −이는 돌봄윤리가 인위적이고 잘못된 추상으로 인식하는 개념− 대함에도 불구하고, 이러한 개념이 도덕 전체에 적합한 인간상 개념으로 상정되지 않는한, 특정한 법적·정치적 목적에서는 유용한 추상이 될 수 있다고 우리 역시 주장할 수 있다.

페미니스트 이론가들 역시 여성이 전통적인 공동체와 가족이란 유대에 저항하고 가족의 유대방식을 새롭게 제기하고 재설정할 수 있을 만큼의 충분한 자율성과 개인적 주체를 갖춰야 한다는 점을 알고 있다. 권리는 이 점을 담보하기 위해 필요할 수 있다. 페미니스트 자아는 그 자아가 처한 사회적 관계에 무조건적으로 함몰되지 않는다.[26] 공동체주의에 대한 페미니스트의 비판은 이 점을 명확히 한다.

돌봄과 정의의 접맥(接脈)

정의와 돌봄에 대한 페미니스트 해석은 우리가 도덕문제를 이해하고 도덕적 관심을 표현하고 반영하는 정의와 돌봄이라는 다른 가치가 존재한다는 점을 인식할 수 있도록 해준다. 필자의 생각으로 페미니스트 논의는 정의와 돌봄 어느 것 하나도 간과할 수 없음을 보여준다. 정의와 돌봄은 모두 도덕에 매우 중요하다. 모든 페미니스트가 동의하지 않을 수 있지만, 이는 필자가 최근 몇십 년간 이러한 논쟁을 이해하는 방식이다.

그렇다면 이제 남은 문제는 정의와 돌봄, 그리고 이 두 가치의 관심사항을 어떻게 정합(整合)시킬 것인가이다. 정의, 평등, 권리, 자유를 구조화하는 틀은 돌봄, 관계성, 신뢰의 연결망과 어떻게 조화로운 접맥 지점을 찾아갈 수 있는가? 아니면 정의와 돌봄은 (적어도 특정한 시간과 특정한 맥락에서) 양자택일을 해야 하는 양립될 수 없는 견해인가?

만족스럽지 못한 가능성은, 돌봄은 가족, 친구, 자선조직의 사적 영역에 속하는 가치이며, 정의는 정치적인 것에 해당하는 공적 영역에 적합한 가치라는 생각이다. 페미니스트 분석은 공적인 것과 사적인 것, 정치적인 것과 개인적인 것의 전통적인 구분이 얼마나 잘못되었는지를 보여주지만, 우리가 공과 사를 구분하는 개념을 사용하지 않더라도, 정의를 공적 영역에, 돌봄을 사적 영역에 한정하는 것이 얼마나 불만족스러운 것인지를 이해할 수 있다.[27] 필자는 초기 저작에서 공사구분의 불만족에 대해 충분히 설명하지 못했다. 필자는 서로 다른 영역에서 서로 다른 도덕적 접근이 필요하다고 주장해왔으며, 각 영역에 적합한 가치를 배치해왔다. 분명, 처음에는 정의를 법 영역에서 주요한 가치로 생각하고, 돌봄을 가족 영역의 주요한 가치로 생각하는 것이 설득력이 있었다. 하지만, 훨씬 많은 부분이 논의되어야 한다.

정의는 국가뿐만 아니라 가정에서도 매우 필요하다. 가정에서 남성과 여성의 더욱더 평등한 가사분업, 가정폭력과 학대에 취약한 가족구성원의 보호, 가족구성원 각 개인을 존중하기 위한 구성원 권리에 대한 인정 등이다. 아이 혹은 노인에 대한 돌봄실천에서, 정의는 온정주의적이고 모성주의적 지배를 피할 것을 요구한다.

동시에, 우리는 돌봄이 공적 영역에서 매우 필요함을 이해할 수 있다. 복지프로그램은 자원을 가진 현대 국가가 제공해야 하는 본질적인 부분이며, 어떤 페미니스트도 국가가 반영해야 하는 사회적 책임을 인정하는데 주저해서는 안 된다. 야경(夜警) 국가는 페미니스트의 목표가 아니다. 거의 모든 페미니스트는 현재 미국에서 목격되는 돌봄제공에 대한 사회적·공적 관심보다 훨씬 많은 관심이 있어야 함을 주장한다. 또한 이는 현재 제공되는 방식과 다르게 적절하고 역량을 강화(empowering)하는 방식으로 제공되어야 함을 인식한다. 돌봄의 가치가 주입된 아이돌봄, 교육 그리고 보건의료에 대해 엄청나게 많은 공적 관심이 있어야 한다.

돌봄은 아이일 때, 아플 때 혹은 나이가 들었을 때 모든 사람에게 필요하며, 어떤 이에게는 삶의 거의 모든 시간 동안 필요하다. 돌봄을 필요로 하는 사람에게 돌봄이 가용될 수 있음을 보장하는 것은, 가족과 자선의 사적 책임에 전가되어서는 안 되는 정치적 관심사가 되어야 한다. 돌봄제공은 무임금 혹은 저임금으로 눈덩이처럼 많은 노동을 불평등하게 감당해온 여성과 소수자에게 언제나 전가되었다. 하지만, 돌봄책임은 더욱더 공정하게 분담되어야 할 뿐만 아니라, 제공받는 돌봄은 복지국가의 제도를 통해 강화되어야 하고 또한 재편되어야 한다. 돌봄과 정의는 사적 영역과 공적 영역으로 분리해서 할

당될 수 없다. 그럼에도 돌봄과 정의는 다르며, 이 둘은 항상 양립하는 것도 아니다.

국가가 보호해야 하는 시민의 안녕을 생각해보자. 이에 대한 쟁점과 권고할 만한 행동지침에 대한 접근방법 중 하나는 정의, 평등, 권리의 관점이다. 그렇다면 우리는 기본적인 안녕, 즉 복지를 사회가 제공해야 하는 필요와 능력이라는 조건하에서, 그 자격을 부여받는 권리로서 인식할 수 있다. 복지권은 살아가기 위해 필요한 자원을 보장해주는 기본적인 권리로 인정된다.[28] 자유를 소극적으로만 해석하는 전통적인 자유주의 견해와 대조적으로, 우리는 사람들이 자유롭게 활동하기 위해 필요한 것에 대한 인간의 적극적인 권리를 인정한다. 그리고 곤궁에 처한 사람은 사적 혹은 공적 자비를 떳떳하지 않게 애원하는 것이 아니라, 살아가기 위한 수단에 접근할 수 있는 권한을 부여받은 것으로 이해한다. 정의의 틀 안에서 이와 같은 권리의 해석은 곤경에 처한 사람을 위한 사회보장과 실업보험 같은 통화적 지급수단을 설계할 수 있다. 단순히 재정이 부족하거나 일시적 실업을 겪는 경쟁능력이 있는 많은 사람들에게, 위 같은 방식은 추천될 수 있다. 혹 위 같은 방식은 돌봄실천이 기대되나, (온정주의적 성향이나 관료적 제약으로 인해) 곤경에 처한 개인의 자율성을 위협하는 사회복지사에게는 선호되는 것이다.

하지만, 많은 사람들은 경쟁에 나설 수 있는 능력(competent)이 없고, 자율적이지 않으며, 단지 일시적인 실업상태에 있지 않다. 이들은 종종 영유아 시절 혹은 다양한 인생의 구간에서 경험한 돌봄결핍으로 인해, 이들의 필요는 복합적이고 지속적이다. 가정, 학교 또는 그 밖의 다른 곳에서 아이로서 불충분한 돌봄을 받았거나 노동과 돈벌이의 경험이 불충분했었기 때문에, 그들은 금전적 결핍보다 훨씬 더 심각한 문제를 안고 성장했거나 혹은 질병과 장애로 고통을 겪고 있다. 이러한 경우, 돌봄 그 자체가 필요하다. 돌봄은 구체적인 사람에게, 그리고 그들의 구체적인 필요에 맞게 제공되어야 한다. 이러한 필요에 대처하기 위해서는, 주어진 범주에 있는 모든 사람에게 일률적인 수급액을 지불하는 기계가 아니라, 실질적인 돌봄과 돌봄노동을 제공하는 매우 구체적인 사람이 요구된다. 돌봄의 감소가 성장, 훈육, 회복 과정의 부분으로서 돌봄수혜자가 돌봄이 덜 필요하고 역량을 서서히 강화시켜 발전할 수 있는 방향으로, 돌봄제공자와 돌봄수혜자 사이의 상호작용이 가능할 수 있도록 돌봄은 민감하고 탄력적이어야 한다. 돌봄이 지속적으로 필요한 경우, 돌봄제공이 지배적이 되지 않도록 그리고 돌봄수혜가 수치심이 되지 않도록 차단하는 방식의 돌봄실천이 진화해야 한다. 장애에 대한 최근의 많은 연구는 장애당사자뿐만 아니라 비장애인에 대한 돌봄실천의 가치를 조명하고 있다.[29]

정의와 돌봄 중 어떤 관점을 택할 것인가의 문제는 우리가 도덕문제를 해석하는 방식과 제도적 정책 혹은 개인 수준의 행동지침에도 영향을 미친다. 어쩌면 우리는 돌봄과 정의를 조합해서, 모든 사람이 적절한 발달에 필요한 돌봄을 받을 자격으로서 복지에 대한 권고안을 마련할지도 모른다. 하지만, 이러한 권고안은, 필자가 지금까지 살펴본 실천과 정책과는 다른 종류로 접근하게 된다면, 추상적이고 공허한 공식으로 남게될 것이다.

만일 우리가 같은 도덕문제에 적용할 수 있는 대안적 해석으로서 정의와 돌봄을 이해하려 한다면, 캐롤 길리건이 제안하듯 우리는 돌봄과 정의를 다르지만 동등하게 타당한 가치로 이해할 수 있다. 하지만, 우리가 행동을 어떻게 해석할 것인지의 문제 혹은 행동의 권고안을 준비할 때 무엇에 호소할 것인가의 문제는 여전히 남아 있다. 만일 우리가 단순히 학문적인 수준에서 문제를 설명하고 가능한 해석을 한다면, 우리는 두 가지 대안의 도덕적 해석 틀을 모두 채택할 수 있으며, 어느 하나를 기각시키지 않아도 괜찮을 것이다. 그러나 어떤 문제에 대해 실제 결정을 내려야 한다면, 우리는 때때로 이러한 해석 중 양자택일을 해야 한다. 도덕이론은 행동과 정책에 대한 선택의 지침을 제시해야할 뿐만 아니라, 가능한 태도에 대한 우리의 민감성에 대해 교육시킬 수 있어야 한다. 만일 이혼으로 부모가 더 이상 함께 살지 않아서, 아이가 둘 중 한 부모를 택해야 한다면, 그 결정은 유전적 부모의 권리 혹은 아이에게 최선의 '조달(provide)'이 가능한 고소득 부모의 권리에 근거하는가, 혹은 실제로 아이를 돌봐왔던 사람이 누구이며 아이가 실제로 가장 신뢰하며 가장 끈끈한 관계를 맺어온 부모라는 사실에 근거하는가? 정의와 돌봄의 해석틀 간의 선택 문제는, 우리가 각 해석틀의 내용이 무엇이며 무엇을 제안하는지가 명확해지더라도 쉽게 일단락되지 않는다.

돌봄과 정의의 문제가 충돌할 때, 우리는 어떻게 이 두 가치를 조화시켜야 할 것인가? 이 중 하나가 일반 규칙으로 우선하는가? 많은 철학자들은 정의는 다른 가치가 동화될 수 있는 정치제도의 주된 가치이지만, 근대 국가의 중요한 임무인 복지와 아동보호 같은 사례를 감안할 때, 이들은 정치적 혹은 법적 영역의 도덕문제 조차도 확실히 다룰 수 있다는 정의의 명확한 능력을 보여주지 못하고 있으며, 좀 더 깊이 있는 도덕적 쟁점에 있어서 그 능력을 보여주지 못하고 있음은 확실하다고 생각한다. 법정과 법적 강제 같은 "정의체계(justice system)"가 현대 국가에서 실질적으로 유일한 중요 기능이라 생각하는 것은 도움 되지 않는다. 정의제도가 어느 정도까지 유일한 기능이어야 하는지 혹은 그렇지 않은지의 정도는 윤리가 제기할 수 있는 문제에 속한다.

이전에 필자가 고려했던 한 가지 가능성은 다음과 같다. 정의는 굴욕과 수치심이라는 부정의를 기피할 때도 우리가 더는 물러나서는 안 되는 최저수준의 도덕적 필요요건, 즉 도덕적 최저치를 다룬다. 이와 대조적으로 돌봄은 도덕적 의무의 최소치 이상, 그리고 그 너머 있는 것을 다룬다. 예들 들어, 아이를 잘 돌보는 것은 학대당하지 않거나 음식을 충분히 섭취할 수 있는 아이의 권리존중보다 훨씬 큰 무언가를 포함한다. 즉, 좋은 돌봄은 기쁨과 희열을 안겨준다. 하지만, 필자는 문제에 대한 해법으로서 이 점은 명확하지 않다고 생각한다. 아마도 누군가는 권리, 평등, 존경을 더 많이 이해한다는 의미에서, 훨씬 더 많은 정의를 담보할 수 있다. 물론 돌봄의 최소치는 존재한다. 이는 돌봄에 대한 권리, 예를 들어 적절한 영양 혹은 의료돌봄에 대한 권리로도 다룰 수 없는 종류일 수 있겠지만, 사람들이 정상적으로 성장하기 위해 제공받아야 하는 돌봄 최소치이다. 훌륭한 돌봄은 최소 수준의 돌봄을 훨씬 뛰어넘겠지만 말이다.

가능한 또 다른 그림은 정의와 권리가 절대적인 영역 혹은 도덕적인 제약을 설정하는 것이다. 그 속에서 우리는 좋은 삶의 다양한 모습을 추구할 수 있으며, 이는 모든 사람에게 적용되는 돌봄관계의 발전을 포함한다. 하지만 이 같은 그림은 도덕적 최소치로서의 정의와 같이, 여러 많은 이유로 허물어진다. 예를 들어, 만일 정의를 포함해 우리가 무언가를 추구하는데 있어 거의 절대적인 제약을 설정하는 무엇이 존재한다면, 그것은 기본적인 (또한 감정적인) 돌봄을 위해 아이들의 필요에 상대하는 응답이다.

필자는 이제 돌봄관계는 정의가 부합되는 좀 더 큰 도덕적 틀을 형성해야 한다고 생각한다. 돌봄은 가장 기본적인 도덕적 가치이다. 돌봄은 그 자체로 실천이기 때문에, 삶이 돌봄을 필요로 하는 한, 우리는 돌봄 없이는 어떤 것도 얻을 수 없다는 것을 안다. 삶의 시작 단계에서 모든 인간은 상당한 돌봄을 필요로 하며, 우리 중 대부분은 생의 주기 속에서 돌봄관계를 필요로 하고 또한 원한다. 가치로서의 돌봄은 많은 실천이 담아내야 할 것을 지정한다. 예를 들어, 아이에게 필요한 관계적인 돌봄없이 단지 생필품만 아이에게 주어진다면, 아이의 성장은 제대로 이뤄질 수 없다. 사회에서 개인들이 정의가 요구하는 수준으로만 서로를 대할 때, 신뢰와 관심으로 배양된 사회적 토양은 찾기 어렵고 또한 유실(流失)될 것이다.

  비록 정의가 가장 중요하고 도덕적 가치 중 하나임이 분명하지만, 많은 삶은 정의와 무관하게 진행되며 또한 이러한 삶의 대부분은 어느 정도 좋은 측면이 있을 수 있다. 예를 들어, 대부분 사회의 가족 내에서 정의는 거의 찾아볼 수 없으며, 돌봄이 그 자리를 대신한다. 따라서 우리는 정의 없이도 돌봄이 가능함을 알고 있다. 돌봄 없이는 존경받는 사람도 없을 것이며 가족의 삶도 나아지지 않을 것이다. 돌봄 없이는 권리의 공적 체계가 존재하지 않는다. 비록 이러한 공적 체계가 정당하다고 할지라도 말이다. 하지만, 돌봄은 단지 인과적인 측면에서 우선하는 것이 아니며, 이는 가치로서 훨씬 포괄적이다. 우리는 돌봄의 관계망 안에서 정의를 요구할 수 있으며 그렇게 해야 하지만, 그렇게 되더라도 정의는 지금까지 그래왔던 것처럼 정치적 구현을 도덕모델로 상정하면서 돌봄을 주변부로 밀쳐내서는 안 된다.

  돌봄 관점에서 보면, 인간은 정의와 권리의 관점에서 간주하듯 개인주의적이며 자율적인 합리적 행위자가 아니라, 관계적이며 상호의존적이다. 이러한 관계적 관점은 인간의 도덕적 성장의 측면에서 볼 때 좀 더 나은 인간관이다. 우리는 이러한 인간을 개인으로서, 또한 정의로운 정치적·법적 제도를 위한 권리의 담지자로서 다룰 것을 결정할 수 있다. 하지만 이러한 관점이 직시하지 못하는 현실과 도덕성을 놓쳐서는 안 된다. 인간은 관계적이고 상호의존적 **존재이다**. 우리는 자율성에 가치를 부여할 수 있고 부여해야 하지만, 자율성은 신뢰 관계라는 더 큰 틀 안에서 유지·발전되어야 한다.

지구화된 사회와 우리 자신의 공동체 수준에서, 우리는 가족과 집단의 구성원인 인간으로서 서로를 걱정하고 돌보는 틀을 발전시켜야 한다. 우리는 폭력이 없는 풍성한 인간 삶을 위한 충분한 돌봄이 제공되는 살만한 환경을 필요로 하는 인간으로서 서로를 보살펴야 한다. 우리는 인간의 생명이 언제나 의존해왔던 돌봄노동의 바탕에 있는 가족적 연대와 실천의 도덕적 가치를 인정해야 하며, 이러한 최선의 도덕적 가치가 어떻게 더 좋게 발현될 수 있는지를 고민해야 한다. 우리는 돌봄의 틀 안에서 권리를 가지며 정의의 가치가 있는 존재로 인간을 이해해야 한다. 또한 우리는 제한된 특정 영역에서 정의에 우선권을 둘 수 있다. 하지만 필자는 우리가 인간돌봄이라는 더 큰 폭의 지형 속에서 정의에 우선권을 둘 수 있어야 한다고 생각한다.

페미니스트 도덕과 환원주의(reductionism)

필자의 견해는 돌봄과 돌봄의 관심은 정의, 효용, 미덕이 그 속에 자리 잡는 더 큰 관계망으로 인식되어야 한다. 이것은 후자 모두가 돌봄으로 환원되어야 한다거나 돌봄윤리가 정의윤리를 대체할 수 있다는 의미는 아니다. 환원주의 모델은 잘못된 모델이다.

자아에 대한 다양한 개념을 논의하면서, 다이아나 메이어스(Diana Meyers)는 어떤 개념도 만족스럽지 못하다고 결론 내린다. 그녀는 우리가 "종합명령(synthetic imperative)을 포기"하고, 다섯 가지 개념을 "주관적 경험의 다섯 가지 측면, 방점을 갖는 다섯 개의 가치, 자신과 타자를 이해하는 다섯 가지 도식, 그리고 다섯 가지 도덕적 관심사"로 생각해야 한다고 제안한다.[30] 물론 이는 좀 혼동스럽지만, "간결성과 완결성을 동시에 얻을 수는 없을 것이다."[31] 그녀는 "자기 서사에서 사람들은 단일체적 자아(unitary self), 사회적 자아(social self), 분리된 자아(divided self), 관계적 자아(relational self), 그리고 구현된 자아(embodied self)가 강조하는 분절적인 주제를 목적 없이 누비고 다니기"[32] 때문에, 서사성에서 가능성을 발견한다. 그녀는 또한 서사성의 단점도 지적한다. 그러나 서로 다른 이론들 사이의 관계를 개념화할 수 있는 유비(analogy)를 생각해보자. 우리는 이러한 주제를 문제의 다른 "차원들," 그러한 주제에 대해 중요하게 생각하는 서로 다른 "방점들" 등으로 이해할 수 있다. 우리는 이러한 주제를 통합하려는, 특히 이러한 주제를 모든 쟁점에 대해 바라보는 단 하나의 방식으로 축소하려는 압력을 받아들일 수 없다.

필자의 견해는 돌봄은 가장 기본적인 도덕가치이다. 경험적으로 설명할 수 있는 실천으로서 돌봄이 없다면, 돌봄 없이 인간이 존재할 수 없기 때문에, 우리는 결코 존속할 수 없다. 타인에 대한 일정한 돌봄관심이 없다면, 우리에게는 어떤 도덕성도 있을 수 없다. 이러한 필요조건은 경험적으로만 주어지는 것이 아니다. 돌봄의 모든 맥락에서, 도덕적 평가는 필수적이다. 다른 모든 사람을 위한 돌봄이라는 도덕적 관심이 없다면, 우리는 만족할 만한 도덕이론을 갖지 못할 것이다.

돌봄의 관계망에서, 우리는 더 좋고 더 도덕적으로 모범되는 돌봄을 요구할 수 있다. 우리는 정의, 공정, 권리를 요구할 수 있다. 우리는 도덕관심에서 벗어난 관점에서 인간을 추상적인 개인으로 상정하는 것이 정의를 위해서 때때로 최선일 수 있다. 하지만 우리가 유념해야 할 점은 이러한 사고방식은, 기본적인 인간의 권리와 기본적인 평등한 대우를 보장하는 공적인 법, 세금정책, 상업적 거래와 같은 매우 제한적인 영역에서만 적합할 수 있다. 기본권을 보장하는 것은 아주 중요한 과제이지만, 도덕이 그 자체로 관심을 가져야 하는 모든 것은 아니다. 아이를 잘 돌보는 것은, 단지 아이를 공정하게 대하는 것 그리고 아이의 기본적인 권리를 침범하지 않는 것 이상을 필요로 한다. 정의와 권리의 담론은, 마치 정의의 관심사가 일반적으로 도덕적 요구를 충분히 충족시킨다고 인식되듯, 이제까지 그래왔던 것처럼 다른 담론을 압도해서는 안 된다.

우리는 환원주의로 향한 충동을 제어하면서, 정의와 돌봄의 관계에 대한 새로운 모습을 정립할 필요가 있다. 어떤 가치가 또 다른 가치로 환원되거나 도덕적 권장사항 중 한 가지가 다른 한 가지로 축소될 수 있다는 생각은, 연역적인 혹은 과학적인 접근법이 도덕적 이해에 있어서 가장 적합한 것이라는 사고의 유산일 수 있다. 그러나 그렇지 않다. 과학의 목표는 3인칭 시점에서 본 자연계의 사건을 서술, 설명 그리고 예측하는 것이다. 그러나 도덕의 목표는 근본적으로 다르다. 도덕은 어떻게 살아가고 행동하는지를 결정하는 양심적인 도덕적 행위자라는 1인칭 시점에서 우리가 어떻게 살아야 하는지, 그리고 무엇을 해야 하는지를 권장하려는 것이다.[33]

비록 분산(分散)된 도덕적 관심사가 정언명령 혹은 효용원칙으로 환원될 수 있다면, 우리의 도덕개념이 깔끔하고 정결된 선을 따라 정리될 수 있다는 점을 인정할 수 있지만, 대부분의 도덕문제, 특히 돌봄의 맥락 ―나머지 모든 것을 포괄하기보다 지엽적으로 이해되더라도- 과 관련된 실제 경험은 이것이 잘못된 목표임을 보여준다. 일반적으로 칸티안 접근은 다양한 법률적 맥락에 적합해 보이지만, 우애와 가족과 같은 많은 다른 맥락에서 이러한 접근법은 잘 통하지 않는다. 공리주의적 사고는 종종 정부의 공공선택에 대한 최선의 길잡이가 될 수 있지만, 이는 권리를 뒷받침하거나 공정함을 보장하는데는 적합하지 않으며, (보편적인 특징이 아닌) 구체적인 인간의 특정성이 가장 중요시되는 현장인 가족관계와 우애 같은 맥락에서는 적합하지 않다.

만일 올바른 행동에 대한 도덕적 관심이 미덕의 육성으로 환원된다면, 그것은 우리의 노력을 도덕교육이나 정의로운 방식으로 사회를 구성하려는 노력 정도로 단순화하는 것이다. 하지만 필자는 분명 그렇지 않다고 생각한다.[34] 비록 미덕이론이 올바른 행동이론으로 -단순히 미덕을 올바른 행동의 원칙에 부합하는 행동과 등치시키는 이론으로- 축소되지 않는다고 (필자의 생각으로) 하더라도, 유덕한 인간이 어떤 태도 혹은 심성을 갖든 간에, 정의 혹은 효용은 미덕으로 축소될 수 있는 것이 아니다. 우리는 아이돌봄, 시민의 안정 그리고 시민의 건강을 위한 객관적인 기준이 필요하다. 유덕한 심성은 우리가 그것을 충족해야 한다는 확신을 제외하고, 그것이 무엇인지를 말해주지 못한다.

필자가 주장해온 돌봄윤리는 정의윤리 혹은 미덕윤리로 환원될 수 없다. 하지만 필자가 돌봄을 다양한 도덕적 관심사가 자리매김을 하는 더 큰 도덕의 가치망(價値網)이라고 주장한다면, 정의, 효용, 미덕을 돌봄윤리로 환원시키는 주장을 하는 것은 아닐까?

그렇지 않다. 우리는 이 문제를 다루기 위한 새로운 유비와 이미지가 필요하다. 몇몇 학자들은 그들의 생각을 전달할 수 있는 새로운 유비를 고안함으로써 자유의 진가를 설명하고 있다.[35] 그러나 돌봄윤리의 경우, 논리적 관계 혹은 개념적 분석을 통한 환원주의적인 유추를 사용하는 대신, 아마도 우리는 어떤 그림 혹은 직조물(織造物) 혹은 크리스털 공예를 생각해야 한다. 전체적인 기획에는 더 부각된 요소와 덜 부각된 요소가 드러나기 마련이다. 필자는 페미니스트 도덕이론의 전반적인 도덕기획은 돌봄관계가 될 것이라고 생각한다. 그럼에도 그러한 전체적인 기획안에는 정의와 효용의 가치를 중심으로 조직되고 부각된 요소가 많이 존재할 것이다. 또한 미덕에 관한 많은 흥미로운 가치와 세밀한 요소가 있을 것이다. 전체가 조화로워야 되겠지만, 그렇다고 모든 구성요소가 서로 의미 있게 차별화 될 수 없음을 의미하는 것은 아니다. 필자는 서사의 방식보다 가시적인 유추의 방식에서 생각한다. 하지만 만일 우리가 서사에 대해 생각한다면, 그 지점에서 우리는 하나의 장르를 다른 장르로 혹은 모든 장르를 기초가 되는 원형의 장르로 환원하려 해서는 안 될 것이다.

돌봄의 도덕은 다양한 환원주의자의 프로그램이 조준하고는 있지만 적중할 수 없었던, 목표에 대한 호소가 부족할 수 있다. 그러나 돌봄이란 도덕은 우리가 더불어 살아가는 밑그림을 제공한다. 확실하고 간결한 원칙 없이는 우리가 아이들에게 도덕을 가르칠 수 없다는 돌봄에 대한 반대 주장에 대해, 아이들이 효용원칙이나 정언명령을 배운 적이 없다는 점을 우리는 기억해야 한다. 타인에 관심을 기울여야 하며, 타인을 공정하게 대해야 하며, 타인에게 해를 입혀서는 안 된다는 가르침 같은 도덕에 대한 전체적인 밑그림을 우리 아이들은 배워왔고 배워야 한다. 우리가 타인을 대하듯 그들이 우리를 대한다면 그 느낌은 어떨까라는 경험을 쌓으려 노력하거나 생각할 수 있어야 하며, 다양한 상황에서 타인이 느끼는 감정에 대해 민감해야 한다.

우리는 타인을 믿을 수 있는 사람이어야 하며, 우리를 우리와 가까운 사람들과 연결하는, 그리고 지구 환경을 공유하는 저 멀리서 살고 있는 사람들과 우리를 연결하는 돌봄관계에 가치를 두어야 한다.

하지만 어떻게 하나의 이론이 예술작품처럼 될 수 있을까? 과학적 이론은 과학탐구라는 실천의 한 부분이지만, 과학철학이론은 과학탐구라는 실천에 관한 이론이다. 생물학이론은 어떤 의미에서 물리학 내의 이론이거나 혹은 물리학이 아닌 이론이라고 이야기할 수 있다.

필자는 도덕의 실천은 경제활동, 의료활동, 양육 등 삶의 구체적인 영역을 위해, 도덕이론이 담을 수 있는 많은 추천사항을 포함해야 한다고 생각한다. 그러나 도덕철학은 여타 이론이 환원될 수 있는 기초이론이 존재하는지 그렇지 않은지를 고려해야 한다. 이러한 수준에서, 다양한 실천이 내장된 다양한 이론은, 하나로 환원될 수 있는 추상적이고 논리적인 명쾌한 논법이라기보다, 타인과의 돌봄관계에서 좋은 삶을 살기 위한 하나의 전반적인 밑그림으로 이해하는 것이 더 적합할 것이다. 도덕실천은 분명 하나의 예술로 간주될 수 있다. 아마도 우리가 일반적으로 예술로서 생각하는 것을 발전시키기 위한 보편적인 권장사항의 윤곽을 잡아가는 것은 가능할 것이다. 즉, 전제적 정부 혹은 상업적 이해관계에서 비롯된 것과 무관하게, 진정으로 예술가적 진실성 등을 위해 투신하는 아름답고 "진실한" 것의 창조를 추구하는 것이다. 하지만 우리는 그림 그리기가 자수 놓기나 유리를 불어 유리가공품을 만드는 것으로 환원될 수 있는 실천이라고 생각해서는 안 된다. 아마도 각기 다른 모습을 하고 있는 도덕은 과학보다 예술활동에 훨씬 가까울 것이다.

5장

자유주의와 돌봄윤리

　페미니스트 중 일부가 자유주의 페미니스트이지만, 자유주의 정치 이론의 기본적인 전제조건은 종종 대부분의 페미니스트 이론과 충돌하는 것으로 보인다. 이는 돌봄윤리의 이론화 작업, 즉 인간을 관계적으로 생각하며, 돌봄과 돌봄활동의 가치라는 입장에서 사회와 사회제도를 개념화하는 작업에서 명확하게 드러난다. 필자는 이 장에서 페미니스트 기획에 대한 다양한 자유주의적 비판을 반박하고, 페미니스트 기획이 담고 있는 더욱더 심화된 발전을 설명할 것이다.

돌봄과 시민

　페미니스트 돌봄윤리를 옹호하고 인간을 관계적으로 또한 사회를 잠재적으로 돌보는 것(caring)으로 바라보는 페미니스트 견해를 지지하는 우리는, 이러한 우리의 견해가 개인적 수준을 넘어서 적용될 수 없거나 적용되어서는 안 된다는 비판과 자주 마주한다. 이러한 입장은 돌봄윤리가 인간을 성인 개인으로 보지 않는다고 비판한다. 성인 시민은 일반적으로 이방인을 보살피지 않으며, 이방인을 돌볼 것이라는 기대를 받는 것도 원하지 않으며, 그들에게 보살핌 받기를 원하지 않는다고 비판한다. 자유주의 이론은 성인을 기준으로 기획되었다. 자유주의 이론은 개인에 대한 존중과 자율성에 대한 보장을 요구하며, 비의존적인 개인들 사이에서 정의가 요구하는 것을 구체화한다. 자유주의 입장에 따르면, 성인 개인은 특정한 부모의 아이로서 혹은 특정한 종교적 세습에서의 양육과 같은 그들이 선택하지 않은 관계망에서 비롯된 도덕적 목적으로 투영되는 것을 원하지 않는다. 오히려 자유주의는 성인 개인을 개인적이고, 합리적인 도덕적 행위자로 간주하며, 도덕적 목적을 지닌 성인 개인으로 행동하기를 기대한다. 자유주의 이론의 인간은 타인의 권리를 존중할 의무를 인정한다. 하지만, 돌봄은 가족, 연인 혹은 친구 간의 특수하고 구체적인 관계에 국한되고, 크게는 정치제도와 심지어 도덕이론에는 부적절한 것으로 간주된다. 자유주의 이론은 만약에 시민이 개인적인 연계로 개념화된다면, 시민의 자율성이 위협받고 이들이 온정적으로 취급받을 수 있는 위험이 있음을 우려한다. 따라서 앤 쿠드(Ann Cudd)는 "돌봄은 대부분의 정상적인 성인이 사회의 대다수 타인에게 바라거나 필요로 하는 것이 아니다"라고 쓰고 있다.[1]

돌봄윤리에 대한 이러한 비판은, 페미니스트 지적이 정치적 자유주의의 가치 자체를 부인하는 것이 아니라 자유주의적 개인주의가 정치 영역에서부터 도덕 영역 전체로까지 확장됨을 비판하고 바로잡고자 한다는 점을 놓치고 있다. 돌봄윤리에 관심을 갖는 페미니스트들은 확장된 자유주의적 개인주의와 차이를 보이는 도덕 견해를 전개하면서, 단지 익숙한 자유주의 관점이 아니라 돌봄의 관점으로 정치적 영역에 대해서도 생각해볼 만한 가치가 있는지를 고민한다. 이는 돌봄윤리 탐구의 시작일 뿐, 끝이 아니다.

예를 들어, 필자가 개인들 사이의 사회적 관계를 해석할 때 자기이해적인 이방인들 사이의 아주 일반적인 계약모델을 사용하는 대신, 엄마품 같은 돌봄(mothering)을 제공하는 사람과 아이 사이의 관계를 모델로 차용해 바라본다면 사회적 관계의 모습이 어떻게 투영될지 생각해봐야 한다는, 필자의 논점을 이미지로 제안함으로써 대안적 모델을 제안하는 것이다. 그러나 돌봄윤리에 비판적인 이들은 이 지점을 놓쳤기 때문에, 시민을 다른 시민을 돌보는 특별한 의무가 없는 자율적인 성인이 아니라 아이 혹은 부모로 간주하는 것은 공격적이라고 받아들였다.[2]

전형이 되는 자유주의적 개인주의에 여지(餘地)가 없다는 것이 아니라, 자유주의 이데올로기가 자유주의적 개인주의를 제외한 다른 관점에 대해 여지를 점점 잃어가고 있다는 것이 필자의 입장이다. 즉, 필자의 논지는 개인 혹은 사회가 풍요로워지기 위해서는 자유주의적 개인주의 이외에 더 많은 여지가 분명히 존재해야 한다는 점이다.

얀 쿠드는 "나는 아이가 아니다"고 말하면서, 아이로 간주되는 것을 거부했다.[3] 이것은 전혀 논점을 파악하지 못하는 것이다. 우리가 우리 자신을 타인에게 매우 의존적이어서 심각하게 아프거나 약물치료를 받고 있는 사람이나, 정책을 결정하는 정당한 근거에 무지한 영유아 혹은 고령자로 이해할 때, 더 멀리 떨어져 있는 부적절한 위치의 완전히 비의존적이고 자립적이며 평등한 합리적인 행위자의 관점에서 우리와 타인이 선택하는 것을 바라보는 것보다, 만일 **우리가 아이라면** 우리를 보살펴주는 사람에게 받기 원하는 처우를 생각해보는 것이 때때로 더 적합할 수 있다는 것이다.[4] 우리는 부모가 우리를 어떻게 다루기를 원했었던가? 우리가 그 당시 동등하게 자율성이 있는 합리적인 행위자가 될 수 없었음에도 불구하고, 어떻게 우리 부모는 우리가 경험했을 굴욕과 폐해를 당하지 않게 해주었을까? 이러한 맥락의 정당한 가치가 복지국가의 정부 당국과 복지"수혜자" 사이에서 우리가 발전시킬 수 있는 가치들 중 어떤 것은 아닐까?

우리가 사회구성원 혹은 인류구성원을 대하는 방식을 생각해보면, 대다수 사상적 실험은, 상대적으로 비의존적일 수 있는 삶의 구간인 성인에게 적용한다. 만일 우리가 부모의 보살핌만큼 포용적이지는 않지만 자유주의 이론에서 가정하는 감정적으로 무심한 접근과는 다른 방식으로 타인을 보살핀다면, 돌봄실천에 몸담았던 유의미한 경험에서 무엇을 배울 수 있을까? 사라 러딕(Sara Ruddick)은 모성역할(mothering) 혹은 "부성역할(fathering)"(만일 우리가 부성역할을 전통적인 의미가 아니라 모성역할에 가까운 의미로 사용한다면)의 경험이 세계평화에 얼마나 유의미한지를 강조한다. 다른 사람들은 의존인을 돌보거나 아이양육을 사려 깊게 해왔던 경험이 아이돌봄, 교육, 보건의료, 복지, 그리고 기타의 더 나은 공공제도를 -효율성으로서가 아니라 유의미한 가치를 구현하는데 있어서- 더 좋게 개선시키는 기획을 가능하게 한다는 점을 보여준다. 돌봄가치가 좀 더 명확하게 관련된 활동을 관할하는 임무를 담당하는 정치제도 또한 자유주의적 합리적 계약자의 관점이라기보다, 모성과 아이 간 관계의 관점이 반영된 기획안을 고려함으로써 훨씬 더 훌륭하게 개선될 수 있다.

돌봄윤리에 대한 비판

수잔 오킨(Susan Okin)이 밝혔듯이, 1980년대를 거치면서 가장 영향력 있는 자유주의 이론가들과 공동체주의 비평가들은 페미니스트의 논점에 거의 신경을 쓰지 않았다.[5] 예외적으로, 돌봄윤리를 비판하기 위해 이를 진지하게 검토했던 유명한 자유주의 이론가는 브라이언 베리(Brian Barry)이다. 그의 저서 『불편부당성으로서의 정의(*Justice as Impartiality*)』 10장의 많은 부분을 불편부당성에 대한 페미니스트 비판으로 할애하며, 불편부당성에 대한 페미니스트 비판은 페미니스트의 오해에서 비롯되었다고 간주했다. 그러나 아쉽게도 필자가 보기에, 베리 자신이 페미니스트 윤리와 돌봄윤리가 무엇을 의미하는지 상당 부분 이해하지 못하는 실수를 범했다.

베리는 캐롤 길리건(Carol Gilligan)이 비판한 도덕심리학자인 로렌스 콜버그(Lawrence Kohlberg)를 철학자로서 능력이 부족하다고 비난한다. 더불어 그는 콜버그를 페미니스트가 불편부당성에 대해 비판하게 만든 원인제공자로 지목한다. 하지만, 이는 베리가 콜버그를 곡해한 것이다. 예를 들어, 베리의 해석과 대조적으로, 콜버그는 그가 실험한 대상자들에게, 답안에서 도덕적 합리론자로서의 점수를 부여하는 딜레마에서 "올바른 답"을 구체화하지 않았다. 채점은 그들의 답변이 연구대상인 모든 도덕적 추론자가 추론하는 근거 -추론이 일반적인지, 보편적인 원칙인지, 아니면 구체적이고 특수한 충성심인지- 에 의존했다. 더욱 중요한 점은, 페미니스트 도덕성과 돌봄윤리에 관해 페미니스트 도덕철학자의 주장의 많은 부분은, 콜버그와 무관하고 오히려 베리가 옹호하는 불편부당성으로의 정의와 상당 부분 관계가 있다는 점이다.

베리는 한 사회의 도덕적이고 법률적인 규칙이 자유롭고 평등한 개인인 "모든 사람의 … 동의를 얻을 수 있을" 것을 요구하는, 즉 자신이 명명한 제2의 명령인 불편부당성을 옹호했다.[6] 베리는 제2명령으로서의 불편부당성은 우리 자신의 아이와 배우자에게 특별할(partial) 수 없는 보편적인 제1명령으로서의 불편부당성을 요구하지 않는다고 주장한다. 그는 우리 모두가 불편부당한 규칙의 집합을 수용할 수 있는 한, 이러한 규칙은 우리의 가족과 친구들에 대한 특수한 고려를 가능하게 할 것이라고 주장한다.

베리는 존 롤즈(John Rawls)의 정의론과 같은 대부분의 제2명령으로서의 불편부당성 이론은 대부분 정의로운 사회제도를 판단하기 위해 기획된 것이며, 따라서 현재 조건에서의 행동, 특히 심각하게 부정의한 제도의 맥락에서 발생하는 행동에 대해 어떤 지침을 내리는 것과는 상관없다고 언급한다. 그는 돌봄윤리의 장점이 이러한 한계가 없다는 점에 대해 간과했다. 베리는 악법이 개정될 때까지 기다리기보다 악법을 지키지 않을 수 있는 정당성을 승인하는 제2명령으로서 불편부당성 이론이 가능하다고 인정한다. 불편부당성에 대한 그의 논지는 여러 방면에서 다른 이론가들이 제안한 바를 개선하는 것이다. 하지만 그는 정의가, 즉 그의 입장에서 제2명령으로서 불편부당성이 언제나 돌봄의 관심사보다 우위에 있다고 주장하면서, 일반적으로 불편부당성의 편을 지지했다. 베리에게 돌봄은 정의의 필요조건이 충분히 만족된 곳에서만 선택의 기준이 될 수 있는 것이다. 베리는 정의와 돌봄 사이의 진정한 갈등은 있을 수 없다고 주장한다. 정의와 돌봄은 서로 다른 이슈를 다룬다고 보았다.

이러한 해석은 (심지어 제2명령인) 불편부당성으로서의 정의를 우선시함에 문제제기하면서도, 동시에 불편부당성 자체를 거부하지 않는, 돌봄윤리의 옹호자들의 논지를 제대로 읽지 못하는 것이다. 돌봄윤리의 옹호자들은 돌봄과 정의가 다른 이슈를 다루고 있다는 점을 부인한다. 즉, 우리 모두는 도덕에 대해 이야기하고 있으며, 이에 대해 서로 다른 의견을 갖고 있을 뿐이다. 종종 문제는 주어진 이슈에서 정의의 접근과 돌봄의 접근 중 어느 것이 더 나은지이다. 이 질문은 공적인 맥락뿐만 아니라 개인적인 맥락에서도 일어날 수 있으며, 우리는 불편부당한 정의의 자유주의적 전제가 개인에게 적용되듯, 모든 사람을 대해야 하는가에 대한 의문이 들 수 있다. 불편부당성으로서의 정의를 언제나 우위에 두어야 하며, 돌봄은 개인적 맥락에 적용되는 별도의 선택 정도로 여긴다는 베리의 주장에 대해, 필자는 동의하지 않는다.[7] 때때로 돌봄과 정의의 관점은 동일한 문제에 대해 서로 다른 도덕적 평가와 권고를 추천한다. 그러할 때, 우리는 둘 중 하나를 선택해야 한다. 어쨌든 우리는 두 가지 모두를 따를 수 없기 때문이다.

칸티안 도덕철학자인 마르시아 바론(Marcia Baron) 또한 "불편부당성이 필요하게 되는 필요'수준'"이라는 사고에 의존하고 있다.[8] 그녀는 얼마나 "공리주의자가 효용원칙이 개인행동의 수준이 아니라 그 수준을 넘어, 즉 우리의 행동을 지침하는 원칙과 규율의 수준으로 적용되어야 한다고 주장할 수 있는지"를 언급한다. 칸티안을 포함하여 "불편부당성주의자(impartialist)도 같은 입장을 취한다"고 주장한다. 칸티안은 "내 어머니와 내 아버지를 존경"하는 좋은 이유를 불편부당한 관점에서 지지한다.[9] 베리와 마찬가지로, 바론은 다른 수준의 개념을 받아들이지 못하는 누군가는 "오류"를 범하고 있다고 생각한다. 하지만, 규칙 공리주의(rule utilitarianism)가 시도하듯 문제를 다루는 이러한 방식은, 규칙 공리주의를 행동 공리주의로 환원시킨다는 주장에 의해 결정적으로 그 근거를 상실하게 된다.

결국 우리는 한 번에 한 가지 행동을 하듯, 도덕 딜레마도 한 번에 하나씩 다뤄야 한다. 만일 낮은 수준에 적용되는 규칙이 제시하는 답과 효용원칙처럼 더 높은 수준의 원칙이 제시하는 답이 부합하지 않는다면, 낮은 수준에 적용되는 규칙을 인정할 것인가 그렇지 않을 것인가의 문제에, 우리는 항상 직면하게 된다. 낮은 수준의 규칙이 더 높은 수준의 원칙과 부합될 때만이 간결한 계산법으로 유용하다고 추천될 수 있다. 이러한 논의는 낮은 수준의 규칙이 간단하게 도출되는 경우인 칸티안 규칙과 원칙에도 적용되지만, 만약 정언명령과 일치하지 않는다면 우리는 낮은 수준의 규칙을 결코 따르게 될 것 같아 보이지 않는다. 따라서 바론이 제안한 것처럼, 불편부당론자는 불편부당성(impartiality)을 통해 진정으로 부분중심(partiality)을 인정하기보다 종국에는 항상 부분중심을 뭉개버리는 것이다. 왜 자신의 아버지를 존경해야 하는지에 대한 질문이 있을 수 있다. 불편부당론자의 답은 다음과 같을 것이다. 즉, 사람들은 모두 언제나 자신의 부모를, 다른 조건이 다르지 않다면 존중해야 하기 때문이다. 부분중심자(partialist)의 답은 수년간 당신을 양육하는데 도움을 주었기 때문에 당신에게 특별한 당신 아버지인 이 사람을 당신은 존중해야 한다고 답할 것이다. 부분중심자의 답은 존중의 근원일 수 있는 일반원칙이 아닌, 그들 사이의 관계와 관련된 특정한 사람에서 기원한다. 물론 돌봄윤리는 우리가 보편적인 언어를 사용할 수 있는 것과 같이, 돌봄의 가치를 어느 정도 일반화시킬 수 있음을 부인하지 않는다. 여기에서 쟁점은 무엇이 가치를 구성하며, 무엇이 가치를 만드는가에 관한 것이다.

일부 페미니스트들은 자유주의적 계약주의를 옹호해왔다. 이러한 논자들의 주장 중에는 계약주의적 견해가 가정 내에서 여성의 평등을 담보하기 위해 정치적 영역을 넘어 확장되어야 함이 포함된다.[10] 이러한 자유주의 페미니스트들은 돌봄윤리에 비판적이거나 종종 이를 인정하지 않는다. 돌봄윤리를 옹호하는 페미니스트들은 여성이 평등하게 대우받아야 하지만, 정의와 평등이 가족이나 다른 영역에서 받아들이는 유일하거나 가장 주요한 도덕적 추천사항임을 인정하지 않는다. 이들은 자유주의적 개인주의에서 구축된 도덕이 모든 맥락에서 적합할 수 있다는 점을 부인한다.

일부 다른 페미니스트들은 돌봄과 정의를 대조적인 것으로 인정하지 않으며, 정의와 돌봄의 개념화를 특별히 다른 것으로 구분하는 것도 반대한다.[11] 하지만 돌봄윤리에 대한 자유주의적 비판은 정의와 돌봄은 상반된다는 입장이며, 정의가 언제나 우선한다는 점을 상정한다. 이번 장에서는 정의가 우선한다는 입장을 일람(一覽)한다.

자유주의에 대한 비판

자유주의적 계약주의모델에 대한 비판은 적어도 두 가지 모습이다. 부정확성에 대한 비판과 가치평가적 비판이다. 부정확성에 대한 비판은 계약주의모델이 (스스로는 적용될 수 있다고 주장하지만) 현실적으로 적용될 수 없는 방대한 인간경험을 무시한 채 현실을 왜곡시킨다고 지적한다. 이 같은 지적에 대해 계약주의자는 자신은 단지 이방인들 사이의 관계에 관심을 가질 뿐, 사랑과 애정의 관계에는 관심을 갖고 있지 않다고 답할 수 있다. 하지만 이러한 대답은 공리주의와 칸티안 윤리 같은 주류 도덕이론이 이방인들 사이의 사회적 관계라는 자유주의적 모델을 토대로 축조되었다는 점을 감안하지 않고 있다. 그럼에도 공리주의와 칸티안 윤리는 여전히 모든 상황에 적용하기를 기본적으로 요구받는 도덕이론이다.

합리적 선택이론과 그 도덕은 사회적 관계에 대한 자유주의적, 계약주의적 가정을 받아들이는 점에 있어 더욱 명확하다.[12] 이 이론은 일반적인 합리성과 어떤 상황에도 적용되는 합리적인 결정을 주장한다. 자유주의적 개인주의가 정치 영역에 국한된다고 하더라도, 그 대답은 이방인들의 유의미한 결합을 개념화하는데 적용되는 전제를 다루지 못한다. 예를 들어, 자유주의적 개인주의는 사회적 관계를 비의존적이고 자율적이며 자기이해적인 개인들 사이의 관계로 이해하기 때문에, 사회적 관계의 특성, 함의, 영향력을 설명하는데 실패한다.

계약주의모델에 대한 두 번째 비판은 가치평가이다. 이러한 비판은 고도로 발달한 자본주의 사회에서 인간관계가 실제로 자기이해적인 이방인들 사이의 계약적인 관계에 점점 가까워지고 있다 하더라도, 그러한 관계는 우리가 목표로 삼아야 할 도덕적으로 좋은 모델은 아니라고 제시한다. 더 나아가, 합리적 선택이 그러하듯, 계약주의모델을 더 많은 다양한 상황에 적용한다는 것은 -예를 들어, 아노미와 담장으로 둘러친 부유층만의 거주지 같은- 잘못된 사회적 발전을 조장하는 것이다. 도덕적으로 더 나은 사회적 관계를 권장하기 위해, 이 비판은 우리가 자유주의, 계약주의모델을 제도와 실천뿐만 아니라 사회문제를 바라보는 방식까지 확장해 사용하기보다 제한해야 한다고 주장한다.

부정확성에 대한 문제로 다시 돌아가서, 개인주의적 시민에 대한 자유주의 이미지를 생각해보자. 자유주의자들은 자유롭고 평등하며 합리적이고 전적으로 불평부당한 사람으로서 우리가 받아들일 수 있는 정치제도 설계를 위한 원칙을 선택해야 한다고 제안한다. 따라서 추천된 원칙과 제도는 우리의 개인적인 이해관계를 합리적으로 추구하기 위해 우리가 계약적으로 동의할 수 있는 것이어야 한다. 이러한 원칙과 제도 안에서 우리는 우리의 경제적 이해관계를 추구하기 마련이다. 그렇게 하는 것은 우리가 고용될 수 있는 산업을 만들어 낼 것이며, 우리가 소비할 수 있는 제품을 생산할 것이다. 정치적 원칙에 의해 추천되고 정치제도를 통해 만들어지고 강제되는 법적 구속력 안에서, 우리는 우리가 희망하는 사회성과 애정이 무엇이든 그것을 발전시킬 수 있다고 본다. 시민을 개념화하는, 즉 익숙한 방식으로 사람을 개념화하는 것이 얼마나 가능할까?

개별 시민이라는 자유주의 이미지의 명백한 결점은, 나머지 모든 것을 무시하고 한 집안의 비의존적인 성인 가장을 전형으로 하는 이상적인 환경을 채택하면서 상호연계된 사회현실에서 멀어졌다는 점이다. 자유주의 이미지는 구성원(가장을 포함하여)을 매우 상호의존적으로 만드는 경제의 사회관계를 간과한다. 국가경제의 모든 구성원은 서로에게 밀접하게 의존하고 있으며, 점차적으로 전 세계 타인에 대한 의존도도 높아지고 있다. 이러한 자유주의 관점은 시민 모두가 수년간 애정 어린 돌봄을 타인에게 전적으로 의존하는 무기력한 영유아였다는 사실을 간과함과 동시에, 그들을 돌봐온 사람들 역시 자신의 노동은 여전히 돌봄을 하는데 사용되면서도 타인의 지원에 의존해야 하는 사람들이라는 사실을 간과한다. 거의 모든 사람은 심각하게 아픈 시기를 경험한다. 이러한 시기의 상당 부분에서, 사람들이 필요로 하고 원하는 것은 자율적이고 자기이해적인 개인이 자신을 위해 구매하거나 보장할 수 있는 서비스가 아니다. 심각하게 아픈 사람들은 사회계약에 동의하는 자유롭고 평등한 개인들이 군집된(aggregate) 모델에 매몰되지 않는 관계적 돌봄을 필요로 하며 원한다.

우리가 경제적으로 상호의존적인 한, 우리는 우리가 보살피는 사람에게 (직접적으로 "사랑하는 사람"에게만 국한될 필요는 없다) 돌봄을 제공할 수 있으며, 우리가 돌봄을 필요로 할 때 돌봄을 받을 수 있는 공공정 책과 공적 방식을 필요로 하고 또한 원한다. 이러한 정책은 독립적으 로 결정된 우리의 경제적 자기이해를 촉진시키기 위한 정책만큼 중 요한 목적을 갖는다. 만일 계약주의모델이 직접적으로 경제적 상호의 존적인 상황에 적용된다면, 이 모델은 착취와 박탈의 조건에 무심하 면서 경제적으로 무력한 사람과 경제적으로 힘 있는 사람을 마치 일 률적으로 서로 똑같은 자율적인 사람인 것처럼 대할 것이다.

계약주의모델은 돌봄이 주된 가치인 경험적 영역에 적용될 때 초 라해진다. 아이를 돌보는 이유가 단지 부모가 나이가 들어 힘이 없을 때 아이가 자신들을 돌봐줄 것이라는 한 가지 이유라면, 그리고 부모 와 아이 모두가 이러한 계약조건을 이해하고 있다면, 부모와 아이의 관계에서 이들 간의 돌봄관계와 이들 자신을 위한 가치를 도려내는 것이다. 만일 겉보기에 친한 친구들이, 자신의 이익에 도움이 되기 때문에 만나고 이야기하고 선물을 주고받고 방문하면서 친분을 유지 한다면, 우리는 그러한 "우애"를 잘 해봐야 피상적인 것으로 판단한 다. 비록 이러한 우애가 각자에게 도움이 될 수 있는 측면이 있겠지 만, 만일 자기이해가 그들의 동기부여의 모든 것이라고 한다면, 그들 간의 신뢰는 있을 수 없으며 그들은 머지않아 절연(絶緣)하고 말 것이 다. 그리고 만일 아프거나 혹은 의존적인 어떤 사람이 돈을 받아야만 보살피는 돌봄을 하겠다는 사람의 돌봄을 받는다고 했을 때, 우리는 이러한 돌봄이 최선의 돌봄이 아니라는 것을 잘 안다.

많은 자유주의자들은 계약주의모델은 개인적 영역보다 정치적 영 역에 적용하기 위해 의도된 모델이라고 주장한다.[13] 그렇다면, 보건의 료산업과 아이돌봄산업은 어디에 속하는가? 보건의료산업과 아이돌봄산업을 현대 자유주의의 선조들이 개념화한 바로는 사적이거나 가족적 영역은 분명 아니다. 선진 산업경제는 공적인 결정에 의해 구조화되며 결과적으로 정치적 결과를 형성할 수 있지만, 공과 사를 구분하는 전통적인 자유주의 프레임에 만족할 만하게 들어맞지 않는다. 예를 들어, 로버트 달(Robert Dahl)은 1970년에 이미 현대의 기업을 사적인 영역으로 생각하는 것은 "어불성설"이라고 썼으며, 이러한 선언은 21세기의 시작점에서 더욱더 체감되는 말이다.[14]

여전히 시장에서의 인간관계를 계약적이고 합리적인 자기이해를 바탕에 둔 것으로 이해하는 것은, 우리가 경험하는 인간관계와 총체적으로는 충돌하지 않을 수 있다. 하지만 보건의료 서비스와 아이돌봄은 문제가 된다. 이 분야가 자유롭고 평등하며 합리적이고 자율적인 개인들이 계약한 서비스와 그 방식으로 간주되어야 하는가? 그렇게 된다면 문제가 된다. 왜냐하면 자유주의가 상정하는 종류의 인간이 되기 전에, 우리는 이미 수년 간에 걸쳐 단순히 계약된 서비스로 제공할 수 있는 것보다 많은 돌봄을 받아왔기 때문이다. 아이들은 돌봄을 받지 않았거나 이들을 위한 가치부여가 없었다면, 자율적이고 합리적인 행위자가 될 수 없다. 장애로 태어나거나 아픈 사람들은 자유주의 이론이 말하는 합리적인 계약자가 결코 될 수 없다. 사람들이 아프거나 타인의 돌봄에 의존해야 할 때, 계약주의모델이 그들에게 적용되기에는 계약주의모델의 전제에서 그들은 너무나 요원(遙遠)한 거리에 있다. 게다가, 타인에게 무급으로 돌봄을 제공하는 모든 사람은 그들이 돌봄을 제공하지 않았으면 선택할 수 있었던 다른 유급노동을 포기하고, 결과적으로 그들이 필요로 하고 원하는 자원에서 박탈당하고 있음을 감내하고 있다. 아이, 장애인, 아픈 사람 그리고 이들을 돌보는 사람을 도덕적 지침의 범위 및 공적 생활의 실천의 범위

밖으로 몰아내는 것은 명백히 잘못된 판단이다. 함의는 다음과 같다. 자유주의 담론은 돌봄윤리의 중요성을 경원시하는 자유주의자가 생각하는 것보다 사회 전체 및 사회의 대부분을 생각하기에 덜 적합하다. 자유주의 담론이 지나치게 제한적이라면, 가족과 친구의 영역에서 분명하게 작동하는 가치로서 사유의 실험을 시도해보고, 이러한 가치를 다른 영역에 확장해볼 것을 고려하는 것도 유익할 수 있다.

예를 들어, 관리되는 보건의료가 점차적으로 시장의 고려대상이 된다면, 자유주의적 계약주의모델이 이러한 영역에 적합한지의 문제는 제기될 수 있으며 또한 제기되어야 한다. 가족과 친구의 맥락에서 최선으로 간주되는 돌봄의 가치는 의료적으로 취약한 정치공동체 구성원에게 제공되어야 하는 사회활동의 돌봄 영역에서 추구될 수 있다. 우리가 집안에서 돌봄의 수령자이건 제공자이건, 우리에게 최고의 가치인 돌봄은 자유주의적 계약주의모델에서 전반적으로 간과되고 있다. 아마도 우리는 가정뿐만 아니라 공적 영역과 공적 제도를 통해 제공되는 서비스로서 이러한 돌봄의 가치를 추구해야 한다.

자유주의 전제(assumption)의 결과

우리가 의문을 품고 있는 자유주의 전제로 인간과 인간의 관계를 충분히 포착할 수 있다고 간주하고, 인간과 인간관계를 다루었을 때의 결과를 좀 더 심도 있게 뜯어보자. 자유주의자들은 이러한 접근이 계약적 관계에서 가상의 합리적 행위자가 동의하는 원칙이 요구하는 정의(justice)를 증진시킬 것이라 생각한다. 하지만 자유주의적 개인주의에 비판적인 입장에서는 다르게 바라본다. 자유주의모델은 타인의 안녕(welfare)에 대한 무관심을 가정하기 때문에, 이 모델을 채택하는 것은 결과적으로 이 모델과 현실의 격차를 별것 아닌 것으로 치부하게 할 뿐만 아니라, 기준과 적정성에서 무관심이라는 가정을 더 광범위하게 수용하게 된다. 자유주의적 개인주의모델은, 비록 가족과 우정만큼 진지지는 않을지라도 시민이 종종 동료 시민에게 갖고 있는 돌봄과 관심, 소규모 공동체구성원이 서로를 대할 때 자주 보여주는 돌봄과 관심, 그리고 먼 나라 외지 낯선 곳 타인에 대해서도 대부분의 사람이 보일 수 있는 돌봄과 관심 대신, 단지 계산된 자기이해와 도덕적 무관심만을 권장한다.

돌봄윤리에 대한 자유주의 비판은 온정주의적 간섭보다 이 같은 무관심이 더 낫다고 할 수 있지만, 여기에서의 논점은 자유주의가 온정주의적 간섭에 대한 유일한 대안이라고 전제하는 것은 잘못이라는 것을 보여주고자 함이다. 돌봄윤리의 옹호자들은 온정주의가 계산된 자기이해에 대한 유일한 대안이 아니라고 보여줄 수 있다. 엄마품 같은 돌봄(mothering)과 여타 돌봄은 경쟁에 나설 수 있는 능력(competent)을 증진시킬 수 있으며 또한 일반적으로 그래야 하지만, 돌봄을 받는 아이들 혹은 어떤 개인의 단절된 자율성을 전제해서는 안 된다. 돌봄은 온정주의적 지배에 노출되지 않도록 민감해야 하며, 돌봄의 도덕적 평가가 지배 없는 돌봄관계를 어떻게 발전시킬 것인지에 대한 섬세한 이해를 포함해야 한다. 아이들과 돌봄수혜자의 관점에서 이러한 이슈를 검토하는 것은 돌봄윤리의 한결같은 문제의식이다.

자유주의 전제를 채택하는 것은 타인에 대한 실질적인 무관심을 퍼뜨리는데 일조한다. 이것은 우리가 돌봄윤리와 자율성에 관한 고려 사이에서 선택해야 한다는 의미가 아니다. 돌봄윤리에 관심을 갖고 있는 많은 페미니스트 도덕이론가들은 자기규율이라는 의미의 자율성이 어떻게 돌봄윤리와 양립가능한지(대척점에 있지 않은지)를 보여주고 있다(자세한 내용은 3장 참조).

인간을 관계적으로 생각한다는 것은 우리가 성장한 또는 우리가 놓여있는 다양한 사회적 유대에 대해 저항하거나, 우리가 처해 있는 관계를 재정립할 수 있는 자율적 선택을 할 수 없다는 의미가 아니다. 이와 반대로, 우리는 그렇게 할 것을 요구받는다. 돌봄윤리는 우리의 이러한 자율적 선택을 부분적으로 우리의 정체성을 구성하고 있는 사회적 관계 안에서 일어나는 것으로 개념화할 수 있다. 우리는 어떤 관계는 유지하고, 어떤 관계는 재조정하며 혹은 새로운 관계를 맺기도 하지만, 계약주의모델이 상정하듯 사회적 유대가 있기 전 상태를 아무것도 생성되어 있지 않은 상태로 간주하는 것처럼, 사회적 관계를 비의존적인 개인의 선택으로만 이해하지 않는다.[15] 돌봄윤리의 지침을 받은 도덕행위자들은 타인과의 실질적인 관계 속에 "연고적(encumbered)"이고 "내장(embedded)"되어 있지만, 그들은 여전히 자유롭고 도덕적인 행위자들이다.

돌봄윤리의 목표는 돌봄이 필요한 사람에 대해 응답적인 자율성(responsible autonomy)을 증진하는 것이다. 그렇게 될 때, 돌봄관계에서 자율성의 개념은, 개별적 자율성(individual autonomy)이라는 자유주의적 계약주의 개념보다, 공적 활동을 포함해 더 넓은 활동 영역을 고찰하는데 있어 훨씬 더 만족스러울 수 있다. 돌봄윤리는 자율성을 위해 필요한 물질적, 심리적 그리고 사회적 선결조건을 무시하기보다 주목할 것을 요구한다. 충분한 자원이 없는 사람은 자율적인 선택을 적절히 행사할 수 없다. 자율성은 사회관계에서 행사되는 것이지, 추상적으로 비의존적이고 자율적이며 평등한 개인에 의해 행사되는 것이 아니다.

도덕을 전통적인 자유주의의 전제에서 찾고자 하는 이론가로서 데이비드 고티에(David Gauthier)는 좋은 사례이다. 그는 자신의 이익을 추구하고 타인의 이해관계에 무관심한 사람들 사이의 합리적인 합의에 도덕성이 전적으로 근거할 수 있다고 주장한다. 어떤 선택은 만약 그 선택이 어떤 사람의 자기이해의 만족을 극대화시킨다면, 그 사람에게 합리적이다. 행위자는 타인의 행동에 영향을 받기 때문에, 행위자가 모든 사람에게 적용되는 협상된 어떤 제약사항에 합의하는 것은 합리적이다. 그렇기 때문에, 도덕은 개인이 자신의 이해를 추진함에 대한 불편부당한 합리적 제약에 동의하는 것이 합리적이다. 고티에는 "도덕은 합리적 선택이라는 비(非)도덕적 전제로부터 발생한 합리적인 제약으로 생성될 수 있다"고 주장한다.[16] 이는 자유주의의 전통적 사회계약은 아니지만, 우리의 정치제도의 밑바탕에 깔려 있는 도덕에 관한 하나의 주장이다. 이러한 주장은 인간 개인의 기본적인 특징과 개인의 선택에 관해 사회적 관계보다 개인을 우선시하는 개념적이고 규범적인 측면의 자유주의 전제를 채택한 것이다.

고티에의 저서에 대해 논평을 하면서, 피터 발렌타인(Peter Vallentyne)은 "고티에의 전망은 도덕을 합리적인 합의에 근거하려 했으며, 합리적인 합의는 그가 주장한바 상호이익을 요구한다"고 말한다.[17] 결과적으로, 아이, 미래세대구성원, 중증장애인 그리고 동물은 합의의 당사자가 될 수 없기 때문에, "합의 당사자들이 상호관심을 갖는 정도에 따라서만 도덕의 범주에 포함된다."[18] 이것은 **만약** 우리가 그들에 대해 관심을 갖는다면, 그들의 안녕이 우리의 선호에 포함되겠지만, 우리가 관심을 가질지 그렇지 않을지의 문제는 도덕과 상관없는 우연한 경험적인 사실일 뿐이다. 고티에의 도덕은 우리에게 합의외(外) 당사자를 보살펴야 한다고 권고할 수 없으며, 그들과의 관계를 어떻게 개선시킬지에 대해 입을 열 수 없도록 한다.

발렌타인은 "롤즈처럼 고티에는 [합의의] 당사자들이 (타인의 생활상을 걱정하지 않고) 서로에게 무관심하다"고 전제한다고 보았다.[19] 발렌타인은 이를 계약주의이기 때문에 갖는 이 이론의 한계라고 인식한다. 롤즈가 상정한 합의 당사자들의 실제 선호에 대한 상호무지보다, 고티에의 합리성이라는 도구적 개념과 실제 인간에 대한 자신의 주장을 합리성에 두려는 고티에의 노력을 감안하더라도, 서로 무심한 사람들에게 합리적이라 해서 서로 무심하지 않은 사람들에게도 합리적일 수는 없다. 실제 인간은 타인에게 무심하지 않다.

우리는 이러한 비판을 추가할 수 있다. 어떤 사람이 또 다른 누군가에게 관심을 가질 것을 요구하지 않는 것은 고티에 이론의 장점이다. 그의 이론은 이론적으로 돌봄 없이도 성립되는 도덕이다. 하지만, 이것은 방식에 있어서 문제가 있다. 돌봄이 없다면 사회도 없으며, 돌봄이 없으면 사람도 없다. 고티에의 이론이 그 목적을 달성하든 그렇지 않든, 왜 우리는 돌봄을 간과한 도덕의 근거를 찾아야 하는가?

고티에는 계약주의를 정치 영역에 국한시키는 강제 없는 순응의 문제(합의를 하는 것이 합리적이라 하더라도, 계약에 순응하는 것이 합리적인가?)를 해결할 것을 주장했다. 하지만, 일부가 도덕이라고 생각하는 것이 합리적이고 상호무심한 개인들 사이의 협상을 **할 수** 있다 하더라도, 이것이 우리가 추구해야 하는 도덕일 수 있는가?

자유주의 페미니스트 진 햄튼(Jean Hampton)은 논란의 여지없이 "서구 정치철학의… 대부분은 그 성격에 있어서 상당히 개인주의적이다"라고 밝혔다.[20] 법이론가인 카스 썬스타인(Cass Sunstein)은 그의 저서 『제2의 권리장전(*The Second Bill of Rights*)』에서 그보다 앞선 많은 주장자들처럼, 식(食), 주(住), 교육, 고용, 의료 없는 민주주의에서 시민권은 의미가 없다고 주장한다.[21] 썬스타인은 다른 서구 유럽사회에서는 일반적인 사회복지프로그램의 보장을 미국이 인정하지 않는 원인이 미국에서 영향력을 뻗쳐온 "개인주의의 유해한 모습" 때문이라고 비난했다. 역사학자 데이비드 케네디(David Kennedy)는 썬스타인 저서에 대한 서평에서, 이러한 개인주의는 "미국 문화에 깊숙이 파고들어"있으며, 퇴조될 기미를 찾아볼 수 없다고 밝힌다.[22]

이러한 일련의 모습이 자유주의적 개인주의 전제의 결과이다. 이같은 결과는 최근 공화당내 대선경선에서 볼 수 있듯, 정부의 사회정책에 대한 보수주의자와 자유지상주의자가 퍼붓는 맹공에 대해 수세적인 속수무책의 대응으로 증명되었다. 대부분의 다른 서구사회와 대조적으로, 미국에서 사회주의 전통은 자유주의 전제에 도전하는데 실패했다. 돌봄윤리는 취약한 사람의 필요에 응답하는 사회의 책임을 인정하는데 있어, 기존의 도덕보다 신선하고 견고한 진지(陣地)를 제공할 수 있다.

자유주의 도덕의 딜레마

사회구성원을 완전히 비의존적이고 자유로우며 평등한 합리적인 행위자인 것처럼 간주하는 것은, 많은 구성원이 처해 있는 매우 열악한 조건을 왜곡하거나 감지할 수 없게 만들며, 결과적으로 이러한 조건이 정확히 설명되고 지속적으로 알려졌다면 적절하고 합당하게 보일 수 있었던 사회정치적 문제가 제기되기 어렵게 된다. 자족적인 개인이라는 자유주의의 초상(肖像)은 기득권을 지닌 사람들로 하여금 의존적인 사람들은 없다는 착각을 하도록 하고, 그러한 의존적인 사람들이 명백히 드러나게 되면 마치 부모가 자식에게 제공하는 것처럼 사적인 선호로서 다뤄져야 한다고 생각하게 만든다. 사회가 타인과 연결될 수 있는 선택을 할 수 있는 자유롭고 평등하며 비의존적인 개인으로 구성되었다는 신기루(蜃氣樓)는 자율성의 선결조건으로서 사회협력이 필요한 현실을 은폐한다.

이론과 실천의 수준에서 자유주의가 서식(棲息)하는 사회적 응집력, 신뢰 혹은 시민적 우애를 가정하지 않고도 사회계약이 성립될 수 있는지에 대한 (지속성은 별도로 하고) 상당히 많은 양의 문헌들이 나왔다.[23] 만일 계약관계가 어느 정도 깊이 있는 수준의 사회적 응집력, 신뢰 혹은 관심을 필요로 한다는 견해가 맞다면, 돌봄윤리는 사회적 응집력이나 신뢰 같은 관련 요소를 이해하고 있는 뛰어난 통찰력의 원천을 제공할 수 있다. 가장 가까운 유대관계가 발전하는 방식 그리고 그 유대에서 신뢰가 싹트는 방식을 주목한다면, 많은 시사점을 얻을 수 있을 것이다. 이렇게 느슨한 사회적 응집력의 모습은, 비록 정치적 목적에 있어서는 정치적 원칙과 정치제도라는 제한된 영역에다 같이 기여하는 비의존적이고 합리적인 계약자로 서로를 간주한다는 점을 수긍하지만, 다른 특정한 목적에 대해서는 함께 사는 시민이 서로를 신뢰할 수 있는 틀을 제공할 수 있다. 혹은 동료 시민이 시장의 상호작용을 조직하는데 있어, 다양한 규칙에 계약적으로 동의할 수 있는 자기이해적인 경제적 행위자로 서로를 간주할 수도 있다. 하지만 자유주의자들과 우리는 사회가 정치제도와 경제제도 이상으로 훨씬 방대하다는 사실을 놓쳐서는 안 된다. 우리는 시장과 정치라는 좀 더 한정된 영역뿐만 아니라 훨씬 포괄적이거나 심도 있는 영역에서, 우리의 길잡이가 되어줄 도덕적 실천과 평가가 필요하다.

하지만, 지나온 수 세기 동안 정치적 자유주의의 개념과 전제는 다른 영역으로까지 확장되었고, 결과적으로 사회 전체의 가장 포괄적인 수준뿐만 아니라, 가장 감정적인 수준의 가족과 친구에 적용되는 도덕조차도 정치적 자유주의로 경사된 전제와 개념을 바탕으로 구성되었다. 그러다보니 합리적 계약자의 이미지는 범용되고 있으며, 정치적 자유주의에 토대를 둔 도덕적 권장사항은 모든 맥락에서 도덕적 결정을 위해 알맞은 지침으로 인식되게 되었다.

하지만 이 같은 도덕은 많은 영역에서 빤한 문제에 부딪친다. 어머니와 자식 간의 관계를 합리적 계약에 근거해 개념화하는 것은 해괴한 것이다. 칸티안 도덕이 가정의 맥락에서 잘 적용될 수 있다고 생각하는 것은, 인간 개인에 대한 최소한의 존중의 문제를 넘어선다면, 문제의 소지가 다분히 있다. 예를 들어, 우리는 도덕법칙을 존중하기 때문에 아이와 놀아주는 것은 아니다. 하지만 도덕적으로 좋은 양육을 아이에게 주는 것은 아이와 상당 시간을 함께 노는 것을 포함한다. 혹은 다른 예로, 매우 다른 맥락인 국제적 맥락에서 고려해보자. 자유주의적 개인주의를 근거로 "민족 정체성"을 설명하려 든다거나, 정치적 실체를 (정치적 실체가 무엇이든 간에) 자유주의적 규범을 받아들일 수 있는 것으로 설명하려 드는 것은 어려워 보인다. 인간이 공동체의 구성원으로 자신의 정체성을 규정하도록 할 뿐만 아니라 타인을 공동체의 동료구성원으로 인정하도록 만드는 사회적 유대는, 물론 이러한 유대가 필연적으로 국가적 수준의 유대를 전제할 수 있음을 경계해야 하지만, [공동체 이전 단계의] 정치적 실체의 규범을 선제적으로 전제하는 것이다.[24] 단순한 지역 혹은 국가 단위의 규범을 넘어 지구적 규범과 같은 어떤 것으로 이동하려 한다면, 지구촌 어딘가에 사는 사람과의 어떤 연대감 혹은 관심과 모종의 돌봄의식(sense of care)이 필요하다.

가족과 집단 같은 맥락에서 드러난 자유주의적 개인주의 도덕의 한계 때문에, 자유주의 이론가들은 다음의 둘 중 한 가지 방향을 추구하는 경향을 보였다. 하나는 자유주의적 개인주의 도덕은 비공식적, 개인적, 집단적인 영역으로 (각 영역에서 보이는 한계에도 불구하고) 무리하게 범람했다. 그렇지 않으면, 가족 간, 친구 간, 집단 간 그리고 국가 간의 인간적 유대는 합리적인 것과 도덕적인 것의 반대 의미로서, "단순한 감성" 혹은 "본능적인," "자연적인," "감성적인" 그리고 "비합리적인" 것으로 치부되었다.[25] 이러한 인간적 유대는 "도덕의 변방"에 놓여 있는 것으로 간주되었으며, 도덕적 관점에서 검증되지 않은, 즉 경험적으로 설명할 수 있으나 도덕에 대해서는 언급할 내용이 없는 영역으로 남게 되었다.

따라서 자유주의 도덕은 기존 영역 이외의 다른 영역으로 밀려들거나 (이 경우 자유주의 도덕은 불만족스러운 것이 된다) 혹은 자유주의 도덕이 다른 영역에 전혀 적용되지 않으면서 (자유주의 도덕과 동일한 것으로 간주되는) 도덕이란 다른 영역의 사고와 실천에 기여할 수 있는 것이 아무것도 없다는 모습을 보이고 있다. 이 같은 결과 역시 불만족스러운 것이다. 부모가 자녀를 양육할 때 마주하는 어려움은 상당 부분이 도덕의 문제이며, 우리는 국가구성원이 국경을 어떻게 획정할 것이며, 누구를 구성원으로 결정하며 또한 구성원 간의 행동은 어떻게 해야 할 것인지의 도덕적 측면을 다뤄야 한다는 점을 이해해야 한다.

우리는 전통적인 도덕보다 더 좋은 도덕이 필요하다. 돌봄윤리가 경험의 다양한 영역에 적합하다고 한다면, 돌봄윤리를 다른 영역에 유용하게 적용하는 것을 곰곰이 생각할 수 있을 것이다.

자유주의의 제한과 확장된 돌봄의 수용

일반적으로 돌봄윤리의 중요성을 주장하는 사람들은 적합한 영역에서 -민주적으로 구성된 정치제도와 독립된 사법부에 의해 지지되는 기본권의 체계 등의 영역에서- 자유주의의 많은 성취를 인정한다. 그러나 이들은 전통적인 공동체를 옹호하는 보수주의자들이 아니다.

이러한 예는 권리에 대한 페미니스트 입장에서도 찾아볼 수 있다. 우선, 많은 페미니스트들은 완전한 권리가 얼마나 남성적 이해를 반영하고 있으며, "권리"라는 바로 그 개념이 돌봄 접근과 얼마나 상충되는지에 대해 매우 충격을 받았다. 자신이 기여한 돌봄이론의 발전에 대해 언급하며, 닐 나딩스는 돌봄윤리의 관점에서 권리담론이 반영하는 "규칙과 원칙의 파괴적인 역할"에 대해 경고했다. 그녀는 만일 우리가 "거의 완전히 외부적인 규칙에 의존하게 된다"면, 우리는 "돌봄을 불러일으키는 타인의 마음을 헤아리는 감성, 즉 도덕이라는 그 중심에서 점점 멀어지게 된다"고 말했다.[26] 아네트 바이어는 "권리는 일상적으로 '특권적' 사람들을 위해 존재해왔으며, 소위 말하는 '정의 관점(justice perspective)'과 법적 의미는 권리가 작동된 가부장적 과거에 의해 퇴색되었다."[27]

그러나 이렇듯 권리에 방점을 찍은 자유주의를 명백히 거부했음에도 불구하고, 대부분의 페미니스트들은 -돌봄윤리에 영향을 받아도- 페미니스트 목적을 위한 권리의 필요성 역시 받아들여 왔다. 사회변화를 요구하는 권리의 잠재적 가능성은 분명하다. 여성들은 평등권 개념을 재정립하면서 출산휴가, 아이돌봄지원 그리고 보다 동등한 수당을 성공적으로 성취해왔다. 성희롱으로부터의 자유에 대한 권리는 여성에게 덜 적대적인 작업환경을 조성해왔다. 권리는 인종차별을 줄이고 전 세계적으로 기본적인 여성보호를 위해 가장 중요한 역할을 해왔다. 여성인권의 발전은 긴급해 보인다. 심지어, 마사 미노우(Martha Minow)는 관계를 무시해왔던 권리를 개탄하면서도, 공적이고 사적인 파워의 억압적인 형태에 맞설 수 있는 "관계에서의 권리 개념"으로 방점을 옮겼다. 그녀는 권리를 버리기보다 그것이 "구조(rescue)"되기를 원했다.[28]

자유주의 개념이 사회의 법·정치제도 내에서 경합하는 문제와 법·정치제도라는 영역에 국한될 때, 페미니스트들은 자유주의 개념을 일반적으로 기꺼이 채택할 수 있다. 하지만 돌봄윤리를 발전시켜온 이론가들은 자유주의적 개인주의의 전제와 개념이 다양한 관계에서 나타나는 인간의 다른 많은 경험을 설명할 수 없다고 주장해왔으며, 또한 이러한 다양한 관점들이 법·정치적인 우리의 견해를 풍성하게 해야 한다고 주장해왔다.

돌봄윤리에 많은 관심을 갖고 있는 페미니스트들은 도덕적으로 돌봄이 적어도 자유주의의 정의만큼 중요하다는 점을 정립해왔다.[29] 돌봄이 정의와 비견될 만큼 중요하며, 돌봄과 정의가 서로에게 환원될 수 없다는 점을 확신하는 이론가들의 쟁점은, 돌봄과 정의의 관계로 수렴될 수 있다. 정의가 기본적인 것이고, 돌봄은 필수적인 보완재인가? 돌봄과 정의는 어떤 도덕문제도 고려할 수 있는 대체가능한 해석 틀인가? 돌봄은 그 안에서 정의가 발전되어야 하는 더 근본적인 가치인가? 페미니스트 입장에서 돌봄과 정의, 모두 혹은 어떤 것을 어떻게 재개념화해야 하는가?

필자는 이 책에서 돌봄 그리고 돌봄과 관련된 고려사항은 정의와 인간의 안녕에 대한 이해에 많은 기여를 한 자유주의적 개인주의가 위치하는 큰 틀 혹은 더 큰 망(網)이라고 제안하고 있다. 이러한 필자의 관점은, 다른 모든 가치, 관점, 실천 또는 제도가 돌봄의 측면으로 환원될 수 있다는 것을 의미하지 않는다. 왜냐하면 환원은 올바른 접근법이 아니기 때문이다(자세한 내용은 4장 참조).

자유주의 정치이론이 강조하는 정의, 평등, 공정, 권리가 돌봄관계의 망에서도 필요할 수 있다. 자유주의 정치이론의 함의를 이해하기 위해서, 정치적이고 법리적인 영역에서 인간을 서로 동등한 계약을 하는 추상적 비의존적 합리적 행위자로 상정하고, 이러한 전제하에 그들이 가졌을 것이라는 어떤 권리에 대해 이해하는 것은 적절할 수 있다. 하지만 우리가 명심해야 할 것은 이러한 이해방식은 제한된 영역에만 적합할 수 있는 것이지, 도덕 전체에 적합한 것은 아니라는 점이다.

　자유주의의 정치적 원칙은 애착관계 혹은 특별한 유대관계가 부재한 경우 요구된다고 지적되기도 한다. 하지만 우리가 동료 인간을 보살피고 이러한 돌봄에 가치를 부여할 충분히 강한 동기가 없다면, 지배, 착취 그리고 무관심의 역사가 증명하듯, 특히 우리에게 심각한 문제를 야기하지 않을 정도로 힘없고 연약한 사람의 경우, 이들의 권리가 존중받는지 그렇지 않은지 관심 갖지 않을 것이다.

　돌봄윤리를 주장하는 일부 학자들, 특히 초기 이론가들은 개념적 구분이 불분명할 경우 영유아를 보살피는 것과 같은 활동의 근본적인 특징을 놓칠 수 있기 때문에, **돌봄**(caring)과 모호한 **관심 갖기**(caring about)에 대해 명확히 구분하기를 원했다. 따라서, 나딩스는 돌봄이 당사자가 서로를 구체적인 누구로 인식하는, 즉 개인적 가담(personal engagement)을 포함하는 상호작용의 관계이기 때문에, 기아원조를 위해 기부하는 활동에 함께하는 관심 갖기는 진정한 돌봄이 아니라고 주장한다.[30]

　하지만, 다른 옹호자들은 필자가 이 책에서 주장해온 것처럼, 엄마 품 같은 돌봄과 같은 활동에서 분명히 이해될 수 있는 (그 정도까지 강렬하지는 않지만 그와 별개의 모습도 아닌) 돌봄의 가치가 사회와 세상에서 함께 사는 모든 구성원에게 확산되어야 한다고 생각한다. 많은 페미니스트들에게 돌봄을 통해 사회의 세상사를 바라보는 것은, 비록 그것이 자유주의적 개인주의의 방식과 판이하게 다른 방식이라 하더라도 전적으로 타당하다.

6장

돌봄관계와 정의의 원칙

불편부당하고 보편적이며 합리적인 도덕원칙이 다른 도덕적 동기의 토대보다 항상 우선하는지의 문제는 폭넓은 논쟁을 끊임없이 촉발시켜왔다. 데이비드 벨레만(David Velleman)은 불편부당한 규칙의 우선성에 대한 최근의 도전에 반대하며, 다양한 논자들이 제시하는 칸티안 윤리를 옹호하는데 가세했다. 불편부당의 우선성에 대한 도전은 버나드 윌리암스(Bernard Williams)와 특히 돌봄윤리를 옹호하는 일군의 페미니스트들로부터 시작되었다.

논쟁의 한 예는 1997년 12월 필라델피아에서 개최된 미국철학회(American Philosophical Association)의 발표세션에서 찾아볼 수 있었다. 이 세션에서 벨레만은 "사랑과 의무(Love and Duty)"라는 논문을 발표하며 버나드 윌리암스가 문제점으로 제기한 칸티안 윤리를 옹호했다.[1] 보편적 도덕규칙의 우선성을 옹호하는 대부분의 논리처럼 벨레만은 돌봄윤리가 제기하는 도전에 대해 언급하지는 않았지만, 칸트 옹호자들과 보편적인 원칙의 우선성을 지지하는 사람들은 돌봄윤리의 도전에 대해 언급하기 시작했다. 그들은 합리적인 불편부당성의 보편적 원칙 위에 구축된 도덕의 적합성에 대한 페미니스트의 비판에 대해 다양한 답변을 내놓았다. 이 장에서 필자는 페미니스트의 도전을 살펴볼 것이며, 페미니스트 논의에 대한 반박과 이에 대한 재반박을 언급하고자 한다.

벨레만이 발표한 논문은 "도덕감정으로서의 사랑(Love as a Moral Emotion)"이라는 제목으로 후에 출간되었다.[2] 이 논문에서 벨레만은 버나드 윌리암스가 제기한, 찰스 프리드(Charles Fried)가 최초로 제기한 이래로 많이 회자되고 있는, 위기상황에서 한 명만 구한다면 이방인보다 아내를 구하는 것이 정당할 수 있는지에 대한 사례를 제시한다. 남편이 아내와 이방인을 불편부당하게 대하기보다 보편적 원칙으로 아내를 특별하게 대할 수 있는지에 대한 생각을 멈춰야 한다면, 남편은 "너무 많은 고려"를 하고 있는 것이라고 윌리암스는 지적한다.[3] 이에 대해 벨레만은 "일단 우리가 사랑을 사랑과 일반적으로 혼용되는 취향이나 갈망과 구분한다면… 우리는 감정이 도덕과 상충되기 때문에 불편부당하지 못하다는 전제를 버려야 할 것"이라 주장하며, 윌리암스의 지적에 반박한다.[4]

벨레만은 여기에서의 이슈는 우리의 행동준칙이 보편화될 수 있는지를 알기 위해 요구되는 합리적 추론을 끊임없이 하지 않거나, 합리적 추론 이전에 행동할 수 있는가의 단순한 문제 ─이 입장은 헨리 앨리슨(Henry Allison), 바바라 허만(Barbara Herman), 마르시아 바론(Marcia Baron)의 주장에서 볼 수 있는─ 가 아니라고 말한다. 이들의 입장에서 보면, 누군가가 추론을 해보고 모순되는 지점을 발견한다면 단념하게 된다. 그러나 벨레만에게 이 같은 입장은 칸트 비판자에게 너무나 많은 양보를 하는 것이다. 왜냐하면 벨레만이 보기에 **단지 모순은 없기**

때문이다.

칸티안이 인간을 존경하는 이유는, 모든 인간이 **비교불가한**(incomparable) 가치를 지녔다는 점에 가치를 두기 때문이다. "인간의 비교불가한 가치는 전적으로 그가 인간이라는 존재로서 갖는 가치, 즉 칸트가 인간의 이성적 본성이라 불렀던 가치이다."[5] 훨씬 더 논쟁적으로, 벨레만은 사랑도 유사하다고 주장한다. 그는 "어떤 사람을 사랑할 때 우리가 응답하는 가치는 우리가 그 사람을 존경할 때 응답하는 가치, 즉 그 사람의 이성적 본성 혹은 사람다움과 같다."[6] 벨레만이 이해한 것처럼, "존경과 사랑[은] 어떤 가치와 동일한 가치에 응답하는 필수적인 최소치이자 선택적 최대치이다."[7] 벨레만의 견해에서 보면, 이러한 전제가 우리가 사랑하는 사람을 특별한 사람으로 간주하지 못하게 하지는 않는다. 다시 말해, 특별하고 소중한 아낌을 받는 것은 "비교를 금지하는 어떤 가치를 갖고 있다는 것"을 의미한다.[8] 따라서 벨레만이 이해하는 사랑, 즉 우리의 감정적 경계선을 해제시키고 우리를 "타인에게 취약하게 만드는"[9] 사랑은 전적으로 칸티안 필요조건과 일치하게 된다.

벨레만의 입장에서 볼 때, 윌리암스의 사례에 등장하는 남편은 아내를 구해야 한다. 왜냐하면 아내가 이방인보다 더 가치가 있어서가 아니라, 아내와 이방인의 가치는 서로 비교할 수 없지만 남편과 아내는 상호헌신(mutual commitments)을 하고 있기 때문이다. 하지만 아내를 구하는 것과 이방인을 구하는 것이 서로 비교할 수 없다는 벨레만의 주장에 대해, 사랑이 어떤 행동을 추천하는 반면 보편적 원칙은 모순되는 다른 원칙을 추천한다면, 혹자는 이는 단지 우리가 무엇을 해야 하는가에 대한 문제를 회피하는 것이라고 비판할 수 있다. 벨레만은 그가 다루려는 것은 사랑과 의무 사이의 실질적인 모순이 존재하는지의 여부가 아니며, 오히려 가능한 심리적 충돌이 있을 수 있는지라고 말한다.[10] 하지만 만일 사랑하는 사람을 보살피려는 동기와 보편적인 법칙에 따르는 것이 **모순된다면**, 우리는 어떤 당위적 안내를 받아야 하는가를 물을 수 있다. 이 때 돌봄윤리가 제시하는 답은 칸티안이 제시하는 답과 다를 수 있다.

사랑에 대한 벨레만의 해석은 신념·기대(belief-desires) 분석에 지나치게 몰두한 다수의 철학자들을 비판한다는 점에서 추천할 만한 내용을 담고 있다. 그는 사랑은 "사랑받는 사람에 대한 태도이며, 결코 어떤 결과에 대한 것이 아니"라고 주장한다.[11] 필자가 벨레만에게 동의하지 않는 지점은, 그가 "사랑받는 사람에 대한 태도"로 사랑을 해석한 대목이다. 그는 사랑받는 사람에게 향한 어떤 보편적인 태도 -합리적 본성 혹은 모든 인간이 갖는 비교될 수 없는 지위 같은- 로 사랑을 이해한다. 이와 대조적으로 돌봄윤리는 사랑받는 사람을 어떤 보편적 사례로 간주하기보다, 가치를 인정받는 유일무이하고 특정한 인간으로서 이해하며, 어떤 개인과 사랑받는 사람 간의 특정한 관계에 가치를 둔다.

벨레만의 견해는 시사하는 바가 있다. 경외감에 대한 칸트의 문구에 대해 언급하면서, 벨레만은 경외감은 "**경험적 세계에서 실제 살고 있는 사람인 한**, 경외의 대상으로 그 사람을 배제한다는 의미이다"라고 말한다.[12] 이와 대조적으로, 돌봄윤리는 신생아에 -신생아가 보이는 모든 모습에- 대한 부모의 감정을 경외감으로 설명하는데 아무런 문제가 없다. 신생아가 태어났을 때, 이 아이가 우주의 중심이며 이보다 더 소중한 것은 없다는 부모의 느낌은 단지 곧 변해버릴 일시적인 감정이 아니다. 또한 이 감정은 누군가의 돌봄을 필요로 하는 한 취약한 존재에 대한 심연(深淵)의 도덕적 책임감을 표현한다. 그리고 만약에 이 가냘픈 존재를 돌봐야 한다는 책임감이 칸티안 도덕의 보편적 규범이 요구하는 것과 모순된다면, 도덕법칙을 지켜야만 하는지 그렇지 않은지는 돌봄윤리에서 보면 고민해야 할 문제가 된다.

앞서 언급한 미국철학회의 세션에서 논평자 중 한 사람이었던 토마스 힐(Thomas Hill)은 성 고정관념(sexist stereotype)을 피하기 위해 윌리암스의 사례를 변경했음에도, 벨레만이 응답하고자 했던 비판에 대해 칸티안의 불편부당성을 옹호했다.[13] 반면 또 다른 논평자였던 헨리 프랑크푸르트(Hanry Frankfurt)는 윌리암스의 비판에 적극적인 지지를 보냈다.[14] 발표자였던 벨레만과 논평자였던 힐과 프랑크푸르트, 이 셋 중 그 누구도 페미니스트 돌봄윤리에서 제시하는 칸티안 원칙에 대한 도전을 제기하지 않았다. 이들의 입장은 윌리암스와 어떤 측면에서는 비슷했지만, 다른 측면에서는 사뭇 달랐다.

윌리암스의 논점은 어떤 목적이 있는 한 인간의 관점에서, 즉 한 인간에게 삶은 살아갈 가치가 있다고 보는 관점에서 제시된다. 그 모습은 칸티안의 대안처럼 언제나 사고하는 개인이다. 윌리암스는 개인의 특정한 목적과 -예를 들면, 아내와 함께 살겠다거나 화가가 되겠다는 목적- 합리적이고 불편부당한 도덕원칙을 정면으로 대질(對質)시키며, 후자가 항상 우선해야 하는지 의문을 제기한다. 윌리암스는 우리의 특정한 목적이 항상 보편적 원칙에 의해 제약되어야 한다는 입장, 따라서 우리는 단지 보편적 원칙이 허용하는 것만 추구해야 한다는 입장에 의문을 제기한다.[15] 만일 어떤 이의 삶이 그가 가족에 대한 보편적일 수 있는 도덕적 의무보다, 예를 들어 자신의 예술을 우선순위에 둔다면, 윌리암스는 그 사람의 보편적인 도덕적 의무를 우선적으로 인정하지 않을 것이다. 남편과 물에 빠진 이방인의 사례에서 남편의 목적은 아내이다. 그러나 딜레마는 개인의 특정한 목표와 그의 보편적인 도덕적 의무 간에 놓여있다. 형식적인 수준에서 보자면, 이 딜레마는 자아중심주의(egoism)와 보편주의(universalism) 간의 전통적인 패러다임에 속한다. 윌리암스는 자아(ego)의 요청을 보편주의의 요건에 굴복시키려 하지 않는다. 그럼에도 그는 대안을 개념화하는 전통적인 방식을 거부하지 않는다. 토마스 네이글(Thomas Nagel)이 그의 책 『이타주의의의 가능성(*The Possibility of Altruism*)』[16]에서 주장하듯 또한 윌리암스에 앞선 다른 철학자들이 주장하듯, 윌리암스에게 이 문제는 불편부당한 규칙의 요청이냐 아니면 개인적 자아의 요청이냐의 이슈로 이해된다.

돌봄윤리가 칸티안 도덕에 대해 제기하는 도전은 이러한 패러다임에서 변화를 요구하는 것이다. 돌봄윤리는 개인적 자아와 보편적인 원칙 간의 양자택일의 문제가 아니다. 오히려 이는 돌봄관계 같은 사람들 사이의 구체적이고 특정한 관계를 고려하고, 그 관계가 정의라는 보편적 원칙에 항상 굴복해야 하는가의 질문을 던진다. 돌봄윤리는 구성원들 간의 관계가 구성원 개인의 목적으로 환원되지 않는다고 본다. 도덕이론으로서 자유주의에 대한 페미니스트 비판과 칸티안 도덕에 대한 페미니스트 비판은, 논쟁의 틀이 형성되는 방식에 대해서 그리고 정의가 돌봄에 대해 언제나 우선해야 하는지에 대해서 의문을 제기해야 하는 합당한 이유를 제공한다.

스테판 다월(Stephen Darwall)은 페미니스트 윤리가 제기하는 도전을 받아들이려 노력한 철학자이다. 그는 돌봄윤리가 우리 삶에서 아주 중요한 실질적인 관계에 의미 있게 관심을 기울이고 있다고 보았다. 하지만 그도 돌봄윤리가 칸트의 도덕과 공리주의 도덕 같은 불편부당성이라는 보편적 원칙의 도덕에 대한 대안을 실질적으로 제시하지는 않는다고 보았다. 특정한 실제 아이에 대해 우리가 가치를 부여하는지의 의문을 제기할수록, 결국 "모든 사람의 복지는 중요하며 평등하게 중요하다"라고 보는 공리주의의 기본적인 사고방식에 귀착된다고 다웰은 주장하였다.[17] 왜냐하면 우리가 돌보는 특정한 아이는 "좋은 혹은 안 좋은 영향을 받을 수 있는 의식을 가진 생명이 있는 한 인간"이기 때문이며, 따라서 우리가 특정한 아이에게 느끼는 공감은 우리가 또 다른 아이에게 느낄 수 있는 어떤 것이라는 것을 깨닫기 때문이라는 것이다. 마찬가지로, 다웰에 따르면 인간을 존중하는 칸티안의 근거는 "인간의 존엄 혹은 인간의 가치를 인정한다는 점을 포함하지만, 이는 한 인간이 다른 도덕적 행위자와 공유하는 특징에 근거하는 것이다."[18] 따라서 이는 인간이 누려야 할 인간에 대한 존중을 모든 사람에게 확대하는 것이라고 보았다. 그 결과, 다웰에게 돌봄윤리는 "근대인에게 인식되는 도덕"에 대한 "보충"이며,[19] 돌봄윤리와 칸티안 윤리 모두 인간에 대한 평등한 관심과 존경이라는 동일한 아이디어를 목표로 하는 것이었다.

이러한 다웰의 해석(5장에서 참조한 브라이언 베리(Brian Barry)와 벨레만 같은 해석)은 돌봄윤리나 버나드 윌리엄스가 제시하는 보편적이고 불편부당한 원칙의 도덕에 대한 도전을 인지하지 못하고 있다. 돌봄윤리의 옹호자 입장에서 보면, 우리가 우리 아이를 존중하거나 가치를 부여하도록 하는 그 무엇이 아이에게 있다는 다웰의 해석은 서술적 설득의 관점에서 오히려 문제의 소지가 있다. 부모가 자신의 아이에게 가치 있다고 생각하는 무엇으로 인해, 이 아이가 다른 아이와 동일하게 가치를 갖는 것이 아니다. 이 아이가 다른 아이와 동일하게 가치를 갖는 것은, 바로 이 아이의 특정성(particularity)과 부모와 아이 사이에 존재하는 관계의 특정성, 즉 그녀는 이 아이의 어머니이며 이 특정한 아이가 그녀의 아이라는 사실이다. 만일 더 좋은 부모에게 입양시키기 위해 이 아이를 데려가겠다고 위협하는 가상적 정부의 어떤 관료가 "당신이 왜 이 아이에 대해 걱정을 하느냐?"는 질문에 대해 어떻게 대답해야 할지를 따져본다면, 우리는 아마도 이 아이는 "다른 아이처럼 의식을 가진 생명체이기 때문"이라고 대답하기보다 "내 아이이기 때문"이라고 대답할 것이다.

이러한 설명이 우리 아이를 우리의 소유물로 간주하거나 혹은 물건뿐만 아니라 우리의 아이를 소유하는 개인으로 우리 자신을 인식하면서, 우리 아이를 우리의 재산과 연관시킨다는 의미는 아니다. 또한 이것은 정부가 우리 아이를 데려가거나 또는 데려가지 말아야 하는 이유가 우리의 재산을 전용해야 하거나 전용해서는 안 되는 이유와 동일하다는 의미도 아니다. 즉, 우리가 아이와 맺는 관계는 우리가 재산을 소유하는 관계와 매우 다르다. 우리는 정부가 공정한 방식으로 상당한 재산을 유용하도록 하는 정책을 찬성할 수 있을지 모르지만, 비록 어떤 정책이 공정하다고 할지라도, 그것이 우리 아이와의 인연을 끊을 수도 있는 정책이라면, 이에 대해 강력하게 반대할 것이다.

위의 두 가지 사례가 서로 상이하다는 이유로서, 우리는 우리 아이와 다른 모든 아이가 의식을 가진 생명체라는 점 혹은 사람을 수단으로 삼지 말라는 칸티안 원칙을 참고할 수 있다. 하지만 특정한 아이와 특정한 부모 사이의 관계는 다른 모든 아이와 다른 모든 부모가 공유하는 특징보다, 상대에게 서로의 가치를 부여하는 더 설득력 있는 원천이다. 따라서 만일 이러한 관계에 기반한 도덕적 권장사항이 보편적 도덕원칙에서 추론된 도덕적 권장사항과 충돌한다면, 어떤 견해가 우선하는가의 문제는 여전히 미제(未濟)로 남게 된다. 이를 해소하고자 했던 다웰의 노력에도 불구하고 말이다.

페미니스트들 간의 차이

마사 너스바움(Martha Nussbaum)은 돌봄윤리에 반(反)해 자유주의적 보편주의를 지지하는 또 다른 철학자이다. 그녀는 그녀가 지지하는 자유주의가 돌봄윤리보다 여성에게 더 이로우며, 페미니스트들은 이를 받아들여야 한다고 주장한다. 그녀는 자유주의에 대한 페미니스트 비판 중 일부는 "자유주의가 선호하는 성찰적 돌봄규범"과 충돌할 수 있다고 인정한다.[20] 후자의 규범은 사랑 혹은 애착이 평등한 지위에서 나오는 비강제적인 선택에 근거한다고 보는 반면, 돌봄윤리는 많은 우리의 애착이 그러한 선택에 근거할 수 없거나 그럴 필요가 없다는 점을 지적한다. 가장 분명한 예는, 어떠한 아이도 수년 동안 곁에 있는 자신과는 비교할 수 없는 파워를 갖고 있는 부모를 선택할 수 없다는 점일 것이다. 비록 너스바움은 이 점을 인정하지 않겠지만, 돌봄윤리를 지지하는 많은 옹호자들은 맹목적 돌봄(blind caring)보다 성찰적 돌봄(reflective caring)을 지지한다. 하지만 그들은 돌봄을 주로 개인의 선택 혹은 이해관계로 이해하지 않는다는 점에서 너스바움과 의견을 달리한다. 너스바움은 돌봄의 모성적 패러다임을 설명한 닐 나딩스(Nel Noddings)를 인용하며 다음과 같이 적는다. "자유주의는 사람들이 자유롭게 선택할 수 있다면, 그들이 그렇게 할 수 있도록 그냥 놔두라고 한다. 반면 나딩스는 이것은 자유주의가 한 번에 너무 많은 것을 함의한다고 언급한다. 즉, 성찰에 기반한 사랑은 자생성(spontaneity)이 부재하고 또한 진정한 모성애의 도덕적 가치가 부재하다고 말한다."[21] 너스바움에게 이러한 견해는 그녀가 지지하는 칸티안 자유주의에 대한 도전으로 해석될 수 있다. 그녀는 돌봄윤리의 주장은 여성에게 나쁘기 때문에 기각되어야 한다고 생각한다. 필자의 견해로, 돌봄윤리에 대한 그녀의 입장은 돌봄윤리를 초창기 돌봄윤리의 원시적 형태와 부적절하게 동일시하면서, 지나치게 협소한 측면을 주목하고 있기 때문이라고 생각한다.

인간에 대한 자유주의적 개인주의의 견해를 비판하는 많은 페미니스트들은, 여성권리 실현의 중요성을 부정하지 않는다(4장과 9장 참조). 세상의 많은 부분에서 여성이 부정될 경우 (예를 들면, 가정 내 식품 및 교육의 평등한 분배와 같은 부분에서 부정될 때), 또한 여성이 결혼강간과 가정폭력에 종속되었을 때, 자유주의적 권리가 여성에게 확대되는 것 역시 의미 있는 엄청난 진보이다. 마찬가지로, 생필품은 동등하게 분배받지만 여전히 남성에 비해 아이를 위해 훨씬 더 엄청난 희생을 기대받거나 그 무게에 짓눌려야 하는 미국 여성의 경우에도, 자유주의적 권리의 확대는 유의미하다. 하지만, 종종 페미니스트들이 지적하는 점은 평등한 권리를 주장하는 것에 진보는 멈춰서는 안 되며, 도덕이라는 목표를 이론화하는 자유주의적 개인주의의 방식은 일부만을 부각시킨다는 점에서 불완전하다는 것이다. 너스바움은 다음과 같이 주장한다. "[많은 자유주의자들이] 인정하고 있는 가족에 대한 입장의 오류는 그 입장이 지나치게 개인주의적이어서가 아니라 충분히 개인주의적이지 않다는 점"이다.[22] 왜냐하면 자유주의자들은, 너스바움이 생각하기에, 적용되어야 하는 가족 내 젠더관계에까지 자유주의적 개인주의를 확대하지 않기 때문이다.

돌봄윤리 옹호자들을 포함하여 대부분의 페미니스트들은, 다양한 개인주의적 권리가 가정 내 젠더관계에까지 확대되어야 한다는 점에는 너스바움의 의견에 동의한다. 예를 들어, 강간당하지 않을 권리는 여성과 아이를 가정에서 보호해야 한다는 것이며, 여성이 가정에서 보다 평등한 노동분업에 대한 권리를 주장한다는 것이다. 그러나 돌봄윤리 옹호자들은 이러한 권리가 예전에는 보호되지 않았던 영역까지 확대될 때, 젠더관계, 아이와 부모관계, 친구관계 그리고 인간관계가 일반적으로 어떤 모습이어야 하는지에 대해서, 자유주의적 개인주의자들과 매우 다른 견해를 갖고 있다.

자유주의에 대한 페미니스트 비판은, 모든 개인을 자유주의적 개인으로 간주함으로써 개인들 간의 관계(그 관계가 가족 안의 돌봄관계든 공동체를 결속하는 사회적 관계든)에 충분한 관심을 둘 수 없음을 지적한다는 점에서 더 근본적인 것이다. 두 명의 이방인이, 만약에 이들이 우애나 특정 공동체에 소속되어 있지 않았다면, 이들은 소위 평등한 관계로 볼 수 있다. 자유주의적 평등(liberal equality)은 관계의 좀 더 실질적인 구성요소에 관심을 두거나 구성요소를 제공하지 않는다. 자유주의적 평등은 돌봄윤리가 옹호하는 관계를 평가하고 권장할 뿐이다. 많은 페미니스트들이 주장하듯, 도덕이론의 쟁점은 돌봄 대 정의의 문제라기보다, 우리가 전통적으로 돌봄을 주변화하거나 폄하해온 방식을 고려한다면, 정의와 돌봄 혹은 돌봄과 정의를 적절하게 통합시키는 방법에 대한 문제이다. 그리고 돌봄을 자유주의적 개인주의에서 개념화하는 방식과 같이 단지 개인이 선택하거나 그렇지 않을 수 있는 선호로 간주하는 것은 만족스럽지 못하다. 합리적 개인들이 보편적이고 불편부당한 도덕적 원칙을 우선시하는 한, 돌봄관계를 단순하게 합리적 개인들이 선택하는 관심으로 간주하는 것 역시 만족스럽지 못하다.

메릴린 프리드만(Marilyn Friedman)은 부분중심(partiality)이 도덕적으로 가치가 있을 때가 있고 그렇지 않은 때가 있다는 점에 주목한다. 그녀는 "개인적 관계에서 도덕적 가치는 매우 광범위하다. 어떤 특정한 관계의 질은 그 관계를 유지하는데 필요한 어떤 부분중심의 도덕적 가치를 결정할 때 대단히 중요하다"고 주장한다.[23] 예를 들어, 백인 우월주의자의 입장에서 다른 어떤 백인 우월주의자에 대한 부분중심은 도덕적 가치를 갖지 못한다. 관계가 해악을 일으키거나 주인과 노예와 같은 잘못된 관계를 바탕에 둘 때, 우리는 그 관계에 편파적(partial)이어서는 안 된다. 하지만 부모와 아이의 돌봄관계 혹은 친구나 연인 사이의 신뢰관계 같이 어떤 관계가 도덕적 가치가 있을 때, 불편부당성이 우선하는지 그렇지 않은지의 문제는 제기될 수 있다. 프리드만이 밝힌 것처럼, "가까운 관계는… 사랑하는 사람의 구체적인 욕구, 이해, 역사 등에 따라 개인적 관심, 충성, 이해, 열정, 응답을 요구함에 따라, 불편부당한 규칙의 도덕성은 쉽게 잊혀진다. 한마디로, 개인적인 관계는 불편부당성보다 부분중심을 요구한다."[24]

관계의 가치를 평가하는 것이 보편적 규범이 우선된다는 의미는 아니다. 이는 정의의 관점에서 볼 때, 어떤 관계는 정당하지 못한 것으로 평가되어야 함을 의미한다. 그 관계를 단절할 수 없을지라도 말이다. (예를 들어, 형제자매 관계를 끊을 수 없거나, 옛 친구, 친구의 옛 배우자 혹은 이미 헤어진 옛 배우자임을 부인할 수는 없다.) 하지만 어떤 관계가 가치있다고 여겨진다면, 이 관계의 요구사항이 정의의 관점에 종속되어야 하는지에 관한 도덕적 쟁점이 제기될 수 있다. 이 지점이 필자가 갖고 있는 문제의식이다. 더 나아가, 나쁜 관계를 만드는 측면은 종종 불편부당한 도덕적 규칙을 침범한 것이라기보다, 특정한 타인에 대한 적절한 돌봄의 실패로 해석될 수 있다. 심각한 도덕적 잘못을 피하는 것은 사소한 잘못을 피하는 것보다 우선해야 하며, 매우 중요한 도덕적 가치를 추구하는 것은 사소한 도덕적 가치를 추구하는 것보다 우선해야 함은 분명하다. 하지만 이것은 불편부당한 도덕적 규칙과 돌봄관계 사이의 우선성에 대해서는 대답해주지 못한다. 비록 우리는 공적인 영역에서 남성이 하는 것은 도덕적으로 중요하고 가정에서 여성이 하는 일은 도덕적으로 사소한 것이라는 이러한 전통적인 견해를 거부할 만큼, 우리는 알고 있지만 말이다. 어떤 돌봄관계는 매우 중요하며, (돌봄 없이는 인간은 성장 혹은 심지어 생존할 수 없다는 사실은 인과적으로도 도덕적으로도 중요하다.) 불편부당한 도덕규칙의 어떤 필요요건은 상대적으로 중요하지 않다. 그리고 때때로 반대가 참이 된다.

프리드만이 주장한 것처럼, 부분중심을 실천하는 것은 결격사유가 될 수 없다. "많은 가족이 실질적으로 빈곤에 허덕일 때, [다양한] 부분중심의 실천은 가까운 관계를 통해서 좋은 삶, 도덕적 완결 그리고 인격완성을 성취할 수 있는 사람의 수를 더욱 감소시킨다… 부분중심이 모든 사람에 의해서 실천된다면, 부 혹은 자원의 어떠한 재분배로도 완화되지 않은 부분중심은 단지 일부 사람의 도덕적 완결과 인격완성으로 이어지는 것처럼 보인다."[25] 하지만 돌봄윤리 옹호자들이 일반적으로 동의하는 바, 이것은 부분중심과 돌봄관계의 가치가 유일한 도덕적 가치가 아니라는 점을 단지 보여줄 뿐이다. 부분중심이 실천되는 사회적 관행은 평가받고 정당화되어야 할 필요가 있으며, 불편부당한 도덕원칙도 역시 평가받고 정당화되어야 할 필요가 있다. 하지만 불편부당한 원칙이라는 도덕이 개인행동의 당위성에 대해 불편부당한 평가를 내리지 못한다면, 불완전하고 불만족스럽다고 할 것이다. 도덕은, 예를 들어 서로에 대한 배려, 민감성, 신뢰가 돌봄관계를 어떻게 향상시키고 돌봄관계의 가치를 얼마나 배가시키는지를 보여줄 뿐만 아니라, 돌봄관계가 불편부당한 원칙을 빌미로 개인에게 부과된 의무를 마지못해 완수하거나 자신의 이해관계를 추구하는 개인들의 사적 용건 정도로 전락될 수 있는지를 보여줌으로써, 돌봄관계 그 자체를 평가할 필요가 있다. 관계가 가치 있을 때, 관계를 기반으로 하는 도덕적 권장사항은 불편부당성의 관점에서 제시하는 도덕적 권장사항과 상충할 수 있다.

로렌스 블룸(Lawrence Blum)은 돌봄관계가 요구하는 인간의 성품에 초점을 맞추며, 얼마나 "많은 주류 도덕이론의 표준화된 특징이 발달학상 선구질(precursor)*이 되는 성숙한 인간의 응답성이라는 미덕에 적대적인지 -또는 미덕을 드러낼 수조차 없는지- 를 보여준다. 돌봄, 공감, 관심, 친절, 배려, 인자함도 이러한 미덕에 속한다.[26] 필자는 돌봄윤리의 핵심은 단순히 돌보는 사람이라기보다 돌봄관계라는 점을 주장해왔지만, 돌봄관계를 위해서는 돌보는 사람이 필요한 것은 물론이다. 불편부당주의적 도덕이론은 돌봄관계의 발전을 설명하지 못한다. 블룸이 관찰한 것처럼, 돌봄은 "도덕원칙이나 불편부당성을 바탕에 두지 않는 일관되고 지적인 형태의 도덕적 동기부여와 이해방식을 포함한다."[27] 돌봄윤리는 사회적 관계에 대한 평가와 해석과 함께, 인간 중심에서 이러한 도덕적 이해와 관련된다.

몇몇 사례

그러면 이제부터는 조금 더 자세히 들어가보자. 돌봄윤리와 불편부당성 위에 축조된 도덕성 사이의 쟁점에 대해 생각해볼 수 있는 것은 무엇인가? 왜 만족스러운 페미니스트 도덕은 정의와 권리라는 보편적이고 불편부당한 자유주의적 도덕원칙이 신뢰, 우애, 성실을 포함하는 돌봄관계의 관심사보다 우선시되는 입장을 받아들여서는 안 되는가? 논점은 "개인적" 관계의 수준과 사회적 수준 모두에서 검토되어야 한다. 돌봄윤리 옹호자들은, 돌봄이 개인적 관계에서 존중될 만하지만 돌봄의 핵심 가치가 이방인과 시민 사이의 비개인적

* [역자 주] 어떤 특질이나 단계로 나가기 전의 필수 예비 물질 및 단계.

(impersonal) 관계에는 적합하지 않다는 견해에 대해, 성공적으로 논박해왔다. 필자는 두 종류 관계 모두를 검토할 것이다.

우선 아브라함(Abraham)의 이야기를 생각해보자. 신의 계명에 따라 어린 아들을 죽였을 때, 아브라함이 옳은 결정을 했다는 종교적이고 도덕적인 가르침에 동의하지 않는 많은 돌봄윤리 옹호자들에 의해 논의되어온 이야기이다.[28] (나중에 아브라함이 아이를 죽이지 못하도록 신이 개입했다는 점까지 고려해서 아브라함의 결정을 평가하는 것은, 신의 개입을 일관성으로 받아들이는 종교적 결과주의를 제외한다면 적절하지 않다.) 돌봄윤리의 관점에서 보면, 부모/아이의 관계는 신의 계명 혹은 보편적 도덕규칙에 종속되어서는 안 된다. 하지만 불편부당한 규칙과 부모/아이 관계 간의 갈등이 존재하는 세속적 사례를 고려해보자. 갈등이 존재하지 않도록 윌리암스(Williams)와 페미니스트의 지적을 재구성하려 했던 베리(Barry), 다웰(Darwall), 벨레만(Velleman)의 시도는, 갈등이 있을 때 무엇을 우선해야 하는지에 대한 질문을 제기하는데 실패했다.

학업성취가 미진한 학생들을 끌어올리는데 특별한 기술이 있는 선생님이자, 어린아이의 아버지를 생각해보자. 효용가치의 총합을 계산하는 공리주의적 셈법에 근거해서 본다면, 그는 보편적 공리주의 규칙의 관점에서, 아내나 다른 누군가가 본인의 아이를 돌보도록 하고, 퇴근시간 후에도 학교에서 더 많은 일에 집중해야만 한다. 하지만, 그는 또한 돌봄의 관점에서, 신뢰와 상호배려를 발전시키면서 본인의 아이와의 관계를 쌓아야 한다고 생각한다. 비록 보편적 규칙도 그가 가정생활을 위해 일정 시간을 할애하는 것을 허락하며, 본인 아이와의 관계를 발전시키는 것도 공리주의적 효용가치의 총합에 포함될 수 있지만(아이에게 주는 효용, 자신에게는 기쁨이라는 효용, 아이가 미래에 제공할 수 있는 효용), 여전히 앞서 했던 계산이 나온다. 그는 자신의 학생들에게 더 많은 시간을 할애해야 한다. 하지만 돌봄의 도덕적 권고는 그가 본인의 아이와 더 많은 시간을 보내야 한다고 말한다.

필자는 이것은 모든 사람이 받아들일 수 있는 불편부당한 도덕규칙이 우리 자신의 아이를 더 사랑하도록 한다는 베리(Barry)가 제안한 사례와는 다른 사례라고 생각한다. 오히려 필자는 모든 사람이 받아들일 수 있는 불편부당한 규칙은 아버지가 자신의 직업에 더 많은 시간을 쓰도록 하는 반면, 돌봄의 권고사항은 아버지에게 자신의 아이와 더 많은 시간을 보내도록 지시하는 사례로 받아들인다. 이것이 바로 불편부당의 관점과 돌봄의 관점이 충돌하는 사례이다.

분명 불편부당한 도덕규칙과 부모/아이 사이의 관계 간의 갈등을 피할 수 있도록 하는 다른 방식들이 존재할 수 있지만, 이는 필자가 다루고자 하는 문제가 아니다. 필자가 검토하는 것은 도덕적 행위자가 불편부당성과 돌봄 중 하나를 우월한 원칙으로 반드시 선택해야 하는 사례이다. 그리고 도덕철학자들은 도덕적 행위자가 그러한 경우 해야 하는 결정에 대해 규범적으로 정당한지를 고려해야 한다.

혹자가 실제로는 계산이 그렇게 나오지 않는다고 반대 의견을 제시한다면, 필자는 대안적인 도덕이론을 평가할 때 계산을 할 수 있는 가상의 상황에 관심을 가져야 한다고 응답할 것이다. 공리주의에 대한 의무론적 반대의 설득력은 다음과 같은 사례에서 적절하게 드러난다. 공리주의적 계산에서는 고문 장면이 고통스러워하고 비판하는 사람들보다 즐기는 사람들에게 더 많은 즐거움을 줄 수 있다면 도덕적으로 권장될 수 있다. 이것으로도 공리주의에 반대하는 논점은 충분하다. 즉, 우리는 경험적으로 있을 법한 사례를 보여줄 필요가 없다.

공리주의의 방식이 아니라 칸티안의 방식에서 위의 사례를 살펴보자. 그렇다면 우리는 그가 학교에서 자신의 일을 더 많이 하는 것도,

본인의 아이와 많은 시간을 보내는 것도 모두 불완전한 의무라고 생각하면서, 전자를 후자보다 더 중요하게 생각한다고 볼 수도 있다. 심지어 그가 그러한 의무를 우리가 피해야 하는 것으로 보는 단지 소극적(negative) 의무로 이해한다 쳐도, 이 사례의 아버지는 그가 두 가지 의무를 충실히 완수하는데 쓰는 시간을 고려해서, 학생들을 방치하지 않으려는 그의 의무가 본인의 아이를 방치하지 않는 의무보다 중요하다고 결론 내린다.

물론, 공리주의자처럼 칸티안도 갈등을 해소하기 위해 문제를 재해석하려 노력할 수 있지만, 돌봄윤리의 옹호자들은 갈등을 인정하지 않는 방식을 거부하도록 이러한 가상적 문제를 정형화하는 시도를 하려 한다. 우리가 헌신적인 보편주의자를 설득할 수 있는 사례를 성공적으로 제시할 수 있을지의 여부는 분명치 않다. 하지만 많은 사람들은 그들이 돌보는 특정한(particular) 사람에 대한 자신의 헌신과 불편부당성의 관점에서 도덕이 요구하는 것 간에는 갈등이 **존재한다**고 확신한다.

사례로 다시 돌아가면, 불편부당성의 주장은 다음과 같을 것이다. 추상적인 행위자로서 추론하면서,[29] 나는 불편부당성의 관점에서 모든 사람이 받아들일 수 있는 도덕규칙에 따라 행동해야 한다. 그러한 규칙은 우리가 전문적인 기술을 발휘하는 부분에 대해, 우리 아이를 포함해 모든 사람을 평등하게 대하라고 권고하며, 우리가 특별한 기술이 있을 때, 우리는 그 기술을 모든 사람이 평등하게 혜택을 받을 수 있도록 사용해야 한다고 추천한다. 예를 들어, 만일 본인의 아이가 자신이 가르치는 학생이 된다면, 선생님은 자신의 아이를 편애해서는 안 된다. 만일 누군가 능력을 갖추고 있고 선생님이 될 수 있는 사회적 이점을 갖고 있다면, 이 사람은 사회에서 그러한 능력을 필요로 할 때, 이를 행사해야 한다.

하지만 위 사례의 아버지 또한 돌봄의 관점을 고려한다. 돌봄의 관점에서 보면, 아이와의 관계는 어마어마하게 중요한 대체할 수 없는 가치이다. 그는 아이와의 이러한 특정한 관계를 고려할 때, 아이와 시간을 써야만 한다. 그는 아이와의 관계를 사랑, 신뢰, 성실의 하나로 경험하며, 자신의 직업적 기술의 실천 같은 다른 고려사항을 이러한 관계에 종속시켜야 한다고 생각한다. 그는 아이가 신뢰와 격려를 느낄 수 있도록 하기 위해, 비록 이러한 권고가 불편부당한 도덕과 충돌한다고 하더라도, 다른 일에서 자유로워야 한다고 생각한다.

아버지는 대안들 사이에서 선택할 때 무엇이 동기인지에 대해서 고려한다. 한 가지 동기는 보편적 도덕규칙이 권고하기 때문이며, 다른 한 가지 동기는 이 아이는 내 아이이며 나는 이 아이의 아버지이며 우리의 관계는 보편적 규칙보다 덜 중요하지 않기 때문이다. 그는 후자가 그가 당연히 따라야 하는 도덕적 동기라고 결론 내릴 수 있다. 그리고 그는 모든 아버지가 자신의 아이에 대해 이렇게 행동하는 것이 당연하다고 주장하지 않고도, 그렇게 결론 내릴 수 있다. 더 나아가 그는 만약 칸티안 도덕과 공리주의 도덕이 이러한 동기가 도덕적일 수 있다는 점을 부정한다면, 이들은 자신의 목적에 맞게 도덕을 잘못 정의하는 것이며, 자의적인 명령에 의해 보편성의 필요조건에 도전이 될 수 있는 것들은 모두 배제하는 것으로 결론 내릴 수 있다. 그는 아마도 여성의 도덕적 민감성을 자율적으로 선택된 칸티안 규칙에 종속시키기를 거부하는 여성의 경향에 대한 아네트 바이어(Annette Baier)의 토론을 일독하고, 설득력 있는 논지를 발견했을 수도 있다.

바이어는 다음과 같이 적는다. "자율성에 대한 위대한 예언가인 칸트가 여성에 대해 그의 도덕이론에서 무엇이라 이야기했는가? 그는 여성은 입법능력이 없으며 투표에 적합하지 않고, 따라서 좀 더 '이성적인' 남성의 지도(指導)가 필요하다고 말했다. 자율성은 여성에게 맞지 않다. 자율성은 단지 진정으로 이성적인 사람들인 제1계급을 위한 것이다."[30] 하지만, 자신의 경험에 근거한 여성의 역량에 가치를 부여하는 여성은, 단순히 여성이 남성만큼 실제로 이성적일 수 있다는 것을 보여주는 대신, 여성을 배제하기 위해 활용되는 도덕에 대한 전제를 거부할 것이다.

위 사례의 아버지는, 아버지들이 어머니들과 함께 돌봄관계에 더욱 더 많은 관심을 쏟아야 하며, 불편부당한 규칙이 과도할 때 그 규칙의 요구를 어머니들과 함께 저항해야 한다고 생각할 수 있다. 모든 사람의 관점에서 보면, 특정한 관계는 보편적인 규칙에 종속되어야 한다. 하지만, 관계 속의 특정한 개인의 관점에서 보면, 다음의 질문은 의미가 있을 것이다. 왜 적어도 보편적 규칙에서 요구하는 의미의 "도덕적 존재"만큼 구체적이고 특정한 관계를 걱정하고 돌볼 때, 왜 우리는 모든 사람의 관점을 택해야 하는가? 이러한 관계는 그 관계에 속한 개인이 갖는 정체성의 핵심이다. 이러한 관계를 통해서 (예를 들면, 가족관계) 개인은 발전하고 권리가 있는 개인으로 자각할 수 있다. 개인들 간의 관계는 도덕적·정치적 권리가 구체화되고 보장되는 공동체를 지속시킨다. 아마도 보편적 규칙의 관점은 그것이 도덕 전체에 복무하기를 기대받기 보다, 법의 영역으로 제한되어야 한다. 그렇다면 위의 사례에서, 법은 육아휴직에 있어 남녀가 공평하게 보장받을 수 있도록 해야 한다. 더 나아가, 법은 전문직 노동자에게 유연하게 자신의 노동시간을 선택할 수 있도록 해야 한다. 그러나 위의 사례는 법이 명시한 것 이외에, 아버지가 여전히 마주해야 하는 도덕적 결정에 관한 것이다. 법이 아버지에게 일을 덜 하도록 허용한다고 하더라도, 그것이 아버지가 도덕적으로 해야 하는 것인가? 보편주의적 불편부당의 공리주의 규칙에서 보면 그렇지 않다. 하지만, 돌봄의 관점에서 보면 그렇다. 이것이 필자가 천착하고 있는 도덕의 문제이다. 필자가 주장하는 돌봄윤리는 돌봄의 도덕적 요구가 불편부당한 규칙의 도덕적 요구보다 타당성이 가볍지 않다는 것이다. 이는 불편부당성의 고려사항이 중요하지 않다고 하는 것이 아니다. 대신, 이는 불편부당성의 고려사항이 언제나 도덕적으로 우선시된다는 점을 부정하는 것이다. 이 논점은 단순한 보완재가 아니라 도덕이론으로서 돌봄윤리가 자유주의에 제기하는 도전장이다.

정의의 범위

모든 인간은 각자의 이해관계가 "공동체의 선"에 부당하게 종속되어서는 안 되는 분리된 실체라는 자유주의자의 주장은, 돌봄관계가 평등한 도덕적 권리와 의무를 부여하는 보편적 법칙에 부당하게 종속되어서는 안 된다는 돌봄옹호자의 입장과 필적할 수 있다. 법률과 법리적 접근은 인간생활 전체와 도덕 전체를 총괄하는 것이 아니라 적합한 영역으로 제한되어야 한다(9장 참조).

브라이언 베리(Brian Barry)의 『불편부당성으로서의 정의(*Justice as Impartiality*)』에 대한 토론에서, 수잔 멘더스(Susan Mendus)는 정의의 영역에 관한 문제를 지적한다. 불편부당성을 어디까지 적용해야 하는가?[31] 베리는 친구를 선택할 때에 불편부당성을 적용한다면 어불성설이라고 생각했다. 즉, 친구와 함께하는 것이 즐겁기 때문에 우리는 친구를 선택하며, 이 때 재량이 허용될 수 있다. 하지만 베리는 이는 불편부당성 규칙이 이미 우선하고 있기 때문이며, 불편부당성 규칙 중 일부가 우리가 친구를 사귀는 이슈에는 부분적(partial)일 수 있도록 허용하고 있다는 입장이다.

　어디에서 정의를 첫 번째로 적용하고, 어디에서 두 번째로 고려하거나 부적절한 것으로 할 것인지의 문제는, 종종 불편부당성 규칙의 도덕과 그 비판가들 사이에서 벌어지는 단골 쟁점이다. 비판가들은 돌봄관계의 가치가 전통적인 도덕에 의해 상당히 무시되어왔다는 점을 인식하면서, 정의의 영역이 축소되어야 한다고 주장한다. 그들은 개인적 관계에서 불편부당성의 우선성에 대해서 이의를 제기한다. 이들은 돌봄윤리가 개인적 관계에서 우선하며, 또한 돌봄, 신뢰, 연대의 가치가 개인적 영역을 넘어 확대되어야 함을 주장한다. 정치적·사회적 삶 또한 돌봄윤리의 관점에서 재검토되어야 할 필요가 있다. 여기서 돌봄윤리 옹호자들은 공동체주의자와 우연히 마주칠 수 있겠지만, 공동체주의자가 거의 돌봄윤리를 다루지 않기 때문에 돌봄윤리는 대부분의 공동체주의와 많은 이견을 드러내고 있다. 현재까지는 확장된 돌봄윤리와 공동체주의 사이에 걸맞게 발전된 짝은 존재하지 않는다.[32]

　우리가 알고 있는 자유주의 입장에서, 개인은 개념적으로 그리고 규범적으로 사회적 관계 또는 사회집단보다 우선한다. 자신이 선택하는 사회적 관계와 사회적 방식을 형성할 수 있는 비의존적인 개인을 상정하며 시작해야 한다고 전제하고, 사회적 관계와 방식은 개인의 이해관계를 위해 복무하는 정도에서 수단적인 가치가 있을 뿐이라고 전제한다. 사회적 존재로서의 인간존재에 대해 지금껏 다뤄온 많은 논의들은, 개인 삶의 실질적이고 경험적인 현실이 타인의 실질적이고 경험적인 현실과 근본적으로 관련되어 있으며, 개인이 얽혀있는 사회적 관계가 얼마나 중요하게 그들의 "인간됨"을 구성하는지 우리가 깨닫게 됨에 따라, 이 같은 전제가 얼마나 인위적인지를 보여준다.

또한 돌봄담당자와 아이 간 관계의 현실을 고려하는 페미니스트 논의는, 어떤 아이도 자유주의적 개인으로 성장하기 위해서는 반드시 수년 동안 돌봄담당자와 아이라는 돌봄의 사회적 관계에 얽혀있었다는 부인할 수 없는 사실을 간과하는, 이 같은 자유주의적 개인주의 전제가 얼마나 잘못되었는지를 보여준다.[33] 스스로를 "분리된" 존재로 간주하는 자유주의적 (성인) 개인 역시 가족, 친구, 직업적 결연, 시민 등 수많은 사회적 유대로 구성된 것이다.

분명히 우리는 법리적인 맥락과 같은 특정한 맥락에서, 인간은 자유주의적 개인이라고 전제할 수 있다. 하지만, 우리는 자유주의적 개인이라는 전제가 정당하다고 보는 법리적인 맥락의 한계를 놓치지 말아야 하며, 개인과 개인적 관계에 대한 좀 더 완성된 개념을 위해서 자유주의적 전제가 만족스럽지 못한 전제라는 점을 명심해야 한다. 모성애에 대한 경험, 그리고 딸과 너스바움 자신과의 근본적인 분리의 경험에 대한 너스바움의 지적은, 많은 쟁점을 피해가며 확실한 맺음을 하지 않았다. 너스바움은 다음과 같이 썼다.

> 아마도 나딩스가 설명한 융합과 유대와 관련하여, 내가 모성애 경험을 인식하지 못했다는 사실로 인해 나는 아마 불완전했을지도 모른다. 레이첼 너스바움(Rachel Nussbaum)에 대한 나의 첫 번째 강렬한 인상은, 명확한 분리감으로 내 가슴뼈에 대고 발길질하는 두 발과 내 아랫배를 향해 힘을 줬다 뺐다 하는 아이의 두 팔이었다. 머리가 세상에 나오기 전에도, 개체(individuality) 혹은 심지어 개인주의를 주장하는 다른 목소리를 안에서 들을 수 있었으며, 그것은 24년이 지난 지금까지도 멈추지 않고 있다. 나는 분명 레이첼이 그녀 자신의 안녕이 언제라도 어머니와 합쳐진다는 이야기를 들으면 심하게 화를 낼 것이라 확신하며, 그녀의 어머니인 나 또한 감히 그러한 거드름 피우는 제안을 하지 않을 것이라 확신한다. 논쟁의 대상으로서 모성성(maternity)에 대한 자유주의적 경험은, 나딩스 주장의 더 큰 미스터리를 이해할 수 없게 만들었다.[34]

이러한 사고방식은 결론부보다 논쟁의 시작 지점에서 두드러지게 나타난다. "내 아이와 나는 별개의 개인"이라는 부분은, 태아와 산모의 안녕, 아이와 부모의 안녕이 긴밀하게 연결되어 있다는 우리들 사이의 유대를 간과한다. 그 관계가 어떻게 존재하는지 혹은 그것이 사실인지에 대한 논쟁도 없이, 개인의 비의존성이라는 자유주의적 전제는, 단지 익숙함을 제외한다면 어떤 근거도 없는 이데올로기적이고 검증되지 않은 출발선일 뿐이다.

단지 누군가가 아이들에게 기본적 필요(비록 이러한 필요도 상당한 돌봄과 관계성을 필요로 한다)를 제공할 수 있다고 해서, 그 아이들이 만족스럽게 성장하는 것은 아니다. 아이들은 신뢰와 돌봄의 사회적 관계를 경험할 필요가 있다. 논쟁적일 수 있겠지만, 돌봄관계는 가족 내 개인의 좋은 삶보다 규범적으로 우선한다. 하지만 이러한 우선성은 단지 발달상 혹은 인과성에 있어서가 아니다. 사람(persons)이 개인(individuals)으로 구성되는 사회적 관계없이는, 사람은 자유주의자들이 추구하는 개체(individuality)가 될 수 없다. 더 큰 집단의 수준에서 볼 때, 신뢰와 성실이라는 사회적 관계가 구성원을 집합체로 묶지 않는다면, 사람은 스스로를 정치적이나 사회적인 실체로 구성하지 않는다. 닐 맥코믹(Neil MacCormick)이 『불편부당성으로서의 정의』에 대한 논평과 아담 스미스(Adam Smith)에 대한 논평을 통해서 관찰한 것처럼, "정의는 서로가 이미 공동체에 속해 있는 사람들에게만 관련된다."[35] 이견이 있을 수 있겠지만, 공동체의 동료구성원으로서 충분히 존중할 만큼 서로를 돌보는 사람들의 사회적 관계는, 권리의 담보자로서 존중받는 개인이나 자유주의 국가의 시민권보다 규범적으로 우선한다. 점차로 이러한 유대가 발전되어 구성원들이 인권을 갖는 존재로 존중받는 공동체는 지구적 인간공동체이다.

개인적 삶과 정치적 삶 모두에서 "정의를 넘어"선 많은 도덕적 가치가 존재한다는 점을 인정하면서, 우리는 아마도 다음과 같이 결론을 내릴 수 있다. 우선권을 갖는 것은 돌봄관계와 연대감이며, 이러한 돌봄관계와 연대감 속에서 우리 모두가 동의할 수 있는 서로에 대한 평등한 관심과 존중 및 불편부당성에 적합한 쟁점의 규칙을 우리는 찾을 수 있다. 이러한 입장은 불편부당한 도덕규칙이 항상 우선한다는 점을 거부하며, 또한 이러한 도덕규칙이 허용하는 가치만을 추구해야 한다는 점을 거부한다. 불편부당성의 도덕규칙이 돌봄의 고려사항보다 항상 우선한다는 입장은, 법이 금지하지 않는 것은 무엇이든 허용하고 법이 금지하는 것은 무엇이든 순응할 것을 요구하면서, 법이 모든 행동에 "적용된다"는 법리적 맥락의 관점을 도덕 전체로 확대한다. 그러나 우리는 일반적으로 법과 도덕이 구분됨을 인정하고 있으며, 또한 도덕이 규범적으로 우선한다고 주장할 수 있다. 그렇다면 도덕의 수준에서, 필자의 논지는 불편부당성의 도덕규칙에 우선권을 주는 것이 아니라, 돌봄관계도 충분히 근본적이라는 주장을 인정할 좋은 논거에 대한 것이다. 이러한 필자의 입장은 도덕의 수준에서 정의란 여러 다른 가치 중 하나이며, 언제나 최고의 가치는 아니라는 것이다. 또한 돌봄과 이와 관련된 관계와 신뢰의 가치는 아마도 그 이상으로 중요하다는 점이다.

아내를 구하는 남편에 관한 버나드 윌리암스(Bernard Williams)의 주장에 대해 논하며 수잔 멘더스(Susan Mendus)는 다음과 같이 썼다. 주장의 핵심은 "그것이 단지 비현실적이거나 불편부당성의 영역을 확장시켜야 할 만큼 정치적으로 시급하기 때문이 아니다. 매우 중요하게도, 그것은 정당한 설명으로 완전히 인정되지 않았기 때문에, 우정과 사랑 같은 기형(畸形)화된 개념이다. 아내를 구하는 남편의 사례에서 제기되는 정당한 질문은, 부분적으로 이러한 기형적인 모델을 받아들이는 것이다."[36] 이 같이 지적하는 방식은, "정당화"는 단지 불편부당한 규칙의 관점에서 가능할 수 있다는 것을 전제하는 것이다. (정당화를 폭넓게 개념화한다면 이러한 형식에 제한되지 않을 수 있겠지만 말이다.) 하지만 돌봄윤리의 관점에서 보면, 불편부당성의 규칙을 적용하라는 요구를 받아들이는 것은 사랑, 우애 그리고 돌봄관계의 많은 경우에서 불편부당성 규칙의 "기형적인 모델"을 수용하는 것이라고 언급한 멘더스의 주장은 옳다.

도덕모델

도덕의 수준에서, 우리는 어떤 "모델"이 어떤 맥락에 적합한지 결정해야 한다. 최근 몇십 년간 있었던 정의의 우선성에 대한 많은 논의는 공리주의가 득세하는 배경에 대항하여 발전해왔다. 롤즈의 정의론과 이를 위시한 많은 지류(支流)가 좋은 사례이다.[37] 다른 모든 고려사항을 일반효용이라는 목표에 종속시킨다는 혹은 권리는 전체 복지를 위해 얼마나 잘 복무할 수 있는지의 기준에서만 정당화될 수 있다는 공리주의의 계산이 비판받았고, 그 결과 공리주의는 권리의 본래적 가치에 대해 오해하고 있다는 주장이 설득력을 얻었다. 로날드 드워킨(Ronald Dworkin)의 기념비적인 설명에서, 권리가 일반효용을 "이기며," 개인이 권리를 가진다는 것은 권리가 일반효용을 증진시키든 그렇지 않든 상관없이 정당하다고 보았다. 즉, 권리는 일반효용의 극대화와 무관한 입지기반을 갖고 있다.[38] 예를 들어, 심지어 개인의 권리는 그것이 다수의 만족을 극대화시키지 못 할 때에도 존중되어야 한다는 것이 민주주의 이론의 기본이다. 이와 유사하게, 도덕의 수준에서도 정의와 권리는 일반효용보다 우선한다고 주장되어 왔다.

하지만 돌봄윤리의 관점에서, 이러한 논쟁은 법정치적 맥락에 내재한 것으로 해석될 수 있다. 롤즈는 명시적으로 그의 이론을 정치적인 영역에 한정시켰으며, 그의 이론이 완전한 도덕이론으로 해석되어서는 안 된다고 언급했다.[39] 드워킨도 법철학자이다. 공리주의자들은 이에 비견할 만한 겸손을 보여주지 않았지만, 혹자는 공리주의적 계산은, 비록 사법적 결정 및 다른 많은 부분의 선택 범위에는 맞지 않지만, 다양한 공공정책 선택을 추천하는데 유용하며 적절하다고 주장할 수 있다.[40] 그렇다면 아마도 권리이론이나 공리주의 모두 포괄적인 도덕이론이 될 능력이 부족하다고 볼 수 있다. 그리고 칸티안 윤리를 계속해서 지지하는 많은 사람들은 칸트를 불편부당성의 규칙을 훨씬 넘어선 미덕이론의 영역에서 해석해왔다.[41]

국가의 도덕적 우위 및 국가의 요구와 관련된 도덕적 우위는 역사적으로 만들어진 인위적인 것이다. 불편부당성 규칙으로 구성된 것보다 더 만족할 만한 도덕성을 갖추게 된다면, 국가와 그 국가의 법은 더 정당화될 수 있는 영역으로 축소 조정될 것이다. 예를 들어, 상업적 지배에서 자유로운 문화는, 법적 강제성 없이도 도덕적 권고사항이 일반적으로 받아들여지고 실천될 수 있는 호의적인 도덕담론의 영역이 될 수 있다.[42] 이러한 권고사항은 복수의 가치뿐만 아니라 다양한 맥락에서 신뢰와 돌봄관계의 우선성을 받아들일 수 있다.

돌봄윤리는 불편부당한 정의의 우선성은 잘해야 법적(혹은 법리적) 맥락에서 설득력이 있다고 제안한다. 또한 돌봄윤리는 일반효용의 계산은 잘해야 공공정책의 선택에 적절하다고 제안한다. 여전히 도덕이론은 (많은 개인적 맥락들과 수많은 집단 속에 위치한 인간으로서) 우리가 다양한 가능한 모델을 어떻게 적용해야 하는지를 보여줄 수 있어야 한다.

그렇게 된다면, 우리는 돌봄관계의 모델이 어떻게 적용될 수 있으며 어떤 맥락에서 우선시되는지, 이 모델의 적용이 불편부당성 규칙의 모든 요건을 충족한 후에 결정되는 개인의 사적인 선택에 제한되어서는 안 되는지를 알 수 있게 될 것이다. 어떤 포괄적인 도덕이론이 존재한다면, 그 이론은 실제로 돌봄과 관련된 가치가 가장 포괄적이며 만족스러운 (또한 좀 더 익숙한 구성요소로 채워진) 모델이라는 점을 보여줄 것이다.

2 부

돌봄과 사회

7장

돌봄과 시장의 확장

"시장"은 종종 경제적 삶뿐만 아니라 모든 종류의 인간활동을 지도해야 하는 모델로 이해된다. 시장에서의 모든 교환은 자발적으로 이뤄지며, 시장의 작동은 모든 참가자의 자유와 만족을 극대화한다고 회자된다.

미국에서 공적 영역으로 이해되었던 많은 활동들이 "민영화" 또는 "시장화"되고 있다. 보건의료, 교육, 교도소 운영 등이 점점 더 영리기업의 영역이 되고 있다. 효율성과 생산성이라는 시장의 언어와 목표가 기업뿐만 아니라 더 많은 공적 제도와 방식에 적용되고 있다. 한때 기업의 영역에서 상대적으로 자유로웠던 아마추어 스포츠와 뉴스보도 같은 활동들도 시장과 시장의 규범에 추월당하고 있다. 정치까지 영향력을 행사하는 기업의 배가된 지배는 매일매일 확인되고 있다. 또한 광고와 기업후원으로 계획 단계부터 상업적으로 기획된 방송연예사도, 경제적 이익을 향한 질주라는 만연된 시장의 애창곡이 비상업 문화의 가치와 미(美)를 괄시하는 소수 거대기업에 의해 점점 더 지배되고 있다. 자유시장이라는 아이디어는 독점을 반대하는 아이디어이지만, 만일 경쟁이 존재한다면, 설령 동등한 영리추구 기업들 간의 경쟁이라 할지라도, 시장을 비판할 근거를 제공하지 않는다.

로버트 커트너(Robert Kuttner)가 지적한 것처럼, "자유롭고 자기조절적 시장이라는 이상은 새롭게 승전고(勝戰鼓)를 울리고⋯ 족쇄 풀린 시장은 인간 자유의 정수이자 번영에 이르는 최고 방편으로 간주된다."[1] "시장의 유행이 세(勢)를 확장해가면서, 시장 밖의 규범과 제도에 의해 조절되었던 영역의 시장화가 가속화되고 있다."[2]

필자는 이 장에서 몇 가지 유의미한 문제를 던질 것이다. 어떤 종류의 활동은 시장에서 시장규범을 따라야 하며, 그렇지 않아야 하는 활동은 어떤 것인가? 어떤 영역이 시장화된다면, 그 영역의 성격은 어떻게 바뀔 것이며, 이러한 변화에 어떤 가치가 긍정적인 혹은 부정적인 영향을 받을 것인가? 어떤 도덕적 근거에서 우리는 그러한 결정을 할 것이며, 어디쯤에 시장의 한계선을 (만약에 한계선이 있다면) 그을 것인가? 필자는 왜 이것이 페미니스트가 다뤄야 할 문제이며, 왜 페미니스트 돌봄윤리가 이러한 문제를 다루는데 있어서 자유주의적 개인주의보다 더 전도유망한지를 보여줄 것이다.

필자는 시장 및 시장"경계"의 "확장" 혹은 "확대"에 대해 이야기할 것이다. 그러나 옷을 제조하고 판매하는 것과 같은 활동은 시장 "안"에 정당하게 있을 수 있지만, 입양과 같은 활동은 시장이 "아닌" 혹은 시장 "외부"에 있어야 한다고 말할 때처럼, 이는 표면적이거나 해당 분야의 은유로만 이해되어서는 안 된다. 시장의 확장은 (노동시장에서 볼 수 있는 것처럼) 시장과 비시장의 특징 모두를 갖는 활동의 심도 있고 광범위한 "시장화"의 문제일 수 있다. 문화의 생산과 분배는 어느 정도 시장의 목적을 위해 행해질 수 있는 적절한 사례이다. 필자는 확장이라는 용어를 사용할 것이지만, 의도하고 있는 좀 더 복합적인 의미를 잊어서는 안 될 것이다.

여성과 시장

여성은 자신들이 하는 일 전체 혹은 많은 부분을 무급으로 해왔던 무수한 경험을 감내해왔다. 그럼에도 작지만 받을 수 있는 임금은, 노동에서 받은 수입으로 자기결정이 가능하게 했기 때문에 많은 여성에게 발전임에 틀림없다. 대부분의 페미니스트에게도 여성이 "노동시장에 진입"하게 된 것은 진보이다. 아버지 혹은 남편에게 의존하고 무급으로 가사일을 하거나 의무감 혹은 사랑으로 노부모와 아이를 돌보기만 하는 대신, 노동시장에서 자신의 월급을 벌어서 어떻게 사용할지를 결정할 수 있게 되면서 여성은 해방되고 있다.

하지만 엄청나게 많은 여성들이 가정에서 "주부"가 하는 가사일과 양육을 하며 숙식만 제공받고 지내면서 하인처럼 살고 있다는 점 역시 주목해야 한다. 하인이나 다름없는 노동을 하더라도 자신의 통제하에 일을 하는 것은, 무급이라 하더라도 진보일 수 있다. 그럼에도 두 가지 상황에 처해 있는 여성은 노동에 대한 경제적 보상, 그리고 동시에 자신의 노동조건에 대한 가능한 통제, 이 둘 모두 바람직하다고 동의할 것이다. 자신의 노동에 대한 경제적 보상과 자신의 노동조건에 대한 가능한 통제는 여성의 자율성과 안녕에 이바지한다. 그렇다면, 누군가의 노동을 하나의 상품으로 만들고, 시장에서 구매할 수 있는 가용한 최선의 보상과 통제를 얻기 위해 시장을 활용하는 것은, 여성을 만족시키는 것처럼 보일 수 있다. 하지만 여성이 진입하는 유급노동은 종종 가정에서 그들이 하는 −아이를 가르치고, 아픈 사람을 돌보며, 집안을 관리하는- 돌봄노동이며, 여성은 그들의 이러한 노동을 단순한 상품으로 취급하는 것을 반대할 것이다. 여성은 가족과 신뢰라는 유대를 발전시키고 애정으로 아이들을 돌보는, 즉 그들이 집에서 하는 무급노동이 시장의 일과 등가적 가치로 판단되는 것에 대해서도 반대할 것이다.

이 같은 견해는 "돌봄노동은 다른 종류의 노동보다 임금이 적다"고 언급하면서 돌봄노동의 시장화 혹은 상품화에 대한 반대가 부분적으로만 유효하다고 지적한 폴라 잉글랜드(Paula England)나 낸시 폴브르(Nancy Folbre) 같은 페미니스트의 입장과 일맥상통한다.[3] 이들은 "사랑과 돌봄이 상품화로 훼손된다는 신념은 아이러니하게도 돌봄노동에 대한 저임금이라는 결과를 가져왔다"고 주장한다.[4]

필자는 이러한 지적에 대해 다른 견해를 갖고 있다. 만약 우리가 마가렛 제인 라딘(Margaret Jane Radin)이 지적한 상품가치가 시장가치로 정의되고 거의 모든 것이 정당하게 상품으로 이해되는 "세계관으로서의 상품화"에 잘못 인도되지 않았다면, 돌봄노동의 시장화에 대한 저항의 결과는 잉글랜드와 폴브르가 주장한 것과 반대일 수 있다. 우리는 어떤 것과 어떤 활동의 시장에서 가치뿐만 아니라 다양한 가치를 인식해야 하며, 또한 우리는 시장에서의 가치를 반영한 것보다 더 많은 임금을 받아야 한다고 주장할 수 있다. 엘리자베스 앤더슨(Elizabeth Anderson)은 다른 "가치부여 방식"에 따라 우리가 어떤 것에 가치를 부여하는 방법에 대해 언급했다. 우리는 사람을 **존중해야** 하며 단순한 상품으로 대해서는 안 된다. **사용한다**는 것은 상품에 가치를 부여하는 적절한 방식이지만, 많은 분야에서 단지 그것을 사용하는 것이 아니라, 예를 들어 미학적이거나 역사적 가치의 진가를 음미해야 한다는 것을 의미한다. 앤더슨이 주장하듯, "인간생활에 대한 규범은 서로 다른 사물과 사람이 어떻게 가치평가 받아야 하는지에 대한 개념을 포함한다… 우리는 재화가 단지 사용함이 아닌 다른 방식으로 가치가 부여되어야 함을 지지하는 윤리적 규범에 호소함으로써, 어떤 재화의 생산, 분배 그리고 향유방식에 시장규범을 적용하는 것에 대해 의문을 제기할 수 있다."[5]

우리는 어떤 행동의 단순히 수단적이지 않은 본원적인 가치를 인정할 수 있다. 우리는 돌봄노동이 타인에게 관심을 기울이고 보살피는 방식을 인정할 수 있다. 그리고 우리는 돌봄노동을 통해 누군가가 자신을 소중히 대한다는 것을 돌봄받는 사람이 알게 됨을 이해할 수 있다. 인간으로서 가치를 부여받는 것은 모든 사람을 가치 있게 대하는 것이다. 아이들은 이러한 가치부여 없이 제대로 성장할 수 없다.

그렇다면 우리는 돌봄노동의 엄청난 가치 −사회적 연계성을 표현하고, 아이의 성장과 가족의 만족에 공헌하고, 사회적 결속과 좋은 삶을 가능하게 하는 등− 를 인정해야 한다. 돌봄노동의 교환 혹은 시장가치가 돌봄가치를 고려하는 적절한 최소 수준 중 하나임을 유념한다면, 다양한 형태의 돌봄노동이 평가된 가치 그 이상으로 보상되어야 함을 우리는 사회에 요구해야 한다.

물론 시장의 확대가 통상적 혹은 본질적으로 적절한지, 정당한지 혹은 자유를 부여하는지의 여부에 관계없이, 우리는 돌봄노동이 괜찮은 임금일 뿐만 아니라 후한 보상의 가치가 있다는 점을 당연히 인정해야 할 것이다. 그러나 종종 돌봄노동은 그렇지 못해왔다.

노동과 시장

먼저 분명히 해야 할 것은, 자신의 노동 대가로 돈을 받는 사람은 표준적인 의미에서 그들의 노동이 시장의 원칙에 의해 통제받거나 시장 안에 존재한다는 것을 의미하는 것이 아니다. 공립학교 혹은 비영리 사립학교에서 일하는 교사는 어떤 의미에서 보면 노동시장 안에 있다. 왜냐하면 학교는 가르침의 대가로 그에게 돈을 지불하기 때문이다. 하지만 경제적 이익의 극대화라는 시장원칙의 관점에서 보면, 그의 노동은 시장에 있는 것이 아니다. 경제적 이익은 학교의 기본 목표가 아니며, 그 교사의 주된 목표도 경제적 이익이 아니다. 만약에 그 교사가 사기업에서 일함으로써 돈을 훨씬 더 많이 받을 수 있다고 해도 말이다. 아마도 학교와 교사의 주된 목표는 아이들을 가르치는 것이지 가능한 많은 돈을 버는 것은 아닐 것이다. 비영리 병원에서 일하는 의사는 자신의 만족을 끌어 올리는 것이 아니라 지역 공동체의 보건의료 필요를 위해 봉사하는 것이며, 병원의 목표 역시 주주의 이익을 증가시키기보다 공동체의 건강을 위해 봉사하는 것일 것이다. 공동체의 필요에 봉사하는 동기를 개인적 혹은 제도적 선호로 축소하는 것은, 기본적으로 공동체 전체 혹은 구성원의 필요에 봉사하려는 동기부여를 잘못 이해하는 것이다. 학교와 병원이 시장으로 이동하거나 시장화된다면, 이들은 관계된 모든 사람이 경제적으로 계량화할 수 있는 자신의 이익을 극대화시키려는 목적에 매몰되는 시장원칙의 통제를 받게 될 것이다. 시장의 원칙을 지침으로 삼는다는 것은 사회를 사기업의 영역에 두겠다는 것이다.

커트너(Kuttner)가 지적하듯, 사기업의 노동 역시 더 시장화될 수도 혹은 덜 시장화될 수도 있다. 노동시장은 근본적으로 현물(現物)시장과 다르다. 순수한 시장거래는 한 번에 단 한 가지의 교환을 의미하지만, "노동시장은 단순한 시장이 아니며 특정한 제도적인 논리와 제도적인 긴급성이 존재하는 사회조직이기 때문에, 노동의 행태는 현물과 같지 않다."[6] 하지만, 커트너는 새로운 노동시장은 점점 더 현물시장을 닮아가기 때문에, 이러한 관점은 구식(舊式)의 관점이 되고 있다고 지적한다. "오랫동안 제도적으로 효율적이라 간주해오던 노동자와 관리자의 관계에 대한 전통적인 시장 밖의 규범은, 시장 힘의 부흥함으로 인해 상당히 잠식되고 있다⋯ 잔인한 인원감축이 일상이 되었다. 무자비한 해고는 단순한 경기 순환에 대한 일시적인 대응이 아니라, 하나의 삶의 방식이다. 노동은 장기적인 자원이 아니라 소모성 비용으로 계산되었다."[7] 특정 국면에서 노동력 부족은 노동시장의 증가하는 시장화의 여파를 조정할 수 있지만, 더 큰 추세는 그대로인 것 같다.

최우선적으로 기억해야 할 쟁점은 우선성과 관련된다. 이 쟁점은 유급노동 대 무급노동 혹은 효율성 같은 시장의 명령이 어떤 영역에 작동하는지의 문제가 아니라, 오히려 무엇이 우선하느냐이다. 자신의 주요 목적이 가능한 많은 부의 축적과 자기만족인 사람들도 그러하듯, 교사와 의사도 집세를 내고 아이들을 위해 먹을거리를 제공할 수 있어야 한다. 학교와 병원은 효율적으로 운영될 필요가 있다. 하지만, 할 수 있다고 해서 가장 효율적인 방법으로 가능할 때까지 돈을 모으는 것은, 아마도 교사와 의사 그리고 많은 다른 사람들 혹은 많은 다른 조직들의 주요 목적이 아닐 것이다. 다른 한편으로, 시장은 교육 및 의료활동 혹은 교육 및 의료조직에 대해 오직 이들이 창출하는 경제적 수익에 대한 수단으로 가치를 부여한다.

대다수 사람들의 동기는 여러 가지로 섞여 있다. 사람들은 아이를 교육시키고 건강히 키우며 그리고 그렇게 할 수 있는 적당한 돈을 벌 수 있는 삶을 살기를 원한다. 혹은 사람들은 가능한 많은 돈을 벌어서, 자신의 가족에게 잘 제공할 수 있고 또한 너그럽게 타인에게 자선을 베풀 수 있기를 바란다. 하지만 우리는 여전히 어떠한 가치가 우선시되는지 선택할 수 있으며 선택해야 하며, 사람들에게 그들이 가치를 두는 것과 활동에 대해 물을 수 있으며 물어야 한다고 필자는 주장한다.

전에는 무급이었던 어떤 활동이 유급이 되는 것은, 그 노동을 하는 사람뿐만 아니라 다른 사람 그리고 노동의 질을 위해서 성과로 간주된다. 낸시 폴브르(Nancy Folbre)와 줄리에 넬슨(Julie Nelson)이 주장한 것처럼, 구속적인 사회규범으로 강제로 아이를 돌보는 미급여의 가정주부보다 급여를 받으며 아이를 돌보는 사람이 돌봄의 질이 더 높다. 여성이 가정 밖에서도 점점 더 고용되면서, 아이돌봄에 재능이 없거나 관심이 없는 어머니는 다른 일을 할 수 있게 되었고, 더 좋은 솜씨와 더 높은 이해를 갖춘 사람이 아이가 성장하는 것을 돕는 노동에 대한 대가를 받을 수 있게 되었다. 예를 들어, 전통적인 전업주부는 "어린이집 보육 교사가 파악하고 있는 네 살배기 아이의 발달 단계에 대한 지식"을 갖고 있지 않을 것이다.[8] 허약한 여성노인은 부양의무를 떠안고 짜증내는 며느리보다 노인돌봄을 선택한 돌봄노동자에게 더 많은 배려를 받을 수 있을 것이다.

그렇다면 필자가 주목하는 쟁점은 돌봄노동이 유급이냐 무급이냐가 아니라 돌봄이 어떤 규범 아래에서 수행되는지 이며, 돌봄을 할 때 우선시되는 가치가 시장의 가치인지 혹은 다른 가치인지의 문제이다.

시장울타리 밖의 전통적인 가정에서 여성이 대부분 무급으로 담당해온 것보다 돌봄노동을 시장에 두고 유급으로 하는 것의 장단점에 대한 많은 보고서에는, 조합형태 혹은 비영리공동체의 아이돌봄센터와 기업형 아이돌봄체인점 사이를 명확히 구분하는 논의가 빠져있다. 필자의 논지에서 보면, 전자는 기업의 원칙에 지배되지 않지만 후자는 그럴 수 있다. 즉, 전자는 아이돌봄의 가치를 그 목적에 합당한 방식에 가치를 두지만, 후자는 주로 -본질적으로 적절하지 않은- 시장의 가치에 맞게 도구적으로 평가한다.

경제학자 찰스 월버(Charles Wilber)는 "시장에 의한 분배시스템 하에서, 개인은 자신의 자기이해만을 추구하며 시장은 그러한 그들의 결정을 조정한다… 자유시장 경제학자들은 거의 완전히 시장에 의존하며, 그들의 핵심 정책은 시장의 분배기제를, 학교급식에서 환경 및 시민권의 영역까지 가능한 모든 영역으로 확대하는 것이었다… 도덕적 가치가 반영된 분배를 조장하려는 노력은 자기패배적인 것으로 간주된다."[9] 그러나 시장의 가치가 아닌 다른 가치에 익숙한 철학자들과 특정 관점의 페미니스트들은 개인적이고 사회적인 선택에 있어서 도덕적 가치의 중요성을 방기(放棄)하지 않는다.

엘리자베스 앤더슨(Elizabeth Anderson)은 상품을, 그것의 생산, 교환, 향유를 규제하는 규범, 즉 시장의 규범이 적용되는 어떤 것으로 정의한다.[10] 점점 더 많은 것과 활동이 시장화되면서, 시장의 규범이 그러한 것들과 활동에 적용되고 이러한 적용이 정당한 것으로 간주된다. 필자의 견해로는 페미니스트들과 인간의 번영(human flourishing)에 대해 고민하는 사람들이라면 이러한 현상에 반대해야 한다.

시장의 이상(理想)과 실상(實像)

이상적인 시장은 모든 것에 가격이 있다고 가정한다. 교환은 합리적인 자기이해를 바탕으로 자율적으로 이뤄진다. 시카고의 신고전주의 경제학파들과 이들에 영향을 주었던 법이론가들 및 정치이론가들은 모든 사회적 상호작용을 자유시장적 교환으로 개념화했다. 마가렛 라딘(Margaret Radin)의 표현대로, 이는 "바람직하고 가치 있는 -개인의 태도에서 좋은 정부까지- 모든 것은 상품"이라는 견해를 반영한다.[11] 이러한 견해에 따르면, 자유는 "모든 것의 자유로운 교환"으로 정의된다."[12] 모든 상품은 대체가능하며 동일단위로 환산 -모든 상품은 교환가치 측면에서 서로 교환가능한- 할 수 있다. 시장주의자 리차드 포즈너(Richard Posner)는 영유아에게 자유시장이 어떤 장점이 있는지 관찰하면서, 이러한 분석을 법과 아이에 대한 인간의 욕구에 적용했다.[13] 게리 베커(Gary Becker)는 시장의 확장이 모든 것에 적용 가능하다고 인정하면서, 좀 더 직설적으로 아이를 상품 -"내구재"- 으로 간주한다.[14] 베커의 견해에 따르면, "경제적 접근은 모든 인간행동에 적용 가능한 포괄적 접근법이다."[15] 그의 목적은 도덕적 권고가 아닌 설명이지만, 경제적 접근법의 관점에서 보면 중요한 것은 바로 설명이다. "사회적 규범은" 라딘의 표현에 따르면, "효율성으로 환원된다."[16]

그러나 실제 시장은 그렇지 않다. 시장은 서로 사회적 관계를 맺고 있는 사람들 사이의 개인적 교환을 포함하며, 거래되는 서비스 혹은 제품의 시장적 가치 이외의 다른 다양한 가치가 구체화되는 교환을 포함한다. 하지만 이상적인 시장의 관점에서 보면, 시장의 가치로 환원될 수 없는 가치는 -합리적이고 자유로운 교환을 간섭하는- 흠결이 있는 것이다. 여기에서 신뢰와 돌봄과 같은 사회적 관계는 찾아볼 수 없다. 어떤 사람은 타인을 행복하게 해주고 싶은 선호를 갖고 있을 수 있지만, 자신의 만족을 위해서가 아니라 타인의 행복을 위한 그러한 행동은 시장의 틀에서 의미가 없다. 이상적인 시장에서 모든 사회적 상호작용은 개인들 간의 교환이며, 사회적 유대는 존재하지 않는다.

이상적인 시장이란 호소는 이해될 필요가 있다. 시장규범은 단순한 경제학자의 추론이 아니라 점점 더 시장보다 더 넓은 활동 영역에 적용되고 있는 기준이다. 보건의료는 이미 상당 부분 시장화되었으며, 모든 수준의 교육은 다음 순서가 될 수 있다. 교육은 공적 서비스로 이해되어 지금까지 상당 부분 시장 밖에 있었다. 하지만 점점 더 많은 학교가 이윤추구를 위해 운영되고 있으며, 투자자에게 재무적 보상을 해줘야 하는 기업형 교육기관으로 점점 진화하고 있다. 교실은 전례 없이 상업화되고 있으며, 기업화를 의미하는 "민영화"가 점점 더 많은 정부활동의 대세가 되고 있다. 미디어는 시장이 인간 삶을 조직하는 어떤 다른 방식보다 더 좋고 더 자유로우며 더 매력적이라는 메시지를 꾸준히 강화한다. 기업가가 모든 사람의 선망의 대상이 되는 풍조가 만연해 있다.

혹자는 시장에 대한 저항이 더 많이 있을 것이라 생각할 수 있다. 전형적인 입장에서 보면, 조나단 리레이(Jonathan Riley)는 자본주의 하에서 부정의는 불가피한 것이라 생각하지 않지만, 그는 "미국에서 감지되는 경제적 불평등은 단지 자본주의는 본질적으로 부정의하다는 확신을 강화할 뿐이다… 미국에서 부의 불평등 유형은 자신이 생산한 것을 근거로 보상받을 가치가 있는 사람에게 보상한다는 규범을 포함해, 어떠한 분배적 규범과도 맞지 않는다"고 지적한다.[17] 하지만 자본주의 시장의 목소리는 더 커지고 있고 분명히 더 인기를 얻고 있다.

시장 확대의 결과는 종종 당혹스럽다. 커트너의 평가를 보면, "사회가 점점 시장화되면서, 시장은 대부분 사람을 위한 삶의 기준을 정체시켰으며, 사회의 승자조차도 피해갈 수 없다는 사회의 언쟁만을 양산할 뿐이었다. 시장이 가장 잘하는 한 가지는 시장의 가장 큰 승자를 시장의 병리적 증상에서 벗어나게끔 한다는 것이다."[18] 승리하지 못한 자의 임금 정체는, 빈약한 수입으로 지내는 사람 중에서도,

특히 불평등을 겪고 있는 여성에게 더 치명적이다. 전 세계적 수준에서 승자와 패자의 양극화 격차는 여전히 훨씬 더 심화되고 있다.

정의와 평등에 대한 시장 확대의 결과는 위협적이다. 커트너에 따르면, "지난 20세기 마지막 사반세기 동안에 증가한 소득불평등의 주요 원인은 다방면으로 시장화가 확대되었기 때문이다."[19] 수입보다 부는 "1920년대 이래로 이미 최고조로 축적되었다. 누릴 수 있는 전후(戰後) 호황의 평등은 모두 증발해 버렸다. 이러한 추세는 다층적인 원인 때문이지만, 실질적으로 모든 원인은 단 한 가지 원인의 변종이다. 즉, 사회에 대한 확대된 시장화이다."[20]

물론 시장의 방식으로 생각하는 것이 항상 그릇된 길로 안내하지 않는다는 점에 동의할 수 있다. 모든 것은 다층적인 의미와 해석을 가능하게 한다. 예를 들어, 배상권 청구소송에서 한 쪽 다리를 잃은 대가로 치른 금전적인 보상은, 문자 그대로 다리 한 쪽이 그만한 액수의 "가치"라는 의미는 아니다.[21] 하지만 시장의 가치평가 방식이 실제로 보건의료, 교육 및 기타 활동이 조직되고 운영되는 방식을 흡수할 때, 이에 대한 정당한 우려를 하지 않을 수 없다. 만약에 시장규범의 지휘를 받지 않고 유지되고 있는 일이 있다면, 아마도 이러한 추세는 뒤바뀔 수 있을 것이다.

경제학자와 같은 사고방식의 영향이 연구되었다.[22] 모든 사람은 항상 자기이해에 근거해 행동한다는 시장의 전제에 노출된 경제학 전공생들은 다른 학생들보다 상당한 무임승차를 하고 협력을 하지 못하는 경향을 보였다. 남성이 여성보다 이러한 성향을 더 보인 것으로 조사되었다.[23] 물론, 가정을 꾸리고 사회를 구축하며 공동의 환경을 보호할 때와 같이, 협력이 요구될 때 자기이해를 위해 행동하는 것은, 경제적인 자기이해에만 해당하는 것이 아니다. 하지만 시장의 방식으로 생각하는 것은 협력을 모호하게 할 수 있다. 다양한 경험적 연구에서 드러나듯, 경제적 접근에서 볼 때 무임승차가 예상되는 부분에서, (점수가 지나치게 낮은 경제학 전공생들을 제외하고) 학생들 중 40~60%가 무임승차를 시도하지 않는 대신, 사회적 가치를 생산하기 위한 협력적 활동에 실제로 동참했다.[24] 아마도 아직까지 많은 사람들이 시장적 가치외의 다른 가치에 무심하지는 않아 보이지만, 이것이 얼마나 오래갈지는 불분명하다.

보건의료와 시장

미국에서 시장화의 추세를 보여주는 가장 대표적인 사례 중 하나는 보건의료 영역이다. 수년간 보건의료의 시장화는 효율성을 높이고, 경쟁을 통해서 치솟는 의료비용을 잡아보자는 취지에서 제안되었다. 보건의료의 시장화에 대한 출정은 1990년대, 영리목적의 종합건강관리기구(health maintenance organizations: HMO)가 상당수의 환자를 담당하고 있던 비영리 HMO를 인수하고, 비영리 공동체병원이 하나씩 하나씩 대형 투자회사 소유의 체인점에 인수될 정도까지 지속되었다. 가장 아플 것 같은 사람을 입원시키지 않고, 재정적으로 파산위기에 몰린 사람을 "비효율적"이라는 조롱의 대상으로 삼으면서, 비영리 HMO로 내모는 방식으로 상업적 HMO는 이윤을 불렸다. 심각한 남용을 예방하기 위해서 영리목적의 보건의료 기관들에 대한 정부의 대대적인 규제가 필요했다. 그러나 위험을 최소화하고, 인원을 감축하기 위해 재택간병을 실시하고, 재정적인 목적으로 처방을 하거나 진료를 거부하는 최신의 기업적 편법보다, 정부규제는 통상적으로 한 발 늦었다.

보건의료가 보편적 제도로 자리 잡은 나라에 비하면, 미국은 GDP
의 상당 부분을 보건의료 분야에 지출하고 있지만, 대부분의 나라에
비해 평균수명이 짧고 환자 만족도가 떨어지며, 진료 결정에 있어서
보험회사의 전횡이 커지고 있다. 한 비평가의 평가에 따르면, "시장
이 점점 더 본말이 전도된 결과를 만들어 내는 영역에서는 혼합경제
영역이 존재하지 않는다."[25] 시장주의자의 의기양양한 이데올로기는
"우량 피보험자가 예전보다 기능적으로 더 집중되고 기업화된 체계
에서 추진되는 고비용을 요구하는 돌봄을 받게 되는 시스템을 양산
하고 있다. 보험에 가입하지 않은 사람들은 거의, 아니 전혀 돌봄을
받지 못한다. 이는 공적 보건의료의 대재앙이다."[26] 2000년이 되어서
야, 영리목적의 HMO 지지자들조차도 그들 자신이 보건의료 비용을
통제하고 더 나은 돌봄을 제공하는 답이 아니었다는 것을 깨달았
다.[27]

시장과 교육

교육의 시장화는 초기 단계이지만, "교육산업"은 많은 시장주의자
에게 인수 시점이 무르익었음을 알린다. 이것이 어느 정도 진행될지
는 아직 지켜봐야 한다. 다음은 시장주의자의 기획 사례이다.

사업권을 주선하고 학교를 운영하려고 노력중인 수백억의 자산가
이자 차입매수 전문가 테드 포스트만(Ted Forstmann)은 다음과 같이 말
한다. "수요·공급을 생각하지 않았으면 나는 여기까지 오지 못했을
것이다." 학부형은 학교가 "값비싼 불량품을 만들어낸다고 생각하신
다. 그렇다면 왜 수요자에게 달려와 비위를 맞추는 공급자가 없는 걸
까?"[28] 가족이 월마트(Wal-Mart)를 통해 부를 얻은 존 월턴(John Walton)

이 덧붙이길, "여러분께 단언컨대, 이 사업을 하려는 일부 사람은 실질적으로 돈을 벌게 됩니다… 일 잘하는 다른 사람처럼."[29]

고등교육은 바로 기업 인수팀의 표적이다. 사범대학교의 총장은 자신에 대해 언급한 어떤 기업가를 인용하며 다음과 같이 말한다. "음. 당신은 수천억 달러의 값어치가 있는 산업에 종사하고 계신 것입니다. 그리고 당신은 낮은 생산성, 고비용, 형편없는 관리 그리고 테크놀로지를 쓰지 않는 걸로 정평이 나 있더군요. 당신 학교는 다음번 보건의료가 될 것입니다. 영리기업에 인수되었던 형편없이 관리되는 비영리 산업 말입니다."[30] 피닉스대학(University of Phoenix)은 -2만의 재학생 수를 목표로, 똑같은 강의계획서, 전임 교수는 거의 없고, 다수의 온라인 학습을 진행하는 이윤추구 기관- 아마 미래의 고등교육기관이 될지도 모른다.

여기서 우리는 시장의 가치를 볼 수 있다. 어떤 활동 혹은 어떤 생산물의 가치 혹은 값어치가 확정되는 방식은 제품이나 활동이 시장에서 팔리는 가격으로 결정된다. 이익으로 보상받지 않은 노동은 가치 있는 노동을 하지 않았기 때문이다. 예를 들어, 효율적인 관리와 높은 생산성은 자율적인 사고 혹은 사회적 책임보다 우위에 있다. 시장이 교육기관 혹은 교육 관련 활동을 접수하기 시작하면서, 주주에 대한 기업책임의 최우선 순위가 경제적 이익의 극대화이기 때문에, 경제적 이익 이외의 다른 것들은 더 높은 우선순위가 될 수 없다.

미국에서 기업의 영향력은 다양한 모습으로 드러난다. 대학은 학생들에게 신입 직원이 갖춰야 할 기능적 훈련을 더 많이 제공하고, 독립적인 사고를 길러주는 인문학을 줄이도록 압력을 받고 있다. 대학은 효율성과 생산성이라는 기업의 언어와 사고를 차용한다. 즉, 대학을 더욱 경쟁력 있게 만들고 교육적 성과를 더욱 시장적이게 만드는 소위 몇몇 "스타들"을 제외하고, 대학 내에서 업무 부담은 증가하고 급여는 감소한다. 기업은 대학을 하자보수서비스와 음료를 제공하는 것부터 대학이 생산하는 지식에 대한 사용권과 특허권까지 모두를, 계약과 영업의 표적으로 간주한다.

교실의 상업화가 시장주의자들의 먼 미래의 표적이라기보다 얼마나 임박한 현실일지 아직 분명하지 않다. 하지만 몇 가지 추가적인 사실이 더 있다. 지금 미국 내 학교의 1/4이 사용하고 있는 영리기업인 채널 원(Channel One)은 학생들이 정규일과로 시청해야 하는 4분짜리 형식적인 "뉴스"와 2분짜리 상업광고를 내보낸다.[31] 영리 벤처기업인 에디슨 스쿨(Edison Schools)은 현재 전국에 있는 학교의 학생성적을 관리하며 영역을 확장하고자 한다. 그들이 아니면 지원해줄 수 없는 컴퓨터를 제공해주는 대가로, 더욱더 많은 미국 내 학교에서 다수의 기업들이 제공하는 컴퓨터 스크린 좌측 하단에 항시적으로 광고가 가능한 부대조건에 합의를 하고 있다. 재원이 부족한 많은 학교는 학생에 대한 접근권을 후원 기업에 판매하고 있으며, 결과적으로 학교 건물의 현관과 홀, 체육관의 내·외벽, 학교버스 옆면이 코카콜라(Coca-Cola), 켈로그 팝 타르트(Kellog's Pop-Tarts) 등 영양가 없는 다른 제품의 상업광고로 도배되고 있다.[32]

이 같은 양상은 교육에서 우선시해야 하는 가치가 뒤바뀌고 있음을 대표적으로 보여준다. 우리는 소크라테스(Socrates)가 자신의 기술을 가장 높은 입찰가에 팔아버리거나, 경제적 이익을 지식에 대한 헌신보다 앞에 둔 소피스트(Sophists)를 꾸짖게 했던 진리를 인식할 수 있는 능력에 대한 자신감을 상실했을 수 있다. 하지만 우리는 진리와 지식에 좀 더 회의적이기 때문에, 다양한 해석을 야기하는 동기에 대해서 특별한 관심을 보여야 할 이유가 있다. 기업가, 상품호객가, 광고업자, 공공관련 조종자(manipulator) 그리고 기업 판촉가는 교실에서 무슨 일이 일어나는지에 대한 결정에서 가장 멀리 떨어져 있어야 할 사람들 중 하나일지도 모른다. 물론 학생들은 시장과 시장의 가치에 **대해서** 알아야 하지만, 시장 밖에서 시장을 **평가**하는 법에 대해서도 알아야 한다.

시장의 한계

시장의 한계 혹은 시장의 한계에 대한 결정을 내릴 수 있는 설득력 있는 도덕적 근거는 무엇인가? 명확한 출발점은 칸티안 혹은 공리주의의 자유주의적 개인주의 제안을 고려하는 것이다.

자유주의적 복지국가의 바탕으로 이해되는 개인과 개인의 권리에 대한 칸티안 존중의 근거에서 보면, 시장은 모든 사람에게 자신이 살아가는데 필요한 자원에 대한 접근성을 보장하는데 실패했으며, 따라서 기본적 필요(식량, 거처, 보건의료 같은)에 대한 권리의 보장은 정부의 책임이 되어야 한다고 주장할 수 있다. 하지만 이러한 권리는 푸드스탬프, 주택 바우처, 건강보험, 학교 바우처, 컴퓨터 등과 같은 수단을 통해 시장으로의 진입능력이 지원된 상태 아래에서, 필요를 충족하기 위해 시장에 진입하는 권리로 해석할 수 있다. 자유주의적 개인주의는 식량, 주거, 보건의료 그리고 교육을 제공하는 제도들이 사적이고 영리추구적이어야 하는지, 그렇지 않으면 협력적이고 사회적 책임을 지녀야 하는지 -다시 말하면, 이러한 제도들이 시장의 가치에 의해 지배되고 관할되는 시장 안에 있어야 하는지, 그렇지 않은지- 에 대한 문제를 제기하지 못한다. 자유주의적 개인주의 도덕이론에서는 이와 유사한 문제를 다룰 수 있는 근거를 찾을 수 없다. 필자가 생각하기에, 실제 이 시대를 주도하는 칸티안으로 경사된 자유주의적 개인주의 이론가들은 이러한 문제를 충분하게 접근하지 못한다. 그리고 우리가 무엇을 해야 하며, 심지어 사적 가치가 사적 영리목적의 기관을 적절히 선도할 수 있는지에 대해서도 유용한 통찰력을 제공하지 못한다. 보건의료, 아이돌봄, 교육, 시민교육 그리고 문화생산과 같은 영역은 모두, 경제 이익이 아닌 다른 가치가 우선시되어야 하는 영역으로 간주될 수 있다. 하지만 경제적 이익 외의 다른 가치를 추구할 수 없을 정도로 자원이 부족한 사람이, 자원을 갖고 있는 기존의 사람과 같이 시장에 진입해 다른 가치 있는 활동을 추구할 수 있다면, 자유주의적 개인주의자들은 모든 사람의 권리가 존중되었으며 더 이상의 유의미한 도덕적 문제는 남아 있지 않다고 결론 내릴지도 모른다.

이러한 이론가들이 표현의 자유를 쟁점으로 다뤘을 때, 이 문제는 정부의 간섭으로부터의 자유로 해석되어 왔다. 가두연설의 구호처럼 울려 퍼지는 시장의 이상은, 기성 미디어 진입에 필요한 자원은 등한시한 채 여전히 득세하는 메타포이다. 재력이 정치를 왜곡시킬 수 있음을 고려해 제안된 해법은, 공영TV 같은 방송통신의 비상업적 장(場)을 확대하거나 지원하는 대신, 상업적 네트워크에서 쓸 수 있는 광고 바우처와 같은 것을 제공해 덜 부유한 사람들 또한 방송통신 시장에 진입할 수 있도록 하거나 지출을 제한하는 방식이었다. 시민에게 그들의 정치적 선호를 위해 알아야 하는 정보를 제공하는 것이, 민주사회 언론의 빼놓을 수 없는 역할에도 불구하고, 자유주의 이론가들은 순전히 상업화되고 있는 언론의 본질적인 문제를 다루기에 곤란한 시절을 보내고 있다.

모든 사람은 그 자체가 목적으로 존중받을 가치가 있기 때문에, 우리는 인간을 우리의 목적을 위한 수단으로 활용하거나 환원해서는 안 된다고 웅변하는 칸티안 명령은 어떨까? 칸트는 모든 인간은 돈으로 살 수 없는 본원적인 가치가 있기 때문에, 가격이 책정되는 어떤 것으로 다뤄져서는 안 된다고 주장한다. 이러한 주장이 인간의 삶이 상업화되고 상품화되지 않도록 시장의 한계를 설정할 수 있는 근거를 제공할 수 있을까?

이 지점에서 문제는 칸트의 방법론에서 "단지"라는 단어이다. 즉, "당신 자신이건 혹은 타인에 대해서건 단지 수단으로서가 아니라 항상 목적으로서 인류를 대하기 위해 행동하라."[33] 칸트는 결코 시장이 인간활동의 상당히 많은 부분을 조직하는데 사용되어서는 안 된다고 제안하지 않았다. 권리를 존중하는 한, 우리는 사람을 고용하고 우리의 목적을 위해서 사용할 수 있다. 우리가 해서는 안 되는 것은, 우리의 목적에 대한 수단으로서, 즉 노예와 같이 시장에서 사람을 그 자체로 사고파는 물건으로서 대하는 것이다. 하지만 인간의 권리를 존중한다면, 우리가 칸트의 원칙에서 어긋나지 않아도, 시장에서 그들의 서비스를 이용할 수 있으며 서비스를 사고 팔 수 있다. 따라서 칸트는 의자를 만들어서 판매하는 것 같은 활동은 시장을 통해서 적절히 수행될 수 있는 반면, 양질의 교육과 같은 활동은 시장이 공정하다 하더라도 시장에 맡겨둬서는 안 된다는 점을 결정할 수 있는 근거를 제공하지 않고 있다. 칸트의 원칙은 인간의 권리를 존중해야 한다는 강력하고 중요한 구속을 제공한다. 인간의 권리를 존중해야 한다는 칸트의 원칙은 노예 시장을 배척한다. 하지만 칸트의 원칙에서 보면, 시장에서 이익을 추구하는 행동이 인간의 권리를 존중하는 제약조건 내에서 행해진다면, 많은 활동이 시장에서 정당화된다. 필자는 우리가 칸트와 그의 지지자들로부터 권리의 구속 내에서 시장의 정당한 한계를 결정할 수 있는 만족할 만한 근거를 얻을 수 없다고 생각한다.

칸트가 아닌 보편적 복지의 증진을 추구하는 공리주의자의 논법을 받아들이는 자유주의적 개인주의는 어떨까? 일단 적용될 수 있는 규칙으로 받아들여지게 되면, 법리적 판단의 적절한 근거여야 하는 법체계의 목적이 공리주의적 목적으로 간주되어야 한다는 주장에 필자는 동의할 수 없다.[34] 정치와 법이 중첩되는 부분이 있지만, 필자가 생각하기에 정치와 구분되어야 하는 법체계의 우선적 가치는, 결과주의자(consequentialist)의 언어보다 의무론자(deontological)의 언어로 잘 이해되며, 자유와 평등에 대한 요구사항을 수반하는 권리와 정의의 의무여야 한다.[35] 이는 결과주의보다 의무론의 입장에서 더 잘 이해된다. 하지만 필자는 좀 더 넓은 범위의 정치경제적 결정에 적합한 보편적 복지와 개인의 이해 증진이라는 보다 공리주의적인 기준을 지지한다. 그렇다면, 시장의 원칙에서 더 많은 활동을 결정하도록 할 것인지 혹은 시장의 결정에 대한 대안을 마련할 것인지의 사회적 결정이 공리주의적 관점에서 이뤄져야 하는가?

이러한 공리주의적이며 자유주의적인 개인주의의 근거는, 아마도 인간의 활동을 선별하는 문제를 결정하는데 있어서 칸티안 근거보다도 덜 적합해 보인다. 공리주의적 주장은 개인의 선호에 의존하며, 시장 메커니즘은 이러한 개인의 선호를 가장 잘 반영하도록 기획되어 있다. 몇몇 사례에서 보면, 비영리 공공서비스 단체가 영리추구의 사기업보다 개인의 선호를 만족시키는 일을 더 잘한다면, 비영리 공공서비스 단체가 추천될 것이다. 하지만 이것은 실제 경제에서 시장의 결정보다 추상적인 공리주의적 시장의 계산을 우위에 둔 것일 뿐이다. 이것은 우리가 탐색하는 시장에 대해 문제를 던지지 않는다.

이것은 왜 어떤 활동이나 실천이 시장 밖에서 이뤄져야 하는지를 보여주기보다, 추상적인 계산을 하는데 있어 시장이 적합한 방식이라고 손쉽게 제안하는 것이다. 베커(Becker)와 같은 시장주의자들이 칭송하는 경제적 접근법은, 신고전학파 경제학자들이 그러하듯, 명시적으로 벤담(Bentham)과 공리주의자의 가정 위에 구축된 것이다.

이러한 공리주의적 논점이 표현의 자유를 어떻게 다루는지 살펴보자. 모든 정치적 견해는 어느 곳에서나 표출된다. 만일 사람들이 모종의 출판을 원하고, 그들은 그 출판물을 살 수 있다. 따라서 대다수의 주목을 받으며 지배적인 영향력을 갖고 있는 매체 제작물은 사람들이 자유롭게 선택한 것이다. 하지만, 이러한 주장은 연예기획 비즈니스의 기업구조를 전혀 감안하지 못한다.

공유되는 즐거움, **사회적** 책임 또는 **집합적** 돌봄이 방송활동과 문화영역에서 권장되는 것은 당연하지만, 이러한 가치들은 개인의 선호를 극대화한다는 계산항목에는 안중에도 없는 가치들이다. 아마도 공연을 위해 공동체가 함께 쓰는 비영리 극장은 각 개인의 선호만족을 단순하게 하나로 합산해서 시청률에 비례해 수입이 증가하는 상업용 TV프로그램보다 더 큰 가치를 갖는다. 전자는 공적인 지원을 받을 만한 가치가 있다. 그렇다면, 공리주의가 아닌 다른 근거에 의해 뒷받침되어야 할 필요가 있다. 예를 들어, 교육의 가치가 개별 소비자의 만족이 아닌 다른 것이라고 주장하기 위해서는, 공리주의적 선호집합이 제공할 수 있는 것 이상의 무엇이 필요하다. 보건의료 또는 아이돌봄이 공동체의 취약인과 의존인을 위해 공동체의 공유된 관심을 표현하기 위해서는, 이러한 서비스가 개인적 소비를 위한 상품 이상이 되어야 할 필요가 있다. 정치제도가 의존하는 공동체 의식을 함양하기 위해서, 시민사회는 시장의 거래 이상의 무엇을 담고 있어야 한다(8장 참조).

시장의 정당한 한계가 어디여야 하는지를 결정하기 위한 목적으로, 규칙 공리주의(rule-utilitarianism)가 행동 공리주의(act-utilitarianism)보다 나아보이지 않는다. 왜냐하면 필자의 견해로 규칙 공리주의는 본질적으로 행동 공리주의로 환원되기 때문이 아니라, 모든 형태의 공리주의가 개인의 혜택과 의무를 고려하는데 있어서 제한적이고, 우리가 사회적 가치로 취할 수 있는 것과 사회적 개인을 위한 가치를 만족스럽게 다룰 수 없기 때문이다. 그렇다면, 칸티안이건 혹은 공리주의건, 자유주의적 개인주의는 시장 확대를 제한할 수 있는 적절한 근거를 제공하지 못한다. 그러나 라딘(Radin)이 적고 있듯이, "전통적인 자유주의 관점에 따르면, 시장은 몇몇 예외를 제외하고 사람들 사이의 대다수 희망하는 거래를 적절하게 포섭하고 있는 것으로 이해된다."[36]

돌봄윤리

이 책의 1부에서 언급했듯이, "돌봄윤리"는 초기 개념에 비해 최근에 좀 더 만족할 만한 개념으로 발전해왔다. 돌봄윤리에서는 개인의 권리 혹은 개인의 선호보다, 사람들 사이의 관계에 기본적인 방점을 찍는다. 사람들은 전통적 자유주의 이론의 자족적인 개인이라기보다 "관계적"인 것으로 간주된다. 돌봄윤리에서는 돌봄관계가 가장 중심적인 가치가 된다.

단체와 공동체뿐만 아니라 가족과 친구관계는 다양한 근거에서 가치를 부여받거나 혹은 부족한 것으로 평가를 받을 수 있다. 예를 들어, 관계는 신뢰하고 배려하며 서로에게 힘이 되어주는 관계일 수 있으며, 혹은 적대적이고 착취적이며 억압적인 관계일 수 있다. 어떤 관계를 만족스러운 것으로 규정하는 것은, 관계 속에 있는 사람이 개인으로서 그 관계에 만족한다는 것과 다르다. 어떤 밴드가 잘한다고 판단하는 것과 밴드의 개별구성원이 잘한다고 판단하는 것 사이의 차이와 유사하다. 자유주의적 개인주의자와 공동체주의 이론가 사이의 논쟁이 이러한 다양한 관점을 설명한다. 권장할 만한 다수의 공동체주의적 가치들 간에는 차이가 있지만, 돌봄윤리를 주장하는 공동체주의자는 일반적으로 돌봄을 개인주의적 인간관이라기보다 관계적 인간관으로 간주한다.

돌봄윤리와 민감성, 동감, 응답성, 책임성과 같은 돌봄과 관련된 가치에 대해 이해한다면, 우리는 시장의 경계가 어디쯤 구획되어야 하는가에 대해 더욱더 적절한 판단을 할 수 있다. 돌봄윤리 옹호자들은 왜 돌봄윤리가 전통적 도덕이론의 단점이 쉽게 드러나는 가족과 우애의 "사적" 영역에 제한되어서는 안 되며, 대신에 정치적이고 사회적 삶에 적용되어야 하는지를 성공적으로 보여준다. 만약 우리가 돌봄을 개인적인 영역뿐만 아니라 정부에 대한 중요한 가치와 해석의 틀로 이해한다면, 정부의 역할을 단지 권리의 보호 혹은 선호만족의 극대화에 있다고 보는 입장과는 다른 측면에서 정부와 경제관계에 관여된 이슈들에 접근할 것이다. 우리는 정부가 개인들 사이의 돌봄관계를 어떻게 육성해야 하는지, 그리고 돌봄관계의 토양을 유실(流失)시키는 시장을 어떻게 제한할 것인지에 대해 이해할 수 있다. 돌봄윤리는 상호적인 환경의 건강한 미래가 달려 있는 지구적 공동체를 포함해, 공동체에 함께 사는 동료구성원으로서 우리가 서로에 대해 관심을 보여야 한다고 주장하는 근거를 제공한다. 우리는 전통적인 공동체의 요구에 맞게 개별 아이를 희생시키는 방식이 아니라, 모든 아이를 잘 보살피기 위해서 우리가 아이의 안녕을 뒷받침하는 사회적 관계를 이해할 필요와, 이 같은 사회적 관계가 부분적으로 그 아이의 인성을 어떻게 구성해 가는지를 깨달으면서 돌봄을 권장해야 한다.

돌봄윤리의 관점에서 보면, 우리는 공정성과 개인효용의 극대화가 우리의 유일한 도덕적 권장사항이거나 다른 도덕적 권고사항을 언제나 무력화시킨다고 말할 수 없다. 우리는 자유롭고 평등하며 자율적인 개인이라는 전제와 도덕에 대한 전통적인 법리적 틀이 작동하는 영역을 인정할 수 있다. 하지만 우리는 이러한 사고방식이 인간의 모든 삶의 방식에 적합하다고 전제해서는 안 된다는 점도 인식해야 한다. 우리는 개인적인 자기이해의 추구와 개인만족의 극대화가 도덕적으로 허용될 수 있는 영역을 인식할 수 있지만, 우리는 또한 이러한 틀과 이러한 가치가 인간활동과 인간사회 전체로 확대되어서는 안 된다는 점을 이해해야 한다. 교육, 아이돌봄, 보건의료, 문화, 환경보호와 같은 실천에서는 권리에 의해서만 제한되는 시장규범이 남발돼서는 안 된다. 그 이유는 비록 시장규범이 아무리 효율적이고 공정하다 할지라도, 공유되는 돌봄관심을 포함하여 위의 실천에서 드러나는 많은 가치를 함양하거나 대변할 수 없기 때문이다.

우리는 경제가 지금보다 돌봄의 관심에 의해서 훨씬 더 풍성하게 인도될 수 있는 가능성을 배제해서는 안 된다. 경제는 인간의 성숙함에 기여하는 방식으로 사람들이 실제로 필요한 것을 생산할 수 있다. 하지만 경제 자체가 돌봄의 가치에 영향을 받기 전에도, 돌봄을 중심 가치로 하는 사람들은 그들의 정부와 그들의 선택을 통해 시장의 범위에 영향을 미칠 수 있으며 그렇게 해야 한다.

정당한 선 긋기

"대리모" 혹은 "계약임신"에 대한 논의에서 유념할 만한 논쟁을 살펴볼 수 있다. 자유주의적 계약주의 혹은 공리주의적 사고의 관점에서 본다면, 왜 이러한 서비스가 다른 서비스와 같이 시장에 있으면 안 되는 것인가? 만약 어떤 여성이 자신의 몸을 그렇게 사용하기를 원한다면, 혹은 어떤 부부가 그에 대한 대가로 돈을 지불한다면, 왜 법에서는 이러한 계약을 다른 계약처럼 인정하면 안 되는 것인가? 자유주의적 개인주의의 관점에서, 국가는 계약임신의 지지자와 반대자 사이에서 중립적이어야 하는가?

우리가 고려하는 다른 가치를 특히, 부모의 사랑과 관련된 가치를 고려해보자. 우리는 아이에 대해, 부모의 이익을 위해 배후에서 조종하거나 활용하지 않고 그 자체로 가치를 부여한다. 앤더슨(Anderson)의 설명대로, 부모의 사랑은 "아이가 성장하고 성숙하는 역량을 발전시키는데 필요한 지침, 애정, 돌봄을 제공함으로써 아이를 양육하는 무조건적인 공헌으로 이해되며… 아이에 대한 부모의 권리는 부모가 아이를 위해서만 행사되어야 하는 신뢰이다."[37]

계약임신은 이러한 가치를 묵살한다. 앤더슨에 따르면 계약임신은

> 부모의 사랑이라는 규범을 시장의 규범으로 대체하는 것이다… 계약임신은 부모의 권리를 신뢰에서 소유물에 대한 사용과 처분의 권리인 소유권 같은 것으로 뒤바꿔 버렸다. 이러한 관행에서, 대리모는 물질적 혜택 때문에 아이를 포기하기 위해 의도적으로 임신을 한다… 대리모와 그녀에게 부모의 권리를 포기하는 대가로 돈을 지불하는 부부는 대리모의 권리를 부분적인 소유권으로 간주한다. 이렇게 함으로써, 그들은 이 아이를 정당하게 매매할 수 있는 부분적인 상품으로 간주한다.[38]

앤더슨이 돌봄윤리의 옹호자라고 말하려는 것이 필자의 의도가 아

니다. 앤더슨은 시장의 방식과 종종 충돌되기도 하지만, 시장의 방식에 추가해 다양한 방식의 가치를 옹호하는 학자다.

메리 린든 쉔리(Mary Lyndon Shanley)는 계약임신에 관여하는 노동에 주목한다. 그녀는 여성의 임신 기간 중 노동을 상품과 강제할 수 있는 계약으로 바라보는 것은 "단지 자궁이 아니라 여성 자신이 재생산 노동에 참여할 수 있는 방식"을 간과한다고 주장한다.[39] 어머니와 태아는 강력하게 상호 연계되어 있으며, 산모는 아이에게, 이 아이가 타인의 손에서 크든지 그렇지 않든지 관계없이, 생명을 준 여성이라는 점이 결코 부인될 수 없다. 이 지점에서 쉔리는 "임신계약은 다른 종류의 고용계약에 비춰보면, 합의된 노예계약에 버금갈 수도 있다"는 주장에 다다른다.[40] 그녀는 계약임신의 행동은 부당한 것으로 이해되어야 한다고 주장한다.

계약임신에 대한 많은 비판적 견해에 있어서, 여성이 자매 혹은 매우 가까운 사이에 있는 다른 사람을 위해 계약이나 금전적 보상 없이 아이를 임신하는 매우 이례적인 경우를 제외하고, 법은 이러한 계약을 강제집행해서는 안 된다. 이러한 논지는 돌봄윤리의 토대 위에서 설득력 있게 제시될 수 있다.[41]

우리는 시장에 대한 경계를 어떻게 획정할 수 있을지에 대한 사례를 살펴볼 수 있다. 우리는 상품화와 상업화를 피해야 하는 인간의 가치와 인간활동의 영역을 구분할 수 있으며, 개인의 권리가 이미 존중되었다 하더라도, 개인의 이익이 최우선적인 가치가 되어서는 안 되는 영역을 고려해야 한다. 예를 들어, 우리는 장기매매에 있어서 잘못된 점을 이해하고 지적할 수 있으며, 정치권력의 시장화에 대한 우려를 이해할 수 있게 된다.[42] 우리는 우리의 다른 활동의 우선순위에 맞는 가치를 명확히 할 수 있다.

상업화와 경쟁을 혼동해서는 안 된다. 음악가와 예술가가 누가 더 최고인지를 감별받기 위해 경쟁할 때, 우리는 예술가적 가치에서 더 멀어지는 것이 아니라 예술가적 가치를 권장하는 방식에 더욱 가깝게 갈 것이다. 비너스 윌리암스(Venus Williams)와 세레나 윌리암스(Serena Williams)가 테니스 경기를 할 때, 그들의 삶은 테니스 코트에 한정되지 않기 때문에, 자매로서 둘 간의 친분을 해칠 필요가 없다. 만일 학생들을 가장 잘 교육시키는 학교를 두고 경쟁한다면, 금전적인 이익으로 환원해서는 안 되는 교육에서 우선해야 하는 가치가 무엇인지를 놓치지 않는다는 전제하에 받아들일 수 있을 것이다. 만일 학교제도가 최소의 교직원으로 최대의 성과를 낼 수 있는지를 경쟁한다면, 이는 유익할 것이다. 이런 이유로, 필자는 공교육에 도전적 활력을 불어넣고, 비효율적인 학교에서 의욕이 부족한 교육자를 더 열심히 하도록 유도하는 방법으로서 공교육제도의 차터스쿨(charter schools)을 찬성하지 않는다. 또한 반대하는 타당한 다른 이유들이 존재하지만, 차터스쿨이 경쟁적이기 때문에 바우처 제도를 반대해야 한다고 하는 것은 아니다. 하지만 경쟁에 대한 어떤 지지도 돌봄윤리가 보는 우선순위의 관점에서 평가되어야 한다. 학교에서 가르쳐야 하는 가치 중 하나는 시민의 책임을 협동해서 함께 분담하는 것이다. 이것은 개인 자신의 경제적 이익을 위해 효율적으로 경쟁하는 능력보다 더 큰 가치이다. 학교 간 경쟁이 필요하다면, 시험성적의 향상뿐만 아니라 이와 같은 목표를 위해 경쟁해야 할 것이다. 필자는 경쟁의 목표가 경제적 이익이 되어서는 안 된다고 생각한다.

상업화는 효율성 제고 또는 효율적 관리와 혼동되어서는 안 된다. 교직원과 학생들이 저비용으로 실적 향상을 위해 일부 경영관리 기법을 학교에 적용하는 것은 적절할 수 있다. 병원과 대다수의 비영리

기업에 대해서도 마찬가지일 수 있다.

그러나 우리가 시장의 언어와 개념을 도입할 때, 예를 들어 생산성, 효율성, 저비용을 조건으로 학교를 평가할 때 위험한 점은, 경제적 이익을 위한 수단으로 이러한 가치를 이해하는 시장의 기본 전제와 목표 또한 동시에 유포된다는 점이다. 교육에서도 수단적이고 선별적으로 효율성과 경쟁에 가치를 둘 수 있지만, 교육은 효율과 경쟁이 어떤 목적을 달성하기 위한 것인지를 결코 잊어서는 안 된다. 분명하고도 명백하게, 교육은 좋은 교육을 가장 우선적인 것으로 만들어야 한다. 이것은 동어반복처럼 들릴 수 있지만, 현재의 분위기에서는 그렇지 않다.

우리는 거의 모든 교육이 시장 밖에 있어야 한다고 주장할 수 있어야 하며, 또한 현재 벌어지고 있는 공교육의 현장과 공교육제도에 기업이 대규모로 밀려들어오는 것에 대한 확고한 경계선을 그을 수 있어야 한다. 비공교육제도는 비영리 위상을 열성적으로 이끌기 위한 존립근거를 이해해야 한다. 시장의 이데올로기는 종교적 이데올로기에 비견된다. 우리가 공교육 교실에서 종교를 가르치지 않고 사립학교에서 부차적으로 가르치는데 성공한 것처럼, 우리는 시장의 이데올로기가 -시장가치로의 개종이- 교실로 침범하지 못하도록 해야 한다. 물론 우리는 헌법과 법률이 교회와 국가의 분리를 명시하는 것과 같은 도움을 받을 수 없다. 하지만 교육자들과 교육계에서 뜻을 함께하는 사람들이 이러한 신념을 확고히 세운다면, 상당한 설득력을 얻을 수 있다.

시장화의 추세와 대조적으로, 보건의료와 거의 모든 아이돌봄에 시장규범을 적용해서는 안 되는 이유들이 드러나고 있다. 또한 더욱 유토피아적인 현실 세계의 맥락이라 하더라도, 필자는 시장의 지배에서 문화를 해방시켜야 한다고 주장해왔다.[43] 지금처럼 주로 상업적 목적을 위해서가 아니라, 민주주의 정치의 가치와 진실에 대한 이해를 높이기 위해, 뉴스가 생산되어야 하며 시민에게 정보가 제대로 전달되어야 한다. 예술과 연예는 사적인 금전적 이익에 편중된 목적이 아니라, 미적 가치와 인간적 즐거움을 위해서 창조되고 유포되어야 한다. 대중매체와 인터넷은 이윤추구를 극대화하려는 시장의 이해관계에 방치하지 말고, 공익의 관점에서 정부의 통제하에 있어야 한다. 돌봄윤리는 시장이 외면하는 의미 있는 가치를 되살릴 수 있는 근거를 제공할 수 있다.

앞에서 지적한 바, 문제는 우리가 최우선적으로 혹은 우선해야 하는 가치가 무엇이냐의 질문이다. 교사, 돌봄제공자, 뉴스 리포터, 음악가는 그들의 일에 대해 정당한 대가를 받아야 한다. 사회 목적에 맞는 많은 공적 투자가 권장되기는 하지만, 자신의 자금을 다양한 개발 사업에 투자한 투자가는 적정한 보상을 받을 때 정당화될 수 있다. 사회적으로 없어서는 안 되는 임무를 수행하고 있는 또는 사회가 나아갈 방향에 근본적으로 영향을 미치는 공기업뿐만 아니라 사기업은 모두, 상업적 이익을 자신의 주요 목적으로 삼아서는 안 될 것이다.

존 맥머트리(John McMurtry)는 미국뿐만 아니라 캐나다와 잉글랜드에서 교육이 "세계시장에서 효율적으로 경쟁하는" 우리의 능력을 얼마나 향상시키는지를 보여주면서 교육의 탁월함을 정당화한다. 그는 아주 많은 교육자들이 교육의 목적을 지구화된 자본과 기업의 필요에 기꺼이 종속시키려는 경향을 개탄하며, 우리가 향하고 있는 곳에서 우리가 대면할 위험성에 대해 다음과 같이 결론을 내린다. "교육의 과정은 기존 관행에 대한 질문과 반성의 과정이 필요하기 때문에, 이러한 유형의 하나인 지구적 시장체계로 교육이 흡수되는 것은, 한마

디로 말해 실질적인 의미로 사회를 생각할 능력이 없는 사회로 방치한다는 것이다."[44] 필자 역시 뉴스 매체를 포함한 문화가 시장의 수요에 종속되어 비판적 평가, 시장 외의 대안적 상상, 시민이 효과적으로 행동하기 위해 필요한 정보와 평가를 제공하는 기능 등의 사회를 건강하게 유지하기 위한 본연의 임무를 할 수 없게 된 점을 지적해 왔다.

왜 시장모델에 굴종하지 말아야 하는지를 교육자들이 이해하도록 일조하면서, 맥머트리는 교육과 시장을 목적, 동기, 방법 그리고 탁월함의 측면에서, 완전히 대척된 것으로 개념화했다. 하지만 필자는 교육과 시장을 대척점에 두고 보는 것은 교육자들의 관행 속에 묻혀있는 비효율성, 부실관리, 무능에 대한 비판에도 눈감는 것이라 생각한다. 교육과 시장은 서로 다른 **우선순위**를 갖고, 서로 다르게 가치를 **서열화**하는 영역으로 이해하는 것이 더 나아보인다. 기업에서도 잘 읽고 잘 쓰는 교육을 받은 유능한 직원에 가치를 둘 수 있지만, 그것은 기업의 사업적 목표를 위함이다. 학교는 효율적인 운영에 가치를 둘 수 있지만, 학생의 실질적인 배움을 희생시키면서까지 그래서는 안된다. 차이를 이해하는 이러한 방식은 더 적절해보이며, 시장의 파고에서 교육을 수호할 수 있는 힘을 강화시킨다. 예를 들어, 학교는 새로운 테크놀로지가 필요함을 주장할 수 있지만, 기업이 아니고 교육자는 그러한 테크놀로지를 어디에 사용할 것인가를 결정해야 한다. 어떻게 인간활동에 대한 중층적인 서로 다른 우선순위의 가치를 평가할 수 있는지, 이러한 가치의 우선순위를 정당하게 서열화하는 것이 얼마나 중요한 것인지의 문제는 보건의료, 아이돌봄, 문화표현과 같은 활동들에 적실하다고 할 수 있다.

미국 사회가 시장을 확대하기보다 이에 대한 정당한 한계를 설정하려고 노력하는 만큼, 시장가치 이외의 다른 가치들이 활기를 찾을 것이다. 필자가 보기에 자유주의적 개인주의 위에 구축된 도덕이론은 이러한 발전에 적합하지 않다고 생각한다. 도덕적 다원주의 및 가치의 다중성을 인정하는 미덕이론의 토대 위에 구축된 이론들은 어느 측면에서는 좀 더 나을 수 있겠지만, 여전히 많은 부분에서 개인주의의 벽에 부딪힌다. 돌봄윤리 위에 구축된 도덕이론은, 개인의 권리를 최우선시해야 하는 영역을 인정할 수 있고 또한 개인의 선호를 우선시해야 하는 영역을 인정할 수 있지만, 동시에 그러한 영역들은 제한적이어야 한다는 점을 강조하는데 유용할 것이다. 우리의 아이들과 아이들의 미래를 보살피면서, 우리는 시장의 가치들 외에도 유념하고 진가를 음미하도록 해야 하는 다른 많은 가치들이 있음을 인식하게 될 것이다. 또한 우리는 이러한 가치들을 권장하고 반영하는 사회적, 경제적 그리고 다른 방식들에 대해서도 응원의 박수를 보낼 수 있다.

8장

시민사회, 권리, 돌봄의 전제

페미니스트들 사이에서 여성의 권리에 대한 많은 논쟁이 있었다. 권리는 무엇인가? 여성에게는 어떤 권리가 있는가? 여성에게 없었지만 필요한 권리는 무엇인가? 그리고 여성의 권리가 존중받을 수 있는 방법은 무엇인가? 부부강간에 대항하는 권리와 다양한 여성폭력에 대항하는 권리처럼, 예전에는 인정받지 못했던 다양한 여성의 권리를 인정하기 위해 재정립해야 하는 권리 개념이 폭넓게 논의되었다. 부부간에 그리고 노동과 소유의 관점에서 평등에 대한 여성의 권리를 해석하는 방식이 논의되었다. 페미니스트 이론가들 역시 권리에 대한 다양한 재개념화를 제시해왔다.

필자는 이러한 논쟁에 가세하는 대신 이 장에서 권리가 무엇을 전제하고 있는지, 다시 말해 필자가 부르는 돌봄의 전제가 무엇인지를 검토하려 한다. 필자는 인과적인 의미가 아니라 규범적인 차원에서 권리의 전제조건과 권리가 전제하는 바를 고려할 것이다. 경험적으로 볼 때, 권리존중을 인정받기 위해서는 권리를 인정받을 수 있는 타인들 사이에 사회적 연계의식이 선재(先在)해야 한다고 주장할 것이다. 필자는 사회적 연계(social connection)라는 관계, 즉 돌봄관계는 규범적으로 권리보다 우선하며, 권리 인정보다 우선권이 있다고 주장할 것이다. 우리는 어느 곳에서건 모든 인간의 인권을 존중해야 하지만, 무엇보다 우리는 우리 자신과 같은 인간으로서 모든 다른 사람을 돌보는 실천과 우리 안에 있는 능력을 개발해야 한다.

시민사회, 공동체, 시민권

최근 개인과 법·정치·정부 사이의 방치된 영역에 대한 많은 논의가 있었다. 과거 십여 년 동안 정치사회이론이 지배적으로 주목했던 지점은 권리, 정의 그리고 법 영역이었다. 존 롤즈(John Rawls), 로버트 노직(Robert Nozick), 로날드 드워킨(Ronald Dworkin)의 저작들이 그 중심에 있었다. 보다 최근에는, 권리 영역의 전제조건이 무엇인지에 대한 논점으로 확대되었다. 다시 말해, 정치제도의 존속을 가능하게 하는 사회적 연대, 민주적 제도가 작동하기 위한 사회적 조건, 권리보호를 권장하고 정의의 진보를 조성하는 배경 등에 대한 논의이다. 또한 시민들 사이에서 공동체 의식의 필요성, 시민적 미덕의 함양, 그리고 시민사회를 번성시키는 요인에 대한 논의가 있었다.

공동체주의 가치를 옹호하는 것으로부터 자유주의적 시민권 개념의 재구성 및 시민사회 자체를 다루는 것에 이르기까지 망라된 글들이 쏟아졌다. 예를 들어, 시민권(citizenship) 이론을 재검토하는 1994년에 발표된 논의에서, 윌 킴리카(Will Kymlicka)와 웨인 노르만(Wayne Norman)은 기존의 시민권 이론에서 시민권을 증진할 어떤 강력한 제안을 찾아보기 힘들다면서, "상당히 공허하다"고 주장했다. 하지만

"시민권은 단지 일련의 권리와 책임으로 정의되는 특정한 지위를 의미하는 것이 아니다. 이것은 역시 정치공동체에 속하는 누군가의 성원자격의 표출, 즉 정체성이다"라는 새로운 해석이 존재했다.[1] 많은 집단이 시민권에 동의했을 때도 여전히 배제되고 있다고 느꼈기 때문에, 우리는 다양한 집단을 하나의 정치체제로 통합하기 위해서는 시민권을 인정하는 것 이상이 필요하다는 것을 깨달을 수 있었다.

상당수의 문헌들이 정치사회를 위해서 "공유된 정체성"이 얼마나 필요한지에 대한 논지를 발전시켜왔다. "자유주의적 민족주의자"는 공유된 국가 정체성은 한 국가의 활력과 자유주의적 가치의 실현에 필수적이라고 주장한다.[2] 정체성 논쟁은 문화적 소수집단의 관습이 주류집단의 관습과 충돌할 때 동화가 얼마나 필요하거나 권장되어야 하는지, 그리고 다문화주의가 얼마나 허용되거나 찬사를 받을 수 있을지에 대한 질문을 제기한다. 혹자는 한 국가의 공유된 정체성은 민족적이나 인종적인 정체성이 되어서는 안 되며 "자신의 정체(政體)에 대한 소속감"이면 충분하다고 주장한다.[3]

최근에는 간과되었던 시민사회의 개념과 시민사회가 어떻게 이해되어야 하는지에 대한 폭발적인 관심이 쏟아졌다. 존 킨(John Keane)은 그의 저서 『시민사회(*Civil Society*)』에서 "거의 한 세기 반 동안, 시민사회라는 언어가 지적, 정치적 생활에서 사실상 사라져 있었다"고 설명한다.[4] 하지만, 1990년대 이래로 "유럽과 기타지역에서 '시민사회'라는 용어는 인문학분야에서 맹위를 떨쳐왔고, 정치인, 기업리더, 학계, 비영리 재단, 구호단체 그리고 시민의 입을 통해 매우 자주 언급되어" 지금은 진부한 언어가 되었다고 지적한다.[5] 심지어 지구시민사회를 위한 논의까지 존재한다. 비록 민주주의로의 성공적인 전환을 위한 다른 전제조건 역시 구체화되어야 한다고 말하지만, 후안 린쯔

(Juan Linz)와 알프레드 스테판(Alfred Stepan)은 "자유롭고 활력 있는 시민사회"의 존재가 필수적이라고 간주한다.[6]

'시민사회'의 의미는 경제적 교환관계에 집중한 헤겔(Hegel)의 논점을 넘어 훨씬 더 진화해왔다. 헤겔 이전 시기에 시민사회라는 용어는 일반적으로 정치결사체에 적용되었다. 자본주의가 탄생하고 근대 국가가 발전하면서, 헤겔은 가정적인 것과 정치적인 것 사이의 영역으로 인식했다. 현재 사용되고 있는 용어는 심성보다 제도를 강조하고 있지만, 1960년대 논의되었던 민주주의를 지탱하는 "시민문화"에 좀 더 가깝다. 가브리엘 알몬드(Gabriel Almond)와 시드니 버바(Sidney Verba)는 시민문화에 대한 그들의 책에서, "정치체제 안에서 참여에 대한 우호적인 태도는 시민문화에서 중요한 역할을 하지만, 일반적인 사회적 참여와 타인에 대한 신뢰 같은 비정치적 태도 역시 마찬가지이다"라고 언급한다.[7] 진 코헨(Jean Cohen)과 앤드류 아라토(Andrew Arato)는 "시민사회는 사회화, 결사 그리고 조직된 형태의 실제 의사소통의 -제도화 정도에 따라 다르겠지만- 구조를 일컫는다"고 지적한다.[8]

시민사회는 보통 공식적인 법정치의 방식이 아닌, 한 사회의 구성원들이 상호작용하는 방식을 규정하는 관계, 실천 그리고 태도를 포함하는 것으로 받아들여진다. "그것은 사적인 개인들이 함께하는 것이다… 그것은 순수하게 가족적인 것을 넘어서지만, 국가의 관계가 아닌 관계를 포함한다. 시민사회는 우리의 기본적인 사회적 관계와 경험에 관한 것이다."[9] 존 홀(John A. Hall)은 시민사회의 역사적 발전을 검토한 후, 시민사회는 "합의와 갈등의 복합적 균형, 즉 합의된 실제를 도출하기 위해 필수적인 최소치의 합의와 양립하는 차이에 대한 가치부여"라고 결론 내린다.[10] 킨(Keane)에 따르면, 시민사회는 "비폭력적, 자발적, 자기성찰적이며, 시민적 제도의 활동을 구동, 제약 또는 '틀(frame)'을 만드는 국가제도 뿐만 아니라 시민적 제도 각각이 서로 긴장감을 유지하는 경향이 있는, 법적으로 보호되는 비정부제도의 복합적이고 역동적인 조화를 설명할 뿐만 아니라 지향하는 이상형(막스 베버의 이념형(*idealtyp*))"이다.[11]

시민적 미덕을 주장하는 전통이 시민사회가 현재 관심 갖는 다원주의를 수용하는 것과는 상당히 다르지만, 사회는 시민적 미덕을 필요로 한다.[12] 많은 논자들에게 시민사회는 관용과 함께 일하는 능력을 요구하지만, 서로 다른 집단에서 근본적으로 서로 다른 가치를 갖는다는 점이 받아들여진다. 필요로 하는 시민적 미덕의 양성은 "가족, 이웃, 교회, 작업장 그리고 다양한 종류의 결사체 -'시민사회'로 불리는- 에서 일어난다."[13] 시민사회는 시민적 미덕을 개인이 "자신의 이해관계가 타인의 이해관계에 달려 있고 연계되었는지를 이해하고, 공동체 의식을 발전시키는 것"이라 가르치는 것이다.[14]

시민사회에 대한 관심은 비단 학계에 국한되지 않는다. 시장에 과잉 의존하는 세태에 비판적인 저서에서, 로버트 커트너(Robert Kuttner)는 "국가도 시장도 아닌 자발적인 영역"을 의미하는 "시민사회의 회복"의 필요성을 주장했다.[15] 자발적인 결사체를 구축하는 복지국가에 대한 보수주의적 청사진을 거부하며, 그는 경제적 가치가 되어서는 안 되는 가치가 점점 더 시장의 상품이 되면서, "국가가 아니라 시장의 과도함이 시민사회를 질식시키고" 있는 명백한 사례들이 존재한다고 지적한다.[16] 동유럽의 최근 발전에 영향을 받은 킨(Keane)과 같은 논자들은, 경제활동도 시민사회의 영역이라는 생각을 배제해서는 안 된다고 주장한다. 국가 통제로부터 독립적인 경제활동과 중소기업의 발전은 민주주의로 전환되는 시민사회의 성장 혹은 부활에 상당한 기여를 할 수 있다.[17] 하지만, 코헨과 아라토는 시민사회가 국가와 경제 모두와 구분되는 것으로 간주될 때만이, 시장경제가 이미 자리를 잡고 있는 사회에서 추구되어야 할 비판적 분석의 잠재력을, 시민사회가 탑재할 것이라 주장한다.[18]

무엇이 민주주의를 만드는가에 대한 로버트 퍼트남(Robert Putnam)의 작업과 같은 경험적 연구는, 사람들이 정치적으로 함께 일하는 법을 배울 필요가 있다는 견해를 강화한다.[19] 민주적 제도가 제대로 기능하기 위해, 19세기 토크빌(de Tocqueville)이 제안했던 것처럼, 시민들은 비(非)정부 결사체에서 서로 관계를 맺고 있을 필요가 있다.[20] 광범위하고 다양한 결사체가 가능하다. 즉, 시민적 결사체뿐만 아니라 스포츠 동호회, 예술 모임 등이 포함될 수 있다. 하지만 이와 같은 시민사회의 활동에 대한 참여가 높을 때, 민주적 제도가 제대로 작동하며, 참여가 낮은 곳에서는 ―귀족, 교회 혹은 마피아에 의사결정을 맡기는 전통이 강한 곳에서, 그리고 TV시청이 볼링 동호회나 마을회의 참석을 대신하는 미국과 같은 곳에서― 민주적 제도가 위험에 빠진다.[21] 민주주의가 정치적인 것 이상의 무엇이라는 존 듀이(John Dewey)의 논지는 새롭게 되새겨볼 만한 가치가 있다.[22]

덜 경험적이고 더 규범적인 접근에서 보면, 민주주의가 번성하고 권리를 존중받기 위해 필요한 시민적 미덕에 대한 토론이 많이 있었다.[23] 많은 학자들은 국가가 시민적 미덕을 이끌어내기 위해 필요하거나 필요할 수 있는 교육을 고민해왔다. 종교집단 혹은 문화집단이 시민적 관용과 같은 미덕을 배제하는 방식으로 아이들을 교육시킬 때조차도, 정부가 시민적 책임과 관용에 대한 교육을 아이들에게 부과할 수 있을까?[24] 우리를 보호할 기회를 갖는 권리를 위해 시민적 미덕을 가르쳐야만 하는가?

정의와 권리의 합리적 토대를 옹호하는 사람들과 정치철학에서 자유주의적이고 사회계약의 전통에서 구축된 사람들은, 종종 권리와 정의의 원칙이 이방인들 사이의 관계에 있어서 매우 적합하다고 지적한다. 친구와 가족구성원 간의 도덕적 우선성에 제대로 답하지 못하는 합리적 선택이론과 사회계약론의 결격에 대한 비판에 대응하는 차원에서, 합리적 선택이론가와 사회계약론자는 자신의 이론이 가족, 친구 사이에 적용하기 위함이 아니라, 감정 혹은 특수 관계가 아닌 사람들 사이의 관계, 즉 이방인들 사이의 공적이고 정치적인 영역에 적용하기 위함이라 주장한다. 하지만, 합리적 선택과 계약론의 정치적 개인들은 실제로 이방인이 아니라는 점은 명백하다. 이들은 이미 동일한 사회, 동일한 집단 혹은 동일한 국가의 부분이 되기에 충분할 정도로 연계되어 있다. 예를 들어, 권리와 정의의 주류이론에서는 합리적 개인들이 정의의 원칙에 근거해 합의를 추구할 수 있는 정당한 범주가 어디까지인가의 문제는 풀리지 않고 있는 혹은 심지어 제기되지도 않은 논외의 문제였다. 20세기 마지막 십 년간 있었던 유혈사태를 자초한 고집불통의 분리 독립과 자결을 요구하는 민족분쟁은 이러한 문제의 심각성을 전면에 부각시켰다. 가상의 시민들이 자치라는 가상의 조건에 합의할 수 있기 전에, 그들은 자신이 누구와 합의를 이끌어내야 할 것인지에 대한 동의가 있어야 한다. 그 결과, 권리가 구체화되고 존중되며 지지될 수 있기 전에, 사람들은 구체화되고 존중되며 지지되어야 하는 집단의 구성원이 누구인지에 대한 합의가 있어야 한다. 다시 말하면, 마치 "우리"가 우리의 권리에 대해 동의를 구하는 것처럼, 구성원은 다른 사람을 "우리"라는 집단에 속한다고 인식해야 한다. 관련된 모든 사람은 실질적이거나 잠정적으로 동료 시민이다. 이방인이 아니다. 모든 사람은 그들 사이의 합의를 추구할 정도로, 그리고 서로의 권리를 기꺼이 존중할 정도로 충분히 연계되어 있다고 느껴야만 한다. 권위주의 국가에서 민주주의 국가로의 전환과 그 과정에서 민주주의의 취약성을 분석하면서, 킨은 어떻게 "민주적 과정이 정치적 단위 그 자체의 정당성을 **전제하는지** 명확히 밝혔다. 즉, 정치적 단위의 정당성은 민주적으로 결정될 수 없다. "국가성(stateness)에 대한 합의는 논리적으로 민주적 제도의 출발점보다 앞에 있다"고 주장한다.[25]

경계의 이슈가 문제시될 때, 우리는 특히 그러한 문제를 인식하게 된다. 우리는 권리의 전제조건에 대한 이러한 우선적 영역에 균형 있게 주목할 필요가 있다. 그렇게 할 때, 실제 법체계에서 권리가 존중 받거나 실제 헌법에서 정의의 원칙이 반영되기 위해서, 이러한 법체계와 헌정체계를 갖고 있는 실제 집단구성원을 연결하는 실체적인 사회적 관계가 있다고 우리는 결론 내릴 수 있다. 권리가 규정되고 지지되는 시민사회 -공동체와 시민적 미덕- 라는 전제조건이 존재한다.

돌봄윤리

재점화된 시민사회에 대한 관심과 함께 1990년대를 거치며, 1980년대 시작된 "돌봄윤리"는 실질적인 발전이 있었다. 돌봄윤리는 칸티안 윤리와 공리주의 같은 주류 도덕이론의 젠더 편견에 대한 공격에서 비롯되었다(1장과 4장 참조). 자율성, 독립성, 불간섭, 공정 그리고 권리와 같은 가치에 우선성을 주는 주류이론과 대조적으로, 돌봄윤리는 사람들을 서로 연결하는 돌봄관계와 상호의존성에 가치를 둔다. 시민사회에 관심을 갖고 있는 사람들이 주목하는 지점과 돌봄윤리에 대한 관심이 맞닿아 있다는 점은 명확하다. 도덕의 기초로 간주되는 합리성과 불편부당성에 대한 위협으로 감정을 거부하기보다, 돌봄윤리는 동감과 공유된 관심과 같은 도덕감정에 주목하고 가치를 부여한다. 도덕을 개인의 자기이해와 불편부당한 보편적 원칙 사이의 투쟁으로 이해하기보다, 돌봄윤리는 개인적 자아와 보편적 "모든 이성적 존재" 사이의 영역에 주목한다. 돌봄윤리는 실제 사람들을 연결하는 관계에 대한 평가를 추구하고, 신뢰가 적당한 때와 신뢰를 잘못했을 때의 도덕적 논점, 그리고 상호고려의 요청을 다뤄야 한다고 본다. 여기에서의 이슈는 종종 어떤 개인의 자기이해 대(對) 다른 개인의 자기이해에 관한 것이 아니라, 이들 간 관계의 안녕(well-being)에 관한 것이다. 돌봄윤리의 관점에서 보면, 돌봄활동에서 부모와 아이의 경험 및 친구 사이에서 일어나는 경험은 매우 유효하다고 할 수 있다.[26]

초창기의 돌봄윤리는 가족과 친구 간의 관계를 주목했지만, 발전을 거듭해온 돌봄윤리는 "개인적인" 영역에만 국한되지 않게 되었다. 물론 공(公)과 사(私)의 구분으로 말미암아 가부장적인 가계에서 여성과 아이를 폭력적으로 지배할 수 있었다는 점을 지적하면서, 페미니스트들은 공사구분에 대한 근본적인 질문을 제기해왔다. 몇몇 페미니스트들은 정의와 평등의 원칙이 공적인 영역으로부터 가족의 영역으로까지 확대되어야 한다고 강조한다.[27] 또 다른 페미니스트들은 가족과 친구의 맥락에서 이해되고 가치를 인정받는 돌봄관계가 사회정치구조에까지 확대되어야 한다고 강조한다. 이러한 돌봄관계는 부모가 아이를 돌보는 사례처럼 돌봄활동을 깊이 있게 보여줄 수는 없지만, 정치적이고 법률적인 영역에서의 돌봄의 사회적 관계는 가족 혹은 친구 사이의 돌봄관계 일부 측면을 공유하는 경향이 있다. 사람은 추상적이고 합리적인 존재의 예시(instances)라기보다 개인으로서 고유하게 차별화되는 자신을 위한 가치가 부여된다. 사람들 사이의 돌봄관계는 도덕적으로 평가받아야 하며, 가치 있는 것으로 정당하게 권장되어야 한다. 그리고 사람의 필요에 대한 응답과 관심 갖기는 함양되고 있는 돌봄관계의 부분이다.

더욱 발전되어 제시된 돌봄윤리는 사회적 삶과의 관계를 잘 보여주고 있다. 조안 트론토(Joan Tronto)는 왜 돌봄윤리가 개인적인 것에 한정되어서는 안 되는지를 명확히 했다. 그녀는 "[착취적이지 않은] 적절한 돌봄방식을 재고할 필요성은 우리 사회에서 사회정치제도의 모습에 대한 문제를 제기하는 것"이라 주장했다.[28] 그녀는 돌봄은 "가정에서, 구매가능한 시장의 서비스와 재화로, 관료조직의 집행으로 발견된다"고 지적한다.[29] 정치적 개념으로 돌봄을 사용하는 것은 "정치적 목적에 대한 의식을 변화시키는 것이며, 우리에게 정치적이고 전략적으로 사고하는 또 다른 방식을 제공하는 것이다."[30] 모든 사람에게 충분한 돌봄보장을 목표로 삼는 것은 유토피안적인 문제가 아니다. 이는 고용정책, 비차별, 학교에 대한 동등한 지출, 보건의료에 대한 충분한 접근성 제공 등에 대한 즉각적인 답안을 제시하는 것이다."[31] 필자의 책 『페미니스트 도덕(Feminist Morality)』에서 사회정치제도의 재구조화에 대한 돌봄윤리의 함의를 논의한 바 있다. 이 책도 동일한 연장선에 있다.

예를 들어, 앞장에서 주장한 바, 구성원들 사이의 돌봄관계를 육성하는 사회는, 개인의 자기이해가 팽배하는 시장에게 결정권을 맡기는 보건의료, 아이돌봄, 문화생산(cultural production)의 활동을 확대시키기보다 제한할 것이다.[32] 그리고 공동체구성원의 필요를 보살피기 위해 제대로 기능하는 정부와 함께하는 사회는, 불법행동에 대한 법적 배상에 대해 적은 자원을 활용하고 적은 관심을 갖게 될 것이다. 다음 장에서 보겠지만, 예를 들어, 돌봄사회에서는 법적 영역이 줄어들 것이다. 도덕적 담론을 통한 비상업적 문화생산과 공적 결정이 성장할 것이다. 이 책의 마지막 장에서는 돌봄윤리가 지구적 문제에 분명한 함의를 어떻게 제시하는지를 보여주면서, 국가 간의 관계 수준까지 확대되는 것을 보여줄 것이다.[33]

돌봄윤리와 시민사회

돌봄윤리를 연구하는 학자들 사이에는 돌봄윤리가 개인적인 차원에 국한되어서는 안 되지만, 돌봄윤리와 시민사회 사이의 연계성은 아직까지 확인되지 않았다는 전반적인 공감대가 형성되어 있다. 그러나 여기서 필자는 돌봄윤리와 시민사회 사이의 연계성을 그려보려한다. 공동체주의, 시민권, 시민사회에 대한 논쟁을 이끌고 있는 대다수의 학자들은 페미니즘이나 페미니스트 윤리의 주요 부류인 돌봄윤리에 대해 거의 혹은 전혀 언급을 하지 않고 있다.[34] 하지만 돌봄윤리는 시민사회의 많은 관심사를 다루는데 있어 전통적인 도덕이론에 비해 더욱더 적합할 수 있다.

공동체, 시민권, 시민사회에 관한 논의는 가족처럼 개인적인 것도 아니며, 동시에 자유주의 정부라는 중립적이고 비인격적(impersonal)이지도 않은 영역에 초점을 맞춰왔다. 시민결사체에서 구성원들은 역사적 유산을 보호하거나, 축구대표팀을 다른 나라에 보내거나, 공원을 청소하는 것 등의 공동의 프로젝트에 함께 가담할 수 있는 충분한 공감을 발전시킨다. 공동체에서 시민들은 다른 사람의 발언을 주의 깊게 경청하는 덕목과 다른 사람의 필요와 이해를 존중하는 토론에 동참하는 미덕을 발전시킨다. 이러한 감정과 미덕은 가족과 친구의 맥락에서 돌봄관계를 특징짓는다. 두 경우 모두에서 정도의 차이는 있겠지만, 가장 중요한 것은 발전되고 유지되는 상호적인 관계이다. 이는 공리주의적 계산에 입각해 평가되는 분리된 개인으로부터 나온 결과가 아니며, 또한 법리적 맥락에서 있을 수 있는 의무론적 규칙을 엄격하게 따르는 것도 아니다. 시민결사체의 구성원은 자신의 성원권으로부터 발생하는 개인의 이익 혹은 손실만큼이나, 시민결사체가 담지하는 연계성과 결사체의 지속에 대해 고민한다. 공동체는 개인적 선호를 만족시키는 단순한 수단적 기제 이상의 그 무엇이다. 이러한 특징은 국가에서도 마찬가지로, 자유주의적이고 합리적인 선택과 계약이 이뤄지는 허공(虛空)에서는 포착될 수 없는 연대감과 사회적 신뢰가 국가를 현실적으로 가장 잘 온존시킬 것이다. 실제 국가는 합리적 선택론자 혹은 계약론자가 생각하는 국가의 모습과 많이 다를 것이다.

가족과 친구 사이에서, 그리고 시민결사체와 정치적 실체에서, 개별화된 인간을 함께할 수 있게 하는 사회적 관계의 어떤 전제가 존재한다. 그리고 이러한 관계를 형성하고 유지할 때, 같은 집단 내 타인에게 일어나는 일에 대한 감정과 의식은 중요한 역할을 한다. 물론, 애정, 애착, 특별한 관계적 감정은 많은 사회적 실체에서보다 가족과 친구의 관계에서 더 강하다. 하지만 시민들 사이의 돌봄관계는 국가 수준에서도 존재한다. 사회는 사회적 신뢰의 토양을 충분히 견고하게 해야 한다.[35] 법체계가 보호할 수 있는 권리는 구성원의 사회적 상호 연계성을 전제한다. 따라서 이러한 관계의 가치를 검토해야 할 필요가 있다.

분명 어떤 결사체는 잘못된 가치를 전파한다. 예를 들어, 인종적 편견, 계급적 억압, 젠더 지배 등이다. 돌봄윤리는 도덕적으로 본받을 만한 관계뿐만 아니라 부당한 관계를 평가할 수 있으며, 결사체와 가족을 판단하는 도덕적 근거를 제공한다.

점차 세계 방방곡곡 모든 사람의 권리가 충분히 존중되고 이들의 필요가 수용되는 것을 충분히 목도할 수 있기 위해서라도, 연대성이라는 감정이 우선적으로 확대되기를 소망한다. 되레, 정의의 가치만큼 돌봄의 가치가 이러한 일을 견인할 수 있다. 돌봄이라는 전제가 충족되지 않는다면, 권리가 존중되는지 혹은 인정되고 있는지에 대한 관심을 보이지 않을 만큼 타인에게 관심을 기울이지 않을 것이다. 합리적 계약자가 자기이해를 위태롭게 하지 않는 선에서 약한 사람들을 착취, 지배, 천대해온 역사를 보면, 존중이라는 가치가 전제하고 있는 돌봄관계의 구축 없이는 인권존중이란 전 세계에 퍼진 희망의 실현가능성이 얼마나 희박한지 알 수 있다.

효과적인 법체계와 민주적 제도의 정상적인 작동이 시민사회가 제공할 수 있는 사회적 연계성에 의존하고 있는 것처럼, 정의의 원칙과 인권존중은 사람들 사이의 일정한 돌봄관계를 전제한다고 주장할 수 있다. 우리는 가족 및 친구관계에서 가장 깊고 외면할 수 없는 돌봄의 모습을 확인할 수 있다. 하지만 우리는 돌봄가치와 돌봄관계가 가장 포괄적이고 전 지구적인 도덕문제에도 적실하다는 것을 알 수 있다.

킨(Keane)은 시민사회에 대한 대부분의 논의가 "규범적·철학적 질문에 관심을 보이지 않는다"고 지적한다.[36] 그는 헤겔과 뒤르켐을 인용하면서, 이러한 현상을 "규범적 취약성"으로 환원하려 한다. 그는 "포스트근본주의자의 규범적 정당성"을 지지하고, 시민사회를 단지 "서구"와 연계시키는 상대주의를 반대한다.[37] 그는 다원적이고 개방된 시민사회를 보호하는 제도와 방식에 대한 헌신이 있어야 한다고 생각했지만, 도덕적 근거로 이를 뒷받침하지는 못했다.

시민사회의 문제를 다루는데 있어서, 돌봄윤리가 전통적인 도덕이론보다 설득력이 있다. 서구의 자유주의적 계약주의처럼, 전 지구적 수렴은 "자연적"으로 혹은 합리적으로 필요하다는 미심쩍은 요구와 다르게, 돌봄윤리는 보편적인 경험에 근거해 **존립**한다. 즉, 돌봄을 받은 경험이다. 사람은 돌봄을 필요로 하며, 그렇지 않으면 사회는 존속할 수 없다는 점을 돌봄윤리는 분명히 한다. 돌봄윤리는 돌봄의 유대에 대한 가치평가를 권장하며, 취약한 사람들의 필요를 충족시켜주는 것에 가치를 둔다. 돌봄윤리는 사람들에게 해를 끼치고 돌봄실천을 파괴하는 폭력적 갈등을 왜 받아들여서는 안 되는지를 설명한다. 돌봄윤리는 문화적 유사성을 요구하지 않으며, 문화적 차이를 아우르는 돌봄은 단순한 자유주의적 관용보다 유용하다. 다음 장에서 살피겠지만, 돌봄윤리는 폭력의 위협에 잘 대처할 수 있으며, 폭력적인 분쟁을 평가할 수 있다. 돌봄윤리는 평화와 화합의 가치를 알고 있지만, 평화와 화합을 전제하지는 않는다.

돌봄 우선성

　필자는 지금부터 돌봄의 어떤 전제조건이 전제될 수 있는지의 문제를 살펴보고, 그러한 전제조건이 규범적인 우선성을 확보할 수 있는지의 문제를 검토할 것이다. 이러한 쟁점을 검토하기 위해 가족부터 살펴보겠다.

　실질적이고 경험적으로 관찰할 수 있는 활동으로서, 돌봄은 가정 내 다른 가치의 전제조건이다. 적어도 수년간 최소치의 돌봄이 없었다면, 어떠한 아이도 살아남지 못했을 것이다. 아이를 양육하는 돌봄활동과 돌봄활동이 지닌 도덕적 가치는 오랜 시간 동안 도덕이론가의 눈에 띄지 않았었다. 이러한 돌봄은 모성적 본능이 주관하고 도덕적으로는 무의미한 "당연한" 생물학적 과정으로 잊혀져왔거나, 부모가 자기 자식을 편애하는 경향 같은 부족주의(部族主義)처럼 불편부당하고 보편적인 도덕규범에 대한 위협이 되는 감정으로 전이되는 것으로 인식되었다. 어머니의 돌봄활동, 그리고 아이, 환자, 노약자를 돌보는 사람의 돌봄활동의 **가치**는 (최근에 페미니스트 윤리가 다루기 전까지) 도덕철학의 주제가 되지 못해왔다. 하지만, 돌봄활동과 돌봄활동이 보여주고 구체화하는 도덕적 가치에 주목할 때, 우리는 새롭고 중요한 도덕적 권장사항을 깨닫게 되며, 우리는 주류 도덕이론의 전제에 있는 오류를 간파할 수 있게 된다.

필자는 돌봄윤리가 단순한 미덕이론이 아니라고 주장했다(3장 참조). 이성적 인간(Man of Reason) 구축에 내재해 있는 가부장적 전제는 유덕한 인간(Man of Virtue)의 건설과 유사하다. 미덕이론은 개인과 개인의 심성에 초점을 맞춰왔다. 이와 대조적으로 돌봄윤리는 신뢰, 상호응답성, 공유된 관심 같은 사람들 사이의 관계에 초점을 맞춘다. 돌봄윤리는 인간은 관계적이고 역사적으로 위치해 있는 존재라는 개념을 차용한다. 그러면 돌봄 우선성은 무엇인가? 돌봄 우선성이란 정의와 권리보다 우선한다는 의미인가? 그렇다면, 돌봄 우선성은 가족 및 친구관계에 제한되어야 하는가? 그렇지 않으면, 돌봄 우선성은 모든 도덕적 맥락에서 일반화될 수 있을까?

가족관계에서 볼 때, 경험적으로 돌봄이 없다면, 어떠한 인간도 존재할 수 없을 것이라는 의미에서 돌봄은 우선성을 갖는다. 영유아는 살아남지 못할 것이며, 최소한의 음식과 거주지를 제공받지 못한다면, 아이들은 살아남는다 하더라도 제대로 성장하지 못할 것이다. 충분히 건강한 사람으로 성장하기 위해서라면, 아이들은 자신을 위한 가치를 부여받고, 돌봄담당자와 아이들 간의 사랑스런 관심을 많이 나눌 수 있는 관계를 경험할 필요가 있다. 아이들은 자신이 속한 사회적 관계를 발전시킴에 따라, 책임 있게 돌봄을 받아야 할 필요가 있다. 성인은 생존하고 또한 준수한 삶을 살기 위해서, 자신과 타인을 돌보는 일상의 활동에 가담해야 할 필요가 있다. 하지만, 혹자는 인간활동의 전제조건은 도덕적 우선성을 필요로 하지 않는다고 말할지도 모른다. 분배적 정의가 완화된 결핍(moderate scarcity)이라는 조건을 전제함에도 불구하고, 우리는 자원의 완화된 결핍이 풍요로움보다 도덕적으로 우선한다고 생각하지 않는다. 자원의 완화된 결핍이 대부분의 시대에 존재하는 것처럼, 돌봄도 단지 인간존재의 하나의 사실일 뿐이라고 생각할 수 있다. 돌봄이 도덕적 우선성을 갖는지 혹은 도덕적 가치를 갖고 있는지는 논쟁의 여지가 있는 문제이다.

가정의 맥락에서 돌봄의 도덕적 우선성(혹은 비(非)우선성)을 어떻게 평가할 수 있을까? 정의론자에게는 불편부당성이라는 보편적 규범이 항상 우선하지만, 이러한 규범도 우리가 선택하는 친구와 우리가 사랑하는 가족구성원을 특별히 선호하거나 보살피도록 할 수 있다고 언급한다(6장 참조). 그러나 이러한 입장은 쟁점을 회피하는 것이다. 왜냐하면 이 문제는 보편적이고 불편부당한 규범이 침묵하지 않고 무언가 권고를 하게 될 때, 우리가 우리의 아이와 친구를 특별하게 돌보는 것이 도덕적으로 타당한지 그렇지 않은지에 관한 문제이기 때문이다. 이 경우, 보편적이고 불편부당한 규범이 권장하는 도덕을 문제 삼아야 하는가, 아니면 돌봄관계와 그러한 **돌봄관계**가 도덕적으로 권장하는 사항을 문제 삼아야 하는가(5장과 6장 참조)?

돌봄윤리가 처음 등장했을 때, 돌봄윤리는 정의와 권리가 우세하는 정치적 영역이 아닌 가정에 적합한 윤리로 간주되었다. 필자는 돌봄윤리가 정치적 함의를 제시하지 못한다는 견해를 기각하는 이유를 검토해왔다. 돌봄윤리에 많은 관심을 갖는 학자들 사이에서도, 정의가 정치적 영역에 한정되어서는 안 된다는 입장이 제시되기도 했다. 예를 들어, 정의는 여성이 가정에서 받는 불평등한 대우를 극복하기 위해 가족과 친구 사이에서도 필요하다는 것이다. "사적" 영역이 정의와 권리의 범위에서 배제될 때, 여성은 권리의 부당한 축소를 경험한다.[38] 성, 결혼, 재생산 그리고 가사책임과 같은 개인적 문제에 대한 전통적인 방식은, 여성과 소녀가 평등한 기회를 향유할 수 있는 가능성의 기반을 약화시킨다. 하지만 정의가 가정까지 확대되어야 한다면, 예를 들어 결혼 상대를 선택하는 동등한 권리를 위한 법적 요구사항이 이러한 권리에 저항하는 가정에 강제적으로 집행될 때, 정의가 우선권을 갖는가?

필자는 가정에서 돌봄을 우선적으로 생각하는 것이 마땅하다고 생각한다. 가장 중요한 것은, 영유아가 생존하고 아이들이 성장하는데 필수불가결한 돌봄제공자로서 가족을 유지하는 돌봄관계이다. 돌봄은 생명의 가치만큼이나 본원적인, 가장 기본적인 도덕적 가치이다. 실질적인 돌봄실천 없이는 어떤 인간의 삶이나 어떤 가족도 존재할 수 없기 때문에, 우리는 가장 기본적인 이러한 돌봄실천을 제대로 이해하기 위해 돌봄의 **가치**를 인정할 필요가 있다. 정의 없는 돌봄은 존재할 수 있지만, (가치를 인정할) 돌봄 없는 정의는 존재할 수 없다.

가족이라는 돌봄관계 내에서 정의와 권리의 문제는 추구되어야 한다. 여자아이는 평등한 대우를 추구할 수 있도록 권장되어야 하며, 교육 및 기타 사회적 영향을 통해 가족이 여자아이에게 남자아이만큼 충분한 영양, 교육 그리고 자유를 제공하도록 해야 한다. 하지만 가능하면, 평등한 권리를 위한 노력은 가족관계를 갈라놓지 않는 방식으로 진행되어야 한다. 물론, 가족으로 남아 있으면서 가족구성원으로서의 권리를 주장하는 것이 항상 가능하지는 않다. 만일 아버지가 낙점한 사내와 결혼하지 않겠다는 딸과 의절하거나 부녀지간을 평생 끊겠다는 아버지가 있다면, 아버지와의 관계보다 자신의 남편을 선택하는 그녀의 권리를 도덕적으로 외면하지 않음은 정당할 수 있다. 만일 한 아이가 가정폭력에 심각하게 희생되고 있다면, 이 아이가 생명을 잃는 것보다 가족과의 인연을 등지는 것이 도덕적으로 더 나을 것이다. 유사한 사례는 여럿 있을 수 있다. 하지만, 정의가 우선시되는 것 같은 이러한 사례는, 정의에 대한 존중이 실패한 만큼 돌봄에 대한 실패이기도 하다. 아버지의 위협과 아이의 상해에 관한 사례가 이를 명확히 보여준다. 부모가 아이를 잘 돌봄에도 불구하고 그 아이의 권리를 인정하지 않는다면, 그 아이는 토론을 통해 갈등을 해결하도록 노력해야 하며, 부모와의 관계를 단절하기보다 가족관계 안에서 타협을 시도하는 것이 도덕적으로 마땅하다.

권리와 정의 그리고 공정에 대한 관심은 돌봄관계 안에서 일어난다. 돌봄이 우선한다는 제안은 때때로 학대와 폭력을 일삼는 남편을 둔 아내가 자신의 안전을 무릅쓰고라도 부부관계를 유지하도록 노력해야 한다는 불행한 의미로 받아들여지기도 한다. 하지만, 이러한 결론이 도출되어서는 안 된다. 이러한 조건의 관계를 지속하는 것은 자신을 위한 돌봄과 아이의 돌봄에 대한 실패로 간주되어야 한다. 학대를 감내하는 여성에 대한 폭력의 진화를 생각해본다면, 학대의 감내를 돌봄관계의 우선성에서 도출되는 권고사항으로 간주해서는 안 된다. 기존의 혹은 앞으로의 관계에서 스스로를 돌보는 것은 관계적 인간을 전제하는 돌봄윤리 옹호자들의 관심사이다. 이는 관계에 대해 평가하는 것, 즉 돌보는 관계 −혹은 학대하는 관계, 상해하는 관계,

도덕적으로 유해한 관계- 라고 규정하는 것이다. 돌봄관계에 우선성을 부여하는 것은 돌봄관계가 신뢰와 상호배려의 가치를 지녔다는 것을 전제하기도 하지만, 실제로 그러한 가치는 곧 돌봄관계이다. 돌봄윤리론자들이 명확히 밝혀온 것처럼, 돌봄윤리는 가부장제 사회에서 작동하는 가족관계를 옹호하지 않지만, 우리가 경험한 관계를 유심히 들여다 볼 때 알 수 있고 받아들일 수 있는 도덕적으로 가치 있는 인간관계의 측면을 옹호한다.

돌봄윤리는 관계적 인간이라는 개념과 함께 작동한다. 돌봄윤리는 우리가 전적으로 기존 관계로만 구성되거나 실질적으로 그 관계에 파묻혀 있다고 생각하지 않는다. 페미니스트 윤리라면 많은 여성이 자신을 발견하는 관계 속에서 이들에게 변화를 권고하는데 있어 반드시 성공해야 한다. 하지만 돌봄윤리에서 인간이 지향하는 목표는 전통적인 주류 도덕이론의 고립되고 자율적이고 합리적인 개인이 아니다. 그것은 다른 사람들과 함께 도덕적으로 본받을 만한 관계를 유지하고 재정립하며 생성하는 사람이다(3장 참조). 이러한 사람은 돌봄관계가 우리의 일부임을 인정하면서, 변화하는 돌봄관계를 만들어가고 평가할 수 있으며 또한 그렇게 해야 한다. 이러한 인간관은 돌봄의 우선성과 양립한다.

돌봄사회

모든 페미니스트가 동의하지 않을 수 있지만, 가정에서는 권리와 정의보다 돌봄관계의 가치가 우선한다고 강력히 주장할 수 있다. 그러나 사회적·정치적 수준에서 정의와 권리보다 돌봄이 우선한다는 주장에 많은 논쟁이 있을 수 있다. 그럼에도 필자는 후자의 주장을 지지한다.

　권리존중과 정의구현을 위한 전제조건이란 사람들이 권리와 정의의 기획에 기꺼이 수긍하는데 필요한 사회적 연계성이라는 점을 우리는 알고 있다. 사회의 전체구성원은 서로를 충분히 보살피고, 함께하는 구성원으로서 서로를 인정하기에 충분할 정도로 서로를 신뢰해야 한다. 구성원의 권리를 보호하는 법체계가 작동하기 위해서는, 시민은 타인을 동일한 법체계의 시민으로서 인정해야 한다. 하지만, 이것이 단지 사실적 필요조건에 근거한 경험적 전제조건인가? 아니면 이것이 규범적 우선성의 논리를 갖고 있나? 필자는 규범적 우선성의 논리를 갖는다고 생각한다. 돌봄, 신뢰 그리고 상호배려라는 돌봄관련 관심사는 필자가 보기에, 권리, 정의, 효용 그리고 미덕이 자랄 수 있는 더 넓은 관계망을 조성하고 지속시킨다. 그렇다고 해서 모든 가치와 도덕적 원칙 혹은 이러한 가치와 원칙이 추천하는 모든 실천이, 돌봄의 모습으로 환원될 수 있다는 것으로 받아들여져서는 안 된다. 이러한 환원을 지향한다면 이는 잘못된 목표이다(4장 참조).

　모든 관계가 돌봄관계는 아니다. 상호 적대적이거나 상호 조롱적 혹은 폭력적 관계도 있다. 하지만 우리가 도덕적 쟁점을 가장 잘 제기할 수 있는 관계는 돌봄관계이다. 가족과 친구의 돌봄관계에서, 우리는 타인을 동등하게 대하고 그들의 권리를 존중하는 공간을 확보해야 하며, 이러한 돌봄관계 내에서 제한적으로 자기이해가 추구될 수 있도록 해야 한다. 사회를 (이러한 사회는 점진적으로 지구시민사회로 확장되어야 한다) 구성하는 확장되고 조금은 느슨한 돌봄관계 내에서, 우리의 권리를 뒷받침하며 우리에게 정의를 일깨우고 우리의 개인적 좋은 삶을 증진시키는 합리적 계약자들의 합의와 법적·정치적 방식을 위한 공간을 조성해야 한다. 개인적 수준과 사회적·정치적 수준에서 모두, 우리는 돌봄관계망 없이는 살 수 없으며, 돌봄관계의 가치는 우선한다. 하지만 이러한 돌봄관계망 속에서 환원주의가 제시하는 것처럼, 돌봄의 고려사항이 모든 쟁점을 잘 다룰 수 있지는 않을 것이다. 권리와 정의가 쟁점이 된다면, 우리는 권리와 정의가 관련된 원칙에 호소할 수 있다. 심지어 돌봄의 맥락이 우선시될 경우조차도, 우리는 돌봄이 모든 쟁점을 제대로 다루지 못할 수도 있다는 점을 인식할 수 있어야 한다. 동시에, 우리는 권리와 정의의 도덕이, 전통적인 도덕이론이 제시해온 것처럼 도덕 전체가 아닌, 제한적인 영역에만 적합할 수 있다는 점을 잊지 말아야 한다. 전통적인 주류이론은, 모든 도덕문제를 아우르는 포괄적인 도덕을 제공한다고 가정하면서, 법적 권리와 정의의 원칙에 대한 이해부터 도덕적 권리와 정의의 도덕적 원칙을 주장하는 것까지를 일반화해온 경향이 있다.

법조치를 반영구적 퇴물로 만드는 테크놀로지의 혁신을 좇아가는 불변의 법규만으로 지탱되는 무한정한 개인의 자기이해 추구를 권장하기보다, 돌봄사회는 구성원의 사회적 관계의 건전성에 주목할 수 있어야 한다. 실제 가족과 시민사회 결사체의 정당한 도덕적 관심사는, 단지 주변적으로 다뤄질 것이 아니라 중심으로 자리 잡아야 한다.

돌봄사회에서는 모든 아이의 필요를 보살피는 것이 중심 목적이 될 것이며, 그렇게 하는 것이 공동체구성원이 진정으로 필요로 하는 경제, 교육, 아이돌봄, 보건의료를 제공하는 사회적 기초를 요구하는 것이다. 돌봄윤리가 추천하는 사회를 특징짓는 돌봄의 사회적 관계 속에서, 구성원은 권리와 정의, 효용과 미덕의 문제를 다뤄야 한다. 권리, 정의, 효용, 미덕 등은 매우 중요한 가치이지만, 도덕 전체를 관장하거나 도덕의 중심으로 간주되어서는 안 된다.

가족과 친구의 돌봄관계 내에서도 경쟁, 자기이해 추구 그리고 평등하게 대우받아야 할 권리 등을 주장할 수 있는 공간이 분명 존재할 수 있다. 하지만 자기이해의 추구와 개인 권리의 주장이 개인의 모든 상호작용을 지배한다면, 그들이 속해 있는 집단이 변화하지 않는 한, 사람들은 서로를 돌보는 가족구성원이 되거나 진정한 우애의 관계가 될 수 없다. 유사하게, 사회를 구성하는 사람들이 전체구성원 사이의 상호작용보다 경제적·정치적·문화적 자기이해의 추구를 우선시한다면, 그리고 타인과 경쟁하는 개인의 권리 주장을 우선시한다면, 그 사회는 오래지 않아 결속력이 소진되고 말 것이다. 이러한 자기이해와 개인 권리의 추구는, 한 사회가 정치적·법적·경제적 기능을 구현하기 위해서, 충족하는 돌봄의 사회적 관계와 돌봄관계의 도덕적 가치를 충분히 인정하는 토양 위에 추진되어야 한다.

하지만, 돌봄관계가 정치제도에 충분히 접목될 수 있는지는 아직 최소한의 수준이다. 이와 대조적으로 돌봄관계는 시민사회에서 정치적 충돌과 법적 강제의 압력을 낮추는 방식을 유도하면서, 매우 큰 영향력을 발휘하고 있다. 돌봄사회는 상품화와 상업화된 경쟁에 제한을 가한다. 돌봄사회는 사회를 관통하는 돌봄활동과 사려 깊은 담론을 조성하는 실천을 함양한다.

킨(Keane)이 칭한 "시장의 규모와 영토국가의 경계 사이의 점증하는 부정합"에 시민사회는 어떻게 자리매김할 것인가?[39] 아마도 돌봄윤리가 이끄는 전 지구적 시민사회의 조직과 결사체는 평화로운 세계에 대한 권리를 포함하는, 효과적인 인권존중을 위한 조건을 제공할 수 있다.

필자가 주장한 바, 권리는 사회적 연계성이라는 토양을 전제한다. 이러한 연계성 혹은 연대를 위한 가장 적절한 기초는 가치 있는 돌봄이다. 최소한으로 보더라도, 그 속에서 권리가 존중되는 사람들 사이의 관계를 지속하기 위해, 인간은 타인을 충분히 돌볼 수 있으며 그렇게 해야 한다. 인류는 잠재적으로 그들이 살아왔던 사회보다 더 많은 돌봄이 있는 사회를 만들기 위해 노력할 수 있다.

9장

파워, 돌봄, 법의 범주

돌봄윤리 비판가들은 돌봄윤리를 가족의 포근함에 물든 장밋빛 청사진이라 지적하며, 돌봄윤리가 폭력을 다룰 수 있을지에 대해 의문을 제기한다. 그들은 인간 현실의 많은 부분이 갈등과 전쟁이지만, 돌봄윤리는 평화와 화합을 전제로 한다고 생각한다. 페미니스트들은 친밀한 관계 및 전시 강간과 추방 등에서, 여성과 아이들에게 가해지는 많은 폭력에 대해 주목해왔다. 많은 논자들은 돌봄윤리가 이러한 문제를 제기하는데 적절한지 의문을 던진다. 예를 들어, 클라우디아 카드(Claudia Card)는 돌봄보다 저항을 강조하면서, 여성폭력에 대한 이론화에 찬사를 보냈다. 그녀는 "성적 억압에서 혜택받은 사람에 대한 돌봄을 여성이 담당하는 것"은 "페미니스트 윤리가 제기해야 할 문제"로 이해한다.[1] 그녀는 또한 "역사적으로 여성이 감내해온 폭력에 주의를 기울이는 것은 돌봄윤리의 한계를 정의하는데 있어서 매우 중요"하다고 생각한다.[2]

여성에 대한 폭력과 집단과 국가 간의 폭력에 주의를 기울이지 않는 돌봄윤리의 분파는 개선되어야 할 필요가 있음에 동의한다 하더라도, 필자는 돌봄윤리를 폭력의 부재와 화합을 전제하여 해석하는 것은 돌봄윤리에 대한 오독(誤讀)이라고 생각한다. 돌봄윤리는 가정 내, 사회 내, 그리고 집단 간, 국가 간 사이의 상존하는 폭력적 갈등의 정도를 완벽하게 인식할 수 있다. 사라 러딕(Sara Ruddick)이 모성역할(mothering)에 대한 그녀의 초기 연구에서 명확히 밝히고 확장시킨 바, 분쟁은 모성적 생활의 일상화된 경험의 부분이다. 폭력적인 아이들에게 폭력을 사용하려는 유혹은 모성적 실천의 일상적 단면이다. 하지만 일상적인 모성적 실천에서, 어머니 자신도 항상 성공하지는 못한다 하더라도 비폭력의 기준을 지지한다.[3]

돌봄윤리는 평화라는 불완전한 허상(虛像) 위에 구축되지 않는다. 돌봄윤리는 부모가 때때로 자신의 아이를 죽이고, 어머니가 종종 아이를 때리고, 친구가 적대적 원수가 될 수 있다는 점과 인간사가 전쟁과 폭력으로 점철되었다는 점을 충분히 인정할 수 있다. 우리가 돌봄윤리를 폭넓은 맥락에서 개진하기 이전, 이를 우애와 가족이라는 기본적인 맥락에 국한하더라도, 폭력적인 갈등을 다루지 못하는 것은 아니다. 하지만 돌봄윤리는 돌봄의 기준을 지지한다. 돌봄윤리는 일상적으로 정당하다고 간주되는 방식의 폭력 사용을 하는 사람조차도, 폭력을 자제할 수 있는 다른 적절한 방식을 찾지 못한 도덕적인 실패로 이해한다. 돌봄윤리는 폭력적인 갈등을 자연상태에서 자기이해를 추구하는 사람들 사이의 정상적인 관계라고 보는 홉스적 전제로 설명하지 않는다. 돌봄윤리는 부모가 절제를 배울 수 있는 방식, 또한 아이가 폭력을 분출하도록 두기보다 부모의 분노가 아이에게 적절한 행실을 가르칠 수 있도록 효과적으로 전환될 수 있는 방식을 강조한다. 이는 단순히 폭력에 있는 그대로 대응하기보다, 폭력을 극복할 수 있는 돌봄실천 방식을 강조한다.

돌봄윤리가 제공하는 것은 비폭력의 가능성과 적절한 방식으로 폭력에 대항하는 가능성의 평가다. 돌봄에 힘을 쏟는 사람은 돌봄의 목적에 상응하는 갈등을 다루는 방법을 진화시킨다. 즉, 폭력에 물들어 가는 사람에 위해를 가하거나 파괴하는 것을 지향하기보다, 평화의 길에 진입할 수 있도록 노력한다. 돌봄실천에서 폭력적이거나 폭력에 경도된 사람을 제압하기 위한 강제의 활용이 가능하지만, 그 목적은 물리적으로나 심리적으로 위해를 가하지 않고 그렇게 하기 위함이다. 러딕은 모성역할을 설명하면서, 그녀는 "성공을 어머니의 공으로 돌리지 않는다. 거의 모든 어머니가 자신이 폭력적이었던 것을 기억"한다고 밝힌다.[4] 그녀가 분명히 하고자 하는 것은, "어려운 여건에서 상당한 도발을 당했을 때" 나오는 "복원력을 가진 비폭력적인 모성역할(mothering)의 엄청난 힘에서 엿볼 수 있는, 모성적 사고를 비중 있게 관장하는 규범이다.[5]

집단과 국가 수준에서 돌봄윤리는 군사력의 대안이 될 수 있는 비폭력적 수단의 탐색을 권장한다.[6] 비폭력적 대립도 받아들여지지 않는다. 돌봄윤리는 국가의 침략, 개인의 폭행 또는 아이의 파괴적인 충동을 억제하기 위해 절대적으로 불가피한 상황에서만 물리력을 사용할 것을 권고하고 있다. 하지만 돌봄윤리가 놓치지 않는 것은, 지속되어야 할 돌봄의 목적과 기준 그리고 폭력 예방의 책임감이다. 모든 수준에서 돌봄윤리는 폭력을 미화하기보다 이에 대해 적절한 회의를 품고, 또한 불필요한 폭력을 선제적으로 예방하지 못하거나 촉발시킨 관행에 대해 지속적인 저항을 제공한다.

우리가 살펴본 것처럼, 돌봄의 실천 안에서 개인의 안전과 평화에 대한 권리는 인정되어야 한다. 물리적 힘은 이러한 권리의 존중을 보장하기 위해 종종 필요할 수 있다. 그러나 이 사실이 돌봄의 기본이 잊혀질 수 있다는 것을 의미하지 않는다.

법과 권리의 보장

모든 페미니스트들은 여성의 평등한 권리라는 목적을 공유한다. 이러한 이유로 많은 페미니스트들이 여성의 종속을 개선하기 위한 법적 노력을 강조하였고,[7] 여성을 위한 진보의 주된 원천으로 법을 주목했다. 그러다보니 돌봄윤리는 정의, 권리, 법적 접근과 충돌하는 것처럼 보였기 때문에, 혹자에게는 돌봄윤리가 잘못 이해된 측면이 있다.

실제로 돌봄윤리의 초기 옹호자들은 종종 권리 개념과 그 용어에 비판적이었다. 예를 들어, 캐롤 길리건(Carol Gilligan)은 "권리와 불간섭의 도덕이 무관심과 무심함을 잠정적으로 정당화한다는 점에서 여성에게는 위협적으로 보일 수 있다"고 지적했다.[8] 혹자는 법과 권리가 여성이 아닌 남성의 이해관계를 반영하는지를 살펴보았으며, "권리" 개념 자체가 어떻게 돌봄의 관심사와 충돌하는지를 강조했다(5장 참조).

비록 집단의 권리를 주장하는 이론가도 있지만, 도덕적 혹은 법적 권리는 개인에게 해당된다는 점은 일반적으로 공감대를 이룬다. 권리는 전통적인 도덕·법이론의 여느 개념보다 개인을 더 많이 주목한다고 생각한다. 아네트 바이어(Annette Baier)는 "의무(duties), 책임, 책임의식(obligations), 입법, 법의 존중이라는 언어보다 권리의 언어는, 변함 없이 지속적으로 도덕실천자를 가족, 부족, 집단, 계급, 교회, 대중, 국가 그리고 국민이 아닌 단일 개체로 살아가는 자기주장의 인간으로 간주한다"고 지적한다.[9] 권리, 의무, 이해관계, 규칙 및 원칙 등에 대해서, 돌봄윤리가 검토하는 맥락과 전통적인 주류 정의의 기본틀 사이의 차이는 명확해 보인다. 따라서 단일 개체로서의 개인과 개인의 소유보다 개인들 사이의 관계를 강조해온 돌봄윤리는 권리의 도덕과 갈등관계로 보인다. 이상적 혹은 가설적 영역에서 존재하는 추상적이고 합리적인 인간보다, 구체적인 개인과 다양한 실제 맥락에 가치를 부여하는 돌봄윤리는, 정의와 권리라는 도덕적 가치에 진지한 의문을 제기한다. 권리가 의무론적 혹은 공리주의적 규칙에 근거한다 해도, 현실적으로 사람들 사이의 실제 관계를 다루기에는 부적합할 수 있다. 이러한 이유로, 돌봄윤리는 법과 권리가 진보의 중심이 되는 접근법에 대항하는 것으로 보인다. 여성과 다른 억압받는 집단은 자신의 억울함을 배상받기 위해 권리라는 언어를 사용해왔으며, 당분간 그래야 할 필요성도 있어 보인다. 하지만 돌봄윤리 옹호자들은 인간 경험의 모든 영역(아이양육, 의존인과 취약인에 대한 돌봄, 개인들을 함께 엮어주는 신뢰와 시민적 연계성 등)에 주목할 것을 촉구한다. 이 영역에서 도덕적 쟁점은 항상 존재해왔지만, 이는 권리와 규칙의 윤리에 의해 인지되거나 검토되지 않고 있다. 만약에 우리에게 논의의 장이 열려 있다면, 돌봄윤리가 개인적 관계의 윤리 영역뿐만 아니라 정치사회적 맥락에 적합할 수 있는지 쉽게 알 수 있다. 우리의 행동 제약을 구체화하는 규칙은 잘 돌보고 잘 돌봄을 받는 것에 대한 도덕적 쟁점, 그 수준이 어느 선이든 좋은 관계를 육성하는 도덕적 쟁점, 그리고 우리 주변의 타인과 잘 살아감이라는 도덕적 쟁점을 평가하지 않고 방치한다. 돌봄윤리는 이러한 쟁점을 제기하고 다룬다.

권리가 발전한 자유주의 전통은 사회적 신뢰라는 맥락을 전제하지만, 자유주의 전통이 신뢰 형성에 기여하는 바는 많지 않다. 오히려 자유주의는 신뢰의 누수(漏水)에 기여해왔다. 돌봄윤리 옹호자들은 신뢰와 인간적 연계의 중요성을 이해하며, 신뢰가 깨지거나 존재하지 않을 때 권리도 존중받을 수 없다는 점을 이해한다. 그렇다면 돌봄윤리는 법과 권리에 어떤 의미가 있을까? 법과 권리에 대한 전통적인 생각은, 기존 법체계의 근거를 제공하고 평가하기 위해 또는 더 나은 법체계를 계획하기 위해 도덕을 도입할 때, 거의 전적으로 정의윤리틀에서 벗어나지 않았다. 따라서 법체계를 (군사적, 정치적 혹은 경제적이든, 혹은 이들 간의 어떤 조합이든) 파워의 결과물이나 버팀목 정도로 간주하는 비판은 항상 존재해왔다. 법과 법의 기저를 이루는 도덕의 역할을 추구해왔거나 법을 도덕적으로 평가하는 도덕의 역할을 추구해온 사람들은, 모든 인간을 동등하게 대하고, 인간의 권리를 인정하고, 의무이행과 권리보호를 담보하기 위해 법에 호소하고 법의 강제력을 구하는 보편적 규칙으로 정의윤리라는 이름의 도덕을 개념화해왔다. 돌봄윤리의 입장이 법과 권리를 지향해야 하는가?

필자가 보기에, 돌봄윤리의 관점에서 권리에 대한 비판은, 법이 도덕적 사유에서 개념적으로 전제적인 역할을 하고 있다는 비판이다. 이러한 비판은 법 영역에서 권리를 내쫓으려는 것이 아니라, 권리를 법 영역에(법리적 사고의 영역에) 묶어두려는 것이다. 이러한 비판은 모든 도덕문제에 법과 법리적 사고방식이 적합하다는 관점에 반대하는 것이다.

법적 권리에 대한 페미니스트 비판

많은 페미니스트 법학자들은 권리 중심의 분석에 비판적이었다. 엘리자베스 쉬나이더(Elizabeth Schneider)가 밝히듯, "비판법연구(Critical Legal Studies)의 법학자들과 페미니스트 학자들은 권리의 의미에 대해 논쟁해왔으며, 권리에 집중한 법리적 논거의 중요성에 의문을 제기해왔다."[10] 페트리시아 스미스(Patricia Smith)는 "가부장제에 대한 기각은 모든 페미니스트가 동의하는 지점"이며, "페미니스트 법리는 가부장적 제도로서의 법에 대한 비판과 분석"이라고 밝혔다.[11] 페미니스트 분석은 법과 권리의 법체계가 가부장제를 어떻게 지지하는지를 보여주고 있다.

법이 여성에게 동등한 권리를 부여하고 있는 곳에서 조차도, 경찰·검사·판사는 그러한 법을 가부장적 파워를 유지시키는 방식으로 종종 적용한다. 국가는 전통적으로 남성 시민이 "가장"으로서 효과적으로 통치하고 있다고 믿던 "사적" 영역인 가정에서 발생하는 여성과 아이에 대한 폭력을 금지하지 않았다. 이방인들 사이에서라면 금지했을 폭력적인 행동이 가정에서 벌어졌을 때, 법은 개입하기 꺼려했으며, 결과적으로 가정에서의 남성 우위를 강화시켰다.[12] 사법체계는 부정의한 고발에서 특히, 유색 여성에게 가해지는 강간과 같은 실질적인 피해에서 여성을 보호하는데 관심을 갖기보다, 백인 남성을 보호하는데 더 많은 관심을 보였다.[13]

실제로 법이 여성의 종속을 뒷받침할 뿐만 아니라, 다양한 페미니스트 법학자의 관점에서 보면, 자유주의 이론이든 그렇지 않든, 현대 법이론 전체가 그렇다. 예를 들어, 로빈 웨스트(Robin West)는 이것을 "우리는 '먼저' 개인이었으며… 우리를 단일 개체로 분리시키는 것은 인식론적으로 그리고 도덕적으로 우리를 연계하는 것보다 우선한다"는 명제를 받아들일 때 포함시킨 "본질적이며 돌이킬 수 없는 남성성"으로 이해한다.[14]

일부 페미니스트들은 권리는 본래 추상적이고 남성적 관점을 반영한다고 생각한다. 이들은 권리담론을 사용하는 것은, 사회운동으로 하여금 사회운동의 목적이 기존 법체계가 허용하는 체제에 불합리하게 맞춰야 하기 때문에, 사회운동 내부에서 갈등을 조장하거나 그 운동의 힘을 파편화시킨다고 지적한다.[15] 그리고 비판법연구와 포스트모던 접근을 하는 페미니스트들은 권리에 초점을 맞춘 법리적 주장의 효용성에 의문을 제기해왔다. 그들은 법을 도덕의 표현 혹은 사리에 맞는 주장이라기보다 파워의 반영으로 이해하기 때문에, 진리와 객관성을 포함하여 권리에 대한 모든 주장에 대해 회의적이다.

하지만 이러한 근본적인 비판은 (돌봄윤리의 옹호자를 포함하여) 많은 페미니스트들이 권리와 법에 비판적인 충분한 이유를 제공하지 못한다. 오히려 이러한 비판은 (1) 기존 권리의 재구성, (2) 권리 개념의 재개념화, 그리고 (3) 법의 범주를 정당한 영역으로 제한하고, 제한된 법적 영역을 정당한 맥락에 자리매김하라는 도덕적 권고로 해석될 수 있다.

페미니스트의 권리 재구성

페미니스트 법이론(feminist jurisprudence)은 여성의 평등한 권리가 무엇인지에 대해 자세한 분석을 해왔다.[16] 페미니스트 법이론은 남성과 여성의 차이, 그리고 일부 여성과 다른 여성의 차이가 반영되어야 할 때를 살펴본다. 이는 남성의 특징이 규범이 되고, 임신 가능성과 같은 여성의 특징이 다르며 따라서 문제가 있는 것으로 간주되는 관행에 문제를 제기한다. 페트리시아 스미스(Patricia Smith)는 "왜 평등한 법의 보호가 상대적으로 남성과 유사해짐에 의존해야 하는가?"를 묻는다.[17] 여성이 남성과 다른 것처럼, 남성도 여성과 다르다고 지적한다.

크리스틴 리틀톤(Christine Littleton)은 미 헌법상 평등보호조항이 요구해야 하는 것은, 똑같은 처우가 아니라 어떤 조치가 야기한 불이익의 평등이라 주장한다. 따라서 만일 시간제 노동자를 배제하고, 젠더 중립적으로 보이는 어떤 연금 안(案)이 실질적으로 남성보다 여성에게 훨씬 더 불이익을 미친다면, 그것은 차별적이다. 리틀톤의 논의는 차이가 불이익으로 이어져서는 안 되며, 어떤 비용이 수반되지 않도록 해야 한다는 점이다.[18] 유사한 논리가 인종적 불이익에 대해서도 활용될 수 있다. 평등을 성취하기 위해서는 단순히 차이를 무시하기보다 정부의 조치를 포함하는, 어떤 적극적인 행동이 당연히 요구된다. 출산휴가, 아이돌봄부조, 소수자 우대정책은 모두 평등과 차이를 인정하는 것이며, 평등과 차이 중 하나를 선택하기를 거부하는 것이다. 돌봄윤리는 권리와 평등을 논함에 있어 돌봄활동을 어떻게 고려해야 하는지 분명히 한다.

법적 권리는 필요한 사회적 변화를 이끌어내는데 종종 유용하다. 성희롱의 문제는 여성의 삶을 개선시키기 위한 법적 권리의 가능성을 보여준다. 여성이 오래도록 감내했던 폐해가 페미니스트 법이론에 의해 법적 보호를 받을 수 있는 차별의 한 형태로 탈바꿈했다. 캐서린 맥키논(Catharine MacKinnon)은 성희롱 금지법안은 "법을 통해 여성을 위한 사회적 변화의 가능성"에 대한 하나의 시험이라고 지적한다.[19] 작업장에서 수치스럽고 유해한 성적 압력에 종속된 여성이 예전에는 없었던 구제 수단을 얻게 되었다.

여성의 종속을 줄이기 위해 권리를 사용하는 많은 사례가 있지만, 이러한 용례에는 맹점(盲點)이 있다. 예를 들어, 제정법상강간법(statutory rape laws)을 통해 남자와 여자에 다른 기준을 적용함으로써 소녀를 보호할 때, 여성과 남성의 차이를 인정하는 것은 장점이 있지만 단점도 있다. 프란시스 올센(Frances Olsen)은 제정법상강간법이 어떻게 "여성의 권리를 보호하면서 동시에 침해하는지를 보여주었으며, 법체계에서 권리 옹호가 변화에 대한 지지, 공격 또는 촉구를 위해 활용될 수 있는지를 보여주었다."[20] 비록 이 법을 통해 어린 여성을 강제 섹스(coerced sex)에서 보호할 수 있지만, 이 법은 사생활을 침해하고 어린 남성과 비교해 어린 여성의 성적 자유를 침해하며, 성적 고정관념을 영구화하는 것이다. 올센은 "남성과 여성의 현재의 실질적인 지위의 차이를 인정하는 것은 여성에 대한 낙인이며 차별을 영구화하는 것이다. 하지만 만일 우리가 파워 차이를 무시하고 여성과 남성이 대동소이한 상황에 있다고 전제한다면, 우리는 효과적인 변화를 제도화하지 못하도록 스스로를 결박함으로써 차별을 영속화하는 것이다"라고 지적한다.[21]

하지만, 변화는 일어날 수 있으며 일어나고 있고, 사람들의 삶을 변화시키고 있으며, 제안된 변화의 일부는 나아보일 수 있다. 돌봄윤리의 관점은 변화를 구분할 수 있도록 도와준다. 올센이 고려한 제정법상강간법에서 감안한 일부 변화는, 미성년 여성에게 기소여부를 결정할 수 있도록 하고, 미성년 여성의 성적 만남이 자발적인 것인지 혹은 강압적인 것인지를 결정하도록 하고 있다. 여성 일반에게 권한을 높여주고, 성폭력과 성적 지배로부터 섹슈얼리티를 상호성의 개념으로 탈바꿈시키는 등 법의 울타리를 넘어선 주요 노력이 있어야겠지만, 법이 가져올 수 있는 변화는 의미 있을 수 있다.

페미니스트들은 법의 다양한 측면에서 많은 요구를 해왔다. 예를 들어, 강간법 영역에 있어서, 페미니스트들은 왜 여성이 자신보다 훨씬 힘이 센 공격자가 있는 잠재적으로 생명을 위협당하는 환경에서 거부의사를 인정받기 위해, "남성처럼 싸울" 것이라 기대되어야 하는지를 묻는다. 페미니스트 법이론은 법조항 및 법정에서 강간, 동의, 물리력, 저항 그리고 (여성의 관점을 수용하지 않는) 합리적인 신념에 관한 기준이 어떻게 사용되는지 명확히 보여주었다. 많은 여성이 위협적인 상황에 맞서 싸우고 대응하지 못함에도 불구하고, 법적 기준인 "합리적 인간"은 맞서 싸우는 사람이다. 수잔 에스트리히(Susan Estrich)가 지적하듯, "합리적 여성은 남자학교의 '여자애 같은 남학생'이 아니다. 그녀는 실제 남성이다."[22] 이러한 기준은 분명히 바뀌어야 한다.

소수자 우대정책에 대한 반발로, 젠더와 인종적 불이익을 극복하려는 적극적 노력에 대한 지지가 정치적으로 매우 어렵게 되었다. 하지만, 성취된 권리를 유지하기 위해, 돌봄윤리의 옹호자들을 포함해 페미니스트들의 단호한 결정이 있었다. 여성에게 가장 중요한 것은 재생산권리이다. 재생산권리는 여성이 갖는 대부분의 다른 권리를 위한 전제조건이라는데 전반적으로 이견이 없지만, 여성의 재생산권리는 끊임없이 위협을 받고 있다. 아이를 갖는 능력은 남성에게는 없고 여성에게만 있는 중요한 능력이기 때문에, 그리고 역사를 통해볼 때 임신은 남성의 통제 아래 있었기 때문에, 재생산권리를 여성에게 부여하지 않으려는 것은 그 뿌리가 깊다고 볼 수 있다. 돌봄윤리의 옹호자들은 권리라는 언어가 모든 도덕문제를 담아내기에는 불충분하다고 비판하지만, 이들은 여성이 자신의 성과 재생산능력을 통제하고, 여성을 성적 대상 혹은 재생산의 대상으로 상품화하지 않기 위한 여성의 권리를 보호하고 지켜나가는 결의를 함께한다.[23]

예를 들어, 혐오 발언의 해악을 다루거나 혹은 아동성학대를 다룸에 있어 예전의 방식보다 더 만족스러운 안을 제시할 때처럼, 돌봄을 기저에 둔 가치가 법에 수용될 수 있는 많은 방식이 존재한다.[24] 셀마 세븐후이젠(Selma Sevenhuijsen)은 아이의 양육권을 둘러싼 갈등을 다루느데 있어서 법적 접근이 얼마나 불충분한지, 그리고 돌봄윤리로 무장된 논점이 얼마나 더 나을 수 있는지를 보여준다.[25] 그녀는 가족법은 "평등한 권리라는 추론의 맹점과 한계를 완벽하게 보여준다"고 지적한다.[26] 법적 담론은 종종 "일상생활에 대한 편파적인 사법적 판단"과 "부모의 역할이라는 쟁점은 파워가 작동하지 않는 공간에서 결정될 수 있다는 환상"으로 이어진다.[27] 법적 담론은, 타인과의 연계성이라는 개념이 존재하는 도덕적 공간을 외면하기 때문에, 돌봄, 애정 그리고 관계와 관련된 논의를 "봉쇄"한다. 그녀는 "돌봄윤리는 여성과 아이들의 이해관계가 보편적인 평등권 논리 아래서 질식되지 않고, 남성성의 법적 주체가 명시적으로 혹은 암묵적으로 특권화된 준거로 활용되지 않는, 유용하고 창조적인 정치를 위한 조건"이라 결론 내린다.[28]

하지만 돌봄윤리의 옹호자들은 법을 유지하고 개혁하기를 바라지, 법이 없어도 괜찮다고 생각하지는 않는다. 다양하고 강력한 목소리 또한 페미니스트들에게 사회정의를 위해 권리 논의의 중심성을 상기시켜왔다. 많은 여성의 경험과 소수집단구성원이 증언하는 바처럼, 인종, 젠더 또는 성적 지향을 이유로 지배를 감내했던 사람들은 권리를 이용해 그들이 마주하는 멸시에 유용하게 대항할 생각을 한다.[29] 권리이론에 비판적인 비판법연구와 대립각을 세우며, 페트리시아 윌리엄스(Patricia Williams)는 권리라는 수사가 흑인에게는 유용한 담론이었다고 주장해왔다.[30] 종속된 집단은 자신의 필요를 장황하게 기술할 수 있지만, 그렇게 하는 것이 종종 정치적으로 효과적이지 않았다. 흑인의 경우도 마찬가지이다. 윌리엄스는 찾아야 하는 것은 "필요를 부정하는 것에 맞설 수 있는 정치적 메커니즘"이며, 권리가 그러한 역할을 할 수 있는 능력이 있다고 단언한다.[31] 우마 나라얀(Uma

Narayan) 역시 권리에 대한 페미니스트의 노력이 줄어들고 있는 것에 대한 우려를 보낸다. 그녀는 식민지인에 대한 가부장적 관심을 근거로, 식민지인에 대한 권리를 부정하는 식민주의자의 기획을 설명한다. 이러한 기획에 저항하면서, 자신의 주장을 뒷받침하기 위해 식민지인이 사용하는 권리담론은 그들의 해방에 상당한 기여를 했다고 언급한다. 결과적으로, 권리를 주장하는 것은 식민화의 경험이 있는 국가에서 만연된, 전통적인 가부장적 관점에 저항하는 여성에게 상당히 중요했다는 것이다.[32]

권리는 고정불변의 것이 아니라 경합하고 발전하는 것이라는 폭넓은 공감대가 권리를 비판하는 페미니스트들 사이에 형성되어 있다. 권리는 사회적 현실을 반영하고 실질적인 억압을 감소시키는 역량이 있다. 기본권 존중을 성취하는 것은 정치적 투쟁으로 조직할 수 있는 목적이며, 가장 불이익을 받는 집단이 얻는 실질적인 많은 성과는 정의와 평등한 권리를 쟁취하는 노력에 기반한다. 돌봄윤리 옹호자들은 이러한 목적과 성과가 포기되어야 한다고 주장하지 않는다. 그러나 다른 한편으로, 권리 논의는 페미니스트들이 갖고 있는 도덕적이고 정치적인 관심사의 모든 범주를 위해 제대로 복무하지 못하고 있으며, 권리와 정의라는 법적 틀은 도덕과 정치의 중심담론이 되어서는 안 된다. 권리는 다른 것들 중의 하나의 관심사이며, 여성의 종속을 극복해 더 나은 사회를 구축할 수 있는 열쇠가 되지 못한다. 돌봄윤리의 관점에서 보면, 전통적인 자유주의 정치이론에서 개인 권리의 담지자로서 인식되는 인간은 가상적이고 빗나간 추상이다. 어떤 정치적이고 법적 목적을 달성하기 위해서, 이러한 추상을 받아들이는 것은 유용할 수도 있다.[33] 그렇지만, 우리는 도덕을 위해 충분하다거나 심지어 일반화된 정치이론을 전제해서는 안 된다.

권리 개념의 재개념화

일부 페미니스트 법이론가들은 권리가 근본적으로 재개념화되어야 한다고 주장해왔다. 사회운동을 위해 권리의 효과를 강조하는 이전 논의와 관련된다. 이는 권리를 비이상적인(nonideal) 것으로 재개념화할 필요가 있다는 주장이다. 완벽한 정의라는 이상적인 세계를 위해 작동하는 자유와 권리의 일관성 있는 기획으로 권리를 생각하는 대신, 우리는 권리를 사회 현실을 반영하고 실질적 억압과 부정의를 줄여나갈 수 있는 것으로 간주해야 한다.[34]

마사 미노우(Martha Minow)는 권리의 수사가 관계를 무시한다고 비판하면서, 개인의 권리가 구성되는 파워와 특권의 사회적 관계를 놓치지 말아야 한다고 주장한다. 그녀는 공적 파워와 사적 파워 모두의 억압적 형태에 대항할 수 있는 "관계에서의 권리(rights in relationships)" 개념을 옹호한다. 그녀는 우리가 "차이를 인정하는 패러다임으로의 전환, 즉 사람들 사이의 구분에 대한 강조로부터 그러한 구분이 도출하고 주목하는 관계에 대한 강조로의 전환"이 필요하다고 지적한다.[35] 예를 들어, 가족관계에서 권리의 수사는 "차이의 부담을 여성과 아이에게 할당"해왔지만,[36] 단지 기존의 권리를 남성 가장에서 가족 내 다른 구성원으로 확장시켰기 때문에, "여성과 아이의 특별한 상황과 필요를 인정하지 않고, 가족 내 관계의 중요성을 간과한다."[37] 하지만 그녀는 "권리의 열망에는 많은 가치가 있고, 또한 누군가의 필요를 주장하는데 있어 내장된 파워를 많이 간과해왔기 때문에 권리의 수사를 포기할 수 없다는 점을 인식하면서," 권리를 포기하는 것보다 "구제"하기를 원한다.[38]

또한 주어진 범주에서 권리를 공식화(formulated)하는 방법을 재개념화해야 할 필요가 있다. 킴버리 크렌쇼(Kimberle Crenshaw)는 악의적인 차별과 이에 대한 구제의 근거가 되는 인종 혹은 성과 같은 범주를 정의함으로써 차별금지법이 진행되는 방식을 분석했다. 그녀는 이러한 방식이, 그녀가 명명한 "교차성(intersectionality)"을 어떻게 간과하는지 보여준다. 예를 들어, 흑인 여성은 인종과 성이 교차하는 경험 때문에, 법정에서 뿐만 아니라 페미니스트 이론과 반(反)인종차별의 정치에서 주변화되었으며, 인종과 성이 교차하는 흑인 여성의 경험은 백인 여성에 대한 성차별도 아니며 흑인 남성에 대한 인종차별도 아니다.[39] 많은 범주에서 발생하고 있는 이러한 왜곡은 시정되어야 한다.

법 영역의 제한

도덕이론의 수준에서 주지하다시피, 돌봄윤리의 발전과 더불어 권리와 정의의 가치는 높게 평가되어 왔다.

정의라는 도덕은 법과 공공정책의 맥락에서 전개되는 도덕적 사고 전체의 일반화로 해석될 수 있다. 돌봄윤리의 옹호자들은 정의의 도덕이 많은 맥락에서 만족스럽지 못하기 때문에, 법리적 접근의 일반화된 확장에 반대한다. 그렇다고 정의와 도덕적 권리가 폐기될 수 있다는 것은 아니다. 필자가 제시했던 것처럼, 돌봄의 맥락은 정의가 전개되어야 하는 영역보다 넓은 영역이라 주장할 수 있지만, 정의는 어떤 관련된 도덕에는 근본적인 것이라 언급할 수 있다.

억압적인 사회구조를 평가하고 다양한 형태의 문제를 다루기 위해서는 초창기 발전되었던 돌봄윤리 그 이상이 필요하다고 이해될 수 있다.[40] 앨리슨 재거(Alison Jaggar)는 돌봄사고의 약점은 "돌봄이 상황의 특수성과 구체성에 주목하기 때문에 사회구조와 많은 사회적 의미를 전달하는 사회제도와 사회집단과 같은 일반적인 특징에서 주의를 분산시키"는 것이라 지적한다.[41] 메를린 프리드만(Marilyn Friedman)은 폭력의 문제를 다룰 때 돌봄윤리보다 전통적인 권리와 정의의 문제가 더 나은 이유를 제시한다.[42] 다른 학자들은 정의가 가족까지 확대되어야 한다고 주장해왔으며,[43] 정의가 가족을 설명하기 위해 재개념화되어야 한다고 지적하지만,[44] 정의는 폐기되어서는 안 된다고 주장한다.

정의와 돌봄이 통합되어야 하는 개념으로 좀 더 발전함에 따라, 서로 다른 영역에서 주관하는 도덕의 우선성에 대해 동의할 수 있는 가능성이 있다. 필자는 법 영역에서 정의의 우선성을 제외하고, 전반적으로 돌봄의 우선성을 주장해왔다. 메를린 프리드만은 그녀의 책 『자율성, 젠더, 정치(Autonomy, Gender, Politics)』에서[45] 필자가 주장한 바와 양립할 수 있는,[46] 서로 다른 영역에서 서로 다른 가치를 우선시하는 방안을 제시한다. 그녀는 자신을 학대하는 배우자와 계속 지내기를 "선택"하는 학대받는 여성의 문제를 다룰 때, 자유주의 국가는 법체계를 통해 가정폭력을 다른 폭력과 마찬가지로 사회에 반(反)하는 범죄로 다뤄야 한다고 주장한다. 비록 피해자를 더 희생시키는 측면이 있을 수 있음에도 불구하고, 법체계는 피해자의 고소 의사와 무관하게 학대하는 남편을 기소해야 한다고 본다. 왜냐하면 이것이 여성에 대한 전반적인 폭력의 수준을 줄일 수 있다고 보기 때문이다. 법은 피해자가, 심지어 하고 싶지 않아도, 동일한 이유에서 증언을 하도록 하고 있다. 하지만 법의 사회적 서비스라는 측면에서 보면, 법은 다른 가치에 의해 인도(引導)받아야 한다고 프리드만은 주장한다. 전문적인 돌봄제공자는 가정폭력의 실질적인 피해자를 돕는 것을 목표로 해야 하며, 가정폭력의 실질적인 피해자가 자신이 원하는 것을 돌봄제공자보다 더 잘 알고 있다고 가정해야 하며, 피해자의 결정을 묵살하려 하지 말고 피해 상황에 대한 피해자의 인식을 수용해야 한다고 본다.

돌봄윤리의 관점에서 제기된 권리에 대한 비판의 많은 부분은, 법과 권리의 개념과 접근이 정치적 사고와 도덕 전체를 망라할 정도로 확장되어야 한다는 생각에 반대하는 것으로 이해될 수 있다. 이는 법 영역에서 권리를 폐기하자는 것이 아니며, 법리적 해석을 다른 모든 도덕문제까지 적합한 것으로 전제하기보다 법 영역에 국한시키자는 것이다. 일단 우리가 법과 권리의 틀을 모든 도덕적·정치적 문제를 해석하는데 적당한 것이라기보다 인간적인 관심사라는 다소 좁혀진 부분으로 제한한다면, 다른 도덕적 접근이 부각될 수 있으며, 사회적·정치적 조직이 권리의 목적과 관심뿐만 아니라 다른 목적과 관심에 뿌리를 내릴 수 있다.

더욱이 전통적인 정의론의 추상적인 개인 대신, 돌봄윤리 옹호자들이 개념화하는 관계적 자아는, 여전히 관계 망에 얽혀있는 사람들도 자신의 상황을 변화시킬 수 (가부장적 공동체로부터 자유로워지고 억압적인 사회적 유대를 변화시키는) 있어야 한다고 인식한다. 자율성과 권리에 대한 호소는 재정립되어야 할 부분이지 무시되어야 할 부분이 아니다 (3장 참조).

이러한 쟁점 중 일부는 국제적 수준에서 인권 실현을 위한 현재의 노력에서 엿볼 수 있다. 이 같은 노력은 여성의 투표권을 인정하지 않거나, 여성의 의사에 반하는 강제결혼과 같은 인권침해를 종식하라고 요구함으로써, 여성에게 구체적인 혜택을 줄 수 있다. 하지만 가족과 공동체에서 여성의 더 높은 지위와 이해가 필요하다는 점, 다른 여성과 같이하는 협력적인 경제발전이 필요하다는 점, 여성에 대한 사회의 태도를 조성하는 미디어 제작물 속에 그려지는 당당한 여성의 모습이 필요하다는 점 등의 인권의 관점에서 설명될 수 있는 임박한 쟁점이며, 주류 인권담론은 이러한 쟁점을 등한시하고 있다.[47]

다양한 쟁점을 정의의 문제로 해석할 것인지, 아니면 돌봄의 관점에서 해석할 문제인지에 대한 끊임없는 선택이 필요하다. 돌봄옹호자들은 실제로 인간은 법 및 전통적 도덕이론에서 간주하는 것처럼, 개인주의적이고 자기충족적인 추상적 실체가 아니며, 제한적인 법적 목적의 필요를 제외하고 이러한 실체로 간주되어서는 안 된다고 생각한다. 만일 우리가 촉구하듯, 개인, 인간관계, 도덕에 대한 더 만족할만한 개념이 채택된다면, 정의와 권리 이외의 해석이 더 적절할 수있다. 예를 들어, 아이돌봄과 교육을 위한 사회구조와 문화가 사회를형성하고 사회적 변화를 추동할 수 있는 방법에 대단한 관심이 몰릴수 있다. 돌봄윤리는 사람들의 태도, 행동, 실천에 영향을 주는 다른방식의 영향을 더욱더 확대하면서, 사회조직과 사회적 영향력의 무게중심으로서 법체계의 과부하를 훨씬 완화시킬 수 있는 전환점을 제공할 수 있다.

돌봄윤리와 프라이버시(privacy)

페미니스트의 이론화에 근본적인 것은 무엇이 정치적인 것인지에대한 문제, 그리고 공적인 것과 정치적인 것은 사적인 것과 개인적인것과 어떻게 구분할 것인지에 대한 것이다.[48] 따라서 돌봄윤리와 페미니스트의 생각이 공적인 것과 사적인 것의 경계를 모호하게 함으로써, 프라이버시가 위협받을 수 있다는 우려가 제기되기도 한다.

1960년대 후반 미국에서 시작된 초기 여성운동의 구호는 "개인적인 것은 정치적인 것이다(the personal is political)"이었다. 이 구호는 정치·경제·사회적으로 더욱 커지는 남성의 파워가 개인적이고 사적이며 비정치적인 가정의 영역으로 간주되어왔던 곳에서 여성이 지배로 고통받는 방식뿐만 아니라, 남성의 파워가 여성의 개인적 삶에 미치는 영향력이 결과적으로 여성의 능력을 제한하고 작업장과 공적 영역에서 여성의 발전에 족쇄가 되는 방식에 영향을 미친다는 통찰을 담고 있다.

페미니스트들은 공/사 구분을 재검토하고 재고찰해왔다. 전통적인 개념에 만족하지 않는다는 광범위한 합의는 있다. 최소한으로 보더라도, 여성과 아이들은 폭력으로부터 공적인 보호가 필요하다. 가정은 법이 침투할 수 없는 남성의 성곽(城郭)이라는 관점과 남자는 "그가 소유하는" 가정의 보호자가 될 것이라는 관점은 여성과 아이들을 가정 안에서 뿐만 아니라 밖에서도 취약한 상태로 방치해왔다. 특히 어두워진 후 적법한 남성의 "보호" 없이 공적인 자리에 나타나는 여성은 비난의 대상이었고, 결과적으로 이는 여성의 활동을 제약해왔다. 법이라는 공적 영역이 여성을 보호하지 못하기 때문에, 여성은 지구촌 곳곳에서 어마어마한 규모로 아직도 가정과 기타 폭력에 종속되어 있다.

다른 한편으로, 법은 종종 재생산과 관련한 여성의 사적 결정과 남성과 여성 모두의 사적인 성적 태도에 개입하며, 법은 모든 방식으로 결혼을 명령하고 가족을 지정한다.[49] 법이 프라이버시, 가족, 가족구성원을 보호하는 방법에 있어서, 더 나은 일관성, 공정성 그리고 돌봄을 성취하기 위한 재고찰이 필요하다. 그리고 전반적인 성평등을 조성하기 위해서 법 이외의 무엇이 필요하다.

가정 영역과 정치 영역 간의 경계문제를 접할 때, 개인적 관계에서 가장 잘 구분될 수 있는 돌봄의 가치와 실천은 사회생활과 정치조직을 위한 근본적인 함의를 제공한다고 주장하는 돌봄윤리는 페미니스트 자유주의보다 심화된 질문을 던진다.

하지만, 대다수의 페미니스트들과 돌봄윤리 옹호자들은 프라이버시를 폐기한다는 비판을 받기도 하지만, 이들은 프라이버시의 재개념화를 추구한다.[50] 여성은 심지어 가정에서 조차도 프라이버시를 갖지 못했다. 여성은 혼자 있고 싶은 자기중심적 요구를 위해 돌봄과 관계(affiliation)를 희생하기를 원하지 않았지만, 여성에게 부과된 종속적이고 돌봄을 담당하는 역할은 여성의 프라이버시를 상당 부분 박탈해왔다. "사적 영역"에 한정된다는 것은 프라이버시를 즐기지 못한다는 것이다. 즉, 노동시장에서 많은 여성은 여전히 부당하게, 프라이버시를 즐길 수 있는 평등한 기회를 여성에게 부정하는 가사책임이라는 짐에 짓눌려 있다.[51]

급진적 페미니스트로 분류될 수 있는 페미니스트 이론가들은 섹슈얼리티와 섹슈얼리티가 사회적으로 구성되는 방식이 여성의 종속적인 지위를 만드는 가장 근원적인 원인이라고 생각한다. 이 같은 관점에 따르면, 남성 섹슈얼리티는 여성에 대한 지배가 남성 섹슈얼리티의 본질인 것처럼 발전되었으며, 그 결과 여성에 대한 폭력이 남성의 섹슈얼리티가 되었다. 급진적인 페미니스트들에게, 이러한 구성을 부채질하는 포르노그래피(pornography)와 여성에 대한 지배를 표상하는 여성에 대한 폭력이야말로, 남성지배와 여성의 역량에 재갈을 물리는 강력한 역할을 하는 것으로 이해된다. 따라서 가장 사적인 것으로 간주되는 섹슈얼리티가 사적인 것뿐만 아니라 공적인 생활과 삶의 대부분의 영역에서, 여성을 지배하는 파워를 남성에게 주는 모든 사회에 만연되어 있는 젠더구조의 실질적으로 가장 중요한 요인으로 이해된다. 캐서린 맥키논(Catharine MacKinnon)이 지적하듯, "여성과 남성은 젠더로 분리되어 있으며, 남성의 성적 지배와 여성의 성적 복종을 제도화하는 성의 지배 형태인 이성애 중심주의(heterosexuality)에 의해서, 우리가 아는 두 개의 성(sex)으로 분화되었다. 만일 이것이 진실이라면, 섹슈얼리티가 성불평등의 요체(要諦)이다."[52] 하지만, 다른 페미니스트들은 어떤 한 요인이 다른 많은 요인보다 그렇게나 훨씬 더 중요하다는 점에 동의하지 않는다.

많은 페미니스트들은 공적인 것과 사적인 것을 구분하는 전통적인 방식을 비판하는 것보다 한 걸음 더 나간다. 이러한 견해는 개인적 영역에 대한 도덕적 가치의 페미니스트 재평가, 그리고 관련된 도덕이론의 재검토와 연동되어 있다. 즉, 개인, 가치, 사회적 관계 그리고 도덕이론에 대한 전환된 관점이 있다면, "정치적인 것"에 대한 견해는 다시 구성된다. 재개념화된 개인적 프라이버시의 실천을 위해, 이러한 노력은 분명 새롭고 훨씬 충분한 도움이 될 것이다.

포스트모더니즘과 돌봄윤리

많은 부류의 페미니스트 이론가들은,[53] 돌봄윤리를 발전시키는 옹호자들을 포함해서,[54] 포스트모더니즘으로부터 영향을 받았다. 푸코(Foucault), 데리다(Derrida), 리차드 로티(Richard Rorty) 그리고 로타드(Lyotard)의 합리적이고 보편적인 진리에 대한 비판은, 많은 페미니스트들에게 객관적 확실성으로 받아들여졌던 젠더화된 전제와 개념을 해체하는 데 도움을 주었다. 보편적이고 시대를 초월한 합리적 이해에 대한 편견이 담긴 주장 대신, 포스트모더니즘과 많은 페미니스트들은 서로 다른 문화적·인종적 관점에서, 분절적이고 맥락적이며 다원적인 사회비평을 제공한다. 단편적 경험, 단순 이미지 그리고 다른 시각에서 얻어진 관찰의 콜라주가 길잡이가 되지 못하는 전체화된 추상론보다 훨씬 풍성한 통찰력을 종종 제공해왔다.

하지만, 재구축이라는 기획에서 많은 페미니스트들은 포스트모던의 입장이 그렇게 유용하지 않음을 알게 되었다. 여성과 불이익을 받는 집단에게 좀 더 호의적인 규범적 권고사항과 사회질서의 윤곽을 잡으려는 시도는, 그들이 대체하려던 이론과 질서에 사용했던 해체와 역설이라는 동일한 무기의 똑같은 먹잇감이 되었다. 많은 페미니스트들에게 포스트모던적 접근은 페미니즘의 정치적 목적에 충분히 기여하지 못하는 것으로 이해되었다. 이들은 해체에 대해 찬사를 아끼지 않는 포스트모더니즘이 기업 자본주의의 헤게모니에 저항하고 진보를 성취할 수 있는 정치적 노력의 기반을 파괴한다고 우려한다. 혹자는 포스트모더니즘이 돌봄윤리를 발전시키려는 노력을 전복한다고 걱정한다.

페미니스트에게 필요한 것은, 낸시 하트삭(Nancy Hartsock)이 주장하듯, 대대적이고 일방적인 근대성의 거부가 아니라 파워관계의 전환이며, 이를 위해 "우리는 우리 자신을" 다른 세상을 만드는데 동참하는, "주체를 구성하는 역사적이고 정치적이며 이론적인 과정에 투신할 필요가 있다." 그녀는 일부에서 그녀의 견해가 "또 다른 전체화로 그릇된 보편담론을 구축하려는 요청"으로 폄하될 것이라 인정하면서도, 그녀는 계몽주의적 사고와 포스트모던의 해체를 유일한 대안으로 보지 않았다. 주변화되고 억압받는 집단의 구성원은 "스스로를 보편적인 '인간'으로 오판(誤判)하지" 않지만, 그들은 여전히 자신의 경험을 설명하고 규정할 수 있으며, 그들이 속해 있는 정치적 과정을 변화시키기 위해 작용할 수 있다.[55] 다른 많은 페미니스트들은 포스트모던의 기여에 찬사를 보내지만, 마찬가지로 포스트모던의 정치적 약점을 간파하고 있다. 셀마 세븐후이젠(Selma Sevenhuijsen)은 한편으로 "포스트모던 철학은" 페미니스트 돌봄윤리가 한쪽으로 치우친 전통적 정체성으로의 여성을 상정하고 있다면, "이에 내재한 함정과 위험성에 대한 중요한 경고를 제공했"으며, 다른 한편으로는 "페미니스트의 돌봄윤리 또한 페미니즘 규범성의 측면에서 포스트모더니즘의 한계를 깨닫게 해주었다"고 지적한다.[56] 돌봄윤리의 옹호자들은 정치적·사회적·개인적인 삶에 영향을 미치기 위한 규범적 이해의 발전을 도모한다.

돌봄윤리와 파워

돌봄윤리는, 도덕의 권장사항에 반대하는 실질적 역량으로의 파워와 지금 작동되고 있는 억압의 구조적 파워를 놓쳐서는 안 된다. 하지만, 돌봄에 대한 초점이 파워의 현실을 직시하지 않는다는 우려 때문에, 일부 페미니스트들은 정치를 본질적으로 파워로 이해하고 파워에 집중해온 좀 더 전통적인 의미의 정치이론으로 회귀했다. 크리스틴 디 스테파노(Christine Di Stefano)가 지적하듯, "파워와 관련된 개념인 정치적인 것은 페미니스트 정치철학의 주된 주제이다."[57] 하지만, 돌봄의 시각으로 본다면, 파워는 그 자체가 페미니스트의 재개념화 대상 중 하나이다. 초창기에 낸시 하트삭은 지배할 수 있는 역량으로서 타인에 대한 우위를 전제하는 파워라는 기성 개념에 대한 페미니스트의 대안 개념을 분석했다. 그녀는 많은 여성 이론가들이 파워를 에너지, 능력(competence) 또는 "~보다 우위에 있는 파워(power over)"라기 보다 "~를 하는 파워(power to)"로 이해하고 있다는 점을 발견했으며, 그녀는 이러한 대안을 발전시켰다.[58] 페미니스트들은 또한 타인의 역량을 강화하는 파워, 그리고 돌봄을 제공하고 돌봄을 필요로 하는 사람의 돌봄에 포함된 파워를 탐구해오고 있다.

좀 더 최근에는 에이미 알렌(Amy Allen)이 페미니스트들이 작업해온 세 가지 개념의 파워를 검토한다. 세 가지 개념은 원천으로서, 지배로서, 그리고 역량강화(empowerment)로서의 파워이다. 그녀는 첫 번째는 파워가 "소유되고 분배되고 재분배될 수 있기 때문에 불충분하며, 두 번째와 세 번째는 페미니스트들이 이해하고자 하는 다면적 파워 관계의 한 부분만 강조하기 때문에 불만족스럽다"고 밝힌다.[59] 그녀는 푸코, 주디스 버틀러(Judith Butler), 한나 아렌트(Hannah Arendt)에 대해 언급하며, 파워를 "소유가 아니라 관계"로 해석하지만, 지배와 역량강화 같이 "파워의 한 가지 측면을 파워의 전체로 잘못 받아들이는" 경향을 피하는 개념을 발전시킨다.[60]

돌봄과 관심, 신뢰와 관계를 공적이고 정치적 삶으로 안착시키려는 페미니스트 기획은 진보에 걸림돌이 되는 파워, 특히 지배로서의 파워를 간과하게 될 수 있다는 우려가 있다. 여성이 일궈온 수십 년의 성과뿐만 아니라, 여성의 발전에 대한 다양한 형태의 반발이 있는 것은 사실이다. 하지만, 현 시점의 정치적 삶이 돌봄과 신뢰의 가치를 중시하는 방향으로 나아가야 한다는 주장은 결코 전환의 계곡을 지나는 사회에서 페미니스트들이 예상해야 하는 걸림돌에 대한 무지는 아니다.

비페미니스트들과 일부 페미니스트들은 돌봄의 정치가 지구촌을 괴롭히는 많은 경제적·종교적·민족적 분쟁을 제기하고 다루기에 부적합하다고 생각할 수 있다. 하지만 돌봄윤리는 돌봄활동이 발생하는 파워의 사회구조를 충분히 진단할 수 있다.[61] 돌봄에만 눈이 멀어 있지 않다. 다양한 학자들이 강조하듯, 가정생활과 아이양육은 갈등으로 채워진다. 때때로 규칙을 세우고 집행해야 하며, 처벌이 뒤따라야 한다. 하지만, 돌봄의 기술, 갈등이 폭력으로 비화되기 전 분쟁의 뇌관을 제거하는 기술, 그리고 외면하거나 버리고 떠날 수 없기에 타인과 어울리는 법을 배워야 하는 사람들 사이의 분쟁 해결의 기술 등에 정통한 사람은 다른 영역의 분쟁중재자와 평화유지자에게 전수해줄 많은 것이 있다.[62] 국제관계의 메커니즘이 분쟁을 다루고, 제3세력에게 폭력을 통제하고 관용을 확립하기 위해 필요한 자금과 인적 자원을 기여해줄 것을 설득함에 따라, 그러한 메커니즘은 잠재적 희생자에 대해 우려하고, 그들의 고통을 예방하며, 그들이 필요한 것을 선제적으로 이해하는 시민에게 상당히 의존하게 될 것이다.[63] 이 같은 타인과의 관계적 요인은, 단지 자유롭고 추상적인 권리를 합리적으로 인정하는 것보다 더 중요할 것이다. 물론 인권존중과 인권의 이해에 대한 진보 역시 중요함에도 말이다.

더욱이 자유주의적 개인주의는 사회적 다윈이즘(Darwinism)이라는 이데올로기로 무장한 기업의 힘이 전 지구적 삶의 여러 분야와 정치를 덮치려는 위협에 맞서는데 있어 빈약하다(7장 참조). 기업의 힘은 강압이라기보다 유인(誘因)으로 종종 행사된다. 기업은 자유주의적 권리를 침범하지 않는 많은 방식으로도 기업의 영역과 그 가치의 영향력을 넓힐 수 있다. 기업의 제국주의적 팽창을 제어하는데 필요한 것은 돌봄, 신뢰 그리고 인간 연대와 같은 대안적 가치에 대한 확신이다.

정치적 변화를 위한 전망

페미니즘은 다양한 모습으로 그 영향력을 지탱하고 있고, 인간 역사에서 알려진 거의 모든 사회에 만연된 젠더화된 위계질서를 허물어 평등으로 채워가려 한다. 이것은 사람들이 거의 모든 제도, 문화 그리고 사회의 모든 수준에서 생각하고 행동하는 방식과 지식으로 간주되는 것의 전환을 요구할 것이다. 이러한 전환은 분명 혁명적이지만, 일거에 성취할 수 있는 역사적 변화로 생각해서는 안 된다. 페미니스트들은 사회가 발전하는 방식을 결정하는 기존의 파워에서 남성을 여성으로 대체해야 한다고 주장하는 것이 아니며, 이러한 파워가 인식되고 구조화되는 방식의 변경을 추구한다. 돌봄윤리는 주류 규범의 평가방식과 권장사항을 바꾸고자 한다.

실패한 모더니즘에 대한 포스트모던의 경고와 대안을 거부하는 돌봄윤리 옹호자들은, 비록 멀리 있는 목표이지만 구상할 수 있는 사회의 본질적 특징으로서 지배, 착취 그리고 위계질서의 종식을 제안한다. 돌봄옹호자들은 상호신뢰와 돌봄을 촉진하는 협력적 노선에 맞는 사회질서를 추구한다. 하나의 규범으로서 민주주의 정치시스템은 시민에 대한 동등한 처우를 추구하지만, 시민들 간의 갈등적 이해관계를 가정하며 협력보다 갈등과 이해관계를 훨씬 더 부채질하는 경제시스템에 빗장을 풀어준다. 경제시스템이 현재의 자본주의 사회의 많은 부분을 점점 더 지배하면서, 협력은 점점 더 주변화되고 있다. 그러나 돌봄윤리가 제안하는 민주주의의 이상은 다르다.

17세기 이래로 민주주의에 대한 주류 접근방식은 제인 맨스브리지(Jane Mansbridge)가 부른 "적대적 민주주의(adversary democracy)," 즉 계약적 제약으로만 제한된 아래에서 상충하는 이해관계가 경합하고 가장 힘센 자가 승리하는 민주주의로 이해되었다.[64] 그러나 그녀는 실제 민주주의 체제의 시민은 현실에서 상대를 단지 제압하기보다 설득해왔다고 지적한다. 하지만, 지난 수십 년을 주도해온 관점은 민주주의를 계속해서 적대적인 것으로 이해하고, 정치적 실천 역시 이러한 기조에서 벗어나지 않는 것처럼 보인다.

맨스브리지는 적대적 민주주의가 "상호 설득이 공유된 목적과 이해관계를 성취하는데 유익한" 민주주의로 대체되기를 바란다.[65] 그녀는 모성적 연계 및 다른 형태의 연계에 대한 페미니스트의 이해는, 많은 이론가들이 옹호하는 더욱더 협의적이고 참여하는 과정을 만들어 나가는데 도움이 될 수 있으며,[66] 이는 "통합 민주주의(unitary democracy)"로 이해된다고 생각한다. 많은 민주주의 이론가들은 심의를 "합리적"이고 불편부당한 것으로 제한해왔지만, 페미니스트들은 공동의 목표에 다가가기 위해서 어떻게 동감과 책임감을 활성화시킬 것인가를 검토한다. 물론, 어떤 감정은 위험하지만, 어떤 감정은 민주주의가 필요로 하는 것으로 인식되어야 하며, 따라서 민주주의 담론에서 호의적으로 검토해야 한다.[67] 맨스브리지는 우리가 속한 관계, 경청, 동감, 심지어 공동의 이해관계에 대한 관심이 여성적인 것으로 분류되었고, 그 결과 감정에 치우치지 않고자 했던 정치이론가들에 의해 평가 절하되었다고 지적한다. 이와 대조적으로, 돌봄윤리의 페미니스트 이론가들은 이러한 고려가 민주적 파워를 포함한 파워의 활용에 얼마나 본질적인지를 보여주고 있다. 또한 돌봄윤리의 페미니스트 이론가들은 파워가 인간의 삶 구석구석까지 넓고 깊이 퍼져있으며 간과될 수 없는 것으로 이해한다. 하지만, 파워는 역시 도덕적으로 타당한 방식으로 개선되고 사용될 수 있어야 한다.[68]

세계는 여전히 자유주의적 보편주의에 수긍하지 않는 인종적·민족적·종교적 분열로 고통받고 있다는 점을 명심해야 한다. 시민사회를 가능하게 만드는데 있어서 돌봄윤리는 대단한 기여를 할 수 있다(8장 참조). 평등과 차이 모두를 존중하는 방식에 대한 페미니스트의 접근은 정치가 집단 간 갈등을 어떻게 다룰 수 있는지 보여주는데 유용할 수 있다. 여성 집단을 고려해볼 때, 집단 내 구성원들은 동등하면서도 동시에 지배 집단과 다를 수 있다. 평등하게 존중받는다는 것은 똑같음의 의미로 환원되어서는 안 된다.[69] 이 때 똑같음은 지배 집단의 특징을 역사적으로 반영했다는 뜻이다.

페미니즘, 돌봄, 관심의 가치에 점점 더 많은 영향을 받은 사회에서도, 법과 강제의 필요성이 사라지지 않을 것이다. 하지만 한 사회가 아이들을 폭력에 물들지 않도록 하며, 타인을 희생시키거나 정당한 제약 없이 개인의 이해관계를 고집스럽게 추구하지 않는 아이들을 키워간다면, 법과 강제의 사용은 점차적으로 제한적이게 될 것이다. 심지어 가장 협력적인 사회에서 조차도, 정치가 적절한 결정과 적합한 정책을 결정해야 할 필요는 여전하다. 하지만 가장 많이 설득할 수 있는 것이 최선의 주장이라는 의미에서 보면, 경쟁의 조건은 정치적일 수 있다. 정치적 지위, 법적 제재, 경제력 혹은 단순 다수결을 통해 어떤 결과를 결정하는 강제하기 위한 파워라는 의미에서 보면, 경쟁의 조건은 정치적일 필요가 없다. 경제적 파워는 제한되어야 하며, 그것이 정치와 문화담론을 통제하지 않도록 해야 한다. 그리고 우리는 더 많은 공적 논쟁이 경제적 지배에서 자유로운 문화의 영역에 있을 수 있다고 기대할 수 있다.[70] 그러한 문화는 기본권의 보호와 함께, 민주적 결정의 토대가 되는 자유로운 담론에 근접할 수 있다. 결과는 정치적 강제보다 훨씬 더 의견일치에 근접해질 것이다. 비록 강압적인 정치적 파워를 사용하는 것이 폭력과 군사적 힘을 강제적으로 사용하는 것보다 진보적일 수 있다 하더라도, 자유롭게 이뤄진 의견일치가 훨씬 더 낫다. 페미니스트에 영향을 받은 담론과 돌봄가치는 전통적인 공공철학과 정치철학의 합리적 원칙에 국한되지 않을 것이다. 동감과 돌봄이라는 도덕감정에 호소하는 이미지와 내러티브 또한 기여할 것이다. 사람들이 협력적으로 아이들과 그들의 전 지구적 환경에 돌봄을 제공하려고 함에 따라, 돌봄윤리의 가치는 정의와 같은 전통적인 윤리를 통합할 수 있고 또한 이를 넘어설 수 있다.

10장

지구적 맥락에서 돌봄과 정의

국제관계로 알려진 학문 영역은 세계와 국가 간 관계에 대한 생각을 안내하고자 한다. 한편으로, 국제관계는 제1차 세계대전으로 귀결된 과오를 되풀이하지 않으려는 노력을 포함해, 시작부터 규범적인 요소를 갖고 있다.[1] 다른 한편으로, 국제관계는 사회과학의 경험적 모습을 갖추려 노력해왔으며, "현실주의(realism)"는 적어도 제2차 세계대전 이래로 오랫동안 국제관계에서 주류의 역할을 하고 있다.

어떤 국가 행동의 도덕성에 대해 **생각**하는 것은 그 국가의 지위, 결과적으로 그 국가의 파워에 영향을 줄 수 있다고 알려져 있다. 하지만, 세계는 대부분 자국의 이익을 추구하는 상대국 간의 경쟁이라는 준(準)무정부 상태로 이해되었다. 국가의 이익은 종종 타국과의 합의를 포함한다. 하지만 국가가 추구하는 행동이 실제로 도덕적인가에 대한 도덕적 평가는 무의미한 것으로 간주되었다.

물론, 모든 사람에게 무의미한 것은 아니었다. 철학자를 포함해 많은 학자들이 윤리와 국제문제에 관심을 기울였다.[2] 지난 십여 년 동안 국제관계 영역에서 국가의 도덕을 전보다 훨씬 진지하게 논의하는 기류가 조성되고 있다. 또한 많은 도전에도 불구하고 본질적인 측면의 혹은 논쟁적이지만 규범적 측면의 국제법 영역이 성장하고 있다.[3] 예를 들어, 개인의 권리, 평등, 국제관계와 국제정치 장에서의 보편법이라는 도덕적으로 연관된 개념과 함께, 정의의 도덕이 발전해 왔다. 정의로운 전쟁(just war)과 더불어 지구적 정의(global justice)는 익숙한 주제가 되었다.

이것은 국제관계이론에서 이상주의(idealism)에 대한 첫 번째 논쟁이, 현실주의라는 두 번째 논쟁으로 대체된 이후, "3차 논쟁"의 일부로 이해된다. 이러한 3차 논쟁에서 비판이론, 포스트모더니즘, 페미니즘은 서로 다른 논리를 펼친다.[4] 이렇게 다양한 관점에서 보면, 사실과 과학에 근거한다는 "현실주의"가 얼마나 이데올로기적인지 명확히 드러난다. 국가 간 현실에 대한 새로운 이해와 권고에 대한 수용이 점차 증가하고 있다.[5]

국제관계는 20세기 마지막 사반세기에 발을 내딛기 시작한 젠더 이슈에 영향을 받은 사회과학의 마지막 영역이다.[6] 안 티커(J. Ann Tickner)가 지적하듯, "전쟁과 레알폴리티크(Realpolitik)라는 '상위'정치에 대한 관심으로, 전통적인 서구 국제관계의 원칙은 남성의 경험에서 비롯된 이슈에 특전을 부여했다. 우리는 전쟁과 힘의 정치가 남성에게 각별히 친화적인 활동 영역이며," 여성에게는 적합하지 않은 활동 영역으로 믿도록 사회화되었다.[7] 하지만, 점차 인간적인 것과 남성적인 것을 등치시키는 것이 문제되면서, 젠더적 관점의 함의가 다른 영역에서처럼 국제관계의 영역에서도 명확해지고 있다. 이것은 "국제체제를 선도하는 생각의 전제와 가치가 본질적으로 남성성이라는 개념에 얼마나 경사"되었는지를 보여준다.[8] 어떤 페미니스트 학자가 이해하듯, "젠더는 지구적 행위자의 정체성, 국가와 비국가적 행태의 성격규정, 지구적 문제의 이해방식, 그리고 가능한 대안의 모색을 조성한다."[9] 단지 피상적이고 경솔한 사례를 들면서, 조지 W. 부시(George W. Bush) 행정부와 많은 논평가들이 미국의 이라크 침공과 그 후속 조치에 반대하는 프랑스를 여성과 동일시하며 비하해왔다는 점을 보여주었다. 뿌리 깊은 고정관념으로 프랑스에게 여성이라 하여 계집애 같은 놈(sissies)이라는 딱지를 붙였다.[10]

페미니스트 학자들이 보여주듯, 국제관계의 이론과 실천에서 수정 작업이 진행 중이다.

> 정당한 사회적 파워의 행사자인 "정치적 행위자" 개념은 고전적인 정치이론에서 비롯되었다… 페미니스트들은 "정치적 인간"의 개념을 구축하는데 기반이 되는 인간본성이라는 모델은 실제로 젠더 중립적이지 않다고 주장한다… 인간본성이라는 모델은… 효과적으로 때로는 명시적으로 "인간," "도덕적 행위자," 그리고 "정치적 인간"의 정의(定意)에서 여성을 배제하는 성별노동분업과 젠더화된 정체성의 요구이다.[11]

그동안 페미니스트 도덕이론의 이론화에 몰두해온 학자들 사이에서, 국제관계에 대한 기존의 규범적 사고가 관성적으로 사용했던 정의윤리에 대한 주요한 대안이 발전하고 있다. 바로 그 대안적 도덕 접근법이 이 책에서 검토하고 있는 돌봄윤리이다. 돌봄윤리는 국제관계와 전 지구적 정치에 관심을 가진 사람들이, 세계를 이해하고 세계에 대한 우리의 책임과 이해 방식에 영향을 주기 위해 시작되었으며, 전 지구적 관계를 개선하기 위한 새로운 노력에 대한 전망을 담고 있다.

돌봄윤리와 국제관계

우리가 지금까지 살펴보았듯이, 돌봄윤리는 주류 도덕이론 -칸티안 도덕이론, 공리주의, 미덕이론- 에 명확한 도전을 제시한다. 칸티안 도덕이론을 정의의 도덕(morality of justice)으로 표방하는 것은 존 롤즈(John Rawls)의 『정의론(A Theory of Justice)』을 시작으로 당대의 많은 정치이론서에서 쉽게 찾아볼 수 있다. 지구적 정의에 관한 최근의 많은 저작들은 이러한 종류의 이론을 국제관계에 적용하고 있다. 예를 들어, 이는 찰스 베이츠(Charles Beitz), 오노라 오닐(Onora O'Neill) 그리고 토마스 포기(Thomas Pogge)의 저작에서 쉽게 볼 수 있다.[12] 이러한 종류의 이론은 자유롭고 평등하며 자율적인 개인인 모든 사람이, 어떤 불편부당하고 추상적이고 보편적인 정의의 원칙에 합의할 수 있다는 견해에 의존한다. 정의는 정치적이고 사회적인 구조에서 기본적인 가치로 받아들여진다. 이러한 이론은 파워를 행사할 수 있는 지위와 경제활동의 생산물을 공정하게 분배하는 것을 목표로 삼는다. 또한 이러한 이론은 인권의 인정을 통해 인간은 존중받아야 하며, 개인이 원하는 자기이해를 추구할 수 있는 허용된 범위를 설정하는 도덕적 제약의 윤곽을 제시한다. 이러한 이론에서 제안하는 국가의무의 함의가 시험대 위에 올라왔다.

필자가 언급했듯이, 공리주의 이론 또한 정의윤리로 해석될 수 있다. 공리주의 이론은 모든 인간의 효용을 최대화할 것을 권고하며, (자신만의 이해가 이기적일 필요가 없지만) 자기이해를 추구하는 개인을 상정했다. 공리주의는 다수의 이익 앞에서 개인의 이익을 잘 보호할 수는 없지만, 이는 권리의 법적 보호가 총효용에 기여한다면 이를 정당화한다. 공리주의는 개인의 이익을 합리적으로 계산하는데 있어 모든 개인을 공정하게 대하는 것을 목표로 한다. 칸티안 이론처럼, 공리주의는 불편부당하고 보편주의적인 원칙에 의존한다. 전 지구적 수준에서 도덕적 필요조건에 대한 공리주의의 권고는 이러한 입장을 반영한다.[13]

돌봄윤리는 전제, 목표 그리고 방법론에서 있어서 위 이론과 다르다. 돌봄윤리는 최근에 재조명 받고 있는 미덕이론에 좀 더 가까우며, 이는 때때로 미덕이론으로 간주되기도 한다. 하지만, 필자가 주장해온 것처럼, 돌봄윤리는 다른 이론뿐만 아니라 미덕이론과도 확연히 다른 새롭게 구분되는 도덕이론이다(1장과 3장 참조). 물론, 돌봄윤리도 선구자들이 있지만, 돌봄윤리는 다른 토대에서 구축되었으며 다른 길을 따라 발전해왔다.

돌봄윤리의 특징 중 하나는 인간을 관계적이며 상호의존적인 존재로 간주한다는 점이다. 칸티안과 공리주의 도덕이론은 기본적으로 비의존적이고 자율적인 개인으로 간주되는 행위자의 합리적 결정에 주목한다. 미덕이론 역시 개인과 개인의 심성에 집중한다. 이와 대조적으로 돌봄윤리는 인간을 타인과의 관계망에 얽혀있는 존재로 파악한다. 돌봄윤리는 돌봄관계에 특별한 가치를 부여하면서, 기본적으로 사람들 간의 관계에 주목한다. 돌봄윤리는 도덕관계를, 주류 도덕이론처럼 자유롭고 평등한 개인의 자발성에서 출발하지 않는다. 돌봄윤리는 파워의 불평등한 현실과 비선택적 관계라는 현실을 개선하기 위해 발전되어 왔다. 대표적인 사례는 엄마와 아이 사이의 관계지만, 돌봄윤리는 그러한 맥락에 국한되지 않는다. 돌봄윤리는 다양한 사회집단과의 유대뿐만 아니라 역사 속에 내장되어 흘러왔던 우리의 유대 역시 우리가 누구인지의 정체성을 만들어온 부분으로 이해한다. 도덕이슈에 대한 이러한 대안적 사고방식은 국제관계에 잘 들어맞는다.

주류 도덕이론은 한편으로 개인의 목표와 이해관계에 주목하면서 다른 한편으로 보편적 도덕규범에 주목한다. 개인의 욕구와 모든 사람의 도덕적 요구 간의 갈등은 불편부당한 관점에서 인식된다. 하지만 실제로 개인과 모든 사람 간의 극단적인 긴장은 거의 찾아볼 수 없다. 이와 대조적으로, 돌봄윤리의 도덕적 삶은 개인의 이해와 타인의 이해가 함께 어울리는 돌봄관계를 통해서 지지되며, 신뢰가 중요시 된다. 예를 들어, 아이를 돌보는 엄마의 경우, 엄마는 자신만의 이해관계를 추구하거나, 아이의 이해와 충돌된다 하더라도 이타적으로 아이의 이해관계만을 위하지 않고, 엄마와 아이 모두의 상호이익을 추구한다. 엄마는 자신의 선호를 만족시키기 위해서가 아니라, 아이, 그리고 자신과 아이의 관계에 가치를 부여한다. 엄마의 도덕적 관심은 보편적으로 모든 사람에 대한 관심이 아니라 돌봄관계를 함께 나누는 특정한 타인에 대한 관심이다. 그리고 그러한 돌봄관계는 가족과 우애라는 개인적 맥락에만 국한되지 않는다. 돌봄관계는 다양한 집단의 구성원과 시민 등으로 확대될 수 있다. 예를 들어, 우리는 지구 반대편에서 빈곤으로 신음하고 있는 사람을 위해서 돌봄관계를 발전시킬 수 있다. 보편적인 규칙이 제시하는 제약 안에서 자신의 이익만을 추구하는 개인을 상정하는 도덕이론은, 전 지구적 맥락에서의 돌봄관계와 관계적 인간의 가치와 현실을 제대로 다루지 못한다. 돌봄윤리는 집단과 문화적 유대, 그리고 역사, 식민지배 또는 비시장적 경제발전에 대한 이해를 공유하는 집단 간의 관계를 이해하는 근원을 담고 있다.

정의윤리는 구체적인 사례에 일관되게 적용할 수 있는 불편부당하고 추상적인 원칙을 추구하면서, 공정, 평등, 개인의 권리에 집중한다. 개별 인간은 보편적이고 시간의 제약을 받지 않는 개인으로 이해된다. 이와 대조적으로 돌봄윤리는 맥락에 대한 배려, 신뢰, 필요에 대한 응답에 집중하며, 서사적인 어감을 제공한다. 즉, 개인적·정치적·지구적 맥락에서 돌봄관계를 육성한다. 개인은 고유한 관계 속에 있는 존재로서 이해된다. 정의윤리는 개인의 권리와 개인적 이익의 경합 속에서 공정한 결정을 추구한다. 돌봄윤리는 돌봄제공자와 의존인의 이해관계를 함께해야 할 중요한 것으로 이해한다. 정의는 간섭으로부터 평등과 정의를 보호하지만, 돌봄은 적극적으로 타인과 함께하는 것에 가치를 두며 사회적 유대와 협력을 증진한다.

칸티안 도덕이론과 공리주의는 (비록 이 둘은 이성(reason)을 달리 개념화하지만) 도덕적으로 우리가 무엇을 해야 하는지를 밝히기 위해 전적으로 이성에 의존한다. 대신, 돌봄윤리는 도덕이 무엇을 추천하는지를 이해하는데 있어서 감정의 기여를 강조한다. 예를 들어, 구체적인 타인에 대한 동감, 민감성, 응답성은 "모든 인간" 혹은 모든 개인에 대한 보편적인 원칙과 고도로 추상적인 규칙보다 우리가 해야 할 것을 안내하는 더 나은 지침이 될 수 있다. 전통적으로 "도덕적 지식"으로 간주되었던 것 대신, 돌봄윤리는 더 보편적이고 추상적인 지침일수록 실질적인 안내의 역할을 충분히 하지 못한다고 생각하면서, 도덕적 심의에 있어서 의사소통과 대화, 그리고 맥락적이고 서사적 이해의 가치와 구체성에 대해 주목한다. 돌봄윤리의 관점에서라면, 보편적 이성이라는 서구식 주장에 대한 전 지구적 회의(懷疑)를 피할 수 있다.

법의 관점에서 보면, 감정은 전통적으로 불편부당한 법에 대한 위협으로 인식되었다. 그렇기 때문에, 감정은 고려대상이 아니며 잊혀졌다. 하지만 돌봄의 관점에서 보면, 법이 실제로 시행되기 전에 존재해왔던 사회적 관계는 동료 시민들 혹은 세계 혹은 지역의 잠재적인 동료구성원들 사이의 돌봄관계의 한 형태로 이해될 수 있다. 돌봄인은 돌봄을 주고 돌봄을 받는 실제 경험에서, 다양한 문화를 통해 교차하여 발전한 돌봄에 대한 이해에 의존한다.

주류 도덕이론은 그들이 도덕이라 생각하는 것을 일반화해온 것으로 보인다. 이러한 도덕은 입법가와 사법적 판단의 불편부당한 결정에 적합하다고 생각해온 전망 혹은 정치와 시장에서의 합리적인 자기이해의 추구에 적합하다. 하지만 여성의 경험과 페미니스트의 통찰이 등장하면서, 가정뿐만 아니라 가정을 넘어서도 돌봄책임과 돌봄관심에 관한 도덕의 적실성이 존중받고 있다. 돌봄윤리가 국제관계를 포함해, 도덕이 이해되는 방식의 근본적인 변화를 요구한다는 점은 명확하다.

돌봄윤리는 돌봄관계, 신뢰, 상호응답성이라는 관심사에 가치를 부여한다. 돌봄은 돌봄제공이라는 노동뿐만 아니라 돌봄실천을 평가할 수 있는 기준을 포함하는 하나의 실천이다. 돌봄은 필요를 충족하려는 노력의 효과성에 관심을 기울여야 한다. 동시에 이는 돌봄이 제공되는 동기에도 관심을 기울여야 한다. 돌봄을 받는 사람은 응답성을 통해 돌봄관계를 유지한다. 사람들 사이의 관계가 지배, 착취, 불신 혹은 적대적으로 흐를 때, 그 관계는 비판받을 수 있다. 반면에 돌봄관계는 권장될 수 있으며 지속될 수 있다.

또한 돌봄은 하나의 가치이다(2장 참조). 우리는 돌봄관계와 돌봄인에 가치를 부여한다. 우리는 예를 들어, 상호관심, 신뢰, 배려, 응답성 같은 돌봄과 관련된 도덕적 지침이라는 이정표를 통해 많은 부분에서 사람들이 서로 어떻게 연결되었는지를 이해할 수 있다. 돌봄윤리를 옹호하는 것은 적어도 돌봄이 정의윤리만큼 중요한 도덕적 권장 사항을 포함하고 있기 때문이다. 그리고 돌봄이 다양한 맥락에서 충분히 이해된다면, 돌봄윤리는 여성만큼이나 남성에게도 적절한 윤리이며, 개인적 관계만큼 정치적이고 국제관계에서도 적절한 윤리이다.

이는 돌봄이 정의를 배제해야 한다는 뜻이 아니다. 정의는 도덕적으로 받아들일 수 있는 돌봄실천으로 통합되어야 한다. 돌봄관계는 그 속에서 정의를 찾을 수 있는 더 크고 더 심도 있는 맥락이지만, 특정 영역에서는 정의가 우선시될 수 있다.[14] 예를 들어, 비록 정의의 시스템이 현재의 어떤 시스템보다 많은 돌봄을 할 수 있고 해야 한다고 하더라도, 법의 영역에서 정의의 원칙과 언어는 우선시되어야 마땅하다. 동시에, 우리는 정의를 우선시하는 법의 영역이 제한된 영역이어야 하며 도덕적 삶 전체를 아우르는 모델로 인식되어서는 안 된다는 점을 명심해야 한다(9장 참조). 이러한 논지는 국가적인 맥락뿐만 아니라 국제적인 맥락에서도 적용된다.

돌봄가치는 이미 기존에 존재하는 돌봄실천에 개략적으로 통합되어 있다. 돌봄가치는 더 잘 반영되어야 할 필요가 있으며, 돌봄실천은 개선되고 확대되어야 할 필요가 있다. 더 나은 그리고 더 광범위한 돌봄실천으로, 법과 법의 집행이라는 국가적 기제의 필요성을 줄여 나갈 수 있다. 문화는 작금의 문화가 기생하는 상업적 이해의 영역에서 해방될 수 있으며, 정부 결정의 부과가 아니라 대화와 담론을 통해 사회적 결정에 도달할 수 있는 더 확장된 기회를 만들 수 있다.[15] 환경의 중요성에 상응하는 관심이 주어질 것이다. 문화가 돌봄관계를 지속시키는 활동의 실패에 대한 무책임을 용인하지 않게 되면서, 강제력 사용의 필요성이 점점 줄어들 것이다. 이러한 전개는 국가 간의 관계에서도 유추될 수 있다.

돌봄의 관점에서 보면, 시장은 사람들 간의 관계에 가치를 부여하는 돌봄관계를 서서히 훼손시키기 때문에, 이는 지금에 비해 확대되기보다 제한되어야 한다(7장 참조). 시장에서는 모든 것이 대체가능한 상품이며, 경제적 이익이 가장 우선시된다.[16] 우리는 돌봄윤리를 통해 세상에 있는 돌봄관계를 소진(消盡)시키면서 시장을 전례 없이 확대시키는 작금의 세계화를 평가하고 비판할 수 있다.

우리는 권리가 돌봄이라는 전제 위에 어떻게 존립하는지를 살펴보았다. 한 사회에서 권리가 존중된다는 것은 서로를, 그들이 속한 집단 혹은 정치적 실체가 권리를 무엇으로 인정하거나 주장하든, 같은 시민으로서 흔쾌히 대할 수 있을 정도로 관심 있게 대하는 것을 필요로 한다(8장 참조). 최근에 만족할 만한 정치제도를 가능하게 하는 시민사회의 실천에 대한 더 많은 관심이 쏟아지면서, 돌봄윤리의 적실성이 강조되고 있다. 시민사회의 실천은 사람들 사이의 연계와 민주적 자치가 가능한 집단으로 사람들을 묶어주는 유대 간의 연결점을 구축한다. 이러한 시민사회의 실천은 돌봄관계를 조성할 수 있다.

돌봄윤리의 옹호자들은 명시적으로 시민권(citizenship)을 돌봄실천에 포함시킨다. 예를 들어, 페타 보덴(Peta Bowden)은 돌봄실천을 엄마품 같은 돌봄(mothering), 우애, 너싱(nursing), 시민권의 네 가지로 유형화한다. 아직까지 돌봄의 관점으로 시민권을 간주하지 않은 입장이 있다면 왜 그런 입장이 되어야 하는지 알 수 있을 것이다. 보덴은 정당하지 않은 일반화와 돌봄에 대한 추상적 이론에 반대하지만, 돌봄의 다양한 모습 사이의 유사성에 대해 지적한다. 다양한 돌봄의 모습은 사람들 사이의 상호의존과 관계의 질에 대한 강조를 포함한다. 모든 돌봄실천은 저평가되어왔다. 모든 돌봄실천에는 엄중한 윤리적 중요성이 존재함을 인정받아야 한다. 이러한 논의는 지구적 시민권을 어떻게 받아들여야 할지에 대해서도 역시 적용된다.

지구적 변화를 위한 함의

돌봄윤리는 사회가 미래세대의 육성과 교육을 가능한 최선으로 할 수 있도록 하고, 보건의료가 필요한 사회구성원에게 적절한 응답을 가능하게 하며, 의존인에게 필요한 돌봄을 보조할 수 있도록 함으로써, 아이들과 다른 종류의 의존인에 대한 책임을 인정해야 한다는 점을 분명히 밝히고 있다. 돌봄윤리는 부유한 국가의 구성원은 가난한 국가의 구성원을 괴롭히는 총체적인 돌봄결핍과 기아를 줄여갈 책임을 인식할 것을 주장한다. 2004년 UN보고서는 전 세계 만성적 기아인구가 2000년보다 1천8백만 명이 **증가한** 8억5천2백만이며, 매년 5백만의 아이들이 아사(餓死)하고 있다고 발표했다.[17] 무엇보다 기아가 증가하는 세태는 돌봄의 가치와 가장 명확히 상충되는 추세이다.

사회가 전통적으로 그래왔던 것처럼, 가정에서 돌봄제공을 무급 여성노동에 상대적으로 혹은 전반적으로 의존하는 것은 정의의 가치뿐만 아니라 돌봄의 가치와도 맞지 않는다. 돌봄윤리는 다양한 형태의 돌봄에 대한 국가적 지원을 늘릴 것과 보살피는 방식으로 사람들의 필요를 충족시킬 것을 요구한다. 돌봄윤리는 돌봄활동에 대한 남성의 평등한 참여를 권고하며, 돌봄이 일어나는 환경에 영향을 미치는 정치경제구조에 대한 여성의 평등한 참여를 권장한다. 돌봄윤리는 사람 간, 집단 간 협력을 조장하며, 또한 시민권의 가치를 뒷받침하는데 필요한 돌봄을 조성하는 실천을 선도한다. 돌봄윤리는 구성원을 돌볼 수 없는 사회에서 돌봄발전에 대한 사회의 확대된 책임을 담당함을 의미한다.

캐롤 구드(Garol Gould)는 민주주의의 세계화를 위한 돌봄 개념의 함의를 연구한다. 그녀는 "돌봄은 사회적 수준에서 개인과 집단의 구체적인 필요와 이해관계에 대한 응답으로 전이(轉移)될 수 있다. 돌봄은 또한 개인의 선택을 방해하지 않을 뿐만 아니라, 개인의 성장을 위한 경제사회적 수단을 제공한다는 의미에서 정치적으로도 필적한 수단을 갖는 것이다"라고 지적한다.[18] 민주적 공동체의 특징인 호혜성(reciprocity)은 공동체구성원 사이에 어떠한 개인적인 애정을 전제하지 않지만, 민주주의는 "공동체구성원의 협력이 단지 법, 습성 혹은 강압에 의한 규제가 아니라 자발적으로 추구하는" 목표를 사람들이 함께한다는 점을 전제한다.[19]

돌봄윤리는 젠더, 계급, 인종 그리고 민족의 지배와 위계질서를 대체하는 돌봄가치와 협력으로 사회 구석구석을 탈바꿈시킬 것을 요구한다. 돌봄윤리는 다음의 사항을 권장한다. 가족은 상호돌봄으로 특징지어져야 한다. 교육돌봄, 보건의료 그리고 아이돌봄제도가 잘 뒷받침되고 발전되어야 한다. 경제는 힘 있는 사람들을 더 부유하게 만들기보다 필요를 실질적으로 충족하는데 초점을 맞춰야 한다. 군산복합체의 파워는, 정치·외교제도, 군복무, 방위산업에 종사하는 남성뿐만 아니라 여성에 의해 결정되는 사회적 제약 하에 있어야 한다. 법·정치제도는 정의뿐만 아니라 돌봄의 가치를 더욱더 표출할 것을 권고한다. 대안적인 상상력을 제공하고 경쟁적 이슈에 대한 협력적이고 창의적인 해법에 영감을 제공하기 위해 문화는 자유로워야 한다. 하지만, 돌봄윤리는 주어진 영역을 탈바꿈시킬 뿐만 아니라 영역 간의 관계를 탈바꿈시킬 것이다(4장 참조). 군사적·경제적·정치적 지배와 돌봄활동의 주변화 대신, 돌봄활동이 관심, 노력, 지원의 중심이 될 것이다. 본받을 만한 돌봄관계에서 새로운 사람을 키우는 것이 사회의 가장 중요한 목적으로 이해될 것이다.

우리는 돌봄윤리가 국가 안에서 뿐만 아니라 국제관계와 국제정치를 어떻게 변화시키는지 목도하게 될 것이다. 페미니스트 기반에서 구축된 돌봄윤리는 국가 행태에 있어서 문화적으로 구성된 남성성(masculinity)을 간과하기보다 주시한다. 남성성이란 이미지는 실제로 많은 남성을 특징짓지는 않지만, 이는 남성뿐만 아니라 여성에 의해서도 기대되고 있는 것이다. 하지만, 남성성의 이미지는 유권자를 포함해 파워를 행사할 수 있는 지위에 있는 사람이 하고자 하는 바를 형성해간다. 남성적 이미지에 영향받는 것은 군사안보와 경제의 우위에 대한 특정 국가 역할에 대한 지나친 강조이며, 반면에 환경과 생태적 관심, 관련 당사자에 대한 정책의 도덕적 수용 그리고 타인과의 협력적 관계의 유지와 육성과 같은 다른 측면의 안보에 대한 지나친 경시이다. 조지 W. 부시 행정부 시절 이라크에 대한 일방적인 전쟁, 잠재적 동맹국에 대한 윽박, UN결의안, 교토의정서 및 기타 협정 이행약속 불이행 등 미국의 행동은 남성성의 이미지가 확대된 영향력을 담은 외교정책 사례의 전형을 보여준다. 협력을 겁쟁이나 하는 것으로 생각하는 편견인, "터프"해 보이지 않을 것이라는 두려움이 국제관계를 개선시킬 수 있는 가능성을 오염시킨다.

페미니스트들은 정치적 세계에 대한 홉스적 관점에 내재한 젠더적 편견을 가시화시킨다.[20] "만약에 인간본성이 보편적으로 경쟁적이고 적대적이라면, 무기력한 영유아가 어떻게 성인이 될 수 있는지를 물었을 때, 홉스의 남성중심주의(androcentrism)는 바로 드러난다. 아이를 키우는 실천의 관점에서 보면, 인간은 타고나면서 협력적이라고 주장하는 것이 좀 더 사리에 맞다. 아이를 키울 때 요구되는 협력이 없었다면, 어떤 남성이나 어떤 여성도 존재할 수 없었을 것이다."[21]

국제관계에서 현실주의자들과 신현실주의자들은 전쟁준비를 옹호하고 안보를 위해서 타국에 의존하는 것을 회피하면서, 홉스적 관점을 국제관계 영역으로 도입했다. 예를 들어, 한스 모겐소(Hans Morgenthau)

와 케네스 왈츠(Kenneth Waltz)는 군사력을 극대화하고 효과적인 자율성을 유지하는 것이 국가를 성공으로 이끈다고 주장한다.[22] 이와 대조적으로 돌봄윤리는 신뢰관계 조성, 타국의 관심사에 대한 경청, 국가 간 협력증진 그리고 상호의존성에 대한 가치의 중요성을 이해한다.

지구적 맥락에 대한 일반적인 해석에서, 국가는 안전하고 질서 잡힌 영역으로 간주되며, 국가를 넘어선 세계는 -홉스적인 만인의 만인에 대한 투쟁- 위험하고 무정부적이며 자주 폭력적으로 이해된다. 이러한 그림은 "영혼 없는 세상의 안식처"로서 가정을 비유한 것과 유사한 구도이다. 군대는 집과 가정의 남성적 "보호자"로 비유될 수 있다. 페미니스트들은 가정과 국가에서 발생하는 여성과 아이들에 대한 엄청난 폭력을 보여주면서, 가정과 국제관계에 대한 이 같은 구도에 일격을 가한다. 페미니스트들은 세계 곳곳에서 여성이 위협을 받는 특별한 방식을 지적해왔다. 즉, 여성은 단지 그들이 여성이라는 이유만으로, 성폭행, 강제결혼, 영유아 살해, 그리고 보건의료와 영양섭취의 거부에 종속되어 있다.[23] 페미니스트들은 또한 군사력과 보호라는 명분으로 군사력을 흔쾌히 사용하는 구도의 오류를 지적한다. 예를 들어, 이들은 "전쟁 희생자의 90%를 차지하는 민간인 사상자 수 중 대부분이 여성과 아이들"임을 지적한다.[24] 돌봄윤리의 관점에서 보면, 병영국가(militarized state)는 보호자가 아니라 위협이 될 수 있다. 압도적인 물리력을 보유한다면, 그 힘을 사용하고 싶은 유혹의 압력이 고조될 수 있다. 그 결과, 위협으로 인지하는 당사국들 사이의 군비경쟁이 촉발되며, 안보의 실질적인 원천에는 주의를 덜 기울인다.

페미니스트들은 또한 상당수의 정치이론과 국제관계를 바라보는 시각의 핵심에 자리 잡은 시민전사(citizen-warrior) 이미지를 검토해왔다.[25] 그들은 이러한 이미지가 여성과 여성 활동을 폄하해왔음을 보여주고, 이러한 바탕에서 그려진 사회적 이념과 이러한 모습으로 의인화된 상상의 국가 간의 관계가 국제관계의 장(場)까지 전이되는 방식을 재검토할 것을 요구한다.

국가 간 관계에서 법과 제재의 필요성이 인정될 때 그리고 정의가 추구될 때, 활용되는 모형은 일반적으로 국가 안에서 적용될 때와 같은 계약모델이다. 국내법의 젠더적 편견은 국제무대로 확대된다. 국제관계를 비판적으로 검토해보면, 자유민주주의 국가를 동등한 개인 간 자유롭게 선택된 계약을[26] 토대로 생각하는 가정이 국가 간 관계와 얼마나 동떨어져 있는지는 명확해진다. 실제로, 국가는 만들어져 왔고 국경은 주로 물리력으로 설정되었으며, 일반적으로 기만이 큰 역할을 해왔다. 북반구와 남반구의 격차는 비자발적인 측면과 불평등한 파워로 채워져 있다. 1980년대에서 1990년대 사이 남반구에서 북반구 사이에 있었던 빈국과 부국의 격차를 보여주는 자본 흐름(net capital flows)은, 도덕적으로 변명의 여지가 없을 뿐만 아니라 그 격차가 훨씬 커지고 있다.[27] 1996년 UN보고서에 따르면, 지난 30년간 빈국과 부국 간 격차는 다음과 같이 더 벌어졌다. 소득 하위 20%의 세계 인구 소득이 세계 전체 소득에서 차지하는 비율이 2.3%에서 1.4%로 감소했으며, 소득 상위 20%의 소득은 세계 전체 소득의 70%에서 85%까지 증가했다.[28] 게다가, 가난한 나라에서도 여성이 가장 취약하다.[29]

돌봄과 정치경제

젠더화된 국제법과 더불어 경제발전에 대한 권고와 필연성 또한 젠더 중립적이지 않다.

많은 학자에 따르면, 많은 문화권에서 서구 식민화 이전 성별노동 분업은 상당히 탄력적이었으며 평등주의적이었지만, 식민화로 인해 더 견고한 젠더구분이 부과되었다. 여성이 보유하고 있던 토지소유권 이 (서구 플랜테이션 소유자에게 강탈되지 않았을 때) 대부분 남성에게 이관됨으로써 여성의 조건은 악화되었다.[30] 여성은 1980년대까지 여전히 저개발국 농업노동의 40~80%를 차지했지만, 농장에 대한 여성의 통제권은 점점 줄어들고 있다.[31] "원조, 국채, 기술지원을 통한 탈식민화된 저개발국을 발전시키거나 근대화시키려는 서구의 노력은 원조 수혜자로서 토지 소유 남성에게만 우호적인 정책이었으며,"[32] 현금벌이를 위해 농토가 상업화되어 여성 농업체계가 설 자리를 잃어가면서, 여성의 지위는 더욱 약화되고 있으며 세계의 기아문제는 지속되고 있다. 1990년대 아프리카에 거주하는 여성은 제도권 은행에서 소농장주의 10% 미만, 전체 농업의 1%에 못 미치는 대출을 받았을 뿐이다.[33] "급속한 경제성장을 경험하는 나라에서 조차도, 경제발전이 여성의 지위 향상으로 이어지지 않는다… 분석에 사용되는 개념, 제기되는 의문, 그리고 국가 차원의 분석 수준에서 여성은 보이지 않기 때문에, 젠더에 대한 문제제기는 일어나지 않는다."[34]

지구적 규모의 시장으로 "재편"은 종종 주변화된 다른 집단뿐만 아니라 여성에게도 본질적으로 나쁜 영향을 미친다. 페미니스트 학자들은 1990년대 동안 얼마나 "여성이 북반구뿐만 아니라 남반구에서도 세계화의 수혜자가 아니라 희생자였는지"를 보여주기 시작했다.[35] 이 시기의 보고서 제목이 이를 매우 적절히 보여준다. "부자 나라-가난한 여성."

예를 들어, 세계화는 중부 유럽과 동구 유럽의 여성에게, 전례 없는 실업률과 모성 보건의료, 육아휴가, 아이돌봄 등 국가가 재원을 책임지는 정책의 폐기를 의미했다. 여성은 각종 혜택을 제공하기 꺼리는 사기업에게 "매력 없는 피고용인"이 되었다.[36] 재편은 예전 일자리에서 여성을 밀어 내고, 종종 성매매의 길로 내모는 등 전반적으로 가부장제 친화적인 가족정책을 강화시켰다.[37] 신자유주의 기치 아래 공격적으로 추진된 세계화는 종종 많은 사람에게 해악을 끼쳤지만, 특히 많은 여성에게 불행한 영향을 미쳤다.[38]

반면, 주류 국제관계이론은 세계화된 경제의 현실에서 혹은 주류 경제학적 관점에서, 사회현실을 바라보는 관점의 미약함을 직시하지 못했다.

여성이 무급으로 제공하는 돌봄노동의 본질과 어마어마한 가치가 경제학자의 사고에서 인정되었을 때, 그것이 미치는 차이를 생각해보자. 그것은 "재생산"보다 "생산"을, "사적인" 것보다 "공적인" 것을, 그리고 "여성적인" 것보다 "남성적인" 것이 더 중요하다는 전제를 흔드는데 매우 도움이 된다. 돌봄노동이 남성에게도 정당한 가치를 인정받고 함께 공유하는 노동이 된다면, 여성의 발전을 등한시하고 남성의 발전을 주장하는 전제와 경제와 정치 영역에서 높은 수준의 의사결정 지위에는 여성보다 남성이 적합하다는 전제가 대체될 것이다. 스파이크 피터슨(V. Spike Peterson)과 앤 시슨 루얀(Anne Sisson Runyan)은 "현재의 경제적 우선순위의 희생을 가시화하고, 누구(여성)와 무엇(환경)이 이러한 희생과 정면으로 배치됨을 보여줌으로써, 국가와 기업은 부를 창출하는 활동이라는 주장의 상당 부분이 정당화될 수 없게 될 것이다. 재생산과 비공식 영역을 지속적으로 평가 절하하는 것은 이 같은 절하(切下)의 결과로 막대한 이윤을 거둬들이는 상위 소수를 위해 '작동'할 뿐이다.[39]

페미니스트 비판의 효과로, 개발정책 입안자들은 정책이 여성에 미칠 영향에 대해 고려하기 시작했다. 그럼에도, 일반적으로 그들은 남성이 하는 일에 특권을 주고 많은 여성을 점차 빈곤하게 만들고 무력하게 만드는 성별노동분업의 틀이 흔들리는 것을 원하지 않는다. 젠더와 관련된 "문화적 실천"의 변화는 종종 외부 행위자가 부여하는 방식이 아니라, 도움을 받는 저개발국 문화 내의 여성들 사이에서 자생적으로 일어나야 할 필요가 있다. 하지만, 이러한 변화는 돌봄노동에 대한 일반경제의 재조명을 차단해서는 안 되며, 자본의 이익과 이를 반영하는 경제이론이 문제라고 제시한 장애물을 인정하는데 이용되어서도 안 된다.

 "저개발" 국가를 곤궁하게 하면서 선진국의 번영을 이끄는 정책은 정의의 이름으로 비난받을 수 있다. 하지만 지구적 경제정의 같은 어떤 것을 강제할 수 있는 기제는 거의 전무하다. 부유한 국가가 빈국의 농민이 경쟁할 수 없도록 만들면서, 가장 부유한 국가가 부국의 농업비지니스를 제공하는, 기존의 보조금을 줄이기 위한 노력 같은, 겉보기의 노력은 진보적이라 할 수 없다. 돌봄 고려사항에 근거한 그리고 제도적이고 개인적인 상호연계성을 통해 권고하는 논의는 유토피아적이지 않으며 오히려 효과적이다. 아이들, 여성 그리고 남성의 삶을 개선시키는 것이 무엇인지 찾아내기 위해, 다른 상황, 집단, 문화의 특정성(particularity)을 이해하는 것은 정의윤리보다 돌봄윤리가 더욱더 잘 맞는 짝이다. 또한 보편주의에 대한 회의와 차이의 인정이라는 포스트모더니즘의 채무를 빌려오지 않더라도 돌봄윤리는 가능하다.

제국주의적 접근

탈식민주의 페미니스트들은 북반구 페미니스트의 사고방식과 정책프로그램에서 드러나는 제국주의를 피하기 위해 많은 관심을 요구한다. 이러한 경고는 다른 접근법뿐만 아니라 돌봄윤리를 발전시키는 학자들에게 해당된다. 서구의 급진적인 페미니스트들은 지나치게 섹슈얼리티 중심으로 여성 억압을 일반화하기 때문에, 많은 탈식민주의 페미니스트의 입장에서 보면 서구 페미니스트들은 부당하게 부유한, 백인, 서구 여성과 남반구 여성 간의 차이를 간과할 뿐만 아니라, 여성들 간의 계급, 민족, 지역적 차이를 무시해왔다. 반면, 자유주의 페미니스트들은 평등이라는 보편적인 규범의 적용에 지나치게 경도되어, 관용할 수 없는 조건에 있는 여성을 구하고자 하는 서로 다른 맥락적 의미를 파악하는데 실패했다. 탈식민주의 여성들은 자신이 그들 사회에서 주체적인 역할을 하며 개혁에 영향을 미칠 수 있는 역량을 갖추고 있다고 생각하는 반면, 서구 페미니스트들은 이들을, 찬드라 모한티(Chandra Mohanty)의 표현대로 "전형적인 제3세계 여성… (무지하고 가난하고 미개하고 전통적이고 가족지향적이고 핍박받는 여성으로 해석되는)으로 간주한다."[40]

앨리슨 재거(Alison Jaggar)는 그녀가 느낀 딜레마를 이렇게 설명한다. "도덕적으로 그리고 정치적으로, 나는 반(反)제국주의 페미니스트들에게 강한 공감을 느낀다. 왜냐하면 내가 보기에 제3세계의 관행에 대한 서구 페미니스트들의 비판이 대상화되고 후견인적이며 자기만족적이기 때문이다. 동시에, 나는 더 가난한 나라의 여성을 (실제로는 모든 시민을) 도와야 한다는 책임감을 느낀다. 식민주의적 입장을 취하지 않으면서도 이들을 돕는 것이 가능할까?"[41] 그녀는 비서구문화의 부정의에 대응해야 한다는 선입견에 빠진 서구학자들의 문헌은 "제1

세계 시민이 제3세계 여성에게 고통을 주는 많은 부정의와 연관되어 있다는 점에 대해서는 주의를 기울이지 않는다"는 우려를 표한다.[42] 제1세계가 전 세계에 부과해온 신자유주의 세계화의 정책과 원칙은 "국가차원의 불평등뿐만 아니라 국가 간의 불평등을 심화시켰으며, 결과적으로 제3세계 여성의 고통은 적어도 제1세계의 결정으로 강화되었다."[43] 서구 페미니스트들은 이 같은 결과를 만드는 신자유주의 세계화를 반대할 수 있으며 반대해야 한다.

7장에서 살펴보았듯, 돌봄윤리는 시장가치 이외의 다른 가치를 외면하는 세계화에 반대하는 강경한 입장이지만, 돌봄윤리는 역시 신(新)식민지적 무감각의 위험에 주의해야 한다. 누군가에게 도움이 되려는 도덕적으로 본받을 만한 충동은 순진하고 엉뚱한 것이 아니라 실제로 실질적인 돌봄의 결과를 만들 수 있도록 돌봄윤리는 유의할 필요가 있다. 나탈리에 브렌더(Natalie Brender)는 유익함보다 해악을 주는 방식으로 진행되는 인도주의적 구호와 돌봄윤리에 대한 이 같은 주의사항을 발전시켰다.[44] 돌봄윤리는 이러한 노력을 평가할 수 있는 원천이다. 이러한 원천은 전적으로 채택되어야 한다.

돌봄의 미래

피오나 로빈슨(Fiona Robinson)은 주류 국제관계이론과 국제관계에 대한 주류 규범이론 모두 "상호의존성, 관계성, 그리고 타국에 사는 타인의 삶에 대한 적극적인 개입 등의 개념을 체계적으로 저평가함으로써, 지구적 관심에 대해 '간과하는 문화(culture of neglect)'가 조성되는 결과를 만들었다"고 주장한다.[45] 돌봄윤리처럼, 불평등하게 취약한 행위자 사이의 비선택적 관계에 적합한 도덕이 사회계약이론보다 지구적 현실에 종종 더 적합하다.

게다가 사람 간, 집단 간 실질적 차이에 대한 관심을 갖는, 그리고 모든 사람을 보편화시켜서 몰(沒)역사적인 합리적 개인으로 추론된 추상적 존재로 취급해서는 안 된다는 입장의 돌봄윤리는 문화, 정체성, 자원, 집단 배제, 분쟁 근원의 측면에서 지구적 차이라는 현실에 좀 더 알맞을 수 있다.

정의윤리에서는 인권존중이 중심역할을 해왔고, 이러한 관심은 지구적 차원에서 점점 분명해졌다. 하지만, 페미니스트 학자들이 지적하듯, 여성에 대한 인권은 안타깝게도 무시되었다. 최근까지도 여성에 대한 폭력은 국제인권의 의제가 되지 못했다. 국제수준에서 공/사 구분은 강간으로부터 고질적 영양실조 또한 신부태우기(bride burning)까지 다양한 모습의 여성에 대한 폭력으로 재생산되었고, 이는 단지 "국가와 국제체제 밖에 있는 불행한 문화적 관행으로 치부"되었다.[46] 미국의 외교정책에서 또한 민주화에 대한 자유주의적 접근에서, 경제적·사회적 권리보다 시민적·정치적 권리가 우선시되는 것은 유독 여성에게 더욱 불행한 일이다. "빈곤의 여성화"에 대한 논문들이 보여주듯, 전 세계적으로 여성의 사회경제적 수준은 부당하게도 최하 수준이다. 유엔 조사에 따르면, "1990년대 중반 전 세계 빈곤인구 13억 중 70%가 여성이다."[47]

국제법이 매우 젠더화되었음은 여러 측면에서 볼 수 있다. 전통적으로 남성 관련 문제는 인간 전체의 관심사로 해석되는 반면, "여성의 관심사"는 이례적인 관심으로 치부되거나 주변화되어왔다. 지금은 정의를 여성에게까지 확대시키려는 –여성의 인권을 인정하고 보호하는– 많은 노력이 진행 중이다. 이에 더해 페미니스트 도덕이론가들은 정의윤리가 얼마나 젠더화되었는지를 보여주고 있으며, 우리가 살펴보았듯이 돌봄윤리를 발전시키고 있다.

돌봄윤리는 사회 내의 법, 경제, 정치, 문화 등 기존 영역을 탈바꿈할 것을 요구할 뿐만 아니라, 이러한 영역들 간의 관계를 탈바꿈할 것을 요구한다. 지구적 맥락에서도 그렇다. 지구환경의 안녕(安寧)에 대한 책임은 돌봄적(caring) 지구정책의 핵심 관심사가 될 수 있다. 인간의 필요를 실질적으로 충족시키고, 모든 사람에게 필요한 돌봄이 제공될 수 있는 경제발전을 증진하는 것 또한 중요 과제로 인식되어야 할 것이다. 예를 들어, 에코페미니즘(ecofeminism)은 자연에 대한 돌봄윤리를 제공하고, 근본적으로 다른 종류의 경제발전을 요구한다. 이는 발전이 지속가능하고, 생태적으로 건전하며, 가부장적이지는 않은지, 착취적이지는 않은지, 그리고 공동체를 지향하는지를 묻는다.[48]

사회에서 돌봄의 가치가 점점 더 영향력을 발휘해 감에 따라, 위협과 물리적 힘을 사용하는 갈등해결이 줄어들 것이다. 국가 간의 관계가 돌봄윤리에 영향을 받는다면, 국제적 맥락의 분쟁해결도 마찬가지로 줄어들 것이다. 이것은 현 단계에서 국제법이 제공할 수 있는 제재가 무엇이든 그것에 동조하지 말아야 함을 의미하는 것이 아니다. 국가 이익에 따라서만 폭력과 물리적 힘의 사용의 제재가 규범으로 받아들여지는 실정에서, 법적 제재를 수용하는 것은 돌봄을 무시하는 것이 아니라 돌봄을 더 표현하는 것이다. 폭력 수단의 반대라는 기본 가정은 언제나 존재했다. 항상 폭력적 수단에 반(反)하는 가정이 있어야 하며, 정당화될 수 없는 요구를 저항하거나 정당화될 수 있는 요구에 대응하기 위해 폭력 외(外)의 다른 수단이 동원될 수 있기 때문에, 폭력 사용의 제한에 대한 책임을 특히 강대국에게 엄중하게 물어야 함에도 불구하고, 돌봄윤리는 최종 구제수단으로서 폭력을 배제하지 않으며 때론 폭력에 호소하기도 한다. 필자가 9장에서 제시한 바,

돌봄윤리는 폭력에 매우 잘 대처할 수 있다. 일부의 법집행은 국내에서 만큼 국가들 사이에서도 항상 필요할 수 있다. (이 때 국제경찰의 역할이 강대국에 의한 일방적 방식이 아니라 국제지지 속에서 집행되어야 한다.) 하지만 사회 내에서 돌봄관계를 충분히 조성해온 사회라면, 법적 강제성의 필요가 줄어들 수 있다. 지구적 맥락에서도 동일한 기대를 전망할 수 있다.

현 단계에서 보면, 인권 관점에서 진보를 성취하려는 노력은 간과되기보다 지지받아야 함은 분명하다. 돌봄의 다층적 유대가 모든 인간 공동체까지 확장되고 가난과 배제가 지금보다 실제로 감소하는 사회라면, 돌봄관계는 인권을 중요한 호소처로 덜 중요하게 생각하게 될 것이다.

비정부조직, 국가 그리고 국제수준의 행위자의 상당한 노력은, 폭력과 착취를 줄일 수 있는 국경 안과 밖의 사람들 사이의 실질적인 돌봄 유대를 수립하기 위해 많은 것을 할 수 있다. 예를 들어, 국가 내에서 가난한 여성들 사이의 유대는 경제적이고 젠더적인 위계구조를 탈바꿈시킬 수 있는 잠재력이다.[49] 서로 다른 국가구성원들 사이의 유대는 국가 간 적대감과 폭력에 대한 의존도를 줄이는데 기여할 수 있다. 이러한 유대는 적극적이고 충분한 지지가 있어야 한다. 제1세계 사람들은 제한적인 자선을 베풀기보다, 우애로서 이해하고 경청할 것을 요구한다. 그리고 제3세계 사람들은 굴종을 극복하고, 족쇄 풀린 자본주의가 아니라 돌보는 경제발전이 가능할 수 있는, 자신들의 환경을 결정할 담론의 장에 참여할 것을 요구한다.

돌봄윤리는 현재 여러 추세와 잘 조응한다. 즉, 비정부기구의 영향력 증대와[50] 리차드 포크(Richard Falk)가 이해하는 "아래로부터의 세계화"의 일환으로서 초국적 운동의 영향력 증대이다.[51] 안네 마리 슬라우터(Anne-Marie Slaughter)에 따르면, "지구적 거버넌스(global governance)"
의 한 종류로 이해되는 정부 관료의 네트워크는 아직까지 돌봄윤리
의 영향을 받고 있지 않지만, 그들의 활동은 돌봄윤리에 의해 향상될
수 있다. 슬라우터의 견해에서 보면, 서로 다른 국가의 정부 관료는
종종 환경규제, 식품안전 혹은 재정안정과 같은 공통의 문제를 가장
잘 다룰 수 있는 실천을 실행하고 조정하기 위해 상대국 담당자와 의
견을 교환한다.[52] 슬라우터는 이러한 네트워크는 "참여자들 사이의
신뢰를 구축하고 관계를 수립하며, 이는 좋은 평판을 얻고 나쁜 평판
을 피하게 하는 동기유발의 역할을 한다. 이러한 관계는 장기적인 협
력을 위한 필수조건이다"라고 밝힌다.[53] 그녀의 견해에 따르면, 국가
는 가까운 장래에 세계정부(global government)에게 실질적으로 중요한
권력을 양도하지 않겠지만, 성숙함으로 진입하고 있는 지구적 네트워
크는 다음과 같은 규범을 준수할 수 있을 것이라 기대한다. "지구적
네트워크는 국내뿐 아니라 국제적으로 좋은 거버넌스라는 규범에 충
실한 구성원을 지지하고 지원할 수 있다… 지구적 네트워크는 기존
국제합의의 준수를 조장하고, 새로운 합의를 이끌기 위한 협력의 폭
을 넓혀가고 심화시킬 수 있다."[54] 비록 슬라우터가 돌봄윤리를 언급
하지 않았지만, 그러한 네트워크 내의 구성원이 최상의 길잡이로 삼
을 수 있는 가치의 종류는 돌봄윤리일 수 있다.

　슬라우터는 정부 당국자의 동인(動因)에 대해 지나치게 낙관적일지
도 모른다. 분명 일부는 일반선(general good)을 추구하기보다 당국의
이해관계를 반영하는데 더욱더 관심이 있을 것이다. 하지만, 그녀는
공통된 가치가 선도하는 네트워크의 잠재성을 보여준다.

　필자는 8장에서 돌봄윤리와 시민사회 사이의 잠재적 친화성에 대
해 논의했다. 존 킨(John Keane)은 "지구시민사회(global civil society)"가

이제 만개(滿開)할 것이라고 생각한다.[55] 그는 임박한, 최근 발생하는 또한 새로운 사고방식을 요구하는 이러한 현상을 설명하기 위해 다양하게 비유했다. 정부 수준의 혹은 국제질서 수준의 설명을 거부하면서, 그는 "생태환경과 종(種)의 다양하고 놀라운 상호작용: 국제비정부기구, 자원단체, 기업, 시민단체, 사회운동, 반대운동"으로 구성되는 "거대하고 역동적인 생태계"라는 비유를 선호한다.[56] 지구사회는 하나의 생태계로서 자연적으로 도래하는 것이 아니라 사회적 노력의 산물이기 때문에, 이러한 설명 역시 잘못된 길잡이 역할을 한다고 킨은 지적했다. 그럼에도 공학적 설계 혹은 조직의 헌장 같은 위계를 피할 때, 이러한 설명은 그가 생각하는 발전을 향한 많은 것을 담아낼 것이다.

킨이 구분하는 지구시민사회의 특징은 비정부적이고, (유기적이거나 기계적 과정이 아닌) 사회적이며, 폭력적 대치로 조성된 것이 아니라 시민성(civility)의 규범으로 채워진다는 점이다. 지구시민사회는 "정부제도와 구분되는 다양한 상호연계된 사회경제적 삶의 서로 다른 모습 속에서, 비폭력적이고 합법적으로 승인된 파워를 공유하는 방식에 기초한 세상에 대한 정치적 비전을 수호한다."[57]

슬라우터가 언급한 정부관료의 네트워크, 그리고 킨이 생각하는 비정부조직의 시민사회는 지구적 규모로 밀려오는 황폐화로 인해 그들이 인정하는 것보다 더 위협받을 수 있다. 자본이익에 충혈된 강대국은 끊임없이 "테러와의 전쟁"에 집중하고 있으며, 지역의 목표를 달성하고자 정치적 폭력을 사용하려는 세계 곳곳의 집단들은 지구적인 상호연계성을 한올 한올 엮어내는 길목에 가공할 만한 장애물을 만들고 있다. 하지만 폭력이 배양되지 않는 토양을 사전에 준비한다면, 이러한 장애물은 극복될 수 없는 것이 아니다.

킨과 슬라우터가 서로의 논의를 인용하지 않았지만, 킨은 슬라우터처럼 발전하는 지구적 상호연계성의 과정을 파악하고 있으며, 이러한 과정에 영향을 미치는 것의 전망을 이해하고 있다. 슬라우터는 "더 나은 세계질서를 만들기 위해서, 우리는 더 나은 세상에 존재할 수 있으며, 그러한 세상이 실질적으로 구축될 수 있는 충분히 구체적인 방식으로 기꺼이 설명할 수 있어야 한다"고 주장한다.[58] 두 학자 모두 돌봄윤리에 영향을 받았음을 명시적으로 밝히지는 않았지만, 이들은 (그리고 돌봄윤리의 영향을 받은 다른 학자들도) 지구적 발전을 평가하고 최상의 지구적 발전을 장려하기 위해 돌봄윤리를 활용함으로써 자신들의 논의가 향상된다는 것을 알 수 있을 것이다. 돌봄에 대한 폭넓고 깊이 있는 이해는 지구적 협력을 향해 뛰는 모든 사람의 목표를 한층 두텁게 할 것이다. 돌봄이 필요한 많은 상황이 그러하듯, 힘이 없는 행위자에게 결과를 부과하는 힘 있는 행위자의 위험은 상당하여, 돌봄윤리는 이에 대해 적절한 비판을 할 수 있는 토대를 제공한다.

개인적 수준을 넘어서는 돌봄관계는 돌봄가치의 좋은 사례가 된다. 더 큰 사회에 내장되어 있는 가족과 우애의 작은 사회는 돌봄관계로 형성되어 있다. 느슨하기는 하지만 먼 거리에 있는 사람들 사이의 여전히 명백한 돌봄관계는, 이들이 사회조직과 정치체제를 형성하고 다른 나라에 있는 서로를 동료 시민으로서 받아들일 수 있도록 서로에게 신뢰를 심어준다. 돌봄관계의 지구화는 서로 다른 나라와 문화에 속한 사람들이 평화롭게 살고, 서로의 권리를 존중하고, 환경을 함께 보살피며, 아이들의 삶을 향상시키는데 일조할 수 있다.

미 주 ────────

1부 | 1장

1 필자는 윤리(ethics)라는 용어가 공유되는 부분이 있겠지만, 돌봄윤리(ethics of care) 가 다층적이고 다양한 버전이 존재할 수 있다는 의미에서 복수형으로 사용한다. 일부 학자들이 돌봄윤리(the ethic of care)로 단수형을 선호하는 것은 이해할 만하다. 하지 만 필자는 '돌봄윤리(ethics of care)'를 집합명사이자 단수명사로 사용한다. 몇몇 도 덕철학자들은 '윤리(ethics)'와 '도덕(morality)'의 개념적 차이를 명백히 정립하고자 노력해왔다. 그럼에도 필자는 이러한 노력은 실패라고 생각한다. 비록 특정 집단의 구성원이 갖는 도덕적 혹은 윤리적 신념과 정당하고 존경받을 만한 도덕적 혹은 윤 리적 권고사항 사이의 차이를 구분하고 있음에도 불구하고, 필자는 이 두 용어를 혼 용해서 사용한다.

2 Annette C. Baier, *Moral Prejudices: Essays on Ethics* (Cambridge, Mass.: Harvard University Press, 1994), 1장; Peta Bowden, *Caring: Gender Sensitive Ethics* (London: Routledge, 1997); Margaret Urban Walker, "Feminism, Ethics, and the Question of Theory," *Hypatia: A Journal of Feminist Philosophy* 7 (1992): 23-38.

3 Baier, *Moral Prejudices*; Virginia Held, *Feminist Morality: Transforming Culture, Society, and Politics* (Chicago: University of Chicago Press, 1993); Diana Tietjens Meyers, *Subjection and Subjectivity* (New York: Routledge, 1994); Margaret Urban Walker, *Moral Understanding: A Feminist Study in Ethics* (New York: Routledge, 1998).

4 Seyla Benhabib, *Situating the Self Gender, Community, and Postmodernism in Contemporary Ethics* (New York: Routledge, 1992); Marilyn. Friedman, *What Are Friends For? Feminist Perspectives on Personal Relationships* (Ithaca, N.Y.: Cornell University Press, 1993); Held, *Feminist Morality*; Eva Feder Kittay, *Love's Labor: Essays on Women, Equality, and Dependency* (New York: Routledge, 1999).

5 Brian Barry, *Justice as Impartiality* (Oxford: Oxford University Press, 1995); Diemut Bubeck, *Care, Gender, and Justice* (Oxford: Oxford University Press, 1995), pp. 239-40; Susan Mendus, *Impartiality in Moral and Political Philosophy* (Oxford: Oxford University Press, 2002). 본서 5장과 6장 참조.

6 어떤 판단이 보편화될 수 있어야 도덕적이라고 간주한다. 만일 우리가 어떤 사람이 무언가를 행함에 있어서 그것이 올바르다(혹은 잘못되었다)고 주장한다면, 우리는 비 슷한 상황에 있는 비슷한 누군가가 그렇게 하는 것이 옳다(혹은 그르다) 주장에 헌신해야 한다. 도덕적 판단에서 주관적 조건도 보편적으로 인정할 수 있는 변수가

되어야 하며, 서술도 보편적이어야 한다. "내가 제인(Jane)을 돌보는 이유는 내 딸이기 때문이다"는 것은 보편적이지 않다. "모든 부모는 자신의 아이를 마땅히 돌봐야 한다"라는 진술이 보편적인 진술이다. 전자의 판단이 후자의 진술에서 추론된다면 보편적일 수 있다. 하지만 많은 돌봄윤리 옹호자들이 생각하듯, 전자의 진술은 (보편적인 도덕적 판단에 의존하지 않더라도) 비록 보편화될 수 없다 하더라도, 도덕적 헌신의 출발 지점으로 간주된다.

7 Baier, *Moral Prejudices*, p. 26.

8 Margaret Urban Walker, "Moral Understandings: Alternative 'Epistemology' for a Feminist Ethics," *Hypatia* 4 (summer 1989): 15-28, pp. 19-20.

9 좋은 예로는 Stephen L. Darwall, *Impartial Reason* (Ithaca, N.Y.: Cornell University Press, 1983); David Gauthier, *Morals by Agreement* (Oxford: Oxford University Press, 1986).

10 Brian Barry, The Liberal Theory of Justice (London: Oxford University Press, 1973), p. 166.

11 Michael Sandel, *Liberalism and the Limits of Justice* (Cambridge: Cambridge University Press, 1982), p. 133. 페미니스트와 유사한 입장의 공동체주의자들의 다른 비판은 맥킨타이어(Alasdair MacIntyre)가 있다. *After Virtue: A Study in Moral Theory* (Notre Dame, Ind.: University of Notre Dame Press, 1981), *Whose Justice? Which Rationality?* (Notre Dame, Ind.: University of Notre Dame Press, 1988); Charles Taylor, *Hegel and Modem Society* (Cambridge: Cambridge University Press, 1979); Roberto Mangabeire Unger, *Knowledge and Politics* (New York: Free Press, 1975).

12 Martha Nussbaum, *Sex and Social Justice* (New York: Oxford University Press, 1999), p. 62.

13 Diana T. Meyers, *Self, Society, and Personal Choice* (New York: Columbia University Press, 1989); Grace Clement, *Care, Autonomy and Justice* (Boulder, Colo.: Westview Press, 1996); Diana T. Meyers, ed. *Feminists Rethink the Self* (Boulder, Colo.: Westview Press, 1997); Catriona MacKenzie and Natalie Stoljar, eds., *Relational Autonomy: Feminist Perspectives on Autonomy, Agency, and the Social Self* (New York: Oxford University Press, 2000). 추가로 Marina Oshana, "Personal Autonomy and Society," *Journal of Social Philosophy* 29(1) (spring 1998): 81-102 참조.

14 이 이미지는 다음을 참조. Thomas Hobbes, *The Citizen: Philosophical Rudiments Concerning Government and Society*, ed. B. Gert (Garden City, N.Y.: Doubleday, 1972), p. 205. 대조적인 입장에 대해서는 Sibyl Schwarzenbach, "On Civic Friendship," *Ethics* 107(1) (1996): 97-128.

15 Kittay, *Love's Labor.*

16 Baier, *Moral Prejudices*, p. 29.

17 Robert A. Frank, Thomas Gilovich, and Dennis T. Regan, "Does Studying Economics

Inhibit Cooperation?" *Journal of Economic Perspectives* 7(2) (spring 1993): 159–71; Gerald Marwell and Ruth Ames, "Economists Free Ride, Does Anyone Else?: Experiments on the Provision of Public Goods, IV," *Journal of Public Economics* 15(3) (June 1981): 295–310.

18 Virginia Held, *Rights and Goods: Justifying Social Action* (Chicago: University of Chicago Press, 1989), 5장, "The Grounds for Social Trust"; 본서 8장 참조.

19 Carol Gilligan, *In a Different Voice: Psychological Theory and Women's Development* (Cambridge, Mass.: Harvard University Press, 1982); "Moral Orientation and Moral Development," in *Women and Moral Theory*, eds. Eva Feder Kittay and Diana T. Meyers (Lanham, MD.: Rowman and Littlefield, 1987).

20 Sara Ruddick, "Injustice in Families: Assault and Domination," in *Justice and Care: Essential Readings in Feminist Ethics*, ed. Virginia Held (Boulder, Colo.: Westview Press, 1995), p. 217.

21 Bubeck, *Care, Gender, and Justice*, p. 11.

22 Ibid., p. 206.

23 이는 일반적으로 정의가 필요에 대한 응답을 포함함을 부인하지 않는다. 예를 들어, 괜찮은 인권 항목은, 이를 인정하지 못하는 미국의 퇴행적인 모습에도 불구하고, 기본적인 필수품에 대한 권리를 포함해야 한다. 대부분의 사람들은 적어도 이론적으로는 기본적인 필수품을 제공하는 경제적·사회적 권리가 시민적·정치적 권리와 더불어 실질적인 인권이라는 점을 받아들인다. 하지만, 정의와 공정도 이러한 권리를 요구하는데, 왜냐하면 생활과 행동하는데 있어 어떤 사람은 필요한 수단을 갖고 있으며, 다른 누구는 그러한 수단이 부족하다면 이는 일반원칙의 관점에서 불공정하기 때문이다. 이와 대조적으로, 돌봄은 일반원칙에 관계없이 구체적인 사람의 구체적인 필요에 대응한다. 다음을 참조. Henry Shue, *Basic Rights* (Princeton, N.J.: Princeton University Press, 1980); Held, *Rights and Goods*; James W. Nickel, *Making Sense of Human Rights* (Berkeley: University of California Press, 1987); Louis Henkin, *The Age of Rights* (New York: Columbia University Press, 1990); David Copp, "Equality, Justice, and the Basic Needs," in *Necessary Goods*, ed. Gillian Brock (Lanham, Md.: Rowman and Littlefield, 1998).

24 Clement, *Care, Autonomy, and Justice*.

25 Stephen Darwall, *Philosophical Ethics* (Boulder, Colo.: Westview Press, 1998), chap. 19, "Ethics of Care."

26 Nel Noddings, *Caring: A Feminine Approach to Ethics and Moral Education* (Berkeley: University of California Press, 1986).

27 Held, *Rights and Goods*, 본서 4장 참조.

28 Sara Ruddick, *Maternal Thinking, Toward a Politics of Peace* (Boston: Beacon Press, 1989).

29 Held, *Feminist Morality*, 특히 5장.

30 Joan C. Tronto, *Moral Boundaries: A Political Argument for an Ethic of Care* (New York: Routledge, 1993), p. 175.

31 Ibid., p. 113.

32 Bubeck, *Care, Gender, and Justice*; Kittay, *Love's Labor*; Mona Harrington, *Care and Equality: Inventing a New Family Politics* (New York: Knopf, 1999); Nancy Folbre, *The Invisible Heart: Economics and Family Values* (New York: New Press, 2001).

33 Nel Noddings, *Starting at Home: Caring and Social Policy* (Berkeley: University of California Press, 2002).

34 Maria C. Lugones, "On The Logic of Pluralist Feminism," in *Feminist Ethics*, ed. Claudia Card (Lawrence: University Press of Kansas, 1991).

35 Peggy DesAutels and Joanne Waugh, eds., *Feminists Doing Ethics* (Lanham, Md.: Rowman and Littlefield, 2001). Lisa Tessman, Margaret McLaren, Barbara Andrew, and Nancy Potter의 저작 참조.

36 Michael Slote, *Morals from Motives* (Oxford: Oxford University Press, 2001).

37 다른 견해에 대해서는 Richmond Campbell, *Illusions of Paradox: A Feminist Epistemology Naturalized* (Lanham, Md.: Rowman and Littlefield, 1998).

38 Jürgen Habermas, "Discourse Ethics," in his *Moral Consciousness and Communicative Action* (Cambridge, Mass.: MIT Press, 1995); Benhabib, *Situating the Self*.

39 Baier, *Moral Prejudices*.

40 Chenyang Li, "The Confucian Concept of *Jen* and the Feminist Ethics of Care: A Comparative Study," *Hypatia* 9(1) (1994): 70–89; "Revisiting Confucian *Jen* Ethics and Feminist Care Ethics: A Reply to Daniel Star and Lijun Yuan," *Hypatia* 17(1) (2002): 130–40.

41 Daniel Star, "Do Confucians Really Care? A Defense of the Distinctiveness of Care Ethics: A Reply to Chenyang Li," *Hypatia* 17(1) (2002): 77–106.

42 Lijun Yuan, "Ethics of Care and Concept of *Jen*: A Reply to Chenyang Li," *Hypatia* 17(1) (2002): 107–29.

43 유교 텍스트를 검토한 창신위(Chan Sin Yee)는 여성에 대한 전통적인 신유교적 비하는 오해라고 지적한다. 그녀는 개량된 유교윤리라 하더라도 젠더를 기반으로 한 역할

(필연적으로 불평등하지는 않지만)에 대한 젠더 근본주의를 권장한다는 점을 인정하지만, 초기 유교로의 복원이 이러한 비판을 어떻게 피할 수 있는지를 보여준다. Chan Sin Yee, "The Confucian Conception of Gender in the Twenty-First Century," in *Confucianism for the Modern World*, eds. Hahm Chaibong and Daniel A. Bell (Cambridge: Cambridge University Press, 2002).

44 시작점이 각기 다른 돌봄윤리, 크리스찬윤리, 유대윤리의 "수렴"에 대해서는 다음을 참조. Ruth E. Groenhout, "Theological Echoes in an Ethic of Care," Erasmus Institute Occasional Paper 2003, no. 2 (University of Notre Dame, Notre Dame, Ind., 2003).

45 Susan Moller Okin, *Justice, Gender, and the Family* (New York: Basic Books, 1989); Nussbaum, *Sex and Social Justice*.

46 Barbara Houston, "Rescuing Womanly Virtues: Some Dangers of Moral Reclamation," in *Science, Morality and Feminist Theory*, eds. M. Hanen and K. Nielsen (Calgary: University of Calgary Press, 1987); Claudia Card, "Gender and Moral Luck" and Alison Jaggar, "Caring as a Feminist Practice of Moral Reason," in *Justice and Care*, ed. V. Held; Cynthia Willett, *Maternal Ethics and Other Slaves Moralities* (New York: Routledge, 1995).

47 Onora O'Neill, "Justice, Gender, and International Boundaries," in *International Justice and the Third World*, eds. Robin Attfield and Barry Wilkins (London: Routledge, 1992), p. 55.

48 Fiona Robinson, *Globalizing Care: Ethics, Feminist Theory, and International Affairs* (Boulder, Colo.: Westview Press, 1999), p. 164.

49 Elizabeth V. Spelman, *Inessential Woman* (Boston: Beacon Press, 1988); Sara Lucia Hoagland, *Lesbian Ethics: Toward New Value* (Palo Alto, Calif.: Institute of Lesbian Studies, 1989); Patricia Hill Collins, *Black Feminist Thought: Knowledge, Consciousness, and the Politics of Empowerment* (Boston: Unwin Hyman, 1990); Patricia J. Williams, *The Alchemy of Race and Rights* (Cambridge, Mass.: Harvard University Press, 1991); Uma Narayan, *Dislocating Cultures: Identities, Traditions and Third World Women* (New York: Routledge, 1997).

50 필자는 규범윤리와 메타윤리가 상당히 밀접하게 연결되어 있으며 명확하게 분리할 수 없다는 스테판 다웰(Stephen Darwall)의 견해에 동의한다. 그의 책 *Philosophical Ethics*, 1장 참조.

51 Alasdair MacIntyre, *After Virtue: A Study in Moral Theory* (Notre Dame, Ind.: University of Notre Dame Press, 1981). 이전 시기에 상당히 폭넓게 읽혀온 미덕이론가는 필리파 풋(Philippa Foot)이 있다. 그녀의 *Virtues and Vices* (Berkeley: University of California Press, 1978) 참조. Amelie Rorty, ed., *Essays on Aristotle's Ethics* (Berkeley:

University of California Press, 1980) 참조. 미덕윤리의 부활에 기여한 다른 저서들은 다음과 같다. Michael Slote's *Goods and Virtues* (Oxford: Oxford University Press, 1983)과 *From Morality to Virtue* (New York: Oxford University, 1992); Owen Flanagan and Amelie Oksenberg Rorty, eds., *Identity, Character, and Morality: Essays in Moral Psychology* (Cambridge, Mass.: MIT Press, 1992); Julia Annas, *The Morality of Happiness* (New York: Oxford University Press, 1995). Martha Nussbaum의 *The Fragility of Goodness* (Cambridge: Cambridge University Press, 1986)도 미덕이론에 기여해왔으나, 돌봄윤리 에 대해서는 반대하는 입장이다.

52 Lawrence A. Blum, *Friendship, Altruism and Morality* (London: Routledge, 1980); Bernard Williams, *Ethics and the Limits of Philosophy* (Cambridge, Mass.: Harvard University Press, 1985).

53 Charles Taylor, *Philosophical Papers* (Cambridge: Cambridge University Press, 1985); Michael Stocker, *Plural and Conflicting Values* (New York: Oxford University Press, 1990); Elizabeth Anderson, *Value in Ethics and Economics* (Cambridge, Mass.: Harvard University Press, 1993).

54 Walker, *Moral Understandings*, p. 1.

55 Robinson, *Globalizing Care*, p. 7.

56 Walker, *Moral Understandings*, p. 21.

57 Alison M. Jaggar, "Feminist Ethics: Some Issues for the Nineties," *Journal of Social Philosophy* 20 (spring-fall 1989): 91-107.

58 Marcia Baron, *Kantian Ethics Almost without Apology* (Ithaca, N.Y.: Cornell University Press, 1995); Barbara Herman, *The Practice of Moral Judgment* (Cambridge, Mass.: Harvard University Press, 1993).

59 Laura M. Purdy, *Reproducing Persons: Issues in Feminist Bioethics* (Ithaca, N.Y.: Cornell University Press, 1996).

60 Jean Hampton, "Feminist Contractarianism," in *A Mind of One's Own: Feminist Essays on Reason and Objectivity*, 2nd ed., eds. Louise M. Antony and Charlotte Witt (Boulder, Colo.: Westview Press, 2002); Okin, *Justice, Gender, and the Family*.

61 Nussbaum, *Sex and Social Justice*.

62 Okin, *Justice, Gender, and the Family*.

63 Sara Ruddick, "Maternal Thinking," *Feminist Studies* 6 (summer 1980): 342-67.

64 일부 초기 페미니스트 사상에 대해서는 Joyce Trebilcot, ed., *Mothering: Essays in Feminist Theory* (Totowa, N.J.: Rowman and Allanheld, 1983).

65 Carol Gilligan, "Moral Orientation and Moral Development," in *Women and Moral*

Theory, eds. Kittay and Meyers, p. 25.

66 Lawrence J. Walker, "Sex Differences in the Development of Moral Reasoning: A Critical Review," *Child Development* 55 (June 1984): 677-91; Sandra Harding, "The Curious Coincidence of Feminine and African Moralities," in *Women and Moral Theory*, ed. Kittay and Meyers.

67 Kathryn Pauly Morgan, "Women and Moral Madness," in *Science, Morality and Feminist Theory*, eds. Hanen and Nielsen; Kittay and Meyers, eds., *Women and Moral Theory*.

68 Annette Baier의 영향력 있는 에세이 "Trust and Anti-Trust"는 1986년 1월 *Ethics*에 서 선보였다. 이 글을 포함해 신뢰 및 다른 이슈에 대한 글들은 Baier's *Moral Prejudices* 에 선집되어 있다.

69 주요 제목을 연대기 순으로 정리하면 다음과 같다. Ruddick, *Maternal Thinking*; Jeffrey Blustein, *Care and Commitment* (New York: Oxford University Press, 1991); Card, ed., *Feminist Ethics*; Kathryn Pyne Addelson, *Impure Thoughts: Essays on Philosophy, Feminism, and Ethics* (Philadelphia: Temple University Press, 1991); Benhabib, *Situating the Self*; Eve Browning Cole and Susan Coultrap McQuin, eds., *Explorations in Feminist Ethics: Theory and Practice* (Indianapolis: Indiana University Press, 1992); Rita Manning, *Speaking from the Heart: A Feminist Perspective on Ethics* (Lanham, Md.: Rowman and Littlefield, 1992); Susan Sherwin, *No Longer Patient: Feminist Ethics and Health Care* (Philadelphia: Temple University Press, 1992); Friedman, *What Are Friends For?*; Held, *Feminist Morality*; Mary Jeanne Larrabee, ed., *An Ethic of Care: Feminist and Interdisciplinary Perspectives* (New York: Routledge, 1993); Rosemarie Tong, *Feminine and Feminist Ethics* (Belmont, Calif.: Wadsworth, 1993); Tronto, *Moral Boundaries*; Linda A. Bell, *Rethinking Ethics in the Midst of Violence* (Lanham, Md.: Rowman and Littlefield, 1993); Baier, *Moral Prejudices*; Meyers, *Subjection and Subjectivity*; Bubeck, *Care, Gender, and Justice*; Susan J. Hekman, *Moral Voices, Moral Selves* (University Park: University of Pennsylvania Press, 1995); Held, ed., *Justice and Care*; Clement, *Care, Autonomy, and Justice*; Bowden, *Caring: Gender Sensitive Ethics*; Meyers, ed., *Feminists Rethink the Self*; Selina Sevenhuijsen, *Citizenship and the Ethics of Care* (London: Routledge, 1998); Walker, *Moral Understandings*; Claudia Card, ed., *On Feminist Ethics and Politics* (Lawrence: University Press of Kansas, 1999); Julia E. Hanigsberg and Sara Ruddick, eds., *Mother Troubles: Rethinking Contemporary Maternal Dilemmas* (Boston: Beacon Press, 1999); Mona Harrington, *Care and Equality: Inventing a New Family Politics* (New York: Knopf, 1999); Kittay, *Love's Labor*; Robinson, *Globalizing Care*; Margaret Urban Walker, ed., *Mother Time: Women, Aging, and Ethics* (Lanham, Md.: Rowman and Littlefield, 1999); Catriona Mackenzie

and Natalie Stoljar, eds., *Relational Autonomy: Feminist Perspectives on Autonomy, Agency, and the Social Self* (New York: Oxford University Press, 2000); Julie Anne White, *Democracy, Justice, and the Welfare State: Reconstructing Public Care* (University Park: Pennsylvania State Press, 2000); DesAutels and Waugh, eds., *Feminists Doing Ethics*; Slote, *Morals from Motives*; Diana Tietjens Meyers, *Gender in the Mirror: Cultural Imagery and Women's Agency* (New York: Oxford University Press, 2002); Noddings, *Starting at Home*; Margaret Urban Walker, *Moral Contexts* (Lanham, Md.: Rowman and Littlefield, 2003). 위에서 언급된 모든 저자들 혹은 편집자들이 돌봄윤리를 옹호한다고 볼 수는 없지만, 위 저작들은 돌봄윤리의 발전에 기여해왔다.

1부 | 2장

1 Jeffrey Blustein, *Care and Commitment* (New York: Oxford University Press, 1991); Harry G. Frankfurt, *The Importance of What We Care About* (Cambridge: Cambridge University Press, 1988).

2 Nel Noddings, *Caring: A Feminine Approach to Ethics and Moral Education* (Berkeley: University of California Press, 1986), esp. pp. 14–19.

3 Ibid., pp. 42, 80.

4 Nel Noddings, *Starting at Home: Caring and Social Policy* (Berkeley: University of California Press, 2002), p. 13.

5 Joan C. Tronto, *Moral Boundaries: A Political Argument for an Ethic of Care* (New York: Routledge, 1993), p. 103; Berenice Fisher and Joan Tronto, "Toward a Feminist Theory of Caring," in *Circles of Care*, eds. E. Abel and M. Nelson (Albany, N.Y.: SUNY Press, 1990), p. 40.

6 Virginia Held, *Feminist Morality: Transforming Culture, Society, and Politics* (Chicago: University of Chicago Press, 1993).

7 Diemut Bubeck, *Care, Gender, and Justice* (Oxford: Oxford University Press, 1995), p. 129.

8 Ibid., p. 133.

9 Sara Ruddick. "Care as Labor and Relationship," in *Norms and Values: Essays on the Work of Virginia Held*, eds. Joram C. Haber and Mark S. Halfon (Lanham, Md.: Rowman and Littlefield, 1998), pp. 13–14.

10 Peta Bowden, *Caring* (London: Routledge, 1997), p. 1.

11 Selma Sevenhuijsen, *Citizenship and the Ethics of Care: Feminist Considerations on Justice, Morality and Politics* (London: Routledge, 1998) p. 83.

12 Ibid., p. 83.

13 Ibid., p. 85.

14 Ibid., p. 82.

15 Ibid., p. 84.

16 Michael Slote, *Morals from Motives* (Oxford: Oxford University Press, 2001), p. ix.

17 Ibid., p. 30.

18 Lisa Tessman, Margaret McLaren, and Barbara Andrew in *Feminists Doing Ethics*, eds.

Peggy DesAutels and Joanne Waugh (Lanham, Md.: Rowman and Littlefield, 2001).

19 Lawrence Blum, *Moral Perception and Particularity* (New York: Cambridge University Press, 1994), p. 199.

20 Ibid., p. 175.

21 Ibid., pp. 173, 179-80.

22 Ibid., p. 195.

23 Ibid.

24 Eva Feder Kittay, *Love's Labor: Essays on Women, Equality, and Dependency* (New York: Routledge, 1999), p. ix.

25 Ibid., p. 30.

26 Ibid., p. 35.

27 Ann Ferguson and Nancy Folbre, "The Unhappy Marriage of Patriarchy and Capitalism," in *Women and Revolution*, ed. Lydia Sargent (Boston: South End Press, 1981), p. 314.

28 Ruddick, "Care as Labor and Relationship," p. 4.

29 Ibid.

30 Ibid., pp. 20-21.

31 Ibid., p. 14.

32 다른 논문에서 이 주제에 대해 논평해 주신 터커 레녹스(Tucker Lennox)에게 감사드린다.

33 Diana Tietjens Meyers, *Gender in the Mirror: Cultural Imagery and Women's Agency* (New York: Oxford University Press, 2002), p. 65.

34 Virginia Held, "Moral Subjects: The Natural and the Normative," 학회장연설(미국철학회 동부지부). *Proceedings and Addresses of the American Philosophical Association* (Newark, Del.: APA, November 2002).

35 Sara Ruddick, "Injustice in Families: Assault and Domination," in *Justice and Care: Essential Readings in Feminist Ethics*, ed. Virginia Held (Boulder, Colo.: Westview, 1995).

36 Virginia Held, *Rights and Goods: Justifying Social Action* (Chicago: University of Chicago Press, 1989), 특히 8장 참조.

37 Blum, *Moral Perception and Particularity*, 7장, "Virtue and Community."

324 미 주

1 Edmund Pincoffs, *Quandaries and Virtues: Against Reductivism in Ethics* (Lawrence: University Press of Kansas, 1986).

2 Alasdair MacIntyre, *After Virtue: A Study in Moral Theory* (Notre Dame, Ind.: University of Notre Dame Press, 1981).

3 James D. Wallace, *Virtues and Vices* (Ithaca, N.Y.: Cornell University Press, 1978).

4 Rosalind Hursthouse, Gavin Lawrence, and Warren Quinn, eds., *Virtues and Reasons: Philippa Foot and Moral Theory* (Oxford: Clarendon Press, 1998).

5 Alasdair MacIntyre, *Dependent Rational Animals: Why Human Beings Need the Virtues* (Peru, Ill.: Open Court, 1999).

6 Sydney Shoemaker, "Parfit on Identity," in *Reading Parfit*, ed. Jonathan Dancy (Oxford: Blackwell, 1997), pp. 138-39.

7 Hilde Lindemann Nelson, "Identity and Free Agency," in *Feminists Doing Ethics*, eds. Peggy DesAutels and Joanne Waugh (Lanham, Md.: Rowman and Littlefield, 2001), p. 45.

8 Diana Tietjens Meyers, "Narrative and Moral Life," in *Setting the Moral Compass*, ed. Cheshire Calhoun (New York: Oxford University Press, 2004), p. 299.

9 돌봄윤리를 자연화(naturalize)하는 학자들의 예는 아네트 바이어(Annette Baier)와 마가렛 어번 워커(Margaret Urban Walker)가 있다.

10 Jean Keller, "Autonomy, Relationality, and Feminist Ethics," *Hypatia: A Journal of Feminist Philosophy* 12(2) (1997): 152-65, p. 152.

11 Marilyn Friedman, "Autonomy, Social Disruption, and Women," in *Relational Autonomy: Feminist Perspectives on Autonomy, Agency, and the Social Self*, eds. Catriona Mackenzie and Natalie Stoljar (New York: Oxford University Press, 2000), pp. 40-41.

12 Marilyn Friedman, *Autonomy, Gender, Politics* (New York: Oxford University Press, 2003); Marina Oshana, "Personal Autonomy and Society," *Journal of Social Philosophy* 29 (spring 1998): 81-102 참조.

13 Meyers, "Narrative and Moral Life," p. 292.

14 도덕적 사고에서 동감(empathy)의 역할에 대한 좀 더 많은 논의는 Diana T. Meyers, *Subjection and Subjectivity* (New York: Routledge, 1994) 참조.

15 로렌스 블룸(Lawrence Blum)은 『도덕적 인지와 특정성(Moral Perception and Particularity)』에서 이에 대한 정교한 사례를 보여준다(New York: Cambridge University Press, 1994),

pp. 186-87.

16 Ibid., p. 193. 가상(simulation) 또는 따라하기(mimicry)에 대한 대안적 모델에 대해서
는 다음을 참조. Robert M. Gordon, "Sympathy, Simulation, and the Impartial
Spectator," in *Mind and Morals: Essays on Ethics and Cognitive Science*, eds. Larry
May, Marilyn Friedman, and Andy Clark (Cambridge, Mass.: MIT Press, 1996).

17 Mackenzie and Stoljar, eds., *Relational Autonomy*, p. 4.

18 Diana Tietjens Meyers, "Intersectional Identity and the Authentic Self: Opposites
Attract!" in *Relational Autonomy*, eds. Mackenzie and Stoljar, pp. 174-75. 또한 다음
을 참조. Diana T. Meyers, *Self, Society, and Personal Choice* (New York: Columbia
University Press, 1989), pp. 76-91.

19 Susan J. Brison, "Relational Autonomy and Freedom of Expression," in *Relational
Autonomy*, eds. MacKenzie and Stoljar, pp. 283-84.

20 Meyers, "Intersectional Identity," p. 152.

21 Daryl Koehn, *Rethinking Feminist Ethics: Care, Trust and Empathy* (London: Routledge,
1998).

22 Meyers, "Narrative and Moral Life," p. 292.

23 Mona Harrington, *Care and Equality: Inventing a New Family Politics* (New York:
Knopf, 1999); Nancy Folbre, *The Invisible Heart: Economics and Family Values* (New
York: New Press, 2001).

24 Michael Slote, *Morals from Motives* (New York: Oxford University Press, 2001), p. ix.

25 Howard J. Curzer, "Admirable Immorality, Dirty Hands, Care Ethics, Justice Ethics,
and Child Sacrifice," *Ratio* 15(3) (September 2002): 227-44.

26 Ibid., p. 236.

27 단순한 불간섭이 아닌 능력 혹은 가능성으로서의 자유에 대해서는 다음을 참조.
Virginia Held, *Rights and Goods: Justifying Social Action* (Chicago: University of
Chicago Press, 1989), 5장, "Rights to Equal Liberty." 또한 다음을 참조. Martha C.
Nussbaum and Jonathan Glover, eds., *Women, Culture and Development: A Study of
Human Capabilities* (Oxford: Clarendon Press, 1995).

28 Annette C. Baier, *Moral Prejudices: Essays on Ethics* (Cambridge, Mass.: Harvard
University Press, 1994), 6장-9장.

29 Annette C. Baier, "Demoralization, Trust, and the Virtues," in *Setting the Moral
Compass*, ed. Calhoun, p. 177.

30 Ibid.

31 Ibid., p. 180. 또한 다음을 참조. Celeste M. Friend, "Trust and the Limits of Contract," Ph. D. dissertation, City University of New York, 1995.

32 몇몇 초기 사상에 대해서는 다음을 참조. Virginia Held, "On the Meaning of Trust," *Ethics* 78 (January 1968).

33 관계적 관점이란 죄수의 딜레마 상황에서, 우리는 합리적 선택이론의 개인적 관점이라기보다 "우리"에 대해 더 좋은 것이거나 "우리"가 해야 하는 것에 대한 관점을 채택해야 한다는 것이다. Virginia Held, "Rationality and Reasonable Cooperation" *Social Research* 44(4) (winter 1977): 708-44.

34 Baier, *Moral Prejudices*.

1부 | 4장

1 본서 1장 참조.

2 David Goldberg, ed., *Ethical Theory and Social Issues*, 2nd ed. (Fort Worth, Tex.: Harcourt Brace, 1995); Steven M. Cahn and Peter Markie, eds., *Ethics: History, Theory, and Contemporary Issues*, 2nd ed. (New York: Oxford University Press, 2002).

3 Mary Mahowald, ed., *Philosophy of Woman: Classical to Current Concepts*, 3rd ed. (Indianapolis, Ind.: Hackett, 1994).

4 Genevieve Lloyd, *The Man of Reason: "Male" and "Female" in Western Philosophy* (Minneapolis: University of Minnesota Press, 1984).

5 Sandra Harding and Merrill Hintikka, eds., *Discovering Reality: Feminist Perspectives on Epistemology, Metaphysics, Methodology and Philosophy of Science* (Dordrecht Reidel, 1983); Linda Alcoff and Elizabeth Potter, eds., *Feminist Epistemologies* (New York: Routledge, 1993).

6 Elizabeth V. Spelman, *Inessential Woman: Problems of Exclusion in Feminist Thought* (Boston: Beacon Press, 1988); Patricia Hill Collins, *Black Feminist Thought: Knowledge, Consciousness and the Politics of Empowerment* (Boston: Unwin Hyman, 1990); Uma Narayan, *Dislocating Cultures: Identities, Traditions, and Third World Feminism* (New York: Routledge, 1997).

7 David Heyd, *Supererogation: Its Status in Ethical Theory* (New York: Cambridge University Press, 1982), p. 134.

8 John Rawls, *A Theory of Justice* (Cambridge, Mass.: Harvard University Press, 1971).

9 Virginia Held, *Rights and Goods: Justifying Social Action* (Chicago: University of Chicago Press, 1989).

10 Virginia Held, *Feminist Morality: Transforming Culture, Society, and Politics* (Chicago: University of Chicago Press, 1993); Celeste M. Friend, "Trust and the Limits of Contract," Ph. D. dissertation, City University of New York, 1995.

11 Alison M. Jaggar, *Feminist Politics and Human Nature* (Totowa, N.J.: Rowman and Allanheld, 1983); Carol C. Gould, *Rethinking Democracy: Freedom and Social Cooperation in Politics, Economy, and Society* (Cambridge: Cambridge University Press, 1988).

12 Susan Moller Okin, *Justice, Gender, and the Family* (New York: Basic Books, 1989).

13 Marilyn Friedman, *What Are Friends For? Feminist Perspectives on Personal*

Relationships and Moral Theory (Ithaca, N.Y.: Cornell University Press, 1993).

14 Held, *Feminist Morality*, Joan C. Tronto, *Moral Boundaries: A Political Argument for an Ethic of Care* (New York: Routledge, 1993); Rebecca Grant and Kathken Newland, eds., *Gender and International Relations* (Bloomington: Indiana University Press, 1991).

15 Monique Deveaux, "Shifting Paradigms: Theorizing Care and Justice in Political Theory," *Hypatia: A Journal of Feminist Philosophy* 10(2) (spring 1995): 117.

16 Catharine MacKinnon, *Toward a Feminist Theory of the State* (Cambridge, Mass.: Harvard University Press, 1989), pp. 238-48.

17 Elizabeth M. Schneider, "The Dialectic of Rights and Politics: Perspectives from the Women's Movement," in *Feminist Legal Theory: Readings in Law and Gender*, eds. Katherine T. Bartlett and Rosanne Kennedy (Boulder, Colo.: Westview Press, 1989), p. 318.

18 Carol Smart, *Feminism and the Power of Law* (London: Routledge, 1989).

19 Schneider, "The Dialectic of Rights and Politics," p. 322.

20 Patricia J. Williams, *The Alchemy of Race and Rights* (Cambridge, Mass.: Harvard University Press, 1991), p. 149.

21 Frances Olsen, "Statutory Rape: A Feminist Critique of Rights Analysis," in *Feminist Legal Theory*, ed. Bartlett and Kennedy.

22 Catherine MacKinnon, *Feminism Unmodified: Discourses on Life and Law* (Cambridge, Mass.: Harvard University Press, 1987), p. 104.

23 Patricia Smith, ed., *Feminist Jurisprudence* (New York: Oxford University Press, 1993), p. 14.

24 Ibid., 4부.

25 Selma Sevenhuiisen, *Citizenship and the Ethics of Care* (London: Routledge, 1998), 4장.

26 Diana T. Meyers, *Subjection and Subjectivity: Psychoanalytic Feminism and Moral Philosophy* (New York: Routledge, 1994).

27 Held, *Rights and Goods*.

28 Ibid.

29 Kittay, *Love's Labor*, Mary B. Mahowald, Anita Silvers, and David Wasserman, *Disability, Difference, Discrimination* (Lanham, Md.: Rowman and Littlefield, 1998).

30 Diana Tietjens Meyers, "Narrative and Mord Life," in *Setting the Moral Compass*, ed. Cheshire Calhoun (New York: Oxford University Press, 2004), p. 293.

31 Ibid.

32 Ibid.

33 Virginia Held, "Moral Subjects: The Natural and the Normative," 학회장연설(미국철학회 동부지부). *Proceedings of the American Philosophical Association* (November 2002).

34 Michael Slote, *From Morality to Virtue* (New York: Oxford University Press, 1992); 본서 3장 참조.

35 예를 들어, John Keane's *Global Civil Society?*와 Anne-Marie Slaughter's *A New World Order*에 대한 설명에 대해서는 본서 10장 참조.

1 Ann Cudd, Review of Virginia Held, *Feminist Morality. Philosophical Review* 104(4) (1995): 612.

2 Virginia Held, *Feminist Morality: Transforming Culture, Society, and Politics* (Chicago: University of Chicago Press, 1993), p. 213.

3 Cudd, review.

4 Claudia Card, Review of Virginia Held, *Feminist Morality. Ethics* 105(4) (1995): 938-40.

5 Susan Moller Okin, *Justice, Gender, and the Family* (New York: Basic Books, 1989).

6 Brian Barry, *Justice as Impartiality* (Oxford: Oxford University Press, 1995), p. 191.

7 Annette Baier, *Moral Prejudices: Essays on Ethics* (Cambridge, Mass.: Harvard University Press, 1994).

8 Marcia Baron, "Impartiality and Friendship." *Ethics* 101(4) (July 1991): 836-57, p. 842.

9 Ibid.

10 Jean Hampton, "Feminist Contractarianism," in *A Mind of One's Own: Feminist Essays on Reason and Objectivity*, eds. Louise Antony and Charlotte Witt (Boulder, Colo.: Westview, 1993); Okin, *Justice, Gender, and the Family.*

11 Claudia Card, "Gender and Moral Luck," in *Identity, Character, and Morality: Essays in Moral Psychology*, eds. Owen Flanagan and Amelie Oksenberg Rorty (Cambridge, Mass.: MIT Press, 1990); Sara Ruddick, "Injustice in Families: Assault and Domination," in *Justice and Care: Essential Readings in Feminist Ethics*, ed. Virginia Held (Boulder, Colo.: Westview Press, 1995).

12 David Gauthier, *Morals by Agreement* (Oxford: Clarendon Press, 1986).

13 John Rawls, *Political Liberalism* (New York: Columbia University Press, 1993).

14 Robert A. Dahl, *After the Revolution* (New Haven, Conn.: Yale University Press, 1970).

15 Diana Meyers, ed., *Feminists Rethink the Self* (Boulder, Colo.: Westview Press, 1997).

16 Gauthier, *Morals by Agreement*, p. 4.

17 Peter Vallentyne, ed,. *Contractarianism and Rational Choice* (New York: Cambridge University Press, 1991), p. 4.

18 Ibid., p. 4.

19 Ibid., p. 5.

20 Jean Hampton, *Political Philosophy* (Boulder, Colo.: Westview, 1997), p. 169.

21 Cass R. Sunstein, *The Second Bill of Rights: FDR's Unfinished Revolution and Why We Need It More Than Ever* (New York: Basic Books, 2004).

22 David M. Kennedy, "Unfinished Business," *New York Times Book Review* (September 19, 2004), p. 23.

23 Baier, *Moral Prejudices*; Virginia Held, *Rights and Goods: Justifying Social Action* (1984; Chicago: University of Chicago Press, 1989); Sibyl Schwarzenbach, "On Civic Friendship," *Ethics* 107(1) (1996): 97-128.

24 Andrew Mason, "Political Community, Liberal-Nationalism, and the Ethics of Assimilation," *Ethics* 109(2) (January 1999): 261-86.

25 Held, *Feminist Morality*.

26 Nel Noddings, *Caring: A Feminine Approach to Ethics and Moral Education* (Berkeley: University of California Press, 1986), p. 47.

27 Baier, *Moral Prejudices*, pp. 25-26.

28 Martha Minow, *Making All the Difference: Inclusion, Exclusion, and American Law* (Ithaca, N.Y.: Cornell University Press, 1990).

29 Held, ed., *Justice and Care*.

30 Noddings, *Caring*, pp. 18, 112.

1부 | 6장

1 J. David Velleman, "Love and Duty," 미국철학회 동부지부 연례학술회의에서 발표된 논문, Philadelphia, Pa., December 30, 1997.

2 J. David Velleman, "Love as a Moral Emotion," *Ethics* 109(2) (January 1999): 338-74.

3 Bernard Williams, *Moral Luck: Philosophical Papers 1973-80* (Cambridge: Cambridge University Press, 1981), p. 18.

4 Velleman, "Love as a Moral Emotion," p. 342.

5 Ibid., p. 365.

6 Ibid., p. 371.

7 Ibid.

8 Ibid., p. 370.

9 Ibid., p. 361.

10 Ibid., p. 338, n. 1.

11 Ibid., p. 354.

12 Ibid., p. 348, n. 30; 원문 강조.

13 David Velleman's "Love and Duty"에 대한 Thomas Hill의 논평. 미국철학회 동부지부 연례학술회의, Philadelphia, Pa., December 30, 1997.

14 David Velleman's "Love and Duty"에 대한 Harry Frankfurt의 논평. 미국철학회 동부지부 연례학술회의, Philadelphia, Pa., December 30, 1997.

15 Marilyn Friedman, *What Are Friends For? Feminist Perspectives on Personal Relationships and Moral Theory* (Ithaca, N.Y.: Cornell University Press, 1993).

16 Thomas Nagel, *The Possibility of Altruism* (London: Oxford University Press, 1970).

17 Stephen Darwall, *Philosophical Ethics* (Boulder, Colo.: Westview Press, 1998), p. 226.

18 Ibid., p. 227.

19 Ibid., p. 228.

20 Martha C. Nussbaum, "The Feminist Critique of Liberalism." Lindley Lecture, University of Kansas (1997), p. 30. 이 강연은 Nussbaum의 *Sex and Social Justice* 2장이 됨 (New York: Oxford University Press, 1999).

21 Ibid.

22 Nussbaum, "The Feminist Critique of Liberalism," p. 15.

23 Friedman, *What Are Friends For?*, p. 40.

24 Ibid., p. 66.

25 Ibid., p. 59.

26 Lawrence Blum, *Moral Perception and Particularity* (New York: Cambridge University Press, 1994), p. 199.

27 Ibid., p. 200.

28 Nel Noddings, *Caring: A Feminine Approach to Ethics and Moral Education* (Berkeley: University of California Press, 1986).

29 Stephen Darwall, *Impartial Reason* (Ithaca, N.Y.: Cornell University Press, 1983).

30 Annette Baier, *Moral Prejudices: Essays on Ethics* (Cambridge, Mass.: Harvard University Press, 1994), p. 26; 본서 1장 참조.

31 Susan Mendus, "Some Mistakes about Impartiality," *Political Studies* 44 (1996): 319-27.

32 Elizabeth Frazer and Nicola Lacey, *The Politics of Community: A Feminist Critique of the Liberal-Communitarian Debate* (Toronto: University of Toronto Press, 1993); Friedman, *What Are Friends For?*

33 Eva Feder Kittay, "Taking Dependency Seriously," *Hypatia* 10 (1995): 8-29.

34 Nussbaum, "The Feminist Critique," p. 44, n. 98; 필자 강조.

35 Neil MacCormick, "Justice as Impartiality: Assenting with Anti-Contractualist Reservations," *Political Studies* 44 (1996): 305-10, p. 309.

36 Mendus, "Some Mistakes about Impartiality," p. 323.

37 John Rawls, *A Theory of Justice* (Cambridge, Mass.: Harvard University Press, 1971).

38 Ronald Dworkin, *Taking Rights Seriously* (Cambridge, Mass.: Harvard University Press, 1977).

39 John Rawls, *Political Liberalism* (New York: Columbia University Press, 1993).

40 Virginia Held, *Rights and Goods. Justifying Social Action* (New York: Free Press/Macmillan, 1984); Robert E. Goodin, *Utilitarianism as a Public Philosophy* (Cambridge: Cambridge University Press, 1995).

41 Marcia Baron, "Kantian Ethics," in *Three Methods of Ethics*, eds. Marcia W. Baron, Philip Pettit, and Michael Slote (Oxford: Blackwell, 1997).

42 Virginia Held, "Access, Enablement, and the First Amendment," in *Philosophical Dimensions of the Constitution*, eds. Diana T. Meyers and Kenneth Kipnis (Boulder, Colo.: Westview Press, 1988); Virginia Held, *Feminist Morality: Transforming Culture, Society, and Politics* (Chicago: University of Chicago Press, 1993), 5장.

2부 ｜ 7장

Robert Kuttner, *Everything for Sale: The Virtues and Limits of Markets*. A Twentieth Century Fund Book (New York: Knopf, 1998), p. 3.

Ibid., p. 55.

Paula England and Nancy Folbre, "The Cost of Caring," *Annals of the American Academy of Political and Social Science* 561 (January 1999): 39-51, p. 40.

Ibid., p. 46.

Elizabeth Anderson, "Is Women's Labor a Commodity?" *Philosophy and Public Affairs* 19(1) (winter 1990): 71-92, pp. 72-73.

Kuttner, *Everything for Sale*, pp. 68-69.

Ibid., pp. 73-74.

Nancy Folbre and Julie A. Nelson, "For Love or Money-Or Both?" *Journal of Economic Perspectives* 14(4) (2000): 123-40, p. 21.

Charles K. Wilber, ed., *Economics, Ethics, and Public Policy* (Lanham, Md.: Rowman and Littlefield, 1998), pp. 93-94.

Anderson, "Is Women's Labor a Commodity?" p. 73.

Margaret Jane Radin, *Contested Commodities: The Trouble with Trade in Sex, Children, Body Parts, and Other Things* (Cambridge, Mass.: Harvard University Press, 1996), p. 2.

Ibid., p. 3.

Richard A. Posner, *Economic Analysis of Law*, 4th ed. (Boston: Little, Brown, 1992); Elisabeth M. Landes and Richard A. Posner, "The Economics of the Baby Shortage," *Journal of Legal Studies* 7 (1978).

Gary S. Becker, *The Economic Approach to Human Behavior* (Chicago: University of Chicago Press, 1976), p. 173.

Ibid., p. 8. 또한 다음을 참조. Gary S. Becker, *A Treatise on the Family* (Cambridge, Mass.: Harvard University Press, 1981).

Radin, *Contested Commodities*, p. 5.

Jonathan Riley, "Justice under Capitalism," in *Markets and Justice*, eds. John W. Chapman and J. Roland Pennock, NOMOS 31 (New York: New York University Press, 1989), pp. 122-62, p. 125, p. 155, n. 21.

18 Kuttner, *Everything for Sale*, p. 4.

19 Ibid., p. 109.

20 Ibid., p. 86.

21 Radin, *Contested Commodities*; Katharine Silbaugh, "Commodification and Women's Household Labor," *Yale Journal of Law and Feminism* 9(51) (1997): 81–121.

22 Gerald Marwell and Ruth E. Ames, "Economists Free Ride, Does Anyone Else?" *Journal of Public Economics* 13 (1981): 295–310.

23 Robert H. Frank, Thomas Gilovich, and Dennis T. Regan, "Does Studying Economics Inhibit Cooperation?" *Journal of Economic Perspectives* 7(2) (1993): 159–71.

24 Robyn M. Dawes and Richard H. Thaler, "Cooperation," *Journal of Economic Perspectives* 2(3) (summer 1988): 187–97.

25 Kuttner, *Everything for Sale*, p. 158.

26 Ibid., p. 112.

27 Robin Toner, "Experts See Fix for Medicare as One Tough Proposition," *New York Times* (September 12, 2000), pp. 1, 23.

28 Edward Wyatt, "Taking a Corporate Approach to Remaking Education," *New York Times* (January 12, 2000), p. A16.

29 Ibid.

30 Arthur Levine, "The Soul of a New University," *New York Times* (March 13, 2000), op-ed page.

31 Constance L. Hays, "Commercialism in U.S. Schools Is Examined in New Report," *New York Times* (September 14, 2000), pp. C1, 25.

32 Steven Manning, "How Corporations Are Buying Their Way into American Classrooms," *The Nation* (September 27, 1999), pp. 11–18.

33 Immanuel Kant, *Foundations of the Metaphysics of Morals*, trans. Lewis White Beck (Indianapolis: Bobbs-Merrill, 1959), pp. 429, 47.

34 Richard Wasserstrom, *The Judicial Decision: Toward a Theory of Legal Justification* (Stanford, Calif.: Stanford University Press, 1961).

35 Virginia Held, *Rights and Goods: Justifying Social Action* (Chicago: University of Chicago Press, 1989), 7장.

36 Radin, *Contested Commodities*, p. 30.

37 Elizabeth Anderson, *Value in Ethics and Economics* (Cambridge, Mass.: Harvard University Press, 1993), p. 170.

38 Ibid., p. 171.

39 Maiy Lyndon Shanley, "'Surrogate Mothering' and Women's Freedom: A Critique of Contracts for Human Reproduction," *Signs* 18(3) (1993): 618-39, p. 626.

40 Ibid., p. 629.

41 Juliet Ruth Guichon, "An Examination and Critique of the Contract Model of Legal Regulation of Preconception Arrangement." Ph. D. dissertation, University of Toronto, 1997.

42 Radin, *Contested Commodities*; David Copp, "Capitalism versus Democracy: The Marketing of Votes and the Marketing of Political Power," in *Ethics and Capitalism*, ed. John Bishop (Toronto: University of Toronto Press, 2000).

43 Held의 *Rights and Goods*, 12장과 *Feminist Morality: Transforming Culture, Society, and Politics*, 5장 (Chicago: University of Chicago Press, 1993). Virginia Held, "Access, Enablement, and the First Amendment," in *Philosophical Dimensions of the Constitution*, eds. Diana T. Meyers and Kenneth Kipnis (Boulder, Colo.: Westview Press, 1988); "Media Culture and Democracy," in *Demokratischer Experimentalismus*, ed. Hauke Brunkhorst (Frankfurt: Surkamp Verlag, 1998).

44 John McMurtry, "Education and the Market Model," *Journal of Philosophy of Education* 25(2) (1991): 209-17, p. 214.

1 Will Kymlicka and Wayne Norman, "Return of the Citizen: A Survey of Recent Work on Citizenship Theory," *Ethics* 104 (January 1994): 352–81, p. 369.

2 David Miller, *Market, State, and Community* (Oxford: Oxford University Press, 1989).

3 Andrew Mason, "Political Community, Liberal-Nationalism, and the Ethics of Assimilation," *Ethics* 109(2) (January 1999): 261–86.

4 John Keane, *Civil Society: Old Images, New Visions* (Stanford, Calif.: Stanford University Press, 1998), p. 4.

5 Ibid.

6 Juan J. Linz and Alfred Stepan, *Problems of Democratic Transition and Consolidation: Southern Europe, South America, and Post-Communist Europe* (Baltimore, Md.: Johns Hopkins University Press, 1996).

7 Gabriel A. Almond and Sidney Verba, *Civic Culture* (Boston: Little, Brown, 1965), p. 30.

8 Jean L. Cohen and Andrew Arato, *Civil Society and Political Theory* (Cambridge, Mass.: MIT Press, 1994), p. x.

9 Keith Tester, *Civil Society* (New York: Routledge, 1992), p. 8.

10 John A. Hall, "In Search of Civil Society," in *Civil Society: Theory, History, Comparison*, ed. John A. Hall (Cambridge: Polity Press, 1995), p. 6.

11 Keane, *Civil Society*, p. 6.

12 Hall, "In Search of Civil Society," p. 10.

13 Richard Daggar, *Civic Virtues* (New York: Oxford University Press, 1997), p. 198.

14 Ibid., p. 200.

15 Robert Kuttner, *Everything for Sale* (New York: Knopf, 1998), p. 351.

16 Ibid., p. 354.

17 Keane, *Civil Society*, p. 17.

18 Cohen and Arato, *Civil Society and Political Theory*.

19 Robert D. Putnam, *Making Democracy Work* (Princeton, N.J.: Princeton University Press, 1994).

20 Alexis de Tocqueville, *Democracy in America*, 12th ed. (New York: Vintage, 1955).

21 Putnam, *Making Democracy Work*; Robert Putnam, "The Strange Disappearance of Civic America," *American Prospect* 24 (winter 1996): 34–49.

22 John Dewey, *Democracy and Education* (New York: Macmillan, 1916), *Experience and Education* (New York: Collier Macmillan, 1963).

23 Daggar, *Civic Virtues*.

24 Amy Gutmann, *Democratic Education* (Princeton, N.J.: Princeton University Press, 1987); William Galston, *Liberal Purposes* (Cambridge: Cambridge University Press, 1992); Stephen Macedo, "Liberal Civic Education and Religious Fundamentalism: The Case of God v. John Rawls?" *Ethics* 108 (1995): 468-96; Harry Brighouse, "Civic Education and Liberal Legitimacy," *Ethics* 108 (July 1998): 719-45.

25 Keane, *Civil Society*, p. 47.

26 Marilyn Friedman, *What Are Friends For? Feminist Perspectives on Personal Relationships and Moral Theory* (Ithaca, N.Y.: Cornell University Press, 1993); Virginia Held, *Feminist Morality: Transforming Culture, Society, and Politics* (Chicago: University of Chicago Press, 1993).

27 Susan Moller Okin, *Justice, Gender, and the Family* (New York: Basic Books, 1989), "Feminism and Multiculturalism: Some Tensions," *Ethics* 108 (July 1998): 661-84.

28 Joan C. Tronto, *Moral Boundaries: A Political Argument for an Ethic of Care* (New York: Routledge, 1993), p. 185.

29 Joan C. Tronto, "Care as a Political Concept," in *Revisioning the Political*, eds. Nancy J. Hirschmann and Christine Di Stefano (Boulder, Colo.: Westview Press, 1996), p. 143.

30 Ibid.

31 Ibid., p. 145.

32 Kuttner, *Everything for Sale*.

33 Fiona Robinson, *Globalizing Care: Ethics, Feminist Theory, and International Relations* (Boulder, Colo.: Westview Press, 1999).

34 공동체주의에 대해서는 다음을 참조. Okin의 *Justice, Gender, and the Family* 와 "Feminism and Multiculturalism."

35 Virginia Held, *Rights and Goods: Justifying Social Action* (New York: Free Press/ Macmillan, 1984), 5장.

36 Keane, *Civil Society*, p. 49.

37 Ibid., pp. 53-55.

38 Okin, *Justice, Gender, and the Family*; Martha C. Nussbaum, *Sex and Social Justice* (New York: Oxford University Press, 1999).

39 Keane, *Civil Society*, p. 34.

2부 | 9장

1 Claudia Card, "Foreword," in Linda A. Bell, *Rethinking Ethics in the Midst of Violence: A Feminist Approach to Freedom* (Lanham, Md.: Rowman and Littlefield, 1993), p. xiii.

2 Ibid., p. xiv.

3 Sara Ruddick, *Maternal Thinking: Toward a Politics of Peace* (Boston: Beacon Press, 1989).

4 Ibid., p. 162.

5 Ibid., p. 163.

6 Virginia Held, *Feminist Morality: Transforming Culture, Society, and Politics* (Chicago: University of Chicago Press, 1993), 7장.

7 Deborah L. Rhode, *Justice and Gender: Sex Discrimination and the Law* (Cambridge, Mass.: Harvard University Press, 1989).

8 Carol Gilligan, *In a Different Voice: Psychological Theory and Women's Development* (Cambridge, Mass.: Harvard University Press, 1982), p. 22

9 Annette Baier, *Moral Prejudices: Essays on Ethics* (Cambridge, Mass.: Harvard University Press, 1994), p. 237

10 Elizabeth M. Schneider, "The Dialectic of Rights and Politics: Perspectives from the Women's Movement," *New York University Law Review* 61 (1986): 593-652, p. 318.

11 Patricia Smith, ed., *Feminist Jurisprudence* (New York: Oxford University Press, 1993), p. 3.

12 Ibid., p. 139.

13 Kimberle Crenshaw, "Demarginalizing the Intersection of Race and Sex: A Black Feminist Critique of Antidiscrimination Doctrine, Feminist Theory, and Antiracist Politics," in *Feminist Legal Theory: Readings in Law and Gender*, eds. Katherine T. Bartlett and Rosanne Kennedy (Boulder, Colo.: Westview Press, 1991).

14 Robin West, "Jurisprudence and Gender," *University of Chicago Law Review* 55 (1988): 1-72, p. 2.

15 Schneider, "The Dialectic of Rights and Politics."

16 Bartlett and Kennedy, eds., *Feminist Legal Theory*; Drucilla Cornell, *At the Heart of Freedom: Feminism, Sex, and Equality* (Princeton, N.J.: Princeton University Press, 1998).

17 Patricia Smith, "Feminist Jurisprudence: Social Change and Conceptual Evolution,"

American Philosophical Association Newsletters (spring 1995).

18 Christine Littleton, "Reconstructing Sexual Equality," *California Law Review* 75(4) (1987): 1279-337.

19 Catharine A. MacKinnon, *Feminism Unmodified: Discourses on Life and Law* (Cambridge, Mass.: Harvard University Press, 1987), p. 103.

20 Frances Olsen, "Statutory Rape: A Feminist Critique of Rights Analysis," *Texas Law Review* 63 (1984): 387-432, p. 402.

21 Ibid., p. 412.

22 Susan Estrich, "Rape," *Yale Law Journal* 95 (1987): 1087-184, p. 1114.

23 Smith, ed., *Feminist Jurisprudence*, 4부.

24 Diana T. Meyers, "Social Exclusion, Moral Reflection, and Rights," *Law and Philosophy* 12 (1993): 217-32.

25 Selma Sevenhuijsen, *Citizenship and the Ethics of Care* (London: Routledge, 1998), 4장.

26 Ibid., p. 94.

27 Ibid., pp. 100, 105.

28 Ibid., p. 121.

29 Diana T. Meyers, *Self, Society and Personal Choice* (New York: Columbia University Press, 1989).

30 Patricia J. Williams, *The Alchemy of Race and Rights* (Cambridge, Mass.: Harvard University Press, 1991).

31 Ibid., p. 152.

32 Uma Narayan, "Colonialism and Its Others: Considerations on Rights and Care Discourses," *Hypatia* 10(2) (1995): 133-40.

33 Elizabeth Frazer and Nicola Lacey, *The Politics of Community: A Feminist Critique of the Liberal-Communitarian Debate* (Toronto: University of Toronto Press, 1993).

34 Diana T. Meyers, "Rights in Collision: A Non-Punitive, Compensatory Remedy for Abusive Speech," *Law and Philosophy* 14 (1995): 203-43; Martha Minow and Mary Lyndon Shanley, "Relational Rights and Responsibilities: Revisioning the Family in Liberal Political Theory and Law," *Hypatia* 11(1) (winter 1996): 3-29.

35 Martha Minow, *Making All the Difference: Inclusion, Exclusion, and American Law* (Ithaca, N.Y.: Cornell University Press, 1990), p. 15.

36 Ibid., p. 14.

37 Ibid., p. 268.

38 Ibid., p. 307.

39 Crenshaw, "Demarginalizing the Intersection of Race and Sex."

40 Claudia Card, "Gender and Moral Luck," in *Justice and Care: Essential Readings in Feminist Ethics*, ed. Virginia Held (Boulder, Colo.: Westview Press, 1995); Barbara Houston, "Rescuing Womanly Virtues: Some Dangers of Moral Reclamation," in *Science, Morality and Feminist Theory*, eds. Marsha Hanen and Kai Nielsen (Calgary: University of Calgary Press, 1987).

41 Alison Jaggar, "Caring as a Feminist Practice of Moral Reason," in *Justice and Care*, ed., Held, p. 194.

42 Marilyn Friedman, *What Are Friends For? Feminist Perspectives on Personal Relationships* (Ithaca, N.Y.: Cornell University Press, 1993), p. 150.

43 Susan Moller Okin, *Justice, Gender, and the Family* (New York: Basic Books, 1989).

44 Sara Ruddick, "Injustice in Families: Assault and Domination," in *Justice and Care*, ed. Held.

45 Marilyn Friedman, *Autonomy, Gender, Politics* (New York: Oxford University Press, 2003).

46 Virginia Held, *Rights and Goods. Justifying Social Action* (New York: Free Press/ Macmillan, 1984).

47 Rebecca Grant and Kathleen Newland, eds., *Gender and International Relations* (Bloomington: Indiana University Press, 1993).

48 Joan B. Landes, ed., *Feminism, the Public and the Private* (New York: Oxford University Press, 1998).

49 Joan Callahan, *Reproduction, Ethics, and the Law: Feminist Perspectives* (Bloomington: Indiana University Press, 1995); Rosalind P. Petchesky, *Abortion and Women's Choice: The State, Sexuality, and Reproductive Freedom* (Boston: Northeastern University Press, 1985).

50 Anita Allen, *Uneasy Access: Privacy for Women in a Free Society* (Totowa, N.J.: Rowman and Littlefield, 1988).

51 Ibid.

52 Catharine A. MacKinnon, *Toward a Feminist Theory of the State* (Cambridge, Mass.: Harvard University Press, 1989), p. 179.

53 Seyla Benhabib and Drucilla Cornell, eds., *Feminism as Critique: On the Politics of Gender* (Minneapolis: University of Minnesota Press, 1987); Linda Nicholson, ed.,

Feminism/Postmodernism (New York: Routledge, 1990). 또한 다음을 참조. Nancy Fraser, *Unruly Practices: Power, Discourse, and Gender in Contemporary Social Theory* (Minneapolis: University of Minnesota Press, 1989).

54 Sevenhuijsen, *Citizenship and the Ethics of Care.*

55 Nancy C. M. Hartsock, "Community/Sexuality/Gender: Rethinking Power," in *Revisioning The Political: Feminist Reconstructions of Traditional Concepts in Western Political Theory*, eds. Nancy J. Hirschmann and Christine Di Stefeno (Boulder, Colo.: Westview Press, 1996), p. 42.

56 Sevenhuijsen, *Citizenship and the Ethics of Care*, p. 11.

57 Christine Di Stefano, "Feminist Political Philosophy," *APA Newsletter on Feminism and Philosophy* (spring 2000): 196-200, p. 196.

58 Nancy C. M. Hartsock, *Money, Sex, and Power: Toward a Feminist Historical Materialism* (New York: Longman, 1983).

59 Amy Allen, *The Power of Feminist Theory: Domination, Resistance, Solidarity* (Boulder, Colo.: Westview Press, 1999), p. 3.

60 Ibid.

61 Joan C. Tronto, *Moral Boundaries: A Political Argument for an Ethic of Care* (New York: Routledge, 1993)와 "Care as a Political Concept," in *Revisioning the Political*, eds. Hirschmann and Di Stefano.

62 Ruddick, *Maternal Thinking.*

63 Fiona Robinson, *Globalizing Care: Ethics, Feminist Theory, and International Affairs* (Boulder, Colo.: Westview Press, 1999); 본서 10장.

64 Jane Mansbridge, *Beyond Adversary Democracy* (Chicago: University of Chicago Press, 1983).

65 Jane Mansbridge, "Reconstructing Democracy," in *Revisioning the Political*, eds. Hirschmann and Di Stefano, p. 123.

66 Frank Cunningham, *Democratic Theory and Socialism* (Cambridge: Cambridge University Press, 1987); Carol C. Gould, *Rethinking Democracy: Freedom and Social Cooperation in Politics, Economy, and Society* (Cambridge: Cambridge University Press, 1998).

67 Anne Phillips, *The Politics of Presence* (Oxford: Oxford University Press, 1995); Charles Taylor, *Philosophical Arguments* (Cambridge, Mass.: Harvard University Press, 1995); Iris Marion Young, *Justice and the Politics of Difference* (Princeton, N.J.: Princeton University Press, 1990).

68 Kathleen B. Jones, *Compassionate Authority: Democracy and the Representation of Women* (New York: Routledge, 1993).

69 Susan Mendus, "Losing the Faith: Feminism and Democracy," in *Democracy: The Unfinished Journey*, ed. J. Dunn (Oxford: Oxford University Press, 1992); Young, *Justice and the Politics of Difference*.

70 Held, *Feminist Morality*, 5장.

1 Rebecca Grant and Kathleen Newland, eds., *Gender and International Relations* (Bloomington: Indiana University Press, 1991), p. 3.

2 Richard Falk, *Legal Order in a Violent World* (Princeton, N.J.: Princeton University Press, 1968); Richard Wasserstrom, ed., *War and Morality* (Belmont, Calif.: Wadsworth, 1970); Virginia Held, Sidney Morgenbesser, and Thomas Nagel, eds., *Philosophy, Morality, and International Affairs* (New York: Oxford University Press, 1974); William Aiken and Hugh LaFollette, eds., *World Hunger and Moral Obligation* (Englewood Cliffs, N.J.: Prentice Hall, 1977); Michael Walzer, *Just and Unjust Wars* (New York: Basic Books, 1977); Charles R. Beitz, *Political Theory and International Relations* (Princeton, N.J.: Princeton University Press, 1979); Stanley Hoffman, *Duties beyond Borders: On the Limits and Possibilities of Ethical International Politics* (Syracuse, N.Y.: Syracuse University Press, 1981); Robert L. Holmes, *On War and Morality* (Princeton, N.J.: Princeton University Press, 1989); Steven Luper-Foy, ed., *Problems of International Justice* (Boulder, Colo.: Westview Press, 1988); Andrew Valls, ed., *Ethics in International Affairs* (Lanham, Md.: Rowman and Littlefield, 2000).

3 Louis Henkin, "The Use of Force: Law and U.S. Policy," in *Right v. Wrong: International Law and the Use of Force* (Council on Foreign Relations, 1989).

4 Jill Steans, *Gender and International Relations: An Introduction* (New Brunswick, NJ.: Rutgers University Press, 1998).

5 Robert O. Keohane, "International Relations Theory: Contributions of a Feminist Standpoint," in *Gender and International Relations*, eds. R. Grant and K. Newland; Jim George, *Discourses of Global Politics: A Critical* (Re)*Introduction to International Relations* (Boulder, Colo.: Lynne Rienner, 1994).

6 Fred Halliday, "Hidden from International Relations: Women and the International Arena," in *Gender and International Relations*, ed. Grant and Newman.

7 J. Ann Tickner, *Gender in International Relations: Feminist Perspectives on Achieving Global Security* (New York: Columbia University Press, 1992), p. 4.

8 Ibid., p. 17.

9 V. Spike Peterson and Anne Sisson Runyan, *Global Gender Issues* (Boulder, Colo.: Westview Press, 1993), p. 10.

10 Nina Bernstein, "For Americans, It's French Sissies versus German He-Men," *New York Times* (September 28, 2003), sec. 4, p. 5.

11 Peterson and Runyan, *Global Gender Issues*, p. 34.

12 Beitz, *Political Theory and International Relations*; Onora O'Neill, *Faces of Hunger: An Essay on Poverty, Justice, and Development* (London: Allen and Unwin, 1985); Thomas Poggy, *World Poverty and Human Rights* (Malden, Mass.: Polity Press, 2002).

13 Peter Singer, *One World: The Ethics of Globalization* (New Haven, Conn.: Yale University Press, 2002).

14 상이한 영역에서 적절한 우위를 갖는 상이한 도덕적 가치들이 있다는 복수주의적 관점에 대해서는 다음을 참조. Virginia Held, *Rights and Goods: Justifying Social Action* (Chicago: University of Chicago Press, 1989).

15 Virginia Held, *Feminist Morality: Transforming Culture, Society, and Politics* (Chicago: University of Chicago Press, 1993), 5장.

16 Margaret Jane Radin, *Contested Commodities: The Trouble with Trade in Sex, Children, Body Parts and Other Things* (Cambridge, Mass.: Harvard University Press, 1996).

17 Elizabeth Becker, "Number of Hungry Rising, U.N. Says," *New York Times* (December 8, 2004).

18 Carol C. Gould, *Globalizing Democracy and Human Rights* (New York: Cambridge University Press, 2004), p. 44.

19 Ibid., p. 46.

20 Christine Di Stefano, *Configurations of Masculinity: A Feminist Perspective on Modern Political Theory* (Ithaca, N.Y.: Cornell University Press, 1991).

21 Peterson and Runyan, *Global Gender Issues*, p. 34. 또한 다음을 참조. Kenneth Waltz, "The Myth of National Interdependence," in *Globalism versus Realism: International Relations, Third Debate*, eds. Ray Maghroori and Bennett Ramberg (Boulder, Colo.: Westview Press, 1982).

22 Tickner, *Gender in International Relations*, p. 32.

23 Hilary Charlesworth, "What Are 'Women's International Human Rights?'" in *Human Rights of Women: National and International Perspectives*, ed. Rebecca J. Cooke (Philadelphia: University of Pennsylvania Press, 1994).

24 J. Ann Tickner, *Gendering World Politics* (New York: Columbia University Press, 2001), p. 6.

25 Tickner, *Gender in International Relations*, 2장.

26 평등에 대한 상은 도덕적일 뿐만 아니라 경험적 -예를 들어, 이웃의 검에 대한 홉스의 평등한 취약성처럼- 이다. 세계적인 장에서, 국가가 개인처럼 상정될 때, 현실에서 점점 더 동떨어지게 된다.

27 Tickner, *Gendering World Politics.*

28 United Nations Development Programme, *Human Development Report* (New York: Oxford University Press, 1996), p. 2.

29 Tickner, *Gendering World Politics.*

30 Peterson and Runyan, *Global Gender Issues,* pp. 92–94.

31 Sue Ellen M. Charlton, *Women in Third World Development* (Boulder, Colo.: Westview Press, 1984).

32 Peterson and Runyan, *Global Gender Issues,* pp. 94–95; Tickner, *Gendering World Politics,* pp. 94–95.

33 Tickner, *Gendering World Politics,* p. 77.

34 Ibid., pp. 77–78.

35 Anne Sisson Runyon, "Women in the Neoliberal 'Frame,'" in *Gender Politics in Global Governance,* eds. Mary K. Meyer and Elisabeth Prügl (Lanham, Md.: Rowman and Littlefield, 1999), pp. 215–16.

36 Ibid, p. 216

37 Emek M. Uarer, "Trafficking in Women: Alternate Migration or Modern Slave Trade?" in *Gender Politics in Global Governance,* eds. M. Meyer and E. Prügl.

38 Halliday, "Hidden from International Relations," p. 161.

39 Peterson and Runyan, *Global Gender Issues,* pp. 161–62.

40 Chandra Mohanty, "Under Western Eyes: Feminist Scholarship and Colonial Discourse," in *Third World Women and the Politics of Feminism,* eds. Chandra Talpade Mohanty, Ann Russo, and Lourdes Torres (Bloomington: Indiana University Press, 1991), p. 56.

41 Alison M. Jaggar, "Western Feminism and Global Responsibility," in *Feminist Interventions in Ethics and Politics,* eds. Barbara S. Andrew, Jean Keller, and Lisa H. Schwartzman (Lanham, Md.: Rowman and Littlefield, 2005).

42 Ibid.

43 Ibid.

44 Natalie Brender, "Political Care and Humanitarian Response," in *Feminists Doing Ethics,* eds. Peggy DesAutels and Joanne Waugh (Lanham, Md.: Rowman and Littlefield, 2001).

45 Fiona Robinson, *Globalizing Care: Ethics, Feminist Theory, and International Affairs* (Boulder, Colo.: Westview Press, 1999), p. 7.

46 Mary K. Meyer, "Negotiating International Norms: The Inter-American Commission of Women and the Convention on Violence against Women," in *Gender Politics in Global Governance*, eds. Meyer and Prügl, p. 60.

47 Tickner, *Gendering World Politics*, p. 77.

48 Maria Mies and Vandana Shiva, eds., *Ecofeminism* (London: Zed Books, 1993).

49 Robinson, *Globalizing Care*, pp. 161-62.

50 비정부기구를 통한 여성운동의 성장에 대해서는 다음을 참조. Tickner, *Gendering World Politics*, pp. 116-19.

51 Richard Falk, "The Making of Global Citizenship," in *Global Visions: Beyond the New World Order*, eds. Jeremy Brecher, John Brown Childs, and Jill Cutler (Boston: South End Press, 1993). 세계화의 폐해에 대한 운동 및 환경운동에 대한 사례들이다.

52 Anne-Marie Slaughter, *A New World Order* (Princeton, N.J.: Princeton University Press, 2004).

53 Ibid., p. 3.

54 Ibid., p. 33.

55 John Keane, *Global Civil Society?* (Cambridge: Cambridge University Press, 2003).

56 Ibid., p. 18.

57 Ibid., pp. xi-xii.

58 Slaughter, *A New World Order*, p. 18.

참고문헌 ────

Addelson, Kathryn Pyne. 1991. *Impure Thoughts: Essays on Philosophy, Feminism, and Ethics*. Philadelphia: Temple University Press.

Aiken, William and Hugh LaFollette, eds. 1977. *World Hunger and Moral Obligation*. Englewood Cliffs, N.J.: Prentice Hall.

Aicoff, Linda, and Elizabeth Potter, eds. 1993. *Feminist Epistemologies*. New York: Routledge.

Allen, Amy. 1999. *The Power of Feminist Theory: Domination, Resistance, Solidarity*. Boulder, Colo: Westview Press.

Allen, Anita. 1988. *Uneasy Access: Privacy for Women in a Free Society*. Totowa, N.J.: Rowman and Littlefield.

Almond, Gabriel A., and Sidney Verba. 1965. *Civic Culture*. Boston: Little, Brown.

Anderson, Elizabeth. 1990. "Is Women's Labor a Commodity?" *Philosophy and Public Affairs* 19(1) (winter): 71-92.

Anderson, Elizabeth. 1993. *Value in Ethics and Economics*. Cambridge, Mass.: Harvard University Press.

Andrew, Barbara S. 2001. "Angels, Rubbish Collectors, and Pursuers of Erotic Joy: The Image of the Ethical Woman," in *Feminists Doing Ethics*, ed. Peggy DesAutels and Joanne Waugh. Lanham, Md: Rowman and Littlefield.

Annas, Julia. 1995. *The Morality of Happiness*. New York: Oxford University Press.

Baier, Annette C. 1986. "Trust and Anti-Trust." *Ethics* 96: 231-60.

Baier, Annette C. 1994. *Moral Prejudices: Essays on Ethics*. Cambridge, Mass.: Harvard University Press.

Baier, Annette C. 2004. "Demoralization, Trust, and the Virtues," in *Setting the Moral Compass*, ed. Cheshire Calhoun. New York: Oxford University Press.

Baron, Marcia. 1991. "Impartiality and Friendship." *Ethics* 101(4) (July): 836-37.

Baron, Marcia. 1995. *Kantian Ethics Almost without Apology*. Ithaca NY: Cornell University Press.

Baron, Marcia W., Philip Pettit, and Michael Slote, eds., 1997. *Three Methods of Ethics*. Oxford: Blackwell Press.

Barry, Brian. 1973. *The Liberal Theory of Justice*. London: Oxford University Press.

Barry, Brian. 1995. *Justice as Impartiality*. Oxford: Oxford University Press.

Bartlett, Katherine T., and Rosanne Kennedy, eds. 1989. *Feminist Legal Theory:*

Readings in Law and Gender. Boulder, Colo.: Westview Press.

Becker, Gary S. 1976. *The Economic Approach to Human Behavior.* Chicago: University of Chicago Press.

Becker, Gary S. 1981. *A Treatise on the Family.* Cambridge, Mass.: Harvard University Press.

Beitz, Charles R. 1979. *Political Theory and International Relations.* Princeton, N.J.: Princeton University Press.

Bell, Linda A. 1993. *Rethinking Ethics in the Midst of Violence: A Feminist Approach to Freedom.* Lanham, Md: Rowman and Littlefield.

Benhabib, Seyla. 1992. *Situating the Self: Gender, Community, and Postmodernism in Contemporary Ethics.* New York: Routledge.

Benhabib, Seyla, and Drucilla Cornell, eds. 1987. *Feminism as Critique: On the Politics of Gender.* Minneapolis: University of Minnesota Press.

Blum, Lawrence A. 1980. *Friendship, Altruism and Morality.* London: Routledge, 1980.

Blum, Lawrence A. 1994. *Moral Perception and Particularity.* New York: Cambridge University Press.

Blustein, Jeffrey. 1991. *Care and Commitment.* New York: Oxford University Press.

Bowden, Peta. 1997. *Caring: Gender Sensitive Ethics.* London: Routledge, 1997.

Brender, Natalie. 2001. "Political Care and Humanitarian Response," in *Feminists Doing Ethics,* eds. Peggy DesAutels and Joanne Waugh. Lanham, Md.: Rowman and Littlefield.

Brighouse, Harry. 1998. "Civic Education and Liberal Legitimacy," *Ethics* 108 (July): 719–45.

Brison, Susan J. 2000. "Relational Autonomy and Freedom of Expression," in *Relational Autonomy: Feminist Perspectives on Autonomy, Agency, and the Social Self,* eds. Catriona Mackenzie and Natalie Stoijar. New York: Oxford University Press.

Bubeck, Diemut. 1995. *Care, Gender, and Justice.* Oxford: Oxford University Press.

Calhoun, Cheshire, ed. 2004. *Setting the Moral Compass.* New York: Oxford University Press.

Callahan, Joan. 1995. *Reproduction, Ethics, and the Law: Feminist Perspectives.* Bloomington: Indiana University Press.

Campbell, Richmond. 1998. *Illusions of Paradox: A Feminist Epistemology Naturalized.*

Lanham, Md.: Rowman and Littlefield.

Card, Claudia. 1995. "Gender and Moral Luck," in *Justice and Care: Essential Readings in Feminist Ethics*, ed. Virginia Held. Boulder, Colo.: Westview Press.

Card, Claudia, ed. 1991. *Feminist Ethics*. Lawrence: University Press of Kansas.

Card, Claudia, ed. 1999. *On Feminist Ethics and Politics*. Lawrence: University Press of Kansas.

Charlton, Sue Ellen M. 1984. *Women in Third World Development*. Boulder, Colo.: Westview Press.

Clement, Grace. 1996. *Care, Autonomy, and Justice*. Boulder, Colo.: Westview Press.

Cohen, Jean L., and Andrew Arato. 1994. *Civil Society and Political Theory*. Cambridge, Mass.: MIT Press.

Cole, Eve Browning, and Susan Coultrap McQuin, eds. 1992. *Explorations in Feminist Ethics: Theory and Practice*. Indianapolis: Indiana University Press.

Collins, Patricia Hill. 1990. *Black Feminist Thought: Knowledge, Consciousness, and the Politics of Empowerment*. Boston: Unwin Hyman.

Cooke, Rebecca J., ed. 1994. *Human Rights of Women: National and International Perspectives*. Philadelphia: University of Pennsylvania Press.

Copp, David. 1998. "Equality, Justice, and the Basic Needs," in *Necessary Goods*, ed. Gillian Brock. Lanham, Md.: Rowman and Littlefield.

Cornell, Druciila. 1998. *At the Heart of Freedom: Feminism, Sex, and Equality*. Princeton, N.J.: Princeton University Press.

Crenshaw, Kimberle. 1991. "Demarginalizing the Intersection of Race and Sex: A Black Feminist Critique of Antidiscrimination Doctrine, Feminist Theory, and Antiracist Politics," in *Feminist Legal Theory: Readings in Law and Gender*, eds. Katherine T. Bartlett and Rosanne Kennedy. Boulder, Colo.: Westview Press.

Cunningham, Frank. 1987. *Democratic Theory and Socialism*. Cambridge: Cambridge University Press.

Curzer, Howard J. 2002. "Admirable Immorality, Dirty Hands, Care Ethics, Justice Ethics, and Child Sacrifice." *Ratio* 15(3) (September): 227-44.

Daggar, Richard. 1997. *Civic Virtues*. New York: Oxford University Press.

Dahl, Robert A. 1970. *After the Revolution*. New Haven, Conn.: Yale University Press.

Dancy, Jonathan, ed. 1997. *Reading Parfit*. Oxford: Blackwell.

Darwall, Stephen. 1983. *Impartial Reason*. Ithaca, N.Y.: Cornell University Press.

Darwall, Stephen. 1998. *Philosophical Ethics*. Boulder, Colo.: Westview Press.

Dawes, Robyn M., and Richard H. Thaler. 1988. "Cooperation," *Journal of Economic Perspectives* 2(3) (summer): 187-97.

DesAutels, Peggy, and Joanne Waugh, eds. 2001. *Feminists Doing Ethics*. Lanham, Md.: Rowman and Littlefield.

De Tocqueville, Alexis. 1955. *Democracy in America*, 12th ed. New York: Vintage.

Deveaux, Monique. 1995. "Shifting Paradigms: Theorizing Care and Justice in Political Theory." *Hypatia: A Journal of Feminist Philosophy* 10(2) (spring): 115-19.

Dewey, John. 1916. *Democracy and Education*. New York: Macmillan.

Dewey, John. 1963. *Experience and Education*. New York: Collier Macmillan.

Di Stefano, Christine. 1991. *Configurations of Masculinity: A Feminist Perspective on Modern Political Theory*. Ithaca, N.Y.: Cornell University Press.

Di Stefano, Christine. 2000. "Feminist Political Philosophy." *American Philosophical Association Newsletter on Feminism and Philosophy* (spring): 196-200.

Dworkin, Ronald. 1977. *Taking Rights Seriously*. Cambridge, Mass.: Harvard University Press.

England, Paula, and Nancy Folbre. 1999. "The Cost of Caring." *Annals of the American Academy of Political and Social Science*, 561 (January): 39-51.

Estrich, Susan. 1987. "Rape." *Yale Law Journal* 95: 1087-184.

Falk, Richard. 1968. *Legal Order in a Violent World*. Princeton, N.J.: Princeton University Press.

Falk, Richard. 1993. "The Making of Global Citizenship," in *Global Visions: Beyond the New World Order*, eds. Jeremy Brecher, John Brown Childs, and Jill Cutler. Boston: South End Press.

Ferguson, Ann, and Nancy Folbre. 1981. "The Unhappy Marriage of Patriarchy and Capitalism," in *Women and Revolution*, ed. Lydia Sargent. Boston: South End Press.

Fisher, Berenice, and Joan Tronto. 1990. "Toward a Feminist Theory of Caring," in *Circles of Care*, eds. E. Abel and M. Nelson. Albany: SUNY Press.

Flanagan, Owen, and Amelie Oksenberg Rorty, eds. 1992. *Identity, Character, and Morality: Essays in Moral Psychology*. Cambridge, Mass.: MIT Press.

Folbre, Nancy. 2001. *The Invisible Heart: Economics and Family Values*. New York: New Press.

Folbre, Nancy, and Julie A. Nelson. 2000. "For Love or Money-Or Both?" *Journal of*

Economic Perspectives 14(4) (fall): 123-40.

Foot, Philippa. 1978. *Virtues and Vices.* Berkeley: University of California Press.

Frank, Robert A., Thomas Gilovich, and Dennis T. Regan. 1993. "Does Studying Economics Inhibit Cooperation?" *Journal of Economic Perspectives* 7(2): 159-71.

Frankfurt, Harry G. 1988. *The Importance of What We Care About.* Cambridge: Cambridge University Press.

Fraser, Nancy. 1987, "Women, Welfare and the Politics of Needs Interpretation." *Hypatia: A Journal of Feminist Philosophy* 2(1): 103-21.

Fraser, Nancy. 1989. *Unruly Practices: Power, Discourse, and Gender in Contemporary Social Theory.* Minneapolis: University of Minnesota Press.

Frazer, Elizabeth, and Nicoia Lacey. 1993. *The Politics of Community: A Feminist Critique of the Liberal-Communitarian Debate.* Toronto: University of Toronto Press.

Friedman, Marilyn. 1993. *What Are Friends For? Feminist Perspectives on Personal Relationships and Moral Theory.* Ithaca, N.Y.: Cornell University Press.

Friedman, Marilyn. 2003. *Autonomy, Gender, Politics.* New York: Oxford University Press.

Friend, Celeste M. 1995. "Trust and the Limits of Contract," Ph.D. dissertation. City University of New York.

Galston, William. 1992. *Liberal Purposes.* Cambridge: Cambridge University Press.

Gauthier, David. 1986. *Morals by Agreement.* Oxford: Oxford University Press.

Gilligan, Carol. 1982. *In a Different Voice: Psychological Theory and Women's Development.* Cambridge, Mass.: Harvard University Press.

Gilligan, Carol. 1987. "Moral Orientation and Moral Development." in *Women and Moral Theory*, eds. Eva Feder Kittay and Diana T. Meyers. Lanham, Md.: Rowman and Littlefield.

Goodin, Robert E. 1985. *Protecting the Vulnerable: A Reanalysis of Our Social Responsibilities.* Chicago: University of Chicago Press.

Goodin, Robert E. 1988. *Reasons for Welfare.* Princeton, N.J.: Princeton University Press.

Goodin, Robert E. 1995. *Utilitarianism as a Public Philosophy.* Cambridge: Cambridge University Press.

Gordon, Robert M. 1996, "Sympathy, Simulation, and the Impartial Spectator," in

Mind and Morals: Essays on Ethics and Cognitive Science, eds. Larry May, Marilyn Friedman, and Andy Clark. Cambridge, Mass.: MIT Press.

Gould, Carol C. 1988. *Rethinking Democracy: Freedom and Social Cooperation in Politics, Economy, and Society.* Cambridge: Cambridge University Press.

Gould, Carol C. 2004. *Globalizing Democracy and Human Rights.* New York: Cambridge University Press.

Grant, Rebecca, and Kathleen Newland, eds. 1991. *Gender and International Relations.* Bloomington: Indiana University Press.

Gutmann, Amy. 1987. *Democratic Education*, Princeton, N.J: Princeton University Press.

Habermas, Jürgen. 1995. "Discourse Ethics," in Jürgen Habermas, *Moral Consciousness and Communicative Action.* Cambridge, Mass.: MIT Press.

Halfon, Mark S., and Joram C. Haber, eds. 1998. *Norms and Values: Essays on the Work of Virginia Held.* Lanham, Md.: Rowman and Littlefield.

Hall, John A., ed. 1995. *Civil Society: Theory, History, Comparison.* Cambridge: Polity Press.

Hampton, Jean. 1993. "Feminist Contractarianism," in *A Mind of One's Own: Feminist Essays on Reason and Objectivity.* eds. Louise M. Antony and Charlotte Witt. Boulder, Colo.: Westview Press.

Hampton, Jean. 1997. *Political Philosophy.* Boulder, Colo.: Westview Press.

Hanen, Marsha, and Kai Nielsen, eds. 1987. *Science, Morality and Feminist Theory.* Calgary: University of Calgary Press.

Hanigsberg, Julia E. and Sara Ruddick, eds. 1999. *Mother Troubles: Rethinking Contemporary Maternal Dilemmas.* Boston: Beacon Press.

Harding, Sandra. 1987. "The Curious Coincidence of Feminine and African Moralities," in *Women and Moral Theory.* eds. Eva Feder Kittay and Diana T. Meyers. Lanham, Md.: Rowman and Littlefield.

Harding, Sandra, and Merrill Hintikka, eds. 1983. *Discovering Reality: Feminist Perspectives on Epistemology, Metaphysics, Methodology and Philosophy of Science.* Dordrecht: Reidel.

Harrington, Mona. 1999. *Care and Equality: Inventing a New Family Politics.* New York: Knopf.

Hartsock, Nancy C. M. 1983. *Money, Sex, and Power: Toward a Feminist Historical Materialism.* New York: Longman.

Hartsock, Nancy C. M. 1996. "Community/Sexuality/Gender: Rethinking Power," in *Revisioning the Political: Feminist Reconstructions of Traditional Concepts in Western Political Theory*. eds. Nancy J. Hirschmann and Christine Di Stefano. Boulder, Colo.: Westview Press.

Hays, Constance L. 2000. "Commercialism in U.S. Schools Is Examined in New Report." *New York Times* (September 14), pp. C1 and 25.

Hekman, Susan J. 1995. *Moral Voices, Moral Selves*. University Park: University of Pennsylvania Press.

Held, Virginia. 1968. "On the Meaning of Trust." *Ethics* 78 (January).

Held, Virginia. 1977. "Rationality and Reasonable Cooperation." *Social Research* 44(4) (winter): 708-44.

Held, Virginia. [1984] 1989. *Rights and Goods: Justifying Social Action*. Chicago: University of Chicago Press.

Held, Virginia. 1988. "Access, Enablement, and the First Amendment," in *Philosophical Dimensions of the Constitution*, eds. Diana T. Meyers and Kenneth Kipnis. Boulder, Colo.: Westview Press.

Held, Virginia. 1993. *Feminist Morality: Transforming Culture, Society, and Politics*. Chicago: University of Chicago Press.

Held, Virginia. 2002. "Moral Subjects: The Natural and the Normative." Presidential address, American Philosophical Association, Eastern Division. *Proceedings and Addresses of the American Philosophical Association*. Newark, DE (November).

Held, Virginia, ed. 1995. *Justice and Care: Essential Readings in Feminist Ethics*. Boulder Colo.: Westview Press.

Held, Virginia, Sidney Morgenbesser, and Thomas Nagel, eds. 1974. *Philosophy, Morality, and International Affairs*. New York: Oxford University Press.

Henkin, Louis. 1990. *The Age of Rights*. New York: Columbia University Press.

Henkin, Louis. 1989. "The Use of Force: Law and U.S. Policy," in *Right v. Wrong: International Law and the Use of Force*. Council on Foreign Relations, 1989.

Herman, Barbara. 1993. *The Practice of Moral Judgment*. Cambridge, Mass.: Harvard University Press.

Hirschmann, Nancy J., and Christine Di Stefano, eds. 1996. *Revisioning the Political: Feminist Reconstructions of Traditional Concepts in Western Political Theory*. Boulder, Colo.: Westview Press.

Hoagland, Sara Lucia. 1989. *Lesbian Ethics: Toward New Value*. Palo Alto, Calif.:

Institute of Lesbian Studies.

Hobbes, Thomas. 1972. *The Citizen: Philosophical Rudiments Concerning Government and Society*, ed. B. Gert. Garden City, N.Y.: Doubleday.

Hoffman, Stanley. 1981. *Duties beyond Borders: On the Limits and Possibilities of Ethical International Politics*. Syracuse, N.Y.: Syracuse University Press.

Holmes, Robert L. 1989. *On War and Morality*. Princeton, N.J.: Princeton University Press.

Houston, Barbara. 1987. "Rescuing Womanly Virtues: Some Dangers of Moral Reclamation," in *Science, Morality and Feminist Theory*, eds. M. Hanen and K. Nielsen. Calgary: University of Calgary Press.

Hursthouse, Rosalind, Gavin Lawrence, and Warren Quinn, eds. 1998. *Virtues and Reasons: Philippa Foot and Moral Theory*. Oxford: Clarendon Press.

Jaggar, Alison M. 1983. *Feminist Politics and Human Nature*. Totowa, N.J.: Rowman and Allanheld.

Jaggar, Alison M. 1989. "Feminist Ethics: Some Issues for the Nineties." *Journal of Social Philosophy* 20: 91–107.

Jaggar, Alison M. 1995. "Caring as a Feminist Practice of Moral Reason," in *Justice and Care: Essential Readings in Feminist Ethics*, ed. Virginia Held. Boulder, Colo.: Westview Press.

Jaggar, Alison M. 2005. "Western Feminism and Global Responsibility," in *Feminist Interventions in Ethics and Politics*, eds. Barbara S. Andrew, Jean Keller, and Lisa H. Schwartzman. Lanham, Md.: Rowman and Littlefield.

Jones, Kathleen B. 1992. *Compassionate Authority: Democracy and the Representation of Women*. New York: Routledge.

Kant, Immanuel. 1959. *Foundations of the Metaphysics of Morals*, trans. Lewis White Beck. Indianapolis: Bobbs–Merrill.

Keane, John. 1998. *Civil Society: Old Images, New Visions*. Stanford, Calif.: Stanford University Press.

Keane, John. 2003. *Global Civil Society?* Cambridge: Cambridge University Press.

Keller, Jean. 1997. "Autonomy, Relationality, and Feminist Ethics." *Hypatia: A Journal of Feminist Philosophy* 12(2): 152–65.

Kittay, Eva Feder. 1995. "Taking Dependency Seriously." *Hypatia: A Journal of Feminist Philosophy.* 8–29.

Kittay, Eva Feder. 1999. *Love's Labor: Essays on Women, Equality, and Dependency.*

New York: Routledge.

Kittay, Eva Feder, and Diana T. Meyers, eds. 1987. *Women and Moral Theory.* Lanham, MD: Rowman and Littlefield.

Koehn, Daryl. 1998. *Rethinking Feminist Ethics: Care, Trust and Empathy.* London: Routledge.

Kuttner, Robert. 1998. *Everything for Sale: The Virtues and Limits of Markets.* New York: Knopf.

Kymlicka, Will, and Wayne Norman. 1994. "Return of the Citizen: A Survey of Recent Work on Citizenship Theory." *Ethics* 104 (January): 352-81.

Landes, Joan B., ed. 1998. *Feminism, the Public and the Private.* New York: Oxford University Press.

Landes, Elisabeth M., and Richard A. Posner. 1978. "The Economics of the Baby Shortage." *Journal of Legal Studies* 7: 323-48.

Larrabee, Mary Jeanne, ed. 1993. An Ethic of Care: *Feminist and Interdisciplinary Perspectives.* New York: Routledge.

Levine, Arthur. 2000. "The Soul of a New University." *New York Times* (March 13), op-ed page.

Li, Chenyang. 1994. "The Confucian Concept of *Jen* and the Feminist Ethics of Care: A Comparative Study." *Hypatia: A Journal of Feminist Philosophy* 9(1): 70-89.

Li, Chenyang. 2002. "Revisiting Confucian *Jen* Ethics and Feminist Care Ethics: A Reply to Daniel Star and Lijun Yuan." *Hypatia: A Journal of Feminist Philosophy* 17(1): 130-40.

Linz, Juan J., and Alfred Stepan. 1996. *Problems of Democratic Transition and Consolidation: Southern Europe, South America, and Post-Communist Europe.* Baltimore: Johns Hopkins University Press.

Littleton, Christine. 1987. "Reconstructing Sexual Equality." *California Law Review* 75(4): 1279-337.

Lloyd, Genevieve. 1984. *The Man of Reason: "Male" and "Female" in Western Philosophy.* Minneapolis: University of Minnesota Press.

Lugones, Maria C. 1991. "On the Logic of Pluralist Feminism," in *Feminist Ethics,* ed. Claudia Card. Lawrence: University Press of Kansas.

Luper-Foy, Steven, ed. 1988. *Problems of International Justice.* Boulder, Colo.: Westview Press.

MacCormick, Neil. 1996. "Justice as Impartiality: Assenting with Anti-Contractualist

Reservations." *Political Studies* 44: 305-10.

Macedo, Stephen. 1995. "Liberal Civic Education and Religious Fundamentalism: The Case of God v. John Rawls?" *Ethics* 108: 468-96.

MacIntyre, Alasdair. 1981. *After Virtue: A Study in Moral Theory.* Notre Dame, Ind.: University of Notre Dame Press.

MacIntyre, Alasdair. 1999. *Dependent Rational Animals: Why Human Beings Need the Virtues.* Peru, Ill.: Open Court.

MacIntyre, Alasdair. 1988. *Whose Justice? Which Rationality?* Notre Dame, Ind.: University of Notre Dame Press.

MacKenzie, Catriona, and Natalie Stoljar, eds. 2000. *Relational Autonomy: Feminist Perspectives on Autonomy, Agency, and the Social Self.* New York: Oxford University Press.

MacKinnon, Catharine. 1987. *Feminism Unmodified: Discourses on Life and Law,* Cambridge, Mass.: Harvard University Press.

MacKinnon, Catharine. 1989. *Toward a Feminist Theory of the State.* Cambridge, Mass.: Harvard University Press.

McLaren, Margaret A. 2001. "Feminist Ethics: Care as a Virtue," in *Feminists Doing Ethics,* ed. Peggy DesAutels and Joanne Waugh. Lanham, Md: Rowman and Littlefield.

Maghroori, Ray, and Bennett Ramberg, eds. 1982. *Globalism versus Realism: International Relations' Third Debate.* Boulder, Colo.: Westview Press.

Mahowald, Mary. 1994. *Philosophy of Woman: Classical to Current Concepts,* 3rd ed. Indianapolis, Ind.: Hackett.

Mahowald, Mary, Anita Silvers, and David Wasserman. 1998. *Disability, Difference, Discrimination.* Lanham, Md.: Rowman and Littlefield.

Manning, Rita. 1992. *Speaking from the Heart: A Feminist Perspective on Ethics.* Lanham, Md.: Rowman and Littlefield.

Manning, Steven. 1999. "How Corporations Are Buying Their Way into American Classrooms." *Nation* (September 27), pp. 11-18.

Mansbridge, Jane. 1983. *Beyond Adversary Democracy.* Chicago: University of Chicago Press.

Mansbridge, Jane. 1996. "Reconstructing Democracy," in *Revisioning the Political: Feminist Reconstructions of Traditional Concepts in Western Political Theory,* eds. Nancy Hirschmann and Christine Di Stefano. Boulder, Colo.: Westview.

Marwell, Gerald, and Ruth Ames. 1981. "Economists Free Ride, Does Anyone Else?: Experiments on the Provision of Public Goods, IV." *Journal of Public Economics.* 15, 3: 295-310.

Mason, Andrew. 1999. "Political Community, Liberal-Nationalism, and the Ethics of Assimilation," *Ethics* 109: 2 (January) 261-286.

McMurtry, John. 1991. "Education and the Market Model." *Journal of Philosophy of Education* 25, 2: 209-17.

Mendus, Susan. 1996. "Some Mistakes About Impartiality," *Political Studies* XLIV: 319-327.

Mendus, Susan. 2002. *Impartiality in Moral and Political Philosophy.* Oxford: Oxford University Press.

Meyer, Mary K., and Elisabeth Prügl, eds. 1999. *Gender Politics in Global Governance.* Lanham, MD: Rowman & Littlefield.

Meyers, Diana T. 1989. *Self, Society, and Personal Choice.* New York: Columbia University Press.

Meyers, Diana Tietjens. 1994. *Subjection and Subjectivity: Psychoanalytic feminism and Moral Philosophy.* New York: Routledge.

Meyers, Diana Tietjens. 2002. *Gender in the Mirror: Cultural Imagery and Women's Agency.* New York: Oxford University Press.

Meyers, Diana Tietjens. 2004. "Narrative and Moral Life," in Cheshire Calhoun, ed., *Setting the Moral Compass.* New York: Oxford University Press.

Meyers, Diana Tietjens, ed. 1997. *Feminists Rethink the Self.* Boulder CO: Westview Press.

Mies, Maria, and Vandana Shiva, eds. 1993. *Ecofeminism.* London: Zed Books.

Miller, David. 1989. *Market, State, and Community.* Oxford: Oxford University Press.

Minow, Martha. 1990. *Making All The Difference: Inclusion, Exclusion, and American Law.* Ithaca, NY: Cornell University Press.

Minow, Martha, and Mary Lyndon Shanley. 1996. "Relational Rights and Responsibilities: Revisioning the Family in Liberal Political Theory and Law," *Hypatia: A Journal of Feminist Philosophy.* 11: 1 (Winter) 3-29.

Mohanty, Chandra Talpade, Ann Russo, and Lourdes Torres, eds. 1991. *Third World Women and The Politics of Feminism.* Bloomington: Indiana University Press.

Morgan, Kathryn Pauly. 1987. "Women and Moral Madness," in M. Hanen and K. Nielsen, eds., *Science, Morality and Feminist Theory.* Calgary: University of

Calgary Press.

Nagel, Thomas. 1970. *The Possibility of Altruism*. London: Oxford University Press.

Narayan, Uma. 1997. *Dislocating Cultures: Identities, Traditions and Third World Women*. New York: Routledge.

Nelson, Hilde Lindemann. 2001. "Identity and Free Agency," in Peggy DesAutels and Joanne Waugh, eds., *Feminists Doing Ethics*. Lanham, MD: Rowman & Littlefield.

Nicholson, Linda, ed. 1990. *Feminism/Postmodernism*. New York: Routledge.

Nickel, James W. 1987. *Making Sense of Human Rights*. Berkeley: University of California Press.

Noddings, Nel. 1986. *Caring: A Feminine Approach to Ethics and Moral Education*. Berkeley: University of California Press.

Noddings, Nel. 2002. *Starting At Home: Caring and Social Policy*. Berkeley: University of California Press.

Nussbaum, Martha C. 1986. *The Fragility of Goodness*. Cambridge: Cambridge University Press.

Nussbaum, Martha C. 1999. *Sex and Social Justice*. New York: Oxford University Press.

Nussbaum, Martha C., and Jonathan Glover, eds. 1995. *Women, Culture and Development: A Study of Human Capabilities*. Oxford: Clarendon Press.

Okin, Susan Moller. 1979. *Women in Western Political Thought*. Princeton: Princeton University Press.

Okin, Susan Moller. 1989. *Justice, Gender, and the Family*. New York: Basic Books.

Okin, Susan Moller. 1998. "Feminism and Multiculturalism: Some Tensions," *Ethics* 108 (July) 661-684.

Olsen, Frances. 1984. "Statutory Rape: A Feminist Critique of Rights Analysis," *Texas Law Review* 63: 387-432.

O'Neill, Onora. 1985. *Faces of Hunger: An Essay on Poverty, Justice, and Development*. London: Allen & Unwin.

Oshana, Marina. 1998. "Personal Autonomy and Society," *Journal of Social Philosophy* XXIX, 1: 81-102.

Petchesky, Rosalind P. 1985. *Abortion and Women's Choice: The State, Sexuality, and Reproductive Freedom*. Boston: Northeastern University Press.

Peterson, V. Spike, and Anne Sisson Runyan. 1993. *Global Gender Issues*. Boulder,

CO: Westview Press.

Phillips, Anne. 1995. *The Politics of Presence*. Oxford: Oxford University Press.

Pincoffs, Edmund. 1986. *Quandaries and Virtues: Against Reductivism in Ethics*. Lawrence: University Press of Kansas.

Pogge, Thomas. 2002. *World Poverty and Human Rights*. Malden, MA: Polity Press.

Posner, Richard A. 1992. *Economic Analysis of Law*. 4th ed. Boston: Little, Brown and Co.

Potter, Nancy. 2001. "Is Refusing to Forgive a Vice?" in *Feminists Doing Ethics*, ed. Peggy DesAutels and Joanne Waugh. Lanham, Md: Rowman and Littlefield.

Purdy, Laura M. 1996. *Reproducing Persons: Issues in Feminist Bioethics*. Ithaca, NY: Cornell University Press.

Putnam, Robert D. 1994. *Making Democracy Work*. Princeton: Princeton University Press.

Putnam, Robert D. 1996. "The Strange Disappearance of Civic America," *The American Prospect* 24 (Winter): 34-49.

Radin, Margaret Jane. 1996. *Contested Commodities: The Trouble with Trade in Sex, Children, Body Parts, and Other Things*. Cambridge, MA: Harvard University Press.

Rawls, John. 1971. *A Theory of Justice*. Cambridge, MA: Harvard University Press.

Rawls, John. 1993. *Political Liberalism*. New York: Columbia University Press.

Rhode, Deborah L. 1989. *Justice and Gender: Sex Discrimination and the Law*. Cambridge, MA: Harvard University Press.

Robinson, Fiona. 1999. *Globalizing Care: Ethics, Feminist Theory, and International Affairs*. Boulder CO: Westview Press.

Rorty, Amelie Oksenberg, ed. 1980. *Essays on Aristotle's Ethics*. Berkeley: University of California Press.

Ruddick, Sara. 1980. "Maternal Thinking," *Feminist Studies* 6: 342-67.

Ruddick, Sara. 1989. *Maternal Thinking: Toward a Politics of Peace*. Boston: Beacon Press.

Ruddick, Sara. 1995. "Injustice in Families: Assault and Domination," in Virginia Held, ed., *Justice and Care: Essential Readings in Feminist Ethics*. Boulder, CO: Westview Press.

Ruddick, Sara. 1998. "Care as Labor and Relationship," in Mark S. Halfon and Joram C. Haber eds., *Norms and Values: Essays on the Work of Virginia Held*.

Lanham, MD: Rowman & Littlefield.

Sandel, Michael. 1982. *Liberalism and the Limits of Justice*. Cambridge: Cambridge University Press.

Schneider, Elizabeth M. 1986. "The Dialectic of Rights and Politics: Perspectives From the Women's Movement," *New York University Law Review* 61: 593-652.

Schwarzenbach, Sibyl. 1996. "On Civic Friendship," *Ethics* 107, 1: 97-128.

Sevenhuijsen, Selma. 1998. *Citizenship and The Ethics of Care: Feminist Considerations on Justice, Morality and Politics*. London: Routledge.

Shanley, Mary Lyndon. 1993. "'Surrogate Mothering' and Women's Freedom: A Critique of Contracts for Human Reproduction." *Signs* 18, 3: 618-39.

Sherwin, Susan. 1992. *No Longer Patient: Feminist Ethics and Health Care*. Philadelphia: Temple University Press.

Shue, Henry. 1980. *Basic Rights*. Princeton, N.J.: Princeton University Press.

Singer, Peter. 2002. *One World: The Ethics of Globalization*. New Haven, CT: Yale University Press.

Slaughter, Anne-Marie. 2004. *A New World Order*. Princeton, NJ: Princeton University Press.

Slote, Michael. 1983. *Goods and Virtues*. Oxford: Oxford University Press.

Slote, Michael. 1992. *From Morality to Virtue*. New York: Oxford University Press.

Slote, Michael. 2001. *Morals From Motives*. Oxford: Oxford University Press.

Smart, Carol. 1989. *Feminism and the Power of Law*. London: Routledge.

Smith, Patricia, ed. 1993. *Feminist Jurisprudence*. New York: Oxford University Press.

Smith, Patricia. 1995. "Feminist Jurisprudence: Social Change and Conceptual Evolution," *American Philosophical Association Newsletter on Feminism and Philosophy* (*Spring*).

Spelman, Elizabeth V. 1988. *Inessential Woman*. Boston: Beacon Press.

Star, Daniel. 2002. "Do Confucians Really Care? A Defense of the Distinctiveness of Care Ethics: A Reply to Chenyang Li," *Hypatia: A Journal of Feminist Philosophy*. 17, 1: 77-106.

Steans, Jill. 1998. *Gender and International Relations: An Introduction*. New Brunswick, NJ: Rutgers University Press.

Stocker, Michael. 1990. *Plural and Conflicting Values*. New York: Oxford University Press.

Sunstein, Cass R. 2004. *The Second Bill of Rights: FDR's Unfinished Revolution and*

Why We Need It More Than Ever. New York: Basic Books.

Taylor, Charles. 1979. *Hegel and Modern Society.* Cambridge: Cambridge University Press.

Taylor, Charles. 1985. *Philosophical Papers.* Cambridge: Cambridge University Press.

Taylor, Charles. 1995. *Philosophical Arguments.* Cambridge, MA: Harvard University Press.

Tessman, Lisa. 2001. "Critical Virtue Ethics: Understanding Oppression as Morally Damaging," in *Feminists Doing Ethics*, ed. Peggy DesAutels and Joanne Waugh. Lanham, Md: Rowman and Littlefield.

Tester, Keith. 1992. *Civil Society.* New York: Routledge.

Thomson, Judith Jarvis. 2001. *Goodness and Advice: With Commentary.* Ed. Amy Gutmann. Princeton: Princeton University Press.

Tickner, J. Ann. 1992. *Gender In International Relations: Feminist Perspectives on Achieving Global Security.* New York: Columbia University Press.

Tickner, J. Ann. 2001. *Gendering World Politics.* New York: Columbia University Press.

Tong, Rosemarie. 1993. *Feminine and Feminist Ethics.* Belmont, CA: Wadsworth.

Traub, James. "This Campus is Being Simulated." *The New York Times Magazine* (Nov. 19, 2000): 88-126.

Trebilcot, Joyce, ed. 1983. *Mothering: Essays in Feminist Theory.* Totowa, NJ: Rowman & Allanheld.

Tronto, Joan C. 1993. *Moral Boundaries: A Political Argument for an Ethic of Care.* New York: Routledge.

Tronto, Joan C. 1996. "Care as a Political Concept," in Nancy J. Hirschmann and Christine Di Stefano, eds. *Revisioning the Political: Feminist Reconstructions of Traditional Concepts in Western Political Theory.* Boulder, CO: Westview Press.

Unger, Roberto Mangabeire. 1975. *Knowledge and Politics.* New York: The Free Press.

United Nations Development Programme. 1996. *Human Development Report.* New York: Oxford University Press.

Vallentyne, Peter, ed. 1991. *Contractarianism and Rational Choice.* New York: Cambridge University Press.

Valls, Andrew, ed. 2000. *Ethics in International Affairs.* Lanham, MD: Rowman & Littlefield.

Velleman, J. David. 1999. "Love as a Moral Emotion," *Ethics* 109: 2 (January) 338-374.

Walker, Lawrence J. 1984. "Sex Differences in the Development of Moral Reasoning: A Critical Review," *Child Development* 55: 677-91.

Walker, Margaret Urban. 1989. "Moral Understandings: Alternative 'Epistemology' for a Feminist Ethics," *Hypatia: A Journal of Feminist Philosophy*, 4: 15-28.

Walker, Margaret Urban. 1992. "Feminism, Ethics, and the Question of Theory," *Hypatia: A Journal of Feminist Philosophy*, 7: 23-38.

Walker, Margaret Urban. 1998. *Moral Understandings: A Feminist Study in Ethics*. New York: Routledge.

Walker, Margaret Urban. 2003. *Moral Contexts*. Lanham, MD: Rowman & Littlefield.

Walker, Margaret Urban, ed. 1999. *Mother Time: Women, Aging, and Ethics*. Lanham, MD: Rowman & Littlefield.

Wallace, James D. 1978. *Virtues and Vices*. Ithaca, NY: Cornell University Press.

Walzer, Michael. 1977. *Just and Unjust Wars*. New York: Basic Books.

Wasserstrom, Richard, ed. 1970. *War and Morality*. Belmont, CA: Wadsworth Publishing Co.

West, Robin. 1988. "Jurisprudence and Gender," *University of Chicago Law Review* 55: 1-72.

White, Julie Anne. 2000. *Democracy, Justice, and The Welfare State: Reconstructing Public Care*. University Park: The Pennsylvania State Press.

Wilber, Charles K., ed. 1998. *Economics, Ethics, and Public Policy*. Lanham, MD: Rowman & Littlefield.

Willett, Cynthia. 1995. *Maternal Ethics and Other Slave Moralities*. New York: Routledge.

Williams, Bernard. 1981. *Moral Luck: Philosophical Papers 1973-80*. Cambridge: Cambridge University Press.

Williams, Bernard. 1985. *Ethics and the Limits of Philosophy*. Cambridge, MA: Harvard University Press.

Williams, Patricia J. 1991. *The Alchemy of Race and Rights*. Cambridge, MA: Harvard University Press.

Yee, Chan Sin. 2003. "The Confucian Conception of Gender in the Twenty-First Century," in Hahm Chaibong and Daniel A. Bell, eds., *Confucianism for the Modern World*. Cambridge: Cambridge University Press.

Young, Iris Marion. 1990. *Justice and the Politics of Difference*. Princeton, NJ: Princeton University Press.

Yuan, Lijun. 2002. "Ethics of Care and Concept of *Jen*: A Reply to Chenyang Li," *Hypatia: A Journal of Feminist Philosophy* 17: 1, 107–129.

찾아보기 ━━━━━━━━━━

저자 약력

Virginia Held(버지니아 헬드)

미국 뉴욕시립대학교(City University of New York) 대학원 철학과 석학교수(distinguished professor)이다. 도덕철학, 사회정치철학, 윤리학, 페미니스트 철학 분야의 대표적인 석학이다. 미국철학회(American Philosophical Association) 동부지부 학회장을 역임하기도 했으며, 여성철학회(Society of Women in Philosophy)에서 주는 올해의 여성철학자로 뽑히기도 했다. 헬드의 저작과 사상에 관한 논문들을 묶은 책(*Norms and Values: Essays on the Work of Virginia Held*)이 출판되기도 했다. 주요 편저서로는 *Rights and Goods: Justifying Social Action*(Chicago: University of Chicago Press, 1989), *Feminist Morality: Transforming Culture, Society, and Politics*(Chicago: University of Chicago Press, 1993), *The Ethics of Care: Personal, Political, and Global*(Oxford: Oxford University Press, 2006), *How Terrorism in Wrong: Morality and Political Violence*(Oxford: Oxford University Press) 등이 있다. 그 외에도 100편이 넘는 논문들과 북챕터가 있다.

역자 약력

김 희 강

이화여자대학교 정치외교학과를 졸업하고 University of Chicago에서 정치사상으로 박사학위를 받았다. 현재 고려대학교 행정학과 부교수로 있다. 주요 관심분야는 공공철학, 규범적 정책분석, 돌봄윤리 등이다. 최근 연구로는 『규범적 정책분석』(박영사 2016), "돌봄의 공공윤리"(2010), "돌봄국가"(2016), "Is Long-Term Insurance in South Korea Socialising Care Policy?"(2016) 등이 있다.

나 상 원

고려대학교 정치외교학과를 졸업하고 동대학원에서 사회서비스를 주제로 석사논문을 썼다. 요양보호사와 장애인 활동보조인이다. 돌봄노동자에 관심을 갖고 있다. 번역서로는 『자유의 미래』(2004), 『돌봄 민주주의』(2014), 『돌봄: 사랑의 노동』(2016), 『돌봄: 정의의 심장』(2017) 등이 있다.

돌봄: 돌봄윤리
-개인적, 정치적, 지구적-

초판인쇄	2017년 1월 1일
중판발행	2024년 2월 28일

지은이	Virginia Held
옮긴이	김희강 · 나상원
펴낸이	안종만

편 집	배우리
기획/마케팅	이영조
표지디자인	조아라
제 작	우인도 · 고철민

펴낸곳	(주)**박영사**
	서울특별시 금천구 가산디지털2로 53, 210호(가산동, 한라시그마밸리)
	등록 1959. 3. 11. 제300-1959-1호(倫)
전 화	02)733-6771
f a x	02)736-4818
e-mail	pys@pybook.co.kr
homepage	www.pybook.co.kr
ISBN	979-11-303-0371-0 93330

정 가   20,000원